国家社科基金后期资助项目(20FTYB009)研究成果

# 中国体育哲学基础理论研究

## Research on the Basic Theory of Chinese Sports Philosophy

张振华　龙倩文　著

山东大学出版社
SHANDONG UNIVERSITY PRESS
·济南·

**图书在版编目(CIP)数据**

中国体育哲学基础理论研究/张振华,龙倩文著.—济南:山东大学出版社,2024.1

ISBN 978-7-5607-7995-9

Ⅰ.①中… Ⅱ.①张… ②龙… Ⅲ.①体育—哲学理论 Ⅳ.①G80

中国国家版本馆 CIP 数据核字(2023)第 206100 号

责任编辑 张铭芳

美术编辑 王秋忆

**中国体育哲学基础理论研究**

ZHONGGUO TIYU ZHEXUE JICHU LILUN YANJIU

出版发行 山东大学出版社

社　　址 山东省济南市山大南路 20 号

邮政编码 250100

发行热线 (0531)88363008

经　　销 新华书店

印　　刷 济南乾丰云印刷科技有限公司

规　　格 720 毫米×1000 毫米 1/16

　　　　 20.75 印张 430 千字

版　　次 2024 年 1 月第 1 版

印　　次 2024 年 1 月第 1 次印刷

定　　价 96.00 元

# 序

这是一部涉猎广泛、视野开阔，宏论中见大气、小论中见精微的专著，虽知识量大得惊人，洋洋几十万字，却不留芜杂旁义，不跑题偏题，着实令人折服。其以再现、分析、解释、推导、评议等为论，突破当前相关著作论说单一、不清、不新的瓶颈，自立一家之说，难得。

俯仰真理，歌当慷慨。哲学因其讨论问题的方式和表达思想的语言特点，往往令人感觉高深和晦涩，使人胆怯不敢涉入。可本书却一窥哲学之堂奥，入乎其内而出乎其外。其不依附西方话语体系，而用中国的道理仰望星空，把理论写在祖国的大地上。本书的最大特点，就是于细微之处见感悟、点滴之中现觉醒，处处扬洒中国思想、中国审美，使中国体育在哲学这个领域第一次拥有了自己的话语权，为中国特色体育学学科体系、学术体系、话语体系的建设做出了原创性的贡献。

文章千古事，得失寸心知。看人挑担不吃力，自己挑担压断脊。任何一部专著问世，都要经历一个锱铢积累、绞尽脑汁、提炼提炼再提炼的过程，其如滚石上山，重车爬坡。如果没有深厚的学理积累和坚定执着的学术信仰作为支撑，要写出这部突破陈见的优秀著作是不可能的。学识的超越与觉悟，归结于自我的修养。显然，这是一部值得体育人深修的书。

安徽师范大学体育学院院长、博导　金涛

2024 年 4 月

# 前　言

“知所不豫，行且通焉。”置天下之说而言，哲学是理论的首府。为什么？因为哲学是认识全部世界的观念形态、精神本质的载体，是关于自然、社会和思维发展的普遍规律的学说，它可以给出正确的思想和手段的范围。从客观物质世界的辩证到社会革命的辩证，所有领域都贯穿着哲学的声音和身影。故而，其积也厚，其理也深。哲学既是奠定一门学科体系思想高度的基石，又是衡量一门学科话语体系成熟度的标识。因此，它是体育理论体系不可或缺的重要组成部分，是体育言行的依据和批判现实的标准，是存清化浊的力量和排难解识的确证，是体育获取真理的源泉、检验和提高自身科学性的方法论，是体育学科攀登学术高峰的指南。显然，对其的认知可以帮助我们从更深层次去认识体育科学，发展体育科学，彰显时代品格，为我国体育事业的科学发展提供高水平的智力支持。因而，与哲学对话，提高体育理论水平，弥补传统体育理论解释力的不足，就成为我国广大体育学人的普遍共识和方法上的自觉追求。正如学者孙昌璞在《量子力学诠释与波普尔哲学的“三个世界”》中指出的，哲学可以帮助我们在“山重水复疑无路”之时“仰望星空”，进入“柳暗花明又一村”的新境界。

“勺水渐积成沧海，拳石频移作泰山。”一门学科形成有四个标志：专业学术会议的召开、专门学术著作的出版、专门学术组织的建立、专业学术期刊的交流。专著的出现是一门学科理论成熟的标志，是里程碑，是征引的钥匙、取资的源泉、成果的荟萃，没有专著的出版，学科就难以成为体系，难以具有话语权。文献显示，半个多世纪以来我们虽然引申运用哲学，并取得一些成果，可概观坊间，至今没有一本有关体育与哲学“联姻”的文本，帮助学人从哲学的高度取法，进行思想对话、理论对话、问题对话，在对批判的批判中理解体育、运用体育、发展体育。显然，这一缺失致使我们难以从深层次探索产生一系列问题的根由，难以从更宽广、更深刻的角度走进真理的“最后一公里”。只有“入乎其内”并“出乎其外”，才能钩稽出矛盾存在的状态与所发生的转变，摄尽新观念的变化和新方式的转换。为弥补这一缺失，填补这一空白，“让体育说哲学话”就成为我们必须完成的任务。习近平总书记指出：“哲学社会科学是人们认识世界、改造世界的重要工具，是推动历史发展和社会进步的重要力量，其发展水平反映了一个民族的思维能力、精神品格、文明素质，体现了一个国家的综合国力和国际竞争力。”①

中流击水奋楫者先，学术生命发展的原点，源于学科意识的觉醒。诚如学者杨文轩在 2021 年 10 月接受《北京体育大学学报》编辑王晓微的采访时所说：“现在，我们体育学科的基本框架已经形成，自身的主要问题包括：格局与架构太小，专业太少，相关学科建设缺乏相应依托；没有得到应有的重视；思辨能力不强甚至缺乏思辨，力量弱并且分散。从内部来说，体育自身的学科建设确实存在问题……发展乏力的原因是我们体育学科缺乏思辨，缺乏凝练、总结和升华。”也如中国社会科学院前院长李铁映在《哲学的解放与解放的哲学》中提出的：“一个国家、民族要兴旺发达，拥有光明的未来，就不能没有创新的理论思维，不能没有自己的哲学。”可见，从学科到国家都呼唤着“哲学体育”的实现。

“欲致其高，必丰其基；欲茂其末，必深其根。”显然，正是这种需要使得体育哲学的研究变得急切而富有意义，值得钩沉与探析。为此，仰先人筚路蓝缕的崇高，见贤思齐，按照“一切知识问题最终皆指向哲学”的原则，凿明体育科学之说，添解体育科学之理，立正体育科学之本，把不牢固的地方牢固起来，把不充分的地方充分起来，就成为必要的“驻足”。基于此，从对象与关系上看，《中国体育哲学基础理论研究》一书的问世，既不是对体育学各门学科的概括和总结，也不是对体育是什么的理论描述，更不是一种实际操作的策略，而是一种意识自觉，着重唤醒阅读者再认识的感悟和信念，帮助阅读者突破已有的认知樊篱，走向超越，提升对体育的感受力、理解力、辩证力和判断力，通过扬弃，产生新的思想、新的行为、新的实践，从而更好地建设体育、发展体育。基于此，为防止体育的“光辉”被遮蔽，对对象进行“反思、修正与创新”，就成为本书的责任。

“风檐展书读，古道照颜色。”笔者告别杏坛，虽夕阳无限好，但黯然之心

① 习近平：《在哲学社会科学工作座谈会上的讲话》，北京，人民出版社，2016 年，第 2 页。

油然升起。学于斯、长于斯，歌于斯、哭于斯，一生为其而舞的体育，已与我骨肉难分。怀着敬畏之心，笔者不禁稽首自问对它是否忠诚、是否尽力，却发现尚遗“体育哲学”这块未垦之荒地。“六经责我开生面”，笔者人虽已退休，但教师的职责还在，教授的学术使命还在。士不可不弘毅，笔者秉持“天行健，君子以自强不息”的精神，恪守学理不留空白、老实站好最后一班岗、系好人生最后一粒扣子的规训，警勉自我，不敢懈怠丧志，要坚持走完这“最后一公里”，以诚实的学习态度为填补学科的匮缺作出应有的贡献。因此，日不敢忘其所无，月不敢忘其所责，孜孜不倦，矻矻前行，推动《中国体育哲学基础理论研究》的撰写。显然，本书是笔者一生的思想之寄、工作之结、感情之聚。

当今体育学汇聚了众多交叉学科，发生着多种对象的类特性活动。据此撰书九章：第一章介绍本书创作的缘由，辨清对象与任务；第二章解析体育哲学文本思想，阐明对象构建的目的；第三章解读体育科学发展，明确目标走向；第四章概言体育教育的目的，述评发展趋势；第五章梳理体育竞技与人类的关系，理性分析其特点与局限；第六章阐明体育与社会的关系，叩问时代之旨；第七章缕析体育与文化的关系，明“远根”之所在；第八章辨清体育与经济的关系，探讨物质文明之堂奥；第九章讨论体育与政治的关系，倡导清明之为。

文章千古事，得失寸心知。虽然作者浸染百家，一览众山，囊万殊，裁一相，纳百家之言而立一家之理，将体育之根深扎于哲学的沃土。期出而能入，往而能返，使一科之学经得起“阅读”。可是，由于哲学演进是“由一进多的过程”，理论之变无穷。在对其理解上不断衍生着新思想的交锋、旧思想的跌宕，在学术上不断发生着新关系的分化、新取向的涌动，对其研究可谓“滚石上山，重车爬坡”。虽盼解疑剖问，不落旧说，贯群论、会其义，昭清繁芜庞杂，逮其精微，尽道顿悟，尽彰异议，不萧规曹随，用好哲学之理，扬弃出“体育哲学”的气象特点，期望能够事半功倍地提炼出一些有价值的思想或澄明的观点，既能反映学科真理的道义，又能体现理论求新的诉求，但笔者深知其文本是“多思想的大文化”，存在着难以穷尽的意义，惶恐于学术不富、力不能逮，怕取乎其上，仅得其中或其下，难以兼收并蓄，达到整齐普遍的“出场”。然而，笔者还是牢记穷经者须知哲学之理的训教，秉承著述的目的就是教育自己、探讨是为了后续发展的理念，最终写成此书。犹如洛克所说，自己能够像一个清扫工人，把地面清扫得干净一些，把求知路上堆着的垃圾搬掉一些，能为后人行走带来方便就足够了。需要说明的是，登高才能看远，求新还须知故，在撰写本书过程中，笔者参考引用了前人的探索与成果，在此对他们致以深深的感谢！

总之，“回归基础，关切理论，打造一批高水平的成果”是新时代学界必须着力完成的任务。正如学者杨文轩所说：“首先，要搭建好学科体系架构。如果没有学科架构，体育都不会有一席之地，怎么可能持续发展下去？”因此，体育学科的建设需要有一批先行者挺身而出，拿出有“显示度”的成果，唤起更多学者的意识觉醒，获得学界的理解、认同。然后大家在共同愿景下合力去做，一点点向前推进，才能成功。总之，想扩张学科架构、凝聚学科意识，引领者就要扛起大旗，在自己的研究领域中立言，有所建树，齐心将注意力引向学科体系建设。这样就具备了发展的基本条件，久久为功，逐步推进，最后才能取得成果，中国体育学科才能得以持续前进，完成习近平总书记关于中国特色“学科体系、学术体系、话语体系”建设的重托。

张振华

2022年初春　文津花园

# 目　录

# 第一章 《中国体育哲学基础理论研究》导论

## 【本章摘要】

一是立足哲学观审视体育理论实践的得失，追问体育理论本体性的根由。二是论证构建体育哲学的意义与范式转换的目的，阐释体育本质的力量。三是明确体育哲学的目的与任务是构建体育哲学成熟理论体系，改变我国体育理论体系缺失哲学范式的困境，为体育建设与发展提供学理支撑。

## 【本章内容结构】

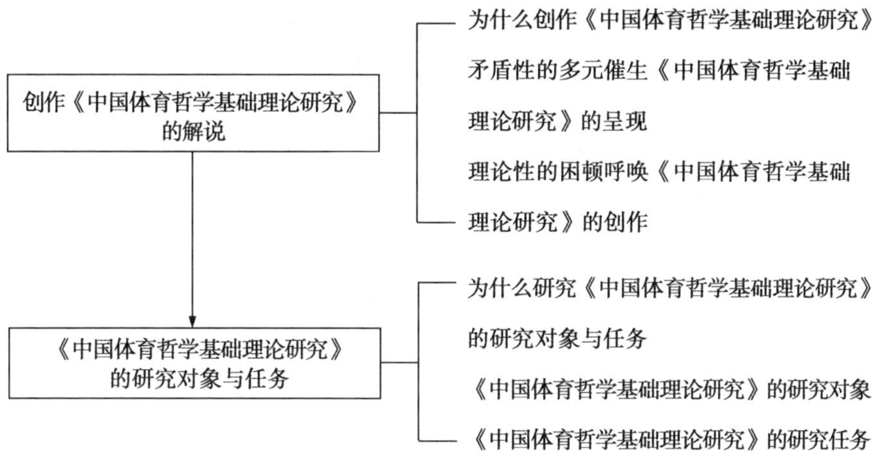


## 【本章理解】

1. 识记《中国体育哲学基础理论研究》在理论建设中的目的与作用。

2. 梳理《中国体育哲学基础理论研究》对学科地位与性质的影响及其得失和应用。

3. 理解《中国体育哲学基础理论研究》的观点或主张，清除偏见，明晰新说。

4. 学习理论、应用理论、贡献理论，考察反思传统体育理论存在的问题。

“问题是时代的声音，哲学是解决问题的时代精华。”正确的思想认识是行动的先导，体现着对规律的深入认识。以此谓之，哲学是确定、说明、发现意义的活动，可给事情的理解带来最深刻、最全面、最详尽的证明和运用。正如马克思在《〈黑格尔法哲学批判〉导言》一文中提出的：“哲学把无产阶级当做自己的物质武器，同样，无产阶级也把哲学当做自己的精神武器。”① 实践证明，中国体育思想的每一次跃升、每一次智慧的获得，都是哲学解放的结果。运用正确的世界观、方法论，更好地观察和解释体育与人、体育与自然、体育与社会的各种思维、各种现象，既可揭示其在发展中蕴含的矛盾与规律，也可“鉴于往事，有资于治道”。显然，要做好这一点必须学习哲学。借鉴英国学者贝尔纳的成果，日本学者汤浅光朝的研究表明，意大利、英国、法国、德国和美国在成为世界科学中心之前，都出现了一个哲学研究的高潮来催生思想解放，为科学繁荣的来临营造环境、提供支撑。②

习近平总书记曾多次强调要认真学习哲学，要求广大党员干部掌握马克思主义哲学这一看家本领，并提出构建中国特色哲学社会科学要体现出继承性与民族性、原创性与时代性、系统性与专业性。成熟的学科架构必然要有成熟的学理相配套，体育科学是在吸收多学科成果基础上产生的，也是在借鉴多学科成果中发展的。《中国体育哲学基础理论研究》的诞生，既是体育学术水平成熟的体现，也是由体育大国走向体育强国的学术必然。正如学者毛振明所说：“哲学承载两大特点：其一，哲学是对时代精神的概括与总结；其二，哲学具有塑造时代精神的作用，是打开体育之窗不可或缺的伟大认识工具。”对此，美国哲学家赫钦斯也提出，形而上学是最高的智慧，是对第一原理理性秩序的研究。这种研究是对世界的本质以及人的本质的概括，是人类一切活动的基础。

## 第一节　创作《中国体育哲学基础理论研究》的解说

从认识论的角度说，哲学的词源“philosophia”的意思是爱智慧，所以自柏拉图以来，哲学就一直以热爱真理和追求知识为己任。在人类文明史上，哲学是人类社会科学中最古老的学科之一，集中着人类思想史的精

① 《马克思恩格斯文集》第1卷，北京，人民出版社，2009年，第17页。

② 参见潘教峰等：《世界科技中心转移的钻石模型——基于经济繁荣、思想解放、教育兴盛、政府支持、科技革命的历史分析与前瞻》，《中国科学院院刊》2019年第1期。

华，具有总结旧思想、发现新智慧的力量。哲学可以从更广泛的意义上准确全面地解释人类社会的一切现象。为此，各门学科一直十分重视哲学并使其成为自身的理论研究基础。哲学使人深刻，能够让我们深入探究事物的道理。沿着这一认识，运用哲学显然可把体育质性研究和量性研究集合在一起，使研究者能够更深入地切入体育研究对象的内在结构，更准确地解释矛盾之间的关系和属性，更全面地揭示出其跨度与覆盖面之间的影响因素、相互关系、变化规律、因果关系，达到一般理论解释不能达到的高度，实现理论的互鉴、互补、互证，从而促进体育学在认识论和方法论的应用上进入一个新的境界。诚如学者杨文轩在接受《北京体育大学学报》编辑王晓微访谈中的深情言说，为学科成熟立言、留下建树是学者的责任和光荣。因而，撰写一本“体育哲学”的著作既是一种应尽责任，也是一件具有理论意义和现实意义的事情。正如学者孙正聿在《哲学理念创新与文明形态变革》一文中提出的：“对人类来说，最为重大和艰巨的理论问题莫过于探寻人类社会发展规律；对人类文明的重大变革来说，最为重大和艰巨的理论问题莫过于以新的哲学理念塑造新的时代精神。”①

## 一、为什么创作《中国体育哲学基础理论研究》

那么，为什么要研究“中国体育与哲学的关系”？因为任何一个国家、民族，无论处于什么历史阶段，要想发展就离不开精神文明的引领、物质文明的主导。由于体育具有强大的引领性和主导力，既为上层社会所欣赏，又为黎民百姓所青睐，因此体育就成为国家强盛、民族复兴的重要力量和时代精神的标识。要丰富和深化中国体育在新时代的内涵和表达形式，就要构建出新的理论框架，揭示出新的学术原理，总结出新的思想观点，赋予新的术语概念和话语表达。为什么要研究“中国体育与哲学的关系”？因为要改变中国体育是“从国外领回来的孩子”的现状，就要坚持中国道路、中国特色、中国风格、中国气派，让话语体系展现更多的中国声音、中国基因、中国元素。为什么要研究“中国体育与哲学的关系”？因为要使中国体育实现本土化和科学化的发展，就要深刻地阐释好中国道路和中国经验，就必须探寻中国体育学科发展的源与流，厘清中国体育学科目标和学科思想。为什么要研究“中国体育与哲学的关系”？因为要向世界讲好中国体育的故事，就必须阐释好、展示好中国体育的文明起源和底色，就要表达出中国体育的特性思想、实践特色、时代特色和民族

① 孙正聿:《哲学理念创新与文明形态变革》,《人民日报》2016年8月8日。

特色。

实现上述“学科化、学术化、话语化”的建设，成为学界奋力完成的任务。要完成这一任务，就需要加入哲学的力量、建立体育哲学以增加解释力和说服力。为什么？因为不精诚不足以动人，没有特色的话语表述、生动而深邃的术语，就不能吸引人、说服人和感染人。社会的前进离不开理论的阐释。无论是从反思批判的维度来看，还是从现实和历史的必然性来看，任一社会的发展都是以理论的介入和助推来实现的。为什么？因为事物的现象形式和事物的本质存在着不能合二为一的表现，日常的经验只能描述事物的外观，不能抓住事物的本质实现从对象性出发。也就是说，按照马克思“在批判旧世界中发现新世界”的名言，在历史长河中的每一理论都是历史的产物，既需要随着时代的要求不断地编织和建构新的理论体系，也需要不断地摧毁和解构旧的理论体系。显然，这既包含着一般意义的理论和现实的关系问题，也存在着对体育解释世界的有效性、改变世界的科学性的能力的根本考量，因而需要哲学的批判，需要哲学的建构。也就是说，要“知己知彼”地回答体育的问题、解释体育的发展，不能没有哲学。“理论是灰色的，理论之树是长青的”讲的就是这个道理。为了抢抓科技革命机遇，为未来的科学发展寻求更为坚实、更富活力的概念基础，2020 年 9 月 24 日，中国科学院成立了“哲学研究所”。为什么成立哲学研究所？因为哲学是理论化、系统化的世界观；马克思主义哲学是科学的世界观和方法论，蕴涵着辩证唯物主义和历史唯物主义等人类历史的发展规律。

历史和现实证明，在人类社会中，就思想性和实践性而言，几乎没有任何思想理论能与哲学处于同一高度，能够为我们理解世界的客观本性、人与世界的关系、自在自然与人化自然的辩证关系，提供具有普遍规律性的论断，使我们深刻地理解和把握人类社会发展的规律。一是理论证明，哲学是一门非常重视“时代自觉与主体自信”的学科，可帮助我们解决好“拿来与消化”的问题，培养出“六经注我，我注六经”的能力，从照着讲走向自己讲。二是“对话”是哲学的胸襟，“扬弃”是哲学的品格，实践证明，唯有哲学的介入才能弥补现实和理想之间存在着的巨大差距，满足人们对各种问题盘根究底的追问。三是历史与现实表明，提出问题、解决问题是哲学的本质与指向。运用哲学研究体育，可以全面了解体育学科发展的历程、规律与趋势，增强对学科性质、历史定位、社会文化价值和作用模式的关系的认识，准确判断学科发展的趋势和未来的状态，进一步发挥学科对社会的积极作用。也就是说，运用历史唯物主义，可帮助我们回顾过去、总结经验、把握规律、展望未来、正确设计前进大势，用全面、辩证、历史、发展的眼光看待挑战和机遇，深刻把握变局，开好新局。运用辩证唯物主义，可使我们认清本质、掌握全局，深入了解事物的真相，抓住矛盾的主要方面，从事实中发现联系，而不是从头脑中想出联系，以实事求是的态度去处理问题、看待变局。正如学者许全兴在《实事求是：科学性与党性的统一》一文中指出的，哲学不同于其他学问之处的最深层的本质在于，它是刨根问底的学问，是关于世界观的学问。①

文献表明，迄今为止，体育领域不仅缺乏一种自主意识导向哲学与时代对接，更缺乏运用哲学的基本原理解读体育现象的学说，以至于“总为浮云能蔽日，长安不见使人愁”，难以充分展现体育的本质力量与多元功能，助力体育永葆先进性的底色，面向实践接轨时代精神，充分发挥出体育改变世界的震撼力量。故而，相关研究薄弱、资料匮乏、钩沉难得，真正具有学术意义的成果寡见。显然，从上述意义上说，对“体育哲学”的认识也是一个认知、见识水平高低和自觉意识的问题。2020 年发布的《新文科建设宣言》明确指出：“应对新变化、解决复杂问题亟须跨学科专业的知识整合，推动融合发展是新文科建设的必然选择。”学者李博在《武汉体育学院学报》2021 年第 11 期的《中国体育学演进历程探析》一文中指出，西方体育学演进呈现“汇川成海”的特征，中国体育学演进呈现“支离破碎”的特征。由此可见，为解决这一问题，开展多学科、跨学科的研究，已成为未来发展的必然趋势。正如 2021 年学者杨文轩在接受《北京体育大学学报》编辑王晓微的采访时所说：“习近平总书记高度重视‘三大体系’的建设，要求构建中国特色、中国风格、中国气派的学科体系、学术体系和话语体系，这是一项基础性、全局性、长远性的宏大工程。构建‘三大体系’的有关政策为我们指明了方向、奠定了基础；国家‘十四五’规划也为体育强国描绘了良好发展蓝图。因此，我们需要把握时机、乘势而上，将体育学科建设排进议事日程。”

“水滴虽微，渐盈大器。”发好这一先声，构建“体育哲学”，可为体育实践提供更加锐利的认识工具，极大地拓宽体育学科的视野，进一步彰显、发挥体育服务于社会的生命力和影响力。可为当下《“十四五”体育发展规划》中提到的问题与矛盾提供梳理与解读办法，着力解决已有研究的认知不平衡问题，为体育科学的新发展提供高于一般意义的学术新解释，解决好当前体育理论时代意识不强、对矛盾的思想认识不深、引领文

① 参见许全兴：《实事求是：科学性与党性的统一》，《毛泽东邓小平理论研究》2020 年第 1 期。

化的定位不高等无序、同质和低效的问题。也就是说，建立“体育哲学”的历史之义，就是运用哲学的立场、观点和方法解释和分析体育现实中遇到的理论和实践问题，将“批判的武器”变成“武器的批判”，体现出体育认识世界和改造世界的正能量，改变当前体育研究没有体现出抽象与具体的联系、站位不高的缺陷。学者季浏 2016 年在南京师范大学举办的庆祝中国高等体育教育创建 100 周年大会的发言中也指出，当今体育教育已经不是一个独立、封闭的单一学科，而是一个汇聚多学科的学科群，研究体育教育理论的建设要加强与哲学的对话，方能拓宽视野，提高认识事物的能力。

从理论的层面来看，文化不是自律的，发展不是自生的，不思考不能自觉其存在。也就是说，要想正确回应《“十四五”体育发展规划》中提出的问题，要想穷尽其问题发生的“第一原因和根由”，实现理论与客观现实相符合、主观与客观相结合，使历史的实在与历史的理解相统一，实现体育从整体上全面、准确、深入地把握好继承、联系、发展的关系，就要将哲学作为基底。如运用历史思维，运用社会存在决定社会意识原理，把握规律、掌握命运；如运用实践思维，可摒弃非此即彼的思想，理论联系实际，处理好客观条件与主观策划的关系，解决好蓝图与实施的统一问题；如运用辩证思维，走向自主和成熟，可揭示矛盾、解决矛盾，正确处理矛盾和发展的关系，实现主体和客体的统一。试想，一个连“自己”都讲不好的学科，怎么能走向世界讲好中国的故事？从这个角度来说，哲学是体育学科的底气，可提炼出体育的血脉和精神。

各个学科是以其研究对象所具有的矛盾的特殊性而同其他学科区分开来，成为具有独立性的学科的。体育运动存有快慢之分、动静之分、胜负之分、正误之分的各种形态，可是要从中引申出一分为二、合二为一的规律，并把它转化为矛盾的分析方法，使我们能从个别中看到一般、从对立中看到统一、从肯定中看到否定、从有限中看到无限，超越现实，实现主观与客观的统一，显然唯有哲学。为什么？因为哲学深刻地把握了人与世界的关系及其联系和发展规律，可使人从全局出发、以长远的视角看问题，从整体上把握事物发展的趋势。所以，每当面对社会矛盾束手无策、难以处理时，人们都不得不把目光一次次转向哲学，求助于哲学。为什么这么说？因为，伟人恩格斯告诉我们，一个民族要想站在科学的最高峰，就一刻也不能没有理论思维。就像中国改革开放成功的背后是中国共产党科学的治国理政的思想。历史证明，哲学是时代变革的先导、国家变迁的先声。因而，推动体育哲学建设是时代之需、当务之急。

质言之，每一个时代的思维都是一种历史的产物，不同时代具有不同的形式，同时具有不同的内容。用哲学的观点来看，这每一既成的形式里面，“对现存事物的肯定的理解中同时包含着对现存事物的否定的理解”。体育活动由于存在精神文明与物质文明的特征，既有理论的，也有实践的，既是主观建构，也是客观建构，因此存有主要与次要、宏观与微观、本质与现象、必然与偶然、内因与外因、历史与现实、主观与客观、当前与长远等多种因素的考量。受这些因素的制约，体育的活动对象和主体中包含着一系列“主与次”“进与退”“上与下”“真与假”的矛盾性交互关系，容易“浮云遮眼”，造成“盲人摸象”“管中窥豹”，犯经验主义的错误。只有哲学才能抓住其根本，将其整合于一身实现统一，从解释的空间中搜索出最佳的解释。著名哲学家牟宗三说：“什么是哲学，凡是对人性的活动所及，以理智及观念加以反省说明的，便是哲学。”[①] 遵循这一理解，什么又是体育哲学呢？研究体育存在的问题，反省说明体育存在的问题，寻一个根本的解决之道，就是体育哲学。

从社会的属性看，体育是一项广泛性的社会活动，其运行过程发生着社会存在与社会意识的关系、生产力与生产关系的关系、经济基础与上层建筑的关系、社会运动规律和机制的关系。体育社会是一个不断运动变化的社会，是一个需要经常变化和改革的社会，其矛盾的发生不仅存在于对象的认识客体之中，也存在于认识主体的意识之中。因而，对体育的认识和实践与认识世界和改造世界的过程一样，是一个充满矛盾的过程，存在着合目的性与合规律性之关系的辩证统一。为此，从学科话语体系建设上看，有以下需要解决的问题：一是研究的目标性强，但方法性弱。二是研究的批判性强，但建构性弱。三是研究的价值性强，但知识性弱。四是时代发展太快，原有理论研究太弱，导致对问题的认知与把握不足。五是研究的内容过多，既存在主要矛盾，也存在次要矛盾，导致取向模糊。六是体育的问题不仅在于自身的矛盾，而且联动着政治、经济、文化等复杂的社会问题。显然，要想实现体育目标和手段的统一，解决好自身多元素的相互制约问题，就需要借助与哲学对话，才能统揽全局，建立相互关联，走出悖论，实现健康发展。

一个民族要想站起来、强起来，就一刻不能没有理论思维。从时代性来看，改革开放开启了中国社会之政治、经济、文化、生活等主题的复杂转型，充斥着对人的尺度与物的尺度的“关系”思考，也对研究者提出了

---

① 转引自张立文：《中国哲学之道》，《光明日报》2020年4月13日。

各种各样的问题，要求其从各个角度给予回答，以便继续前行。也就是说，这些问题发生的外层表现虽然是体育各种客观矛盾的反映，但深层的原因却是历史与现实、思想与机制、生产力与生产关系等机制结构的不平衡。要想冲破这张网的羁绊，任何单一的、局部的输入和措施都是无济于事的，即传统的体育学已难以给出有效的解释。从理论上讲，要处理好这些问题需要做好两个方面：一是需要哲学统摄多学科参与和发力；二是理论联系实际，把马克思主义基本原理同中国具体实际相结合。为什么？因为时代的变革是一种有目的的行为，既是理性的产物，又是一种实践活动的产物，存在着历史逻辑、理论逻辑和实践逻辑辩证性的统一，需要把客观的必然性和现实的规律性合二为一才具有科学性、真理性。

“工欲善其事，必先利其器。”显然，要想解决好各种矛盾，就需要哲学，因为没有哲学的统摄，就难以处理好流与源的关系，以至于发生“合成谬误”等现象，就难以处理好理论统一性与问题多样性的关系，充分发挥体育多学科的力量，实现客体属性和主体需要之间的统一。历史证明，哲学是理论的首府，任何一门社会科学或自然科学要想发展好，都必然离不开哲学的指导。可见，体育要想发展好，就应从哲学思维入手，离开它，许多理论的解释就会失去依据，苍白无力，远离真理。按照马克思“对象、现实、感性”是认识主体的观点，把“客体—主体—我思”的理解提取出来，就成为建构“体育哲学”的学说根柢。哲学不仅可分析知性思维与理性思维的关系，而且可以分析认识的有限性与无限性的关系；不仅使其从抽象上升到具体的方法，而且可以对自我进行批判与反思。为此，“让体育说哲学话”就成为我们由体育大国走向体育强国必须研究的时代课题。

## 二、矛盾性的多元催生《中国体育哲学基础理论研究》的呈现

历史经验表明，任何一项伟大的事业都是理论与实践的生动统一。毋庸置疑，改革开放以来，传统体育原有的运行模式难以为继，已逐渐为新时代多元化的、多样化的新形态所取代，“不均衡”成为当前我国体育事业建设中的突出问题。从实践性看，体育是时代存在的形式，受历史必然的制约，存在着超越现存社会关系、解构现存社会关系、重构新的社会关系、推动自身转变的未完成性。在这个转换过程中，中国特色社会主义进入了新时代。从理论性看，“五期叠加”“新常态”“转向高质量发展”的历史转换，使中国体育发展的道路进入了矛盾变革的多发期与易发期。马克思主义认为，精神是物质的反映，理论是实践经验的总结。一定的哲学

总是在一定环境下产生和发展的，并为维护和发展这种环境而服务。显然，面对新时代，我们必须学习哲学并借用它的力量发展自身，实现理论服务时代、发展时代的目的。《中国体育哲学基础理论研究》的出现，是内因素为了应对外因素的矛盾和挑战生成的结果。

按照矛盾论的观点，任何存在者的存在，都发生于、表现于一定的相互关系和相互作用之中。为此，我国体育学者们把这种时代历程中所呈现的各种不平衡、不充分、不相适应的挑战与矛盾，表述为“五期叠加”。一是全国性问题与地方区域问题交织在一起。二是跨文化、跨学科的交流不断推进体育走向交叉与融合，需要予以明确与完善。三是国家发展历史遗留性问题与现实发展问题交织在一起。四是社会性的问题与体育自身的问题交织在一起。五是社会的各种需求驱动体育发挥更大的文化影响，提供更多的功能支持。因此，从研究的方法来看，面对越来越复杂的多重关联的发展目标，传统彼此孤立的单一范式研究已不足以准确勾画出体育多元矛盾发生的全貌，穿透问题的表象而深入“抽象的规定”，分析解答出矛盾交织的问题所在。正如社会科学院原院长李铁映在《哲学是智慧之学》一文中指出的，每一个时代都会有束缚人的思想的东西，哲学就是要让人自觉认识到究竟是什么、是谁束缚了人的思想、人的精神，应当怎样摆脱这种束缚。

从历史发展的角度看，现实中这些问题的产生，是中国社会不断变革、不断转型升级、不断建设、不断发展的必然，是成长转型中的问题。正如《“十四五”体育发展规划》中指出的，我国体育改革发展虽然取得了一系列显著成就，但体育发展不平衡不充分问题依然突出，重点领域和关键环节改革任务仍然艰巨，体育创新能力还不适应高质量发展要求；全民健身公共服务还无法有效满足人民群众美好生活需要；竞技体育体制机制与经济社会发展不相适应，运动项目发展不均衡、核心竞争力不强等问题依然存在；体育产品和服务有效供给不足，体育消费潜力尚未充分释放。这些问题的存在，迫切需要在“十四五”时期给予更好的谋划解决。

也就是说，这些突出的矛盾是《“十四五”体育发展规划》需要解决的问题。如体育领域的改革创新与体育强国建设的总体目标仍不相适应，体育与经济社会协调发展的机制有待进一步健全，人民群众日益增长的多元化、多层次体育需求与体育有效供给不足的矛盾依然突出。一些长期制约体育事业发展的薄弱环节和突出问题依然严峻：体育管理体制的改革尚需深化，体育发展方式亟待转变，调动社会力量参与体育的政策措施尚不完善。体育社会化水平不高，基层体育社会组织发展滞后，支持培育体育社会组织发展的机制仍需完善，全民健身公共服务体系有待进一步完善。竞技体育结构布局还不够科学合理，一些影响广泛的基础项目和集体球类项目水平较低，职业体育的快速发展迫切需要建立与之相适应的完善的体制机制。体育产业总体规模不大与结构不完善并存，体育服务业比例偏低、种类偏少。体育文化在社会主义核心价值体系建设中的作用未能有效发挥，体育的多元价值有待深入挖掘。体育人才队伍建设还不能适应快速发展的形势，高素质、复合型的体育管理人才依然缺乏等。

多元矛盾交织而催生的体育问题是综合性的，只有扎根哲学才能找到答案和解决途径。学者韩磊磊、翟丰在《社会资本视域下中国体育治理的路径选择》一文中提出，由于缺乏系统的理论支撑，体育治理始终处于感性与自发的阶段，难以有效地产生打破制约的方法与途径。得其大者可兼其小，体育的发展离不开大格局的定位、主基调的把握。要化解党的十九大报告提出的“中国特色社会主义进入新时代，我国社会主要矛盾已经转化为人民日益增长的美好生活需要和不平衡不充分的发展之间的矛盾”，方法不能是单一的、线性的，而应是立体的。换言之，新时代大变革的矛盾呈现多元化的趋势，以新常态为标志的新发展呼唤新理念，急需回应的新话题多、新热点多、新需要多，而传统的孤立求解、单一相对的分析方法，难以澄明这些对象的嬗变过程。因而，急需加强、充实、完善、提升理论的研究能力。从这种背景看，唯有促进体育与哲学的理论“联姻”，统摄多学科的方法，方可为上述多元矛盾事物形态的处理提供根据，找到实现有效论证和解决矛盾的条件。哲学和体育的“联姻”具有较强的理论意义和现实作用，二者的结合可给我们带来嵌入跨界融合的更大的理论空间，有助于觅得真理，形成新的解释、新的思想，反映出新时代体育事业变革的过程与图景，让我们抓到时代的脉搏，找到正确的声音。也就是说，只有扎根哲学土壤、汲取充沛养分的理论，才最可靠，也最管用。

这就要求理论融合发展，扩大研究范畴，重视协调效应，像石榴籽一样紧紧地抱在一起，改变中国体育理论学术话语分散，学术体系零乱、薄弱、单一、无法独立面对多元矛盾的不足。建设体育哲学的目的，就是运用哲学的一切思想、理论，分析体育在全链条发展中所出现的基本问题和基本矛盾，揭示体育现象、掌握发展规律，解释和预测体育活动与行为的相互关系，促进各种理论走向丰富，提升我们认识世界和改造世界的能力。这一过程关注内外两条线向的求索——“现实中的问题”和“问题中的现实”，即“问题从哪里来”“往哪里去”。理论的进步是提高建设质量的动力，推动体育理论与哲学的互动，把“求真”与“致用”有机地统一在一起，促进体育理论的进步，是体育学术研究的出发点和归宿。换言之，由于体育的发展认知无法像自然科学那样进行实验和完全受控于实验，如果想要看得远、讲出高度，把体育蕴含的理性的全部奥秘展现出来，显然需要从哲学的角度出发，摄取多学科的方法，才能给出富有解放意义的真理。

哲学不仅可以在整体上给出解释，还可以从不同角度给出多种不同的解释，帮助人们思考，做出正确的选择。换言之，就是在存在决定思维，思维能动地反映存在的映照中，逻辑地寻绎出不同客体经验的普遍性，从“为什么”后的“为什么”的再理解上，进一步解析出体育这一现象蕴含的本有之解，使体育以一种全面的方式占有自己的本质。正如学者杨桦在2018年沈阳“全国学校体育改革与发展座谈会”上提出的，当今中国处于这样一个政治、经济、文化革新和创新的时代，体育既要坚持民族复兴的使命，又要承担实现小康梦与中国梦的任务，需要在理论上对其进行突破和完善。

从历史实践性追溯体育发展中的各种症结，可以发现这些变化产生的根由：一是时代发展太快，原有理论太弱，导致人们难以对问题的产生形成准确的认知和整体把握。二是规则不一，监管不协调，相互扯皮，有利就上，无利就推。三是目标职责过多，彼此产生矛盾和冲突，导致政策取向模糊。四是“九龙治水”“铁路警察各管一段”，弱化了职责效能。这些问题引发了“四个方面的不适应”。一是我国公共体育体系的发展与“人民对美好生活的向往”的需求不相适应。二是我国竞技体育“三大球”的发展，与我国快速提升的国际地位不相适应。三是我国竞技体育的体系机制与社会实际发展的需求不相适应。四是我国公共体育产品的质量与规模偏小、偏少、偏弱，与人民大众的服务需求不相适应。这些问题与不足，与实现中国梦和小康梦的要求不相适应。

“船到中流浪更急，人到半山山更陡。”邓小平同志也曾经指出，“我国发展起来以后的问题不比不发展时少”。我国发展起来以后，不仅要破解长期发展过程中积累起来的一系列矛盾与难题，如体制机制的弊端和利益固化的藩篱，而且要努力解决发展起来以后出现的新矛盾和新难题，如创新发展、协调发展、绿色发展、开放发展、共享发展不足等短板。也就是说，体育的发展越是充分，其内在的矛盾也就越是尖锐，其自身的更新的任务也就越大。观察人类社会的发展史，历史的规律告诉我们，矛盾危机的背后往往都孕育着重大科技突破的黄金期，催生着新一轮社会的大发展。正如学者茅鹏认为：“体育在经历了自然化体育、科学化体育、人文化体育后，一种理性的认知油然升起。”①

可以说，上述矛盾的交织和重叠既是体育历史积累的结果，又是体育新发展的历史必然。显然，在这一前进与倒退、革新与保守、现实与超越的矛盾迷局与发展困境的背景下，传统体育“就话说话”的这一理论品格，是无法准确概括一个新常态的未来，匹配好体育与政治改革、体育与经济改革、体育与文化改革、体育与社会改革、体育与教育改革的关系，无法为实践提供真知，找准一条光明的道路的。从这种意义上说，问题存在于现实发展的客观矛盾与主体追问的相互作用之中，没有发展就没有问题的产生。可见，正是时代的发展性、矛盾的多元性催生了《中国体育哲学基础理论研究》。

简言之，多学科一体化的处理思想，已成为时代的理论主题。传统体育处理问题的视角聚焦于自己看自己，停留在感性经验的描述上，这是非常局限的，只能解决一些小的单一性问题，面对重大的系统性问题则显得无能为力。要想改变这一现象，则需要哲学聚合引领多重学术经验，协调组织攻关研究，使其由“单一”的实践方式，升华为“整体”协作的实践方式，从整体上统筹发挥好耦合的机制，只有这样，才有可能触发一种更大的系统的改变，才能使我们将承担的任务了然于心，不畏浮云遮望眼。也就是大家平常所说的，体育研究不是简单地概括经验、发现现象、利用规律认识世界，而是在批判旧世界中发现新世界，有效地解决存在的问题。

显然，这一触摸寻绎出我们构建《中国体育哲学基础理论研究》的意义和目的。只有哲学具有统摄多种理解的力量，可更为科学地认识和准确地把握体育发展的内在规律性，并从哲学理论的高度去认识和总结我国体育实践中出现的新现象和新问题，积极推动体育健康发展。正如学者陈佩杰所说：“哲学有三个功能，对历史反思追问、对现实分析考量、对未来前瞻预设，这些向度可活古化今，使我们体育的各种理论思维更深、更广、更活。”

体育与哲学的融合有其内在的历史必然性与合理性。为什么？因为对《“十四五”体育发展规划》中多个方面矛盾的处理也是一项科学性、理论性、创新性极强的社会改造工程，没有更大尺度的系统的理论整合是无法实施的。提出并确立一种具有总体性又包含着内在张力的思想框架，将是我们走向新理论和方法创新的重要一步。习近平总书记 2015 年在十八届

① 茅鹏：《运动训练中的“技艺”、“明智”与“科学化”》，《北京体育大学学报》1994 年第 1 期。

中央政治局第二十次集体学习时指出，辩证唯物主义是中国共产党人的世界观和方法论。必须不断接受马克思主义哲学智慧的滋养，增强辩证思维、战略思维能力，把各项工作做得更好。可见，就像生命离不开水一样，体育离不开哲学的滋养。

哲学的功能涉及对主观世界与客观世界的认识和改造，是获得一切话题根本解释的钥匙和基础。哲学的这一特点，可以把问题的内在本质与外在相关性联结在一起，很好地从现象到本质去解释相关问题。它解决了任何单一组织、单一系统都无法解决的问题。哲学是集多种社会关系于一身的学科，这一性质决定了其不仅是一门具有教育性、文化性、社会性、经济性、政治性的学科，还是满足与时代发展相适应的多元化、多层次化需求的一种不可或缺的思想资源。

从矛盾论的观点来看，由于受社会存在决定社会意识规律的制约，体育活动必然受多种社会变革的复杂影响，人们对其的理解必然涉及对传统与改革、对立与统一的多关系的思考，其过程必然存在着外部条件与范围的多变，贯穿着相互影响、相互制约的矛盾。实践证明，这些因素纵横相连，都颇不易在常规的认知框架内梳理与判断。换言之，由于传统单一分科式研究的理性“认识”水平受人的实践活动方式的制约，研究者难以从整体上发现和认识人类社会体育现象发展变化的规律及其发生作用的条件，因此也就难以从整体角度展开相关厘定，揭示认识与现实统一的本质，正确地为体育对象化的活动提供理论和方法上的依据，进而对事物进行定向、解释、规划，实现其活动，以及创造形成新关系所必须的条件。

人类的实践活动过程不是一般的“原因—结果”的运动，而是“目的—结果”的运动。自然界的活动是依据因果关系建立起来的，其必然性实现的表现为一系列因果制约性而非目的性的参与，是纯客观的过程。人类的活动是体现社会目的性的活动，即目的性是社会必然性实现的主体因素。而社会目的必然性的实现，并不取决于主体的目的，而是取决于主体对目的自觉把握的合规律性。

“史、论、法”是一个学科话语体系建设的基石，即历史、理论和方法是一门学科话语体系建设的基础。上文从“史”的角度阐释了建设体育哲学的目的，强化了对体育哲学的认识，揭示了一定时代的体育必然来源于一定时代的科学成果。改革开放以来良好的政治土壤，为我国体育的研究提供了多元的社会环境和学术资源。在众多学者不懈的努力下，我国体育学界几十年来，已经实现了广泛和深刻的突破，发掘和发展了诸多热点，分化形成了多种学说。可以说迄今为止，我国体育发展已经从传统体育教育学、体育心理学、体育生理学等扩展到体育社会学、体育经济学、体育法学、体育管理学等更大范围的研究。这种蔚为壮观的发展，使我们具有了既可从纵向看也可从横向看的视野，科学地分辨出体育的共时性与历时性的特征，具有了从局部到整体把握体育的能力。这对于深刻而又全面地理解体育与社会的多种活动的关系、理解体育活动中的一些特殊现象和新价值，是很有意义的。同时，这些理论的深化与细化，既为新知识的形成奠定了基础，解决了体育科学发展中出现的许多“新问题”，也为体育理论研究突破传统界线，将“触角”伸向更广大的历史时空带来了机遇。

随之而来的是，这种多方位的研究虽然推动了体育科学研究的发展与进步，但也带来一些“公说公有理，婆说婆有理”的门户之争和“以我为尊”的情况。每一项研究都把自己研究的内容视为主题，缺少与主体意识形态的衔接，只是借助主体意识形态的衣钵和包装大展拳脚，自我迅速扩散，占领空间，抢夺话语权，结果导致体育主体性的立场消退和本质的遗失，造成只有多样性没有总体性，只有抽象的具体没有有机的总体的现象。因此，研究者也就不能把各自理论的独立性扬弃为总体的内在要素，统一于总体之中，使各理论的进路都服务和服从于体育大发展的主题。受这一关系的制约，当前体育理论研究难以较为全面地从全局出发去揭示矛盾、解决问题，研究视角小而平面、串而相杂，缺乏与体育事业整体发展的关联，缺乏与体育主题理论阐释的承接。这一渐行渐远、推离体育主体的研究倾向被不断边缘化，消弭了引领功能，难以保证体育作为民族复兴标志性事业的灵魂、立场和品质，可谓捡了芝麻丢了西瓜。这一绞尽脑汁地成为其他学科脚注的欲望，遗忘了“皮之不存，毛将焉附”的道理，以致没有丰富主体，不断发生“公地悲剧”，难以为矛盾的解决、主体的发展提供谁是逻辑优先的解读。为此，有必要以哲学聚合引领各种理论，使它们像石榴籽一样紧紧地抱在一起，着力释放出理论的活力，打破当前各学科唯我独尊的、唯我第一的教条。正如学者杨桦所说：“体育治理就是运用治理的新方式来处理体育利益主体多元的冲突，只有这样才能使之协同合作、高效有序，最终达到体育善治的过程。”①

显然，中国体育学术理论的建设与发展，没有解决好“学科—多学科—大文化”的多样与统一的“呼应”关系，没有使其在一个更高的层面和更广泛的范围扩大和升华为主体的话语，形成“理论的一致性”，讲好

① 杨桦：《中国体育治理体系和治理能力现代化的概念体系》，《北京体育大学学报》2015 年第 8 期。

体育的“大历史”，而是征用“主干养分”各讲各的理解。也就是说，这些理论受初创过程中带有的幼稚不成熟痕迹的制约，没有充分发挥出为主体服务的科学成分，不仅没有为主体意识形态的成熟提供路向的阐释，而且存在游离主体性的偏移问题。没有体现出任一相关理论创立、重续的目的都是更好地建设好中国体育、发展好中国体育，分化的目的是综合，而不是取代它。为此，建立体育哲学的目的不是表现体育哲学，而是把各个学科组织成相互协作的整体，熔为一炉，展开充分对话，实现单一学科不能完成的目标。反观现实，作为体育大国，从近现代至今没有一个人创立出体育与哲学“联姻”的系统研究，这不能说不是一种遗憾。

概言之，这种“各扫门前雪”的分科研究，使得每一种学说都自重自负，把自身形态的独立发生作用看作唯一，缺乏“合作共赢”、促进体育主体发展的思考，难以推动体育科学地产生整体对话，摆脱单一学科因果对应分析法的局限，难以把主问题放于中心，将引申出的认识予以展开。不仅没有“缩短和减轻分娩的痛苦”，反而滑向隔离、淡化、混淆等，与主旨渐行渐远，使各种理论难以交互融合，生成整体共识的超越，从而为已出现的问题提供科学的回答或客观性、必然性的思路，突破长期以来形成的理论框架，取得极具启发性的研究成果。就像美国经济学家萨缪尔森在“合成谬误”理论中提出的，每一个理论局部看上去是理性、正确、有效的，加起来却是一个谬误。

正如学者任海在体育“鸽笼理论”研究中指出的，一是随着科研类型越分越细，现代体育学中不同专业的学者被分割在自己的“鸽笼”里，越来越走不出来，如何让他们走向“广场”，发挥出“大学科”的效益，需要清醒的认识和大力的引导。二是这一现象导致当前中国体育研究在整体上缺乏坚守的勇气，缺乏辨识的能力，缺乏有特点和风格的系列研究成果，蹭热点、跟风现象比较突出，如何让他们走出来，也是一个亟待解决的问题。也就是说，一些理论只是从自身出发，孤立地看待事物运动的过程，从一个理论框架去“挖掘”和“阐释”其思想，而不是以整体为支撑，从整个大学科出发去看待事物运动过程。因而，这一别扭的存在带来了一盘散沙的局面，制约了体育理论资源走向科学、有机、整体，束缚了理论力量的发挥，难以应对矛盾的转化。

当前的研究表明，有些新面孔的学科研究主要停留在对自身的对象、范围、体系的描述上，没有考虑主体“站起来”自身才能“站起来”。也就是说，现有的理论没有使“先验的认识形式与经验的质料相符合”，也就难以“生生之谓易”，为体育的发展建言献策。如马克思曾提到，无论是18世纪的启蒙学者，还是康德、费希特、黑格尔，谈论的都不是人本身，而是理性的人或人的抽象理性。受视野的限制，都没有从整体上指出“人作为自然的、肉体的、感性的、对象性的存在物”，没有揭示出它们真正得以发生的实践基础——人的本质在于其社会关系的公共性。

受理论思想贫乏的制约，我国体育事业的发展一直陷于经验论和实践论各执一词的争执中，总是在主体和客体谁是主导、谁是被导的圈子里打转，缺乏统筹兼顾、总揽全局的整体观。因此，一些不平衡的问题不断出现：或是把系统某一要素的增长绝对化当作目标；或是把某一理论奉行为主导工作的支点，用于指导广阔的实践；或是只重视当前，忽视或切断与过去和未来的联系，造成“把孩子与洗澡水一起泼掉”的局面，从而导致发展缺乏整体性，“只见树木，不见森林”，唱了一曲曲“向前、向后、向左、向右”的错位之歌。显然，对哲学的研究可推动观念变革、思维转换、解放思想、实事求是，打破阻碍事物发展的桎梏。

基于此，为促进中国体育事业实现“道路自信、理论自信、制度自信、文化自信”，国家体育总局政策法规司在2013年组织相关学者编写了《中国体育哲学社会科学研究（1978—2010）》一书。按照书中的观点，当今哲学的任务就是通过解释，把不同门类的理论知识和需要探讨的日常实践沟通起来、关联起来，将隐藏于问题中的因素归因理解。哲学最令人印象深刻的地方，莫过于它在处理问题时所表现出的“综合力量”，可为打破已有的桎梏提供理论基础。

以上从“论”的源流进行了讨论，分析了为什么需要体育哲学。那么从“法”的角度来看，这些现象中存在着《老子》中提到的，事物本身存在的曲全、枉直、洼盈、敝新、多少的逻辑事实与关系特性，以及“有无相生、难易相成、长短相形、高下相倾、音声相和、前后相随”的对立、依存、转化的矛盾状态，只有“抱一为天下式”“不自见”“不自是”“不自伐”“不自矜”，方能不被某些“显像”或“流俗”之见所遮蔽、迷惑，才能立于不败之地，方能为所有的客观存在之物显现出主观的条件。

按照西方现代解释学的观点来思考这些现象，从整体的观照来看问题，可以探幽发微，确定其本意与深意，兼收并蓄得出“大境”的见解。可以互文观照，避免出入，实现“文本”由整体到局部，再由局部到整体的“理解循环”或符合时代主题背景的“意义理解”。可使多种理论融入解释者的理解，形成一种“共同的信仰”。而单一学科的观照是孤立式的解读，其反映的是对象某一侧面的质的规定性，它们都在自己本质的范围内各守一隅，对话着自己的对象化活动。显然这种各说各理的分科研究，难以对事物的认识形成进一步的阐发，综合抽象达成“异口同声”的共识。可见，以其来处理多重形态关联的问题，难免会以偏概全。

体育科学是人类文明的产物，是一定物质生产方式的产物，是一定社会关系的产物。因而，回溯体育的发展可以发现，在人类历史的进程中，体育从来都是新的物质生产方式、新的社会生活方式、新的上层建筑的能动反映者，最能体现时代新发展的准则和裂变，并能以巨大的潜力显示自身的丰富性。而哲学是一种能动反映时代精神活动过程的智慧之思。二者联姻可创造新的意义，产生理解之后的再理解。这一命题揭示出体育对哲学主旨的运用，可不断地塑造出新的关系理解，消除陈旧的传统观念，“濯去旧见，以来新意”。可为体育带来是“头脑”属于这个世界，还是这个世界属于“头脑”的本体论认识，从而使我们能够从完整的角度去正确认识新世纪体育科学发生的现象。

从当代科学发展的趋势来看，社会的实践发展与需要是社会科学发展的原动力，社会现象的复杂化与系统性是推动社会科学学科分化与综合化的根由。而当前体育科学的研究只有分化没有综合，是不符合现代社会科学研究这一发展趋势的。要准确把握这一趋势，解决这些矛盾，把理论、道路和制度等群集因素的此消彼长的力量集合起来，统摄形成系统化的理性认识，就需要借助理论母体——哲学，对这些不同理解作内在逻辑一致性的考察，对这些不同的学说观点进行解读分析，才能“究天人之际，通古今之变”，为我国体育事业的发展提供高水平智力支持，解决当代中国体育发展中的问题。

要言之，“史、论、法”学科建设的路径表明，哲学具有“生而不有，为而不恃，长而不宰”的品格，是“观大势、谋大局、干大事”不可或缺的资源，它能改造很多事物，或为改造事物开辟道路，可使各学科走向超越，得以“天地人”合一。显然，推进体育与哲学联姻具有积极的意义，有助于我们更好地建设体育科学。构建好“体育哲学”既是大国学术的必然，也是体育学者不可推卸的责任与荣誉。

## 三、理论性的困顿呼唤《中国体育哲学基础理论研究》的创作

历史的实践证明，没有科学的理论，就没有科学的实践。对任何一项事业、任何一个领域来说，如果没有建立整体的思维路向，就有可能在方向、目标、方法等一系列的基本问题上陷入迷茫，走入误区。对此，有学者指出，全球化时代不怕你犯错误，最怕的就是跑错方向。所以，为说明随着新时代的来临、新生产力的获得、新的生产关系的产生，体育能使人

们、使社会改变什么，为说清体育在新时代的作用，如何提供深邃的学理性支持和价值观内涵就成为必要的思考。用哲学家的话来说，即揭示出那个事物为什么产生，我能知道什么，我该做什么，我希望什么。正如学者陈先达在《问题中的哲学》一书中所说的，科学探索是对未知对象问一个“为什么”，来寻求对科学问题的答案；而哲学恰好是对“为什么”要再问“为什么”，是对“为什么”中普遍存在的“为什么”的探索。①

体育须由先进文化孕育才能得以自立，须由先进文化推动才能得以发展。正是在这个意义上，人们常说，实践唯物主义只有上升到唯物史观，才能变成科学；实践唯物主义只有受唯物史观指导，对历史与人的行为研究分析才能合理有效。因而，立足唯物史观进行研究，对我们深化和完善体育事业具有重要的意义。学者王长江在《执政成本论》一书序中指出，当我们在传统的理论里面打转转的时候往往会发现，无论是思路、逻辑，还是概念、话语，都始终难跳出固有的模式，难以讲出什么新话。反过来，当我们用新的研究方法和思路来思考问题，特别是借鉴其他学科的研究方法和思路时，许多问题便豁然开朗，展现出广阔的空间和光明的前景。

从时代形态而言，历史在发展，实践在变化，这一历史的时代特征表明，问题是时代发展的前奏和起因，只有把不断出现的问题研究好、解决好，事业才能发展好。目前我国体育科学存在着许多新形势下的问题，需要我们认真思考，对其梳理可归纳为四个主要方面：一是体育如何为人的发展、为社会的发展、为经济的发展、为民族的复兴等做好服务。二是体育的发展是“金牌至上”，还是建设体育强国让人民大众分享改革成果。三是体育的体制、机制、资源等运行的方式（有形的手）与市场（无形的手）的关系。四是体育体制、机制内部的改革与发展，制度的制定与贯彻，发展质量与效益的方式转变。可以说，中国体育理论所必须面对的问题，既相对独立又彼此关联，贯穿着矛盾对立、依存、转化的客观普遍性，单一的因果解释难以应对。唯有注重从文本整体的逻辑框架出发，兼容多学科的经验予以解读，才能穿透“隐秘”，直取中心，破解矛盾。

从客观形态而言，受21世纪社会的不断变迁和社会形态快速更新的叠加制约，体育的问题更复杂，变化更快，不确定性增大，因而呈现出不同于以往的，既有传统的又有现代的，既有西方的又有中国的，你中有我、我中有你的相互关联、相互渗透的新特点。这种状况的出现，使许多

① 参见陈先达：《问题中的哲学》，北京，北京师范大学出版社，2014年，第8页。

问题在边界归属上很难明确分辨，在方法取向上不断引发新的解释，从而造成理论不断地为种种假设提供辩护。由于这些假设具有合理与不足的双重性，存在着二律悖反的现象，因此研究者难以提出终结性的解释，给实践运用带来极大的困惑。这就要求理论必须以哲学为中介或根据，才能构成一个认知的序列，达到整体理性的统一。

从主观形态而言，中国20世纪末改革与发展走的是一条既非西又非古，独具中国特色的改革发展之路。这一特征使我们既要面对改革与发展，又要注意保持稳定。单一学科因果应对的成因分析法难以直取事物之根本，把握思想之核心，厘清问题之根源，从整体上为顶层设计提供清晰的框架，为体育事业的发展提供可行的解决路径，从而准确确立战略重点，合理规划布局。因此，必须聚集多元理论资源才能聚焦战略，而要构建这一既自成体系又相互联结的资源共享理论圈，唯有依赖哲学。

从表现的形式来看，这些方面的状况存在着实践逻辑与目标逻辑的“坚持主导性与多样性”辩证关系的统一问题。即一国体育必须坚持一条主导性的发展道路，否则就容易陷入迷茫和混乱；同时，社会发展又离不开多样性，否则就会缺乏活力和张力。要在坚持主导性的前提下发展多样性、在多样化社会条件下坚持主导性，克服二者之间的对立，实现统一，就需要理论进路超越单一的科学性认知，朝整体科学性的方向发展。

从理论语境差异的话语来看，考察这些方面的发生，立足于历史的角度具有合理性，而立足于未来理想社会的角度又必须扬弃，这具有复杂和辩证的悖反特征。这就意味着，受时代的制约，在这些问题的理解上，蕴含“对象化”的正确与“非对象化”的悖反的不同的张力叙说，可以对它进行两种或多种解读。质言之，要想回答这些重大问题，推进超越这种现有的、相对的、特殊的、片面的本质理解，走向应有的、绝对的、普遍的、全面的本质理解，能够运用高度抽象的方法去认识和反思外在的世界和自我的本质，并在合规律、合目的的意识中确证自己，能够以一种全面的方式占有自己全面的本质，唯有依靠哲学。

从认识的层面来看，任何改革或发展都不是一个个孤立的事件，而是一个共同行动的整体。因而，要回答好时代提出的重大问题，就需要使体育的科学进程与思想体认的形态相一致、使理论逻辑与历史过程相统一。而仅运用本学科的语言不足以把体育的历史发展推进到理想的形态，这就需要我们运用哲学的思维进行分析，才能走向真理深处，揭示出客观规律，把握发展之道。对此，按照矛盾论的观点来看，只要问题解决的系统的逻辑论证和过程关系的矛盾未弄清楚，任何现实存在都不可能被最终理解。

综上所说，沿着这一路径，把这些多元认识置于哲学的三大思维“存在论、意识论、价值论”的理论层面来看，体育是一种社会存在物，其目的存有三种运动表现的分化活动形式。一是人类体育的活动不仅受未来事件的制约，也受到过去事件的制约。即任何一种文化的发展都是历史变化着的存在反映，所有的意识出现都烙印着历史的立场。二是人类体育的活动由对象自在自为的客体过程变成主体目的需要制约下的发展过程。即解读主体所处的客体背景对目的的制约，分析用什么样的原则和方式去追求发展目标才是科学的。三是人类体育活动的现有关系不能满足自身的发展，需要在实践中不断能动地创造出新的关系满足需要。即冲破“已有”的思想束缚，克服过时的经验，建立新的经验形式，实现客观与现实的统一。

理论上的清醒是方向坚定的前提，关乎历史的总结、当前的把握、未来的选择。也就是说，没有明确的理论就没有正确意识的获得。研究者要从根本上把握住事物矛盾运动的基本原理，不断认识矛盾、不断解决矛盾，秉纲而目自张，执本而末自从，辩证得出体育不同发展阶段的特征，适应体育在不同阶段的新变化、新特点。可见，建立具有系统性和全面性的理论，为体育从理论上不断提出高于一般意义的学术新解释，就成为构建“体育哲学”的历史必然。

反思旨在促进，批判为了发展。从上述认识我们得出，要消弭上述矛盾，就必须深刻地认识到，体育作为一种复杂的社会文化行为现象，有着丰富的历史内涵，体现着人类各个时期的文明进程，反映着人类社会多层次的物质形态和精神形态的各种表现、各种关系，是文明的标尺和民族特质的体现。所以，传统“分科丛林”式的研究使我们只能了解学科发展的侧面，而不能了解学科发展的全貌，难以形成多学科相互促进、有机联系的完整体系，导致理论研究分散，只见树木，不见森林，难以形成“集团”优势，从而圆满地说明自身在社会发展中的作用，以致无法为全局发展做出贡献，实现体系的统一。

实践证明，受学科研究导向的制约，对一个问题或现象的分析与研究，从统计学、文化学或社会学的角度，得出的结论往往是不一样的。换言之，任何一门学科的单一研究都无法涵盖体育这一包罗万象的研究对象。为了形成过程与目标的统一、理论与实践的统一，就迫切需要以哲学的立场、观点、方法为支撑，搭建起认知体系，从根本上改变学术力量孤立分化的局面，着力推进理论由单一学科研究向多学科研究交叉、组合、运用发展，以开阔学术视野，从而克服体育研究中“只见树木，不见森林”的片面现象，消弭对立，促使理论的部分与整体之统一，达到既可入乎其内，又可出乎其外的效果，从而保障将中国体育研究向更加广泛的领域和更深入的层面推进。

目前，体育学术的研究还基本停留在传统的拓宽边界、自我描述的阶段，体育的“大科学性”研究未受到关注。体育是多种因素共同作用的对象，任何单一视角的检视都是不完备的。对此，有学者指出，元研究讲“道”，强调事物的连续、动态、关联，注重整体的生成与化育；分科研究讲“技”，强调技术的标准、原理、方法、规格，注重运用的正确与错误。正如《易经》之语，“形而上者谓之道，形而下者谓之器”，器以道而存，道以器而立，二者统一才能产生力量。

讨论完上述这些认识后，可见哲学理论建构思维呈多维发散状，可有效衔接各种理论资源，破除左右对峙的思维定式，构建不同理论之间的对话平台，超越单一学科理论，给予一个较为客观的呈现，保证顶层设计的准确性与完整性。

## 第二节 《中国体育哲学基础理论研究》的研究对象与任务

区分事物是显现事物存在的必然方式。理论表明，对象与任务是一门学科存在的主题，体现着学科的本质规定性，并用以区分不同学科。二者的关系不仅保证着学科架构的价值导向与运行机理，也影响着活动流程的设计、操作与运行。对其进行研究不仅有利于摆脱认识的误区，而且有利于消除盲区与盲从。因此，对二者的分析与解答就成为一项必须的事情。正如人们为什么推崇笛卡尔的“我思故我在”，因为它的提出确立了主体性的原则，指出事物向往的目的——对象与任务，为展现事物辩证运动的规律与合理的形式奠定了基础。因而，对象与任务决定着人们对一个学科的事实与价值的认识，是人们揭示与说明一个学科的理论结构与实践方式的中介。

### 一、为什么研究《中国体育哲学基础理论研究》的研究对象与任务

逻辑学的研究表明，概念的结构可分为“内涵”和“外延”两个部分，即本质属性和使用范围，其表征着所研究的对象是谁，有什么功能或任务。也就是说，对象与任务是保证知识走向理论化的一种必然方式。现

代分类学指出，每一门学科都有着自己的研究对象与任务，并据此构建着自己的概念体系，生产着知识和形成理论系统，说明着据此产生的实务主线与关系，从而使自身的发展有规律可循。因此，寻找与讲清体育哲学的研究对象与任务就成为一项必须解决的问题。就此，根据“发生即定义”“属加种差”的原则，对象是本质的反映，目的是任务的指向。对象随着任务的发展而发展，随着任务的变化而变化。也就是说，对象是关于自身内在运动的形式的意识，具有区别于其他不同学科的范畴概念、观点学说、思维形态、方法立场等话语体系的特征，是决定该门学科能否独立存在的重要前提。循着这一界定，对象的任务就是确立庞杂、具体事物的议题，明晰可观察实体的重要任务，探究其特殊矛盾的原则、运行规律，划分物质运动逻辑起点等，即从完整的表象中提炼出不同于其他学科的具体实在性的规定。一门学科如欲具有合乎科学的学术性，首先要做的事情就是确定对象的研究主题，即实务目标是什么，方能导向事情的本身。

“理论解决本质问题，实践解决行动问题。”体育哲学的研究对象与任务具有理论与实践的双重品格。遵从伟人恩格斯的学科分类观点，体育学科的对象化活动可由体育活动的主体、客体和中介三部分组成。“理解”是一种认识，研究《中国体育哲学基础理论研究》的研究对象与任务所要解决的第一个问题就是“求理”。从理论品格上阐明其面对的主题与解决的问题是什么，即以可靠性和有效性为对象，去探寻中国体育的民族认同和内在的规定性。从实践性上说，实践是体育存在的形式，那么，研究《中国体育哲学基础理论研究》的研究对象与任务所要解决的第二个问题就是“求实”。从实践品格上阐明体育活动运行的形式与事物的本质是否合二为一，揭示其合目的性与合规律性的必然性。从“实践是检验真理的唯一标准”这一原则出发，去探寻中国体育本土化的活动和迈向国际的脚步之逻辑的必然，把中国的好东西变成世界的东西，把世界的好东西变成中国的东西。正如斯大林指出的：“理论若不和革命实践联系起来，就会变成无对象的理论，同样，实践若不以革命理论为指南，就会变成盲目的实践。”

“通过实践而发现真理，又通过实践而证实真理和发展真理。”这既是辩证唯物主义的认识论，也是辩证唯物主义的知行统一观。事物的逻辑形式来源于事物的结构，体育哲学的研究对象与任务需要解决的是体育领域物质和意识的对立发生与否定之否定的辩证统一的探讨和争论，即体育科学主观目的与客观现实的矛盾之间统一的因果性和必然性的互构问题，体育发展过程中历史的客观性和社会的现实性之间的问题，体育目标的科学性与伪科学性之辩，等等。阐明体育事业与社会系统的关系、体育事业的历史形态及其发展规律和表现等，把求理与求实融合在一起，实现经世致用、知行合一。联系中国体育实际，服务中国体育改革和建设，读取中国体育的价值观、时代精神和行为模式。

质言之，从社会存在决定社会意识的观点来看，思维和存在的交错点就是人类历史的实践。在现实中，制度的执行往往会受到各种人为因素的干扰，导致行动的设计和实施常常出现风险和隐患。如我国 20 世纪 90 年代曾试图进行体育赛制市场化的改革，结果行不通。而到了 2000 年以后，同样的体育赛制市场化改革却获得巨大的成功。这表明，由于马克思主义哲学的精髓是实事求是，一切从实际出发，因此只有以马克思主义哲学的方法论才能予以解答。哲学可帮助我们直捣问题的核心，使程序的正当性与绩效的合法性辩证统一，避免同样的困境再度发生。

从理论维度来看，《中国体育哲学基础理论研究》的研究对象与任务的理论品格就是把感性的直观具体上升为理性的规定，深刻说明体育的物质价值、精神价值与社会之间交互能动的关系，深刻说明体育在社会发展中的作用，深刻说明体育迎接知识经济时代新社会结构的重要性和紧迫性，深刻说明体育现代化发展的必然性和长期性，深刻说明体育资源、机制与市场经济相结合的必要性和可行性，等等。即在宏观上，要阐明“什么是新时代需要的体育、怎样实施新时代体育、如何发展新时代体育”等重大问题；微观上，要处理好体育与世界、体育与科学、体育与文化、体育与政治、体育与经济、体育与人、体育与社会的关系。

从实践维度来看，《中国体育哲学基础理论研究》的研究对象与任务的实践品格就是在由理性的规定上升为理性的具体活动中，把握矛盾的特点，致力于问题的解决。运用“实践是检验真理的唯一标准”这一原则，透过事物的表象，解除种种遮蔽对“事情本身”造成的扭曲，把存在从“非此即彼”的两极对立思维模式中解脱出来，引导其回到事情本身。对体育“实在事实与可能事实”的关联予以阐明，把意识对象还原为对象本身，使体育能动地把自己的本质转化为“人的存在方式和社会生活的本质”。显然，这一品格着力标识出《中国体育哲学基础理论研究》的研究对象与任务的图式。同样，任何一门学科的建设与发展，以及学术风尚的改变，都不会仅仅起因于学科内部，而往往更多地受到外部社会的政治、经济和文化等力量的影响。

要讲清《中国体育哲学基础理论研究》的研究对象与任务，可从三个方面着手：一是从存在与意识的关系出发，把混沌的具体提炼为抽象的规定。二是从历史与现在的关系出发，把抽象的规定具体为客观形式的再现。三是从矛盾与否定的关系出发，把客观形式反映为实践定型化、模式化的范畴。换言之，即按照体育的存在方式和社会生活本质的运行逻辑，从思维与存在的一般关系进入具体的关系；再从本体的认知进入现代的概念结构转换，标识出思维如何反映存在、存在如何反映思维；最后回归一切意识都产生于实践，一切实践又变成意识。通过对异化的分析、悖论的论证、成见的剖析等，讲清《中国体育哲学基础理论研究》的研究对象与任务，是体育哲学建设的重要一步。

## 二、《中国体育哲学基础理论研究》的研究对象

人的思维是物质世界长期发展的产物，是自然的和人的规律性的表述。对象是人的思维对客观事物的普遍本质的概括和反映，是内容和形式的统一。如果不尊重这一规律，将陷入“束书不观，游谈无根，此又何也”的窘境。任何一种科学理论都有一个主题及其对象。

人是目的性动物，其活动本质都是有目的的。按照逻辑学的法则来看，对象是立场、路向、框架的解读之本。也就是说，人不能简单地、直观地去认识事物的本质，必须通过现象与关系才能掌握，只有形成概念才能认识事物，形成思想。判断一门学科能否成立的很重要的一点，就是这门学科是否具有稳定的结构和符合规律运动的命题——对象，能否给出二者之间一个符合科学逻辑关系的认知，从根本上架设起科学的框架，在不同层次上为主题找到符合科学逻辑关系的话语体系，从科学的角度解读出本学科与其他学科之间相互存在的不同，区分出本学科与其他学科之间活动的差异。

综上，从哲学的认识来看，体育哲学学科的研究对象，就是从要素之间的众多关系中找出最有区别性、最主要的、最具有统摄性的、不可替代的、对这一研究具有稳定性和主导性的关系。即从本体论这个角度说清世界为什么需要这个学科，这个学科为什么存在，“它自身在社会存在的占有性”是什么。也就是对存在本身进行解释，使隐蔽着的存在意义显露出来，“万物皆有根据”讲的就是这个道理。也就是说，“使存在从存在者中显露出来”，从而揭示出现实境况下的那个实在的存在性，即客体属性与主体需要之间的关系。按照马克思的观点，实践是人对象化的活动，构成了人存在的方式，而人们的存在就是他们的现实生活过程。

《中国体育哲学基础理论研究》所谓的研究对象，就是从对象性存在与非对象性存在的关系着眼，从存在出发去解读存在的“承诺”，让学习

者明白《中国体育哲学基础理论研究》探究世界的性质与特点，明晰该门学科的实践指向。换言之，就是揭示出“这一学科领域虽然是一个由丰富多彩、纷繁复杂的各种具体活动内容和活动方式构成的，但反映这个学科面貌的是那些基本性的活动、基本性的关系，它们就是需要研究的对象。即抽象出这种运动的类本质和发展的内在联系与规律，给出对象的本质是其关系的总和”。显然，如果对这些个别先于一般的关捩表征不清，就会造成学科界限模糊、方向视角不清等问题，也会影响其在实践中的运用。也就是说，如果体育哲学学科性质的归属性不明确，将会导致体育哲学的方向性与发展性不明确，难以确定研究范围。

可见，《中国体育哲学基础理论研究》的研究对象，就是按照从近到远的关系，以哲学的立场廓清体育的有用性与范围。即从实践性上厘清、说明其类本质价值，展现其生命表现以及自身活动的群属性存在的多种样式，实现理论逻辑和实践逻辑的统一，进一步认识体育的“概念并不是单个所固有的抽象物，在其现实性上，它是一切社会关系的总和”。其对象的“本质是唯一的”，但其类本质、类特性的活动“表现是多方面的”。也就是说，一个学科是一个系统，这个系统是由不同表现、不同层次的活动要素和主体构成的。从理论上看，《中国体育哲学基础理论研究》的研究对象的文本，可以体育发展的哲学论、体育教育的哲学论、体育竞技的哲学论、体育社会的哲学论、体育文化的哲学论、体育经济的哲学论、体育政治的哲学论的逻辑起点为研究对象。一是从哲学视角对这些事件和现象提出超越日常习俗认识和传统理论认识的新解释。二是从不同哲学逻辑层次，发现最恰当的、最有效的解释，进一步认识好体育、理解好体育，帮助体育全面占有价值性、政治性、经济性、文化性、教育性、科学性、社会性等属性。

文化发生学指出，任何一种文化思想，不管多么复杂，都不可没有中心这个逻辑点。犹如毛泽东的“实事求是”、邓小平的“发展是硬道理”一样。所以要认识《中国体育哲学基础理论研究》的研究对象，首先必须明确研究对象活动性质的特点，才能概括出其存在的多种表现。那么，体育哲学对象化的生命活动特点有哪些方面？对此，有体育研究表明，体育是一个蕴含“知情意行”的综合体。其存在体育与世界、体育与科学、体育与文化、体育与政治、体育与经济、体育与人、体育与社会等的物质价值认知的成分、人文精神认知的成分、理性科学逻辑认知的成分、伦理真善美养成的认知成分、实践技能行为方式操作等方面的成分。体育蕴含着社会一切关系的总和，既有“人学”也有“物学”，既有物质文明也有精神文明。

按照对上述思想的理解，所谓《中国体育哲学基础理论研究》的研究对象，就是从理论和实践两个方面阐明体育蕴含的价值、功能、目的等与技能、技术方式之间的集合之力，沿着“内涵—外延—实践”的三维关系，把其实质内涵与客观运动的形式对象化为实践的统一。从实践性上来看，体育在研究对象方面所面对的是个体、群体、社区、国家各个层面发生的现象、要素、行为或行动之间的不同层级所组成的共同体，存有绝对理解与相对因果的辩证关系。因此我们认为，《中国体育哲学基础理论研究》的研究对象，不仅面临着体育相对的经验性或技术性方面的事物的求解，也涉及物质文明与精神文明两重性互构的求解。即如何来开展这一过程的理论建构，变客观为真理，将“可能”转为现实，为体育的理论与实践提供更加全面、更加准确的认识，使我们能够同时解决两项任务，确认其对象能够达到：(1) 反映体育在客观世界中是不断变化和发展的，在此基础上实现认识的实践以及形成理论有效认识的科学论断。(2) 揭示体育与社会发展之间的基本关系，探寻体育运行变化的基本轨迹，深刻认识体育这一特定的事物对人的生活、思想和行为方式所形成的制约和主导关系，即研究体育科学发展着的认识怎样反映发展的“世界”，怎样检验体育的科学理论与实践是否相符合以及如何相互作用的问题。指出体育科学不是停滞不前的，真理是一个不断变化和发展并与客观现实相符合的过程，体育科学的本质在当代，而不在历史。

鉴于对象是现实逻辑、客观矛盾与主体追问的统一，要想科学认识《中国体育哲学基础理论研究》的研究对象的理论性，需要把握以下方面。

(1) 以辩证法、认识论和逻辑学三者统一为基本引领，以体育本质为媒介，寻求体育认识世界的视角，由体育自然的功能认识领域扩张至与人、与社会存在、与社会生活的本质和应用关系。辩证认识体育历史的自然性与社会性的统一，体育与人，与社会的物质生产、精神生产的多样性的统一，即体育的本质论。

(2) 以实践唯物观为理论基础，以世界观、认识论和方法论的统一为基本原则，以体育的主体与客体的矛盾关系为基本媒介，辩证认识体育在社会活动的本质、规律、机制和发展中存在的整体性、根本性的各种问题，评价、反思体育思想及其行为等问题，即体育的认识论。

(3) 以历史唯物观、实践唯物观和辩证唯物观等为基本指导，实现体育的实践活动、理论体系与价值体系的统一，构建体育哲学的基本体系。辩证认识体育与世界的基本联系和发展规律，实现理论与方法、真理与价值、结构与体系、自然观与历史观、认识论与本体论、世界观与方法论的统一，即体育的发展论。

总之，《中国体育哲学基础理论研究》的研究对象就是明确体育在实现本质的过程、改造客观对象的同时，又创造、改造着自己的社会联系和社会关系；把客观的“自在之物”，化为目的的“我在之物”。即借助哲学的立场，透过事物的现象，发现和认识体育的存在现象与发展变化之间的均衡与不均衡，以合规律性、合目的性的视角给予预设或假设，改造客观世界，保证体育活动按照合规律性、合目的性去实施和运行。揭示体育与生产力发展，与社会意识形态中政治、经济、文化之间的关系，彼此相互协调、相互作用，为改造人类社会客观世界服务。一句话，《中国体育哲学基础理论研究》的研究对象，就是沿着现象与本质、偶然与必然、感性与理性的逻辑进程，在体育历史现实和当代现实中寻找学问，注解中国体育经验，引领体育发展，实现体育“现实中的逻辑”和“理论中的逻辑”相统一。正如历史唯物观告诉我们的，任何一种学说，都存有这三个递进的特征：其一，以历史的逻辑体系为人们提供发展的图景，规范人们对自我的认识和相互理解。其二，以概念框架体系为人们提供时代的世界图景，从而规范人们对世界的理解和对世界的改造。其三，以理论所具有的普遍性、规律性和理想性为人们提供历史发展的实践观念，从而规范人们把握、解释和改造世界。

一定的现实逻辑也孕育着特定的现实问题。笔者认为，《中国体育哲学基础理论研究》研究对象的实践性有以下表述需要解释。

（1）从“对象”的视角，为新世纪、新常态下体育科学发展提供依据，寻找路径。开展实践与体育本质、体育价值、体育功能、体育发展及体育技术行为之间的对话。从不同侧面探索和揭示我国现代化进程中体育科学发展的客观规律，寻绎体育的目的、思想、理论及其技术行为在历史传承中的经验与教训，揭示其与人、社会相互联系、相互制约的发展关系。通过这种跨学科的对话，从学理的本原上进一步把体育的实在说清楚，从而使体育更好地“走向学理”“走向社会”“走向世界”，促进体育对人类社会发挥更大的作用。

（2）从“对象”的视角、“多学科”的大系统观，研究体育基础学科的本质、基本矛盾和体育科技发展的一般规律；总结认识体育发展的经验，建立科学的体育观和方法论；阐明体育对人类生存、社会发展的价值及价值体系。一是研究体育在社会宏观结构运动中的抽象规律，二是说明人的主观世界和价值体系在体育范畴的存在、发生、变化、行动与发展。

三是指出体育是一个不断被选择、被重构、被创造、被发展的长期过程。通过分析与综合、逻辑与历史、抽象与具体的统一，揭示体育建设与发展的科学方式及其发展趋势，为体育的科学化、现代化发展服务，为体育学科的建设与发展提供普遍的指导。

（3）从“对象”的视角，解放思想，更新观念，丰富与发展体育的科学理论体系，总结经验、分析问题、探索规律，从整体上考察与揭示体育与各对象之间的关系、体育与各种社会形态之间的关系及其相互作用。把体育学科的不同领域结合成相互联结、彼此对应的具体存在，解释与揭示体育的实践方式以及与其相适应的生产关系和交换关系，从而阐明体育的社会运动规律，既为体育科学发展中产生的主要问题、主要矛盾提供一种全面的认知指南，又为推进讨论和解决这些问题、矛盾指明方向。

《中国体育哲学基础理论研究》以问题为体系，运用历史唯物主义、实践唯物主义和辩证唯物主义等多种原理，在本体论、认识论、人生论、价值论的大联系中使人获得认识，分辨真理与谬误，认识世界、思考世界、改造世界。消除体育主体目的与客观现实关系在实践方面的理论异化，防止出现只重视特殊性而否弃普遍性等问题，实现意识与存在的统一。

## 三、《中国体育哲学基础理论研究》的研究任务

管理学指出，任务是对对象的定位与澄清，是对对象之实在的反映与展开。实践性与能动性是其根本的特征，存在着目的的概念、价值的概念、发展的概念。《中国体育哲学基础理论研究》的研究任务，一方面要注意怎样从个别、特殊到普遍，在对立中认识到统一；另一方面要注意怎样用普遍性的规律来认识特殊和个别。掌握了这些，我们就可以来校正或修正自己，把握历史的进程。而《中国体育哲学基础理论研究》的研究任务，就是给出这个学科的终极目标是什么，希望达到的状态是什么，最理想的境界是什么。通过对任务的研究，促使动机需求、方法手段、目标追求形成相互和谐匹配的有效运行关系，最终实现系统的统一。其目的就是“解释与揭示体育的实践方式以及与它相适应的生产关系和交换关系的活动及规律”。

体育是具有文化性、经济性、政治性、社会性和教育性的一种广泛的社会活动。从逻辑学来看，其任务的管理关系中还存在着教育与教养、精神与物质、个人与社会、主观与客观、制度与机制、管理与规划、划分与整合、资源配置与分配运用等关系的认识和处理，其运动中存在相互促

进、相互交织、相互反动、相互抵消、相互干扰和相互掣肘的运行规律与矛盾。体育研究任务沿着发展与扭曲、对立与统一、否定之否定和从抽象到具体的道路前进，是一个内在矛盾的展开和解决的过程，是一个由感性具体（肯定）到理性抽象（否定）再到理性具体（肯定）的否定之否定的辩证运动。

从我国体育科学几十年的发展历程来看，其任务的实施总是存在着这样或那样的“客观现实世界、社会发展目的与实践活动方式”之间的对立与统一的矛盾，“主体目的指导体育发展”“客观世界指导体育发展”“实践经验指导体育发展”三种思想对立交织。可以说，这一现象已成为众多体育问题相互联系的中枢，已妨碍到对体育的任务一以贯之的真理性的认识。

实践证明，以“主体目的指导体育发展”就会出现主观的夸张，不考虑国情与实践环境等，造成理论与实践的偏差，导致不顾客观现实、盲目发展的“大跃进”现象发生。以“客观世界指导体育发展”，就会陷入形而上学的泥淖，就会惧怕困难、束手束脚，从一种较为静止的观念和较为教条的视野来着眼和构思体育发展。在这种情况下，往往很难从现实中发现问题，获得动力，得到启迪。以“实践经验指导体育发展”，容易产生自以为是的唯心主义，以个人的偏好去构造和把握外部对象，虽然抽象地发展了主体的能动性，却没有理解现实的感性活动，完全否定了意识活动的物质基础。

讨论完这些认识后，我们会发现我国体育事业的任务涉及五个矛盾的分置解决：一是全国性问题与地方区域问题交织在一起。二是历史遗留的问题与现实发展的问题交织在一起。三是社会性的问题与体育自身的问题交织在一起。四是跨文化、跨学科的交流不断推进体育走向交叉与融合，需要明确与完善。五是国家不断发展要求体育发挥出更大的文化影响，提供更多的功能支持。

换言之，体育哲学的研究任务也可以这样认为：阐明与解决上述几个方面的理解与存在的统一问题。其一即如何处理好体育事业在“对象性的存在物”的历史语境与“对象性的方式”的历史活动中的矛盾性，正确体认两种空间语境发展的差别，理解旧形态向新形态迈进的意义，实现历史理解与现实发展的逻辑统一。其二即如何基于新时代的场景构建出未来的解答，解决好体育事业发展的“历史间距”。其三即如何针对新时代的新形态、新特征、新要求、新趋势做出新分析，通过道路自信、理论自信、制度自信、文化自信完成从视域向理论的转换，驱动旧形态向新形态迈进，提高体育科学的整体水平。

怎么才能处理好“存在者”与“存在”的关系？那就要厘清“思向何方”“做向何方”，将历史的继承和现代的发展一气贯通，为体育的进步性转换提供具体化和实践化的逻辑、路径与方法。世界是由各种事物相互统一、相互关联、相互作用所构成的整体，认识事物不仅要看到否定方面，还要看到认同和肯定方面的价值，只有这样才能走出局限，凝聚出全部优势力量。人类学术发展史表明，一门学科对哲学的理解力，显示着该门学科的成熟度。显然，探讨建立体育哲学的任务，突破传统体育思维，建立新的主体理性思维，促进学科的成熟发展，就成为一件有意义的事情。“伟大的事业需要伟大的理论指导”，讲的就是这个道理。

进一步讲，要弄清《中国体育哲学基础理论研究》的研究任务是什么，就必须进一步追问体育的实践与人的存在方式、社会的存在方式的关系是什么，找出完成任务需要的条件。换言之，如要追问社会体育发展的研究任务，首先就必须定位其形态及走向。例如，当前我国社会体育的普遍需求和社会价值取向是什么？其次，明确实现这个目的的条件是什么，有没有“消费需求”的缺位，解决这个缺位就是研究任务。例如，在实现人的体育社会需求方面，能不能为人的体育活动提供“条件”？这些条件包括：(1) 借助多种手段和方法对体育活动的环境进行设置、改造或创新，为人的体育活动提供形式和条件。(2) 利用这些条件，提高人的生命活动的多种潜力（身体的、社会的、物质的）。(3) 由体育活动而创造人的精神发展的条件，引发人的精神、生活、社会、工作等方面价值观念的改变等。

可以说，《中国体育哲学基础理论研究》的研究任务就是说清楚中国体育、重建中国体育，正确处理好实践中“社会生产体育、体育生产社会，体育的发展离不开社会，社会的发展离不开体育”的关系问题。体育既是构成社会交互关系的“剧作者”，又是社会关系对象化改革的“剧中人”。只有立足于实践，我们才能为体育不断创造出新的发展条件，才能完成历史任务。

《中国体育哲学基础理论研究》的研究任务就是说清体育的担当与使命，厘清体育与世界的三个基本关系：认识的、实践的和价值的关系。从本原角度定位，反映体育与客观的、现实的和未来的各种关系，通过实践—运用、理论—认识、技能—展现及其他把握世界的方式，实现主观—客观、物质—精神、人文—科学的关系的统一。分而论之，体育哲学的研究任务存在着以下方面的表现。

（1）在知识方面，阐明体育学科范畴：存在、物质、对象、现象、过程、关系、变化、发展、原因—结果、偶然性—必然性、局部—整体、要素—结构等。

（2）在价值方面，厘清支撑体育发展的知识和价值，给出体育文化这个存在物始终凝聚在一起，并突破与再造、彰明与笃行、生生不息的前后相续的解释，阐明其在某个时期即使被遮蔽、曲折，隐而不显、毁而不全，仍然能兴废继绝、回转创辟、丰富发展的根源。

（3）在实践方面，阐述体育活动与人和社会改造的联系、改造的行为、改造的方式、改造的活动、改造的方法、改造的技术，扩展体育与外部世界（经济、政治、文化）的关系、领域，将体育更好地融入社会、融入生活，增强体育科学对人的发展的作用。我们不仅要把体育的学理、目的、任务讲好，而且要为体育解决新世纪、新常态中存在的困难做出贡献。

简言之，体育的发展是一个系统性活动，要想从整体上思考，就要注意事物之间的复杂关系，不可孤立地看待任务的实现过程，仅从一个方面考虑问题，容易导致片面性和局限性。从外部关系（与人、与社会、与国家）上来讲，即在一个完整并统一的基础上，说明体育目的通过手段实现的过程。在展现这一活动的过程中，理性向主体展现客体变化的多种可能性以及对各种可能性后果的预计（哪种因素占主导地位），同时反映主体内在需要的多种层次及其实现的可能性（这些因素之间的关系与联系）。从内部结构上来看，确定要达成的目标，把主体的可能性与客体的可能性结合在一起，实现理论的必然性与实践的应然性的统一，创造出体育目的需要的对象世界（合目的性、合规律性）。

总之，《中国体育哲学基础理论研究》的研究对象与任务，就是“在批判旧世界中发现新世界”“在老问题中认识新问题”，濯去旧见，以来新意。分析与抽象出对象的目的性与价值性，展现客观运动变化过程，将哲学运用于体育研究不是对其理论“规则”的挑战，而是补充与完善，从而最大限度地为其可持续发展创造条件。哲学的“本质和存在”的概念告诉我们，任何科学和文化的存在必须有两个“支撑点”，那就是“知识”和“价值”。因此，《中国体育哲学基础理论研究》的研究对象与任务的构建是一种双向模式，存在着理论与实践的合规律性与合目的性之解，二者是一种相互依赖、相互作用、相互滋养、相互促进、共同成长的关系。研究者应通过哲学之镜更好地认识自我、发展自我，坚定对体育科学的认同与热爱。我们为什么关注体育？因为我们就生活在体育中。体育为什么关注哲学？因为体育里蕴藏着哲学的演进。

## 小　结

至此，为什么研究《中国体育哲学基础理论研究》的研究对象和任务？一是发展的对象是特定发展的存在，二者之间存在历史与时代的逻辑统一。二是认识和实践是一对矛盾，具有辩证性，二者之间存在合目的性与合规律性的逻辑统一。三是守成与创新是一对关系，二者之间存在历史积淀与时代前瞻的逻辑统一。体育发展合目的性的这种选择的格局或关系，有时受客观条件合规律性的限制，这固然是一时难以改变的，但人可以发挥主观能动性，概括出新认识，对其进行重新配置。打个比方说，“水往低处流”，这是一个难以改变的客观规律，但是我们可以通过哲学的力量，制作水车使“水往高处流”。同理，我们也可以促进体育的建设与发展，实现合规律性与合目的性的统一。正如有学者论到，哲学是文化精神的“硬核”，反映着时代的思想特征，表征着时代所产生的内在联系。因而，一切学术的进步与发展，必须接受哲学的养护，才能由外表深入内层。借鉴、利用好“哲学”这一人类历史优秀的成果，可为推进体育的科学发展、解决建设与发展中出现的问题，提供大文化的视野、发展的眼光、历史的科学态度。

**思考题**

1. 什么是体育哲学？
2. 体育哲学研究的历史意义与时代价值什么？
3. 体育哲学的研究对象和研究任务是什么？
4. 简谈你对体育哲学的认识与理解。

# 第二章　《中国体育哲学基础理论研究》文本论

【本章摘要】

一是从思维比较的视角，阐述《中国体育哲学基础理论研究》统摄的取向、开论新说的指向、认定的依据。二是从时代变革的视角，运用《中国体育哲学基础理论研究》文本的观点或主张，发挥出体育哲学观的时代意义。三是从理论本真的视角，认知《中国体育哲学基础理论研究》文本各命题的寓意，理解掌握体育哲学机杼，使“镜变而为灯”。

【本章内容结构】

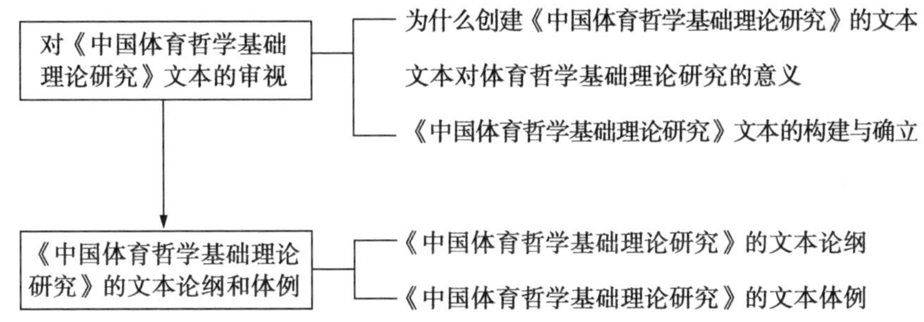


【本章理解】

1. 理解《中国体育哲学基础理论研究》文本的构建的观点或主张，建立正确的体育哲学观。

2. 辨析《中国体育哲学基础理论研究》文本构建的时代意义，进行理解后的再理解和再思考。

从哲学的角度看，理论的发挥取决于两个条件：一是说明被解释对象的重要程度。二是阐释被解释对象的普遍意义。即一种理论的创立，必须建立逻辑自洽的理论体系，厘清内生原理的资源，发挥出“市场”的广阔优势，并把这种独特价值的基本特征和范畴，提炼为学科逻辑演绎存在的起点，使“镜变而为灯”。按照这一说法，一个学术思想如果没有文本表述，就不能把自己显示开来，显然就是无。也就是说，精彩的故事需要精彩的讲述，借用文本的语境可以帮助我们增强理解。文本解读是人文领域的一种热门方法，通过对特定的或专指的主题的解读，给予“意义的发现”，揭示出这个存在物背后的世界。对文本的解读不仅是一种客观的知识活动，还是一种改变自身的存在行为。按照伽达默尔《哲学诠释学》的观点，文本书写不只是一种保存与传承，还是一种创造性行为。其方法不仅要求对文本的理解要有新见解，还要能看到一种认同、体悟、扬弃的多元可能性。[①]

研究文本就是构造与展现出有关学术的“类本质”或“类特性”的自由自觉的对象化活动。研究文本的目的就是打通“间距”，阐幽发微，展示学术研究的方向与观点，释明有关《中国体育哲学基础理论研究》一书理解的问题。如果没有文本的这一引线的逻辑演绎与归纳，读者容易迷失，或陷入以偏概全的境地，不理解事物为什么存在，使自身缺失了“物的价值只能在交换中实现”的再思。对一门学科的理解，不仅是对材料直观的映照，还来源于对文本的思辨加工。只有从文本出发，才能确立认知与理论之间的沟通和呼应。文本的出场既是自身发展的需要，又是理论本身使然。

## 第一节　对《中国体育哲学基础理论研究》文本的审视

要使一种理论被广泛接受，发挥出其应有的解释力与执行力，关键工作还在于明确理论主体性。否则就会出现理论与行动上不完全一致的异化现象，即“失真”。沿着上述认识，使文本开放与阐释开放的意蕴统一，将包含的东西凸显出来，呈现出体育哲学存在的有效性，就成为《中国体育哲学基础理论研究》文本存在的意义。研究《中国体育哲学基础理论研究》一书的文本，可以帮助我们寻绎出哲学在体育对象化的过程中的本质

① 参见彭启福、李后梅：《从“经学”走向“经典诠释学”》，《天津社会科学》2016 年第 3 期。

实现与丰富理解，进而达成对体育哲学的智慧认知，为揭开体育哲学的“奥秘”提供一把钥匙，把哲学的“自在”变成体育的“实在”。

## 一、为什么创建《中国体育哲学基础理论研究》的文本

面对我国新时代日新月异的变化，《中国体育哲学基础理论研究》一书要想让读者“洞烛”其“既独善其身又兼济天下”的崇高，体察出《中国体育哲学基础理论研究》一书存在的意义和作用，就必须给出一个理解自身的文本。为什么？因为没有对《中国体育哲学基础理论研究》一书的文本解读，就犹如戴着手套握手。文本解读就是理解《中国体育哲学基础理论研究》一书的钥匙，可以展现主题的思路，阐明主题的内容与新时代之间的关系。文本的使命就是阐明对客观事物及其规律的正确认识，以及由此形成的理论体系，使“镜变而为灯”。对体育哲学的研究需要一个文本的原因如下。

其一，体育中的身体活动虽然是以个体经验为基础发生的，但因为人是一切社会关系的总和，总有人创造环境、环境创造人的张力思考。其不仅涉及人和自然的关系，还勾连着人与人的关系以及人与自我意识的关系的处理。由于体育哲学基础理论研究存在着本体论、认识论、实践论等多逻辑关联的思考爬梳，因此需要一个文本消除隔膜，帮助读者加深理解。

其二，实践是人的存在形式。体育是一种复杂而广泛的社会现象。在体育活动中，人既是主体，又是客体。体育既作用于生物的人，又作用于人与人的社会整体；既对人的关系产生影响，又作用于社会关系的变革，孕育着“不仅关心知识的获得与确证，而且关心知识的使用与实践”的体悟觉醒。其主体蕴藏着实在性的活动与客体目的性有机统一的辩证关系，不太容易认清。为什么这么说？因为体育的存在是多样的，那么它的发展必然也是多样的。对象的多样性、复杂性就决定了人们对同一事物会产生不同的认识。不同的对象表现出不同的形式，需要说清、需要概括才能被理解。为此，需要一个文本逻辑先“把完整的表象蒸发为抽象的规定”，给出其自由自觉活动的关系是什么、各种交往的向度是什么、实践的着力点是什么的回答。可见，文本对体育哲学基础理论研究而言可以起到“体悟与超越”的作用，使“镜变而为灯”。

其三，历史从哪里开始，思想进程也应当从哪里开始。“社会生产体育、体育生产社会”，这一规律既是认识体育本真的历史源地，又是确定体育现实历史使命存在的依据。显然，要把握好“客观规律性与主体能动性”之间的关系，就需要有文本对体育哲学基础理论研究进行诠释，展现

体育与社会相互影响、相互改变、相互依存的交互关系。文本可为二者植入对话与诠释，联结历史与现实、当下与未来，可促使“弯道超车、换道超车”思维的生成。为什么这么说？因为体育的本质是实践，既需要一切理论必须符合实践，又需要理论引领实践发展。

其四，由于体育与“社会的广泛性”发生着相互依存、相互渗透、相互影响、相互制约的关系，存在着多元因果论和因果互构论的互动的理论发挥和规律运用，因此，体育哲学基础理论研究在论证现存“实在”的必然性的同时，又论证了这种“实在”不可避免地要过渡到另一种“实在”的必然性以及二者之间的多种关系。没有文本的讲述，就易发生认知障碍。因而，需要一个文本作为平台进行解剖与分类，对体育哲学基础理论研究的构造与展开、设置与布局进行注解，实现“在对立的规定中认识到它们的统一，或在对立双方的分解和过渡中认识到它们所包含的肯定”。

其五，体育科学研究的对象不仅涉及人的根本性问题，还关联着物质性的问题，既关乎人生，又来自实践。其所涉及的本体论、认识论、世界观、人生观、价值观、实践论、方法论等许多的基本定义都与哲学有关，都是哲学研究的对象，都需要哲学给予诠释，从而摆脱限制，趋向无限的解放。也就是说，哲学不仅可以从价值理想出发给予体育洞察未来的力量，还可从实践出发促进体育更好的发展。哲学被人们称为“时代的精华”，是可以引领体育走向新境界、新精神、新实践的科学。因而，要做好体育哲学的理解不能没有文本。

要解答好体育哲学基础理论研究中涉及的“生产方式和交换方式的关系”“生产力和生产关系的关系”“物质文明和精神文明的关系”“合规律性与合目的性的关系”等，就必须创建好这个文本。换言之，这个文本就是要说清体育哲学基础理论研究承载、爬梳、提炼的哲学思想在中国体育事业中的范式与实践。理论思维的起点决定着理论范式的转换、理论创新的历程。体育现象中的存在与意识中的存在的内部和外部的矛盾，说明了体育现象物质与思想中实际存在的内部与外部的矛盾，揭示出体育发展中的机制矛盾、客观形式表现出来的结构矛盾、主观形式表现出来的思想矛盾，指出了现存的、合乎事实的事物，确定未来的趋势和萌芽。正如列宁在《再论工会、目前局势及托洛茨基和布哈林的错误》一书中所说的：“要真正地认识事物，就必须把握、研究它的一切方面、一切联系和‘中介’。……‘没有抽象的真理，真理总是具体的’……”

我们所研究的任何事物都存在着各种不同的属性和关系，要把这些属性和关系构成一个统一体，就离不开文本的构建。现实活化理论，理论照亮现实。要把问题变成解释后的再理解，从批判走向扬弃，实现认识世界与改造世界的统一，就离不开文本的构建。要防止因理论与理论之间的差别而出现理解的差别，摆脱单一视角看问题的束缚，就离不开文本的构建。因为，不构成文本的理论只能产生微弱的影响，组合成文本的理论才具有整体效应。这也是系统论中“整体功能大于系统内各要素功能简单相加之和”的精彩观点。

建立文本的目的，就是从整体的角度，对“体育哲学基础理论研究”这门学科理论的目的、思想、范畴系统与框架结构在历史过程中的辩证运动进行诠释说明，指出为什么人的思维源于现实、来自实践，为什么正确的认识能够指导实践，从而生成合规律性和合目的性的做法。

“文本”将哲学与体育“联姻”，将事物之实与理论的愿景结合起来，为体育哲学基础理论研究提供真理性与实践性一致的理解和说明。它以体育的特殊矛盾与基本规律为研究对象，从哲学的高度统摄整体的思考，梳理分析、综合、抽象、思辨，揭示各部分彼此之间的关系，辨明每种属性和关系之间有秩序地运行变化的基本轨迹，在揭示矛盾、研究规律的基础上形成所表征的预设。

因此，文本的建构不仅是对体育哲学基础理论研究的确立的表征，还是对体育哲学基础理论研究中学术主张的阐明。寻绎阐明体育哲学基础理论研究的议题与特征，就成为文本必要的任务。

综上，《中国体育哲学基础理论研究》一书的文本涵盖目前我国体育在新形势、新常态下的各种时代议题，需要我们认真思考。如在从体育大国走向体育强国的背景下，中国竞技体育应当怎样面向未来，确立新的发展目标、发展方向、发展战略？公共体育如何适应社会结构的新变化和人民群众的新需求，创新群众体育的发展模式？如何扩大社会体育资源，寻绎出更多的表现形式、更多的活动样式、更好的物质条件，满足人民群众日益增长的体育需求？在构建和谐社会、实现中华民族伟大复兴的中国梦过程中，体育怎样发挥更大的社会价值？在市场经济条件下，怎样坚持和完善举国体制？在体制改革、社会转型、社会价值观日益多元的背景下，如何处理体育不同主体的利益关系？如何处理体育发展中的事业与产业、政府与市场的关系？如何促进运动员的全面发展，保护好运动员的切身利益，建立适应中国国情的职业体育制度？如何推动体育体制改革和机制创新？如何建立更加科学、理性的体育发展评价体系？在体育资源方面，如何解决大众体育与竞技体育的资源分配问题？体育哲学基础理论研究的文本构建，无论是对这门学说的发展，还是对作为学术方法的“说明—理解”性而言，无疑也是必需的、重要的。

## 二、文本对体育哲学基础理论研究的意义

人类的历史证明，任何人都不可能以空白的头脑提出有价值的问题，任何学术思想和理论的形成都毫无例外地存在着理解的二律悖反。受这一命题的制约，一切思想也都存在着正确与误解、错用与背离、科学与伪科学的文本之解。为此，一切科学的真理都蕴含发现自身、诠释自身、运用自身、掌握好自身的文本构建的需求。人们通过文本的目的或目的因，解释体育哲学学说的意向性活动是什么，从不同视域解读作为跨文化的《中国体育哲学基础理论研究》一书的范围、范式是什么，存有怎样的学说与议题。文本中究竟包含什么主题、涉及哪些内容理解，它致力于解决什么、提倡哪些观点和方法，就成为必须弄清和回答的问题。

唯物辩证法指出，任何价值观念的产生和确立，都根源于事物内部矛盾异化的困境。从这个意义上说，《中国体育哲学基础理论研究》一书，是在体育事业已有的成果难以直面新时代实践中的各种问题，难以迎接新时代、新常态发展背景下登场的。不可否认，回顾体育的科学发展成果，可以看到哲学思想在体育领域应用的结果。简言之，从 20 世纪 60 年代徐寅生的《我与乒乓球》的辩证思考，到李力研的《野蛮文明：体育哲学的宣言》，再到张岩的《体育经济学》、卢元镇的《体育社会学》、卢锋的《休闲体育学》、张瑞林的《体育管理学》、刘勇的《体育市场营销学》、杨桦的《竞技体育与奥运备战重要问题的研究》、易剑东的《体育文化学》等相关论述，都可发现哲学这一思想被广泛地运用于对体育各种现象的阐释与评判。正如学者殷杰在《当代社会科学哲学：理论建构与多元维度》中的观点：知识是局域的、语境的、相对的，而非普遍的，只有用建构的视角看待事物的产生和发展时，才能对客观事物达到真实的了解。①

概观中外有关的体育基础理论研究，可以发现有四个核心范畴：（1）体育的本质、目的、功能、价值等基本问题的研究。（2）体育运动技术的发生与运动的规律的研究。（3）体育与人类社会诸多现象的研究。（4）体育的科学体系、结构、属性、对象的研究。对其梳理得出，任何思想、理念的表达要由小道理走向大道理，最终都不开哲学的表述，最终都要归结到哲学的表述上面才有穿透力。也就是说，要想从以上这些范畴的研究中获得圆满的回应与解答，就要运用哲学思想对相关现象进行研究。

① 参见殷杰：《当代社会科学哲学：理论建构与多元维度》，《中国哲学年鉴》2018 年第 1 期。

可以有理由地讲，综观体育的各个领域、各个项目、各种现象，其背后都可以寻觅到有关哲学的思想观点。

沿着这一认识，从上述研究的各个角度来看，当代体育研究已由传统的点、线、面、体，走向多面体组成、多事件组成、多维度组成、多逻辑关联等形态的发展。其研究既关注局部，又关注整体；既关注过去，又关注未来。其关系存在着你中有我、我中有你，对抗与统一的交织。其活动存在着微观与宏观的对话、主观与客观的观照。只有对其内在的联系保持理性的认知，才能对这场变化的复杂性、多变性做出准确的判断，获得科学的真理。如果没有文本，体育哲学基础理论研究中跨学科的交织、多元学说的集联，以及其蕴含的真理性、科学性、演变性、规律性、普遍性等就难以为受众所理解。因此，对体育哲学基础理论研究的文本阐明也是学术的必然。

文本是一个由理论和学术构成的话语体系，所以，文本对体育哲学基础理论研究的意义，就是通过文本的内在学理、实践语境、出场路径，为受众解决理解的困难。帮助读者理解好《中国体育哲学基础理论研究》一书的文体、文意、文寓、文思，把握住体育在新时代的发展脉络，拓宽看问题的视角与思路，促使阅读者成为参与者、讨论者与思想者，就是十分必要的。这犹如马克思在《资本论》中，首先是把资本主义社会作为“混沌的整体表象”予以科学地“蒸发”，抽象出它的各个侧面、各个层次、各种矛盾的“规定性”，然后又以资本主义社会的“细胞”——商品——所蕴含的全部矛盾的“胚芽”作为理论体系的“开端”，循序渐进、层层推进，直至达到商品、资本和异化“在思维具体中的再现”，从而以“理论的彻底性”揭示出资本主义的运动规律。

观察当前体育理论的研究情况可以发现：一是尽管我们培养了一批又一批的体育博士，其中也不乏“衣带渐宽终不悔”、甘愿坐冷板凳的体育学者，但他们往往太过于注重在学科自身的理论内寻找应用的继承与总结，很少有人敢从理论的“终极”——哲学领域去统摄学术。二是囿于历史的急迫性，许多学者无暇从学术的意义上对哲学进行严谨的“细嚼慢咽”，只愿研究“唾手可得”的资料，导致其体育理论资源背景与学术史识背景的薄弱，只能粗略地认识思维对象，仅满足于对经验的总结，习惯于粗浅和笼统地描述事物，难以对感性材料进行深层思考、对事物形成精确的分析，致使对事物的理解停留在感性经验的认识上，难以形成文化自觉。

对此，学者白晋湘提出，一些博士不愿意“坐下来”，致使体育与哲学、教育学、心理学等多学科的“鱼水”关系变成了“蛙水”关系，需要的时候就跳进水里，不需要的时候就跳到岸上，这样怎能写出有真知灼见的博士论文呢？学者张力为指出，近20年间中国体育博士论文的选题，越来越出现明显的“小题大做、老题大做”的碎片化趋势。

就上述内容而言，由于体育哲学基础理论研究存有以下因果关联的表现，因此，需要利用文本去提高认识，增强理解。

其一，由于哲学语言高度凝练，一般人难以理解，阅读者易产生畏惧心理。显然，优秀的文本可以改变这种困境，帮助阅读者洞察事物发生的趋势与矛盾发生的根源，辨清事物盛衰、沿革创新的根由，提高理解力，使阅读获得理性的思想解放。

其二，面对新时代的新特点、新常态，体育学术研究必定是系统整体的，体育学术发展必然是多种因素之间相互对话的结果。这就要求研究者既要熟悉体育学科的理论范畴和相关知识，还必须对所涉的哲学思想有相应的素养，二者兼具才能实现互动。虽然二者缺一不可，但由于受哲学专业知识素养的限制，研究者往往采取回避态度，很少有人对此做深度挖掘和文本解读。这就造成体育单一领域的研究多、多种对话贯通的研究少的局面，弱化了体育的解释力，故而需要文本去补正认识。

其三，为整理出体育哲学基础理论研究的文意表述，直取话语的核心与根本，凝练学术思想，避免受众因理解力不够对学术话语带来的多种表现与多种关系的变化缺乏清晰的认识，同时也为了对体育哲学基础理论研究构成因素进行详细的阐释，就需要一个文本做出预置回答，为研究提供正确的方向。

概言之，由于体育哲学基础理论研究中多种学术思想的讨论较难辨析，因此需要建立起一个哲学文本梳理这些立论依据，明晰研究对象和体系结构等一系列基本理论问题，推进各个学科相互融合、相互借鉴。即不仅要从“实体思维”角度画好蓝图，还要着力梳理好“关系思维”，讲清“什么是体育哲学”“怎样建设体育哲学”的问题，从而实现内容与形式的统一。

从价值尺度看，由于《中国体育哲学基础理论研究》一书中蕴含着对“人类关于自身存在的自我意识与现实人的历史性存在，以及现实人及其历史发展”的理论把握，因此我们必须关注文本研究的重要价值，进行有关体育哲学解释文本研究的有益探索。换言之，中国体育进程存在对“人的自然依赖关系、物的依赖关系和人的全面发展关系”的不同表现形式与动向的理解，需要一个包含“阶梯”和“支撑点”的框架对其进行概括，因此，在“真理的彼岸世界消失后，打开此岸观照”，就成为《中国体育哲学基础理论研究》一书文本的重要使命。

受新时代的新常态、新环境等社会多种因素共同作用的影响，体育哲学基础理论研究的研究对象既包含学校体育、社会体育、竞技体育等传统研究范畴，也呈现了新学说的扩展、分化的态势与特点。例如，精神文明与精神生产的体育文化与体育用品的研究，物质文明与物质生产的体育经济与体育产业的研究，体育机制与体育资源分配的管理研究，等等，这些新学说多元化发展的学理完善，需要一个文本出场为其表述、提供解释，使读者实现有效阅读，避免对文意的误判与误解。

为正确理解和把握体育哲学基础理论研究中遇到的问题及其解决的方式，就需要一个文本做理论准备，给予剖析与厘清、讨论与介绍，以深化对体育哲学基础理论研究相关问题的认识。换言之，这一文本应当致力于说明与理解、分析与综合、梳理与诠释，帮助阅读者去发现、认识体育哲学基础理论研究中各种理论的体例与资源，以“存在为了理解、理解为了存在”的双向互动为引擎，推进阅读，实现文意与理解的结合，挖掘出《中国体育哲学基础理论研究》一书所研究的全部对象与秘密。

体育科学的发展涌动着“老三论”的跌宕、“新三论”的勃兴。在影响社会运行的因素日益复杂的背景下，单一学科已经越来越难以对社会问题和社会现象做出全面而准确的分析、解释和预测，加强多学科交流合作势在必行。想要论证体育在新科学形态下面临的挑战与改革的方向，深化对体育在新科学形态下既分化又综合的趋势的认知，就需要借用文本的力量，使人们认识到体育是多种因素共同作用的对象，需要跨学科、跨文化的解释，任何单一视角的检视都是不完备的。这就需要哲学统摄引领，突破狭隘的思维定式，整合各学科的观点，获得新的认识，从而更好地分析和指导实践。

上述研究说明，由于人类的生产生活越来越复杂，各领域之间必须交叉融合、相互支撑才能保持社会的进步与发展，因此，探讨的主题之多是空前的。要说清时代的变化对体育的科学发展产生的影响，就需要一个文本让二者走到一起，摆脱单一性的不足。简言之，我们需要一个文本条分缕析，“纵横引申”，解读体育哲学基础理论研究。

《中国体育哲学基础理论研究》一书在历史嬗变中包含对精神与物质、主观与客观、主体与客体、自由与必然等关系的把握，存在着社会基本矛盾的运动与社会发展的必然性和客观性的调整和转换，揭开了一个不断突破已有理论又不断产生新的理论的过程。《中国体育哲学基础理论研究》

一书的文本阅读者能够从本体深处出发，从认识上、逻辑上、理论上正确认识体育新时代实践的客观规律与发展趋势，把握中国体育在新时代的方向与定位，理解中国在由体育大国走向体育强国的过程中涉及的多种变更的根本原因。这些都在一定意义上包含或涉及思想的应用、丰富和发展。要说清这些主题和归纳思辨出时代变换的特点，文本是必不可少的。

总之，文本是有效理解体育哲学基础理论研究的钥匙与依据。因此，解析好文本就成为一项必做的任务。对此，学者孙正聿指出，没有文本的解读，理解是不会走向真理深处的。

## 三、《中国体育哲学基础理论研究》文本的构建与确立

有研究认为，体育的“体”是指其物理运动的形式，而“育”则是指其内在的精神与品格的流动。因而，可认为《中国体育哲学基础理论研究》一书是一个由一系列命题和判断组成的文本，包括体育发展哲学论、体育教育哲学论、体育竞技哲学论、体育文化哲学论、体育社会哲学论、体育经济哲学论和体育政治哲学论等。可以说，文本的构建与确立就是给出体育哲学基础理论各组成部分专属的概念、理论和方法，并勘定其边界与领地。

其一，借助文本这个“阶梯”，把《中国体育哲学基础理论研究》一书中存在的显性与隐性的“万千气象”找出来说清，展示其气韵特点，得出可干什么、可做什么的解答和理性认识的“可为”。深化自身对体育在时代的需要、社会的需要和生活的需要中的本质与实践的理解，对体育事实的“合理”、实践的“合理”做出科学的判定，否则终无结论，阅读就深入不下去了。

其二，借助文本这个“支撑点”，把握好《中国体育哲学基础理论研究》一书中肯定与否定的扬弃理解。例如，要处理好“对立和统一的关系”这一原理的是辩证法。以此方法可解答“人的实践与改造外部对象的关系”，在实践中按外部对象的本性、结构和规律办事就成功，否则就失败。那么，再以此方法来看，要处理好“精神和物质的关系”，就需要在实践中坚持一切从实际出发、解放思想、实事求是的思想路线。由此而论，文本的构建就是在为体育哲学基础理论研究解答与导航。也就是说，其不仅要阐明所研究的对象，以及这些对象之间的关系，还要为其提供真理判断。

从认识论的角度而言，要解答《中国体育哲学基础理论研究》一书文本构建的逻辑起点是否理性，必须从三个方面的基本条件开始。第一，逻

辑起点必须是研究对象最基本、最普遍的现象，许多问题和矛盾由此展开，是理论体系的"起始对象"或"思想、思维的起点"。第二，逻辑起点必须与历史的起点相一致，是对历史发展过程的概括反映；必须源于社会实践，而非主观臆造。第三，逻辑起点必须蕴含着整个体系发展过程中一切矛盾的"胚芽"，由此出发可一步步地、详细地揭示出这些矛盾以及各个部分的复杂关系和自始至终的矛盾发展过程。

《中国体育哲学基础理论研究》一书的文本中贯穿着对多种矛盾与多种理论的不同观点的取舍，必然性与偶然性、因果性与目的性相互交织，体现着主体对客体的把握和思考，影响与制约着对理论的认知。要想阐述这些特征，就必须有一个优秀的文本，帮助我们建立起对体育哲学基础理论研究的理解，以便科学地处理好文本中的存在与意识的关系。诚如一位哲人所说，"眼光不同，对所有事情的理解就不同"。基于此，通过对《中国体育哲学基础理论研究》的文本进行审视可以发现，其构建面临的问题可以分为三个方面。

其一，体育存在与人的认识和实践活动中的经验与事实相联系的问题。人类社会的发展是一个实践过程，其内涵必然是不断丰富、不断变化，而非一成不变、僵化封闭的。其研究的对象虽然存于主体思想的意识之中，但这种建构活动是在实践中进行的，存在着有限的、相对的、部分的、特殊的等客观条件与主观目的之间的矛盾之解、理论选择与客观判定之间的合理之解，需要一个文本给其征引资料，唤起受众的理解，帮助他们把有限上升到无限，把相对上升到绝对，把部分上升到整体，把特殊上升到普遍，从而证明"整个世界"（不是"局部世界"）统一于物质。诚如马克思所说："研究必须充分地占有材料，分析它的各种发展形式，探寻这些形式的内在联系。只有这项工作完成以后，现实的运动才能适当地叙述出来。"①

其二，受新学术思想不断"侵入"的影响，现有的体育知识的秩序产生了变化，那些曾被视为非"正规"的知识开始日益进入学术的主流（体育经济学、体育法学、体育政治学、体育社会学等）。曾经泾渭分明的学科与非学科的界限日益模糊，彼此渗透，难以相互沟通形成整合与判断，导致学术疏离，难以形成整体回应时代发展的要求。这就需要针对这些现象构建起一个文本，帮助我们处理好多样性和统一性的关系。换言之，要做好对体育哲学基础理论研究的理解，就需要一个文本对其进行整合与超

① 《马克思恩格斯全集》第23卷，北京，人民出版社，1972年，第23页。

越、解释与证实，以构建出对各种关系的解答。“人类实践不可能是没有自觉意识的本能活动”讲的就是这个道理。

其三，《中国体育哲学基础理论研究》一书的文本中蕴含着哲理与文意的交织，需要借用从文本中习得的认识和经验来诠释阐明。为什么？因为每一种文本解读的背后都有价值观的印记。从逻辑学的角度而言，只有具体化的、明确化的知识才符合认识。以此视角来看，无论自然科学的还是人文科学的认知，都难以脱离阅读偏误的遮蔽，都存在认识与对象、感性与理性的逻辑论证。只有实现主体与客体的尺度统一，并以规律性的思路来总结其发生与发展，才能找到解决的办法。正如洛克在“白板说”中的观点，知识不是通过视网膜的投射就可以接受的，要想被接受，它必须被感知，不能被对象化的知识不是知识。

故而，通过文本阐明体育哲学基础理论研究的视野和道理势在必行。基于此，大体来说，文本撰写的目标和策略，就是解剖、分析和再解释，促进人与体育哲学基础理论研究的对话，使其成为一个凝聚共识、提升话语、推动形式创新的思想资源，帮助人解读体育哲学基础理论研究中展现的新视角、新思路、新前景。因而，其学说既是为解读某一时段历史的体育立场提供一个在现代视域内的理解，也是为体育在新世纪的发展提供一种坚实学理的支撑。换言之，其文本的构建就是根据这样一种认知立场聚合为理论，通过哲学资源和体育资源的整合，推进体育体系的理论成果走向新的理解，从而发挥体育在国家发展、民族崛起中的作用。

为此，体育哲学基础理论研究的文本撰写，以“真理性与合实性”为原则，从现实的问题导向问题的现实，实现理论与实践的统一。它以存在和意识为根，以历史唯物主义、辩证唯物主义和实践唯物主义为树干，以三大定律等为枝叶，从历史出发去揭示体育矛盾运动的依据，从社会运行去观察体育矛盾运动的过程，从实践方式去分析体育矛盾运动的规律。也就是说，以这些为基础能够形成可靠的理论去指导行动，去观察、分析、解说体育中的物质与运动、物质与规律、物质与意识、自然存在与社会存在、自然规律与社会规律的相互关系，也能够更深刻地进行《中国体育哲学基础理论研究》一书的阅读。

需要指出的是，《中国体育哲学基础理论研究》一书文本的构建并非包括哲学的各个领域，广涉各个学术流派话语，把其都纳入研究的范围。其学术思想旨趣在于“让体育说哲学话”，旨在运用文本这种高度概括的综合形式与深刻的分析方法，摆脱旧认知的影响，使其思想与理论更具有科学性、时代性，把体育的“技术科学”与哲学的“思想真理”解读好。

约言之，文本不是占领体育哲学基础理论研究，而是通过充实与补充、修正与完善，深化拓展对理论的认知，促进发现研究对象的更多侧面和更深层次的意义建构的存在，扩大认识的成果。

其一，运用文本这个附件完善对本身学理的探讨。通过阅读承接上文提到的那些具有哲学思维特点的、形而上的理论分析概念和范畴理解，把握好二者应用的视域和切入点，实现“特殊对象与特殊逻辑”的相互沟通，正确地认知主客体“量变”和“质变”之间的矛盾以及物质存在和精神存在之间的关系。

其二，借助文本论证哲学在体育方面发挥作用的可能性条件。先验哲学能为体育做什么？可帮助体育建立哪些资源，促进体育科学实现哪些图景？即讲明哲学的世界观和方法论是如何转化为体育科学解决问题的思维方式和方法的；是怎样为这一过程中涌现的新关系、新矛盾、新情况提供认识和理解的；是怎样阐明体育科学发生、发展与外部活动的关系，化解体育内部驱力与外部压力的矛盾与阻力，为科学认识21世纪的体育实践确立根本的活动准则和价值取向的。

其三，借助文本验证假说，对一些哲学的公理或定义做出慎思与梳理。在解读理论的基础上，对一些认识与方法做清理与分解，明晰体育哲学基础理论研究究竟要认识什么，阐释什么，避免因为不知真理或漠视真理而错解错用，产生武断性的假设，把自己喜欢的价值观带到自己理想的世界。正如学者王家宏在2016年南京师范大学举办的庆祝中国高等体育教育创建100周年大会上指出的，只有正确的理论，才能做出对的东西，而错误的理论不可能做出对的东西。

约言之，正是在这个逻辑上，《中国体育哲学基础理论研究》一书的文本不是元哲学、元体育学，虽然其着眼点是哲学，但落脚点是体育。因而，它既不在唯哲学论里转圈圈，也不在唯体育论里打转转，只以二者世界的本原性为研究对象。它是根据哲学思维的根本特性，反思人类体育世界是否科学这个问题形成的哲学理论。显然，它来源于客体，取决于主体，产生于实践。运用哲学的视野实现“体育理论世界和现实体育世界”的对话，对这两个相互认知的层面予以批判、反思与扬弃，为阅读的科学事实判断找到一种支撑，这一点是需要阐明的。

综上，《中国体育哲学基础理论研究》一书的文本议题就是论证手段、价值判断、辩护真理、选择方法。以哲学梳理体育与人、与社会的关系，建立科学的框架及可行的路线。它以历史唯物观为基础，批判体育的旧世界，建立体育的新世界。以唯物辩证法为方法，认识体育新世界，梳理体育新关系。以实践唯物主义为核心，展示改革思路，直面实践。正如恩格斯在《自然辩证法》一书中所说的，哲学就是“一种建立在通晓思维的历史和成就的基础上的理论思维”。

## 第二节 《中国体育哲学基础理论研究》的文本论纲和体例

唯物史观认为，体育的科学发展依赖于人的实践活动、认识活动和道德活动的统一。约言之，体育存在着“人与自然之间的物质变换、人与人之间的社会活动互换、人与物质和观念之间的变动转换”的社会客观规律。也就是说，在自然界、人类社会的不断运动、变化和发展中，既存有前进、上升的新事物代替旧事物的普遍性和客观性的规律，也存有落后与停滞、谬误与毁灭、不合目的与不合规律等二律悖反对抗的不和谐因素。而文本可将哲学的宽广思想和视野与体育深邃的历史意识的内涵全面地展示、提炼出来，使对体育的解释更完整、更透彻。从这个意义上理解，体育哲学基础理论研究由于既具有元理论的性质，又是理论时代性使然，因此需要一个文本为其论证提供解释。

也就是说，一是《中国体育哲学基础理论研究》一书所做的工作是一个理论与实践、现实与问题的复合体，需要一个文本为其自身的存在提供辩护。二是不同文本的思想会带来不同的结局，只有在正确的文本思想指导下才有正确理论的提出。这表明体育哲学文本的构建存在着对必然性的自觉把握与对不必然性的扬弃，决定着文本目的的正确选择和实现的方式。对于认识活动而言，这种必要性在于，假如没有先验的文本作为根据，用以规整“杂多”的感性质料，那么我们所形成的理性判定将可能会失去普遍性的意义。

### 一、《中国体育哲学基础理论研究》的文本论纲

历史表明，现代体育是一个具有极大包容性和开放性的、处于动态发展中的学科群。受时代制约，其任何一个论断、任何一个观点都烙印着相对性，因而很容易产生误区。正如“小马过河”故事里，小马问“河水深不深”，老牛说很浅，小松鼠却说很深，小马过河后发现河水不浅也不深。这一故事告诫我们，要理解《中国体育哲学基础理论研究》的“河水深不深”，防止丢失自身，就需要谋篇布局，预置对象，即一个生动的“启蒙”是理解的保证。沿着这一思想，下面对《中国体育哲学基础理论研究》一

书的文本构造、设置与布局作一解析。

其一，所谓的《中国体育哲学基础理论研究》一书的文本构建，就是梳理对象关系中的具体存在和作用是如何紧密联系在一起的，把存在的运动和思维的运动有机统一去理解问题。换言之，它以实践为基础，运用唯物辩证法去观察体育社会的历史与发展，揭示出文本的时代性与这个学科各个组成部分之间的良性互动，阐明科学发展的关系，实现体育哲学“内容与形式相统一”“理论逻辑与现实逻辑相统一”“方法与行动统一”，为文本找到现实的、逻辑的、思辨的表达，回答为什么做好、如何做好、怎样做好体育等问题。根据这一认识，其文本应由“体育理论世界”和“体育现实世界”两个相互认知的层面组成。使这一文本的解释对接于时代，使其更加符合历史的发展规律，应是《中国体育哲学基础理论研究》一书的文本建设任务。即真正的解释乃是事物本身的行动，文本的阐释就是清楚地表述出这种联系的过程。

其二，世界是现实的存在，理解是由一系列命题构成的。要做好体育事业，就要以“物质第一性、意识第二性”为原则，“随时随地都要以当时的历史条件为转移”，才能处理好体育发展中的问题，正确回答好体育历史进程中“有没有”“对不对”“好不好”“错不错”的问题。为此，建立《中国体育哲学基础理论研究》一书的文本科学理论体系，首先应当确定它的逻辑起点，即怎样解决“老”的、反省“旧”的、探索“新”的。基于此，按照美国学者伍斯特、布彻尔、梅兰德等的观点，体育哲学应由本体论、认识论、价值论和逻辑学等四个研究领域组成。也就是说，哲学是反思的智慧，自我审视是智慧的首要条件，这种反思不仅需要面对现实，而且应朝向自身。因此，《中国体育哲学基础理论研究》一书的文本的形态应有：体育哲学本体论——定位，体育哲学认识论——定理，体育哲学方法论——定法，体育哲学发展论——定性。概括四种基本机制，层层推导，逐步展开，从抽象上升为具体，构成严谨的逻辑系统。约言之，这一逻辑的宣讲可以体育哲学本体论、体育哲学认识论、体育哲学方法论、体育哲学发展论为主线，推动逻辑论证，为《中国体育哲学基础理论研究》一书的主张表达，提炼理论解释与判断，实现文本由形而下走向形而上，帮助阅读者实现二者的统一。基于此，按照哲学研究方法“学术”“思想”“现实”的三个主要维度，以下对这四个部分分而论之，予以解析与阐明。

**（一）《中国体育哲学基础理论研究》的本体论**

本体论回到根性寻找问题之源，明晰“是与成为是”的关键，即“一切存在物都由它构成，最初都由它产生，最后又复归于它”。其指向是为事物的存在和发展提供依据，保证理论与实践的双方实现契合，存有“把好脉、开好方”的逻辑。因此，“我创造故我在”就成为本体论的高贵品格。因而，体育哲学本体论的文本之维，就是从知识性质与时代的角度，找出其存在的依据、基础、规定性，从事物存在与思维的关系上，追问存在者如何存在的根由，为把握好体育的行为提供价值取向和判断。它从主体的知性直观中照亮自我原初的真理，说明体育与世界的态度或关系，解决处理好主客体关系在主观主义、客观主义和理性主义上的不同。例如，从本体论来看，体育是一项培养人的活动，人的本质需要是体育关系的总和。掌握这一“标准”，就会处理好体育发展是为了“冠军”还是为了“人民”的问题，处理好体育是锻炼的手段、保证身体健康的行为还是一种经济资源的问题，处理好体育的物质性与精神性、本质性与发展性的双重属性问题。

显然，对本体论的认知，既可解释体育“人化”的起源、美和美感的本质，点出体育“人化”的可能性，也可阐明实现这一“全部的感性活动和感性的全部活动的基础是物质生产”。明晰人通过体育活动改造客观世界的过程，事实上就是人的本质力量对象化的过程。其目的就是要实现“人”的尺度与“物”的尺度的统一，使自在的自然变成“属于人的自然”“人化的自然”，把物质生产资料变成人的物质生活本身。正如唯物史观认为的，艺术活动就是人通过实践活动进行自由且自觉的物质生产，从而使其本质力量在实践对象得以“复现”的自我实现活动。

约言之，《中国体育哲学基础理论研究》一书在本体论角度的表述，就是着力回答好体育是什么、为什么的命题，发挥出体育自身的价值与功能，“使世界的图像成为人的生活”，把精神、观念变成社会物质关系的表现，为体育学科的存在获得终极的合法性提供支撑。换言之，一个完整的认识包含事实认识和价值认识两个层面。脱离主体价值的行为是会失败的，违背物质生产规律也是会失败的。即任何一种行为都包含着主体的事实判断与客观条件的统一，任何一项事业的背后都存在着发展方向和客观认识的统一。

可见，只有从本体论方面，才能确定体育哲学在这个世界的根本、实在、绝对和确定性的自我意识是一种什么样的诉求，即把表象“蒸发”为完整抽象的规定。质言之，《中国体育哲学基础理论研究》一书具有运用本体论研究体育价值与存在的关系、厘清体育具体价值事实存在于何处，阐明体育价值事实存在与价值关系运动的现实或可能的效果，以及论述我们为什么需要体育哲学等问题的功能。也就是说，想要从哲学这一视角阐释体育活动的发生、发展，以及由此构造的体育活动形态及其与社会系统的主客体关系和内在联系，就必须以哲学与体育“联姻”在这一实践活动的社会关系中创造出来的价值属性——物质价值和精神价值为定位，以哲学观照体育存在的根本与衍生的根由，借助其真理价值把功能化作实践、化作感性的人的活动，把体育这个存在物的价值品格变成普及的观念，实现从文化发现走向发现文化的实践飞跃。

人的本质力量的对象化就是审美化、感性化和物态化。那么，所谓的体育哲学本体论，就是从更深处说明，体育的“本原”在自然、社会中的精神与产品同人的需要的关系，如何化作作为主体的人在物质实践活动中认识世界、改造世界的能力，以及这一价值与关系的存在。换言之，就是从哲学角度说明体育与人类物质生产的实践关系，说明其本质及其自身在社会中的存在，如何成为人类有意识、有目的的广泛的社会活动，一个可表述的社会概念与可运行的社会活动。其主客体关系，既存在不同的运动形式和矛盾，又存在反映认识的辩证否定性的发展和进步。它不仅为主体产生研究对象，也为对象产生研究主体，于是这一内在交织的关联的解决与认识就成为必须。也就是说，如果没有意义的存在，那么体育哲学就不能成立，此其一；无论体育哲学有何种意义，如果其价值不能被实践接受，如果其功能不能为社会服务，它也不能成立，此其二。想象的体育哲学与体育哲学的想象都不能进入人类的知识系统。

例如，运用本体论，可从更深层次讲清人类的体育活动起源于由动物转变为人的过程，以及这一过程中“物自体”与“人自体”本原的关系。正是因为成为“劳动”这个过程的组成部分，并以“劳动”为中介使自身与生产关系诸元素相互结合和相互作用，体育活动才能成为社会有机联系的机制，并在发展中找到理解社会发展的“钥匙”——再发展的实践性认识。体育是人的本质活动，体育的发展是通过人的本质活动实现的。这一辩证的结果，造就了体育与人、体育与社会的双重关系，即社会产生了体育、体育产生了社会。同时，使体育走入了生产力（物质价值）和生产关系（精神价值），成为社会系统机制的一部分，并使它产生了与社会既对立与能动又统一且相互作用的本质属性，成为影响人类社会这个系统发展不可缺少的基础和重要的因素。体育是人类文化的瑰宝，是推动社会进步的力量，是一种教育，一种精神，一种文明，一种人生的态度，是提升人的素质的有效手段。

运用本体论，可从更深层次为体育既是手段又是目的的二重性找到根据，为人们认清体育的本质和阐明体育所具有的批判和重建社会之任务，提供强有力的历史根源和事实依据。

综上所述，《中国体育哲学基础理论研究》一书从以下三个方面梳理了体育哲学本体论的基本原理。

一是体育哲学本体论就是运用哲学的道理，廓清体育在社会这个系统机制中丰富的属性，即体育能给予人德性，使人学会做事、学会生存。

二是体育哲学本体论就是运用哲学的道理，既建构了体育系统本身的主体和客体及其作用与关系，又造就了体育与人、与社会的复杂关系——分工方式和交往的关系，从而产生了以不同所有制关系为基础的体育形态的建立和更替（早期是以改变自然性为导向的体育，中期是以增值物为导向的体育，现在是以人的发展为导向的体育），也造就了以不同的交换关系为纽带的三大交往形态（人对技能的依附状态——借助体育强健自己，人对物的依附状态——借助体育衍生财富，人对自由的依附状态——借助体育实现个体的全面发展）的生成和发展。

三是体育哲学本体论就是运用哲学的道理，使我们发现体育的客观抽象存在（功能），认识体育的现实社会存在（目的）；发现体育与人的关系以物化方式存在的秘密（价值），认识体育与社会的关系以精神方式存在的秘密（教养）。在此基础上，人们得以把体育的本质存在和本体存在与人的幸福、社会的发展结合起来，使体育与人、与社会这个“生物链”的独特本质功能得到证明。体育的历史既是概念的历史，又是物质发展的历史，物质生产的发展推动了体育的发展，体育的发展也推动了物质生产的发展。

总之，《中国体育哲学基础理论研究》的本体论，遵循着改造客观世界和改造主观世界相统一的原则，告诫我们既要把“自身”当作社会的实践理解，也要把“现实的社会”当作体育的实践理解，只有这样，才能处理好体育与自然的关系、体育与社会的关系、体育与自身的关系。故而，其第一含义就是厘清世界统一性的认知，与精神决定物质、物质是精神的产物的唯心主义划清界限。即唯物主义认为万物最大的共性、统一性的本质是物质，而不是意识。既然世界统一于物质，那么在实践中就要坚持一切从实际出发，解放思想，实事求是。既然物质是运动的，在实践中就要坚持用运动、变化、发展的观点看问题，与时俱进，把发展和生活统一起来。既然物质运动是在时空中进行的，那么在实践中就要因地制宜、因时制宜。我们应从本体论出发去理解体育育人的丰富属性，从生产关系出发去理解体育丰富的功能，从人的物质和精神需求出发去理解体育丰富的实践。

**(二)《中国体育哲学基础理论研究》的认识论**

辩证唯物主义认为，认识是客观世界的主观映像。那么，认识论就是探讨人作为认知主体如何把握存在的对象，是关于矛盾的学说，关于发展的学说。科学的认识对实践发展有着巨大的指导作用。为此，《中国体育哲学基础理论研究》一书针对认识论，着力从“破与立”的假定去把握客观现实，在理论与实践中间架起一座桥梁，用“消解与构建”去认识实践和改造实践，试图“以名举实”“以说出故”，克服缺陷，反思不足，不断扬弃，走向超越，把主观的“是”与客观的“是”合二为一。例如，为什么要建立体育科学发展观？如何科学地认识“举国体制”，发挥“举国体制”的优势？如何破除旧体制的障碍和束缚，推进体育大国走向体育强国？因而，体育哲学认识论的文本之维，就是运用认识和实践的原理，使感性认识上升到理性认识，透过现象抓住事物的本质和规律，排除“矛盾”的东西，了解事物的规律性和内部联系，从而指导实践。如从客观实际条件出发，发挥主观能动性，分析矛盾，预见未来，运用社会客观规律，为体育实践提供指导。在新时代，其任务就是给出体育在参与国家现代化与民族复兴过程中的历史位置，厘清体育运动对人们的认知结构、生活习惯，以及政治、经济和文化等社会因素的影响。

换言之，构建《中国体育哲学基础理论研究》的认识论，就是更深入阐明“实践”与“现实”是体育的历史性与社会性的内涵，体育对人、对社会的“再造”是主题，回答体育可为时代培育的精神思想是什么、实践普遍性是什么的命题，进而形成理论的解释。也就是说，既要梳理出体育的活动性是否合理，是否可与相应的实践需要相符合，又要阐明其对社会风气、审美风尚的重建与形成的文化作用。显然，要做到这一点，就要按照哲学的从客观到主观的反映、认识、抽象、理论化的过程，根据“存在与意识是认识事物的基础和标准”，定义自己、考察对象、排除干扰，进行对象性的描述和比拟来理解存在本身，实现体育与人的实践活动、认识活动和精神活动的统一。

从唯物主义的观点来看，认识是从客观存在的具体事物出发所做的科学抽象，是在从物到感觉再到思维的这一唯物辩证的关系中产生的。根据这一观点，体育不会无缘无故地成为认识的主体，也不会莫名其妙地成为认识的客体。也就是说，运用认识论，可从更深层次阐明体育为何会成为人类感知世界的形式和力量，回答物质文明与精神文明的关系问题，厘清体育对人的价值或终极的功能与作用是什么，并由此置换出一种行为或行动。例如在现实层面，可以解答为什么要培养人的终身体育运动能力和习惯，为什么要推进体育大国走向体育强国、实现体育社会化，“足球进校园”等说法与做法的根据是什么等问题，促进人们对体育的认识，让人们对体育行为与事件做出判断，让人们由此理解体育、热爱体育、参与体育。这就是体育哲学的目的。

《中国体育哲学基础理论研究》的认识论的任务，就是给出正确把握认识（理论）和实践（物质）的辩证关系的原理。即认识具有反复性、无限性、上升性的特点，故而真理具有客观性、具体性、条件性、相对性的特点。特定的对象存在于特定的发展中，也具有客观物质性、主观能动性、社会历史性、现实性，即实践第一。按照“实践是检验真理的唯一标准”的原则，一是要坚持理论与实践相结合的原则。反对教条主义，反对思想僵化。遵循存在先于本质，实践决定认识（理论）的原则：实践是认识的来源，实践是认识发展的根本动力，实践是认识的最终目的，实践是检验认识正确与否的唯一标准。二是坚持认识对实践具有反作用。正确的认识、科学的理论对实践有指导作用；错误的认识、不科学的理论对实践有阻碍作用。这就要求我们与时俱进，开拓创新，在实践中认识和发现真理，在实践中检验和发展真理，不断深化认识、扩展认识，将认识向前推进。

认识是人们在社会物质生产和生活实践中形成的关于活动、观念和物质生活的思维的总和。对其的理解与运用，可帮助我们解决认识与实践活动中的经验和事实相互联系的问题。因此我们认为，体育哲学的“认识论”，可运用于指导与检验体育实践中的各类现象，探讨体育意识的发生、构成、特点、能动性以及与此相联系的有关信息等问题。即如何发挥体育的意识能动性，破除客观条件的制约，揭示体育科学固有的属性、内在联系和规律性，并在此基础上，助力人们发现体育真理的有用的表现、掌握体育理论的有用的方式，以满足社会不断发展的需要。

显然，讲清体育哲学认识论，可促使人产生能动性和自我意识，走向自觉。围绕这一属性，人们可以能动地改变旧有世界、创造新的世界。客观世界永远大于人的认识所把握的客体，人对体育活动后果的认识，常常落后于自己能力的发展。要克服这个问题，就要提高人类指导思想的管理活动的自觉能动性，即认识性和目的性。实践出真知，马列主义、毛泽东思想、邓小平理论、“三个代表”重要思想、科学发展观、习近平新时代中国特色社会主义思想都来自实践，在实践中接受检验、丰富和发展。实践是认识的源泉，是推动认识向前发展的动力，人类对各项工作的认识都要坚持实践标准。

借助体育哲学认识论，人们可为体育科学构造和预言未来的情境和过程。其理论的丰富性可帮助人们把有关规律和现象纳入理解之中，对现实定向和按照预定目的改造现实。也就是说，体育哲学认识论使人不仅能掌握已经形成的知识，还能在一系列复杂改造的基础上形成前所未有的全新的知识，从无知走向有知，实现可持续发展。人的认识产生于实践，主体对自身的意识和认识，必须以其与身外客体的关系为前提和中介。即人对体育的认识不是客体所固有的，而是由主客体实践的关系产生的。体育在实践本质上是对象化的活动，它的表现形式是人存在方式的反映，社会生活的现实本质和现存人的物质需要是其基础。一言概之，正确的体育认识或意识，只能是在参与体育的过程中产生的。只有通过这个过程，才可将体育转化为意识和认识的对象，让世界了解体育是认识社会、改变社会的不可或缺的一环。

需要注意的是，按照“对象性的实践活动是知识之真理的基础和标准”这个观点，认识存在着激发真理与歪曲真理的二律悖反的吊诡特点。因此，从哲学的角度看，要建立正确的体育认识论，必须从两个视角来把握客体：一是排除一切外来的成分——认识体育这个物的固有属性。二是建立科学认识——实现体育满足人的需要的属性。为了使体育的科学发展合规律性与合目的性，使认识与客观现实的条件相符合，就必须弄懂对象性实践活动的认识是否符合现实的标准，即认识是否具有真理性的问题。这包含两重反映关系：一是要做好对外界事物的反映的认识，如体育的“本质与功能”是什么。二是做好对自身的反映的认识，如今天为什么又需要体育。前者是为了了解体育本身固有的属性有哪些，怎样实现。后者是以社会需要为前提，认识体育属性与当前社会存在和发展的真理尺度或价值尺度、物的尺度或人的尺度的关系有哪些。

回溯人类体育的发展可以发现，体育的历史进程也具有由局部到总体、由低级到高级、由简单认识到理性认识的演进的特征。从早期人类对体育的认识是物的“自然性”，到20世纪人类对体育的认识是物的“有用性”，可以说，这一历程证明对体育的本性和人自己的本性的认识都不是一蹴而就的。这表明人类对体育的理解与使用，是伴随着人类社会生产实践的发展而得以不断深入的。可见，没有社会的发展就没有人对体育的渴求，就不可能把主体自身的属性同客体属性区分开来，并把二者正确地关联起来。体育具有“物质实践”“物质条件”“人们的实际生活过程”的三个特征，体育的发展具有随着人们的生活条件、社会关系和社会存在的改变而改变的运动规律。从当今时代来看，体育要应对时代的挑战，寻求自身突破，就不可能脱离哲学的意识，体育与哲学的关系将变得更加紧密。

从这个意义上说，对体育的认识，首先受客体本身固有属性的制约，同时又受主体本身属性、状态、利益、需要、活动水平、认识条件等方面的影响。因此，要在认识中自觉区分主观和客观的映像，排除主观成分，达到客观实际。主体必须认识、掌握关于自身的知识，以便能比较清晰地意识到自己的属性、状态、利益、需要、活动水平、认识条件等。否则，将难以保证体育认识的客观有效性。这就要求我们必须建立“生活物质就是生活本身”的观念，并以这个“认识论”的哲学理念为前提和出发点思考现象，引导体育构建出认知、指导的机理或结构图式，定向解决发展观念与发展理论之间、主观目的与客观现象之间的“真与假”的问题、“善与恶”的问题、“美与丑”的问题，确保体育事业发展的持续性与稳定性。

用概念运动去表述存在运动的本质，才能构成理论。故而，应当承认，在体育发展史上，任何一种体育认识都从来没有也不可能完全摆脱与某种哲学思想的联系，它们都是建立在特定哲学思想的基础上，具有某种特定的哲学背景。也就是说，只有深入认识这一层面，才能获得自觉的理论形态，方有可能弥补传统理论那种“用单一因果的手段去解决现代性问题”的不足。在统一中理解发展，在发展中理解统一，实现内容与形式的统一，实现“思想的具体”与“实在的主体”的和谐统一。为此，有研究认为，体育是社会实践的主体，既被现实社会所塑造，又在推动社会进步中实现自身的发展，而这个过程的核心就是“否定的否定”。

思想是联结认识必不可少的中介，超越经验范围的思想是一切认识的基础。名称、描述、形象是明晰主观与客观认识的语境。《中国体育哲学基础理论研究》一书从以下三个方面梳理了体育哲学认识论的基本原理。

其一，体育哲学认识论即廓清。体育的出现是人类社会实践化的结果。正确的体育哲学认识论必须坚持物质第一性、意识第二性的唯物主义原则，坚持从主体和客体的物质本性去说明认识本性。体育必须坚持唯物论的反映论。不引用科学的发展观点去突破机械性，不运用哲学辩证的观点去破除唯心论，就会产生片面的认识。如以阶级性代替体育的科学本质性，以技能性代替体育的科学本质性，以劳动性代替体育的科学本质性，以竞技性代替体育的科学本质性，以工具性代替体育的科学本质性等。

其二，体育哲学认识论即寻绎。正确的体育哲学认识论必须坚持价值选择的原则。在实践方式上，要实现体育的合规律性与合目的性的统一。在思想认识上，要实现体育意识的能动性与社会发展的客观性的统一。在机制体制上，要实现社会选择与个人选择的统一。在逻辑性上，要从人的实践性出发去认识体育、从人的需求出发去认识体育、从人的发展性出发去认识体育，坚持体育的物质性和精神性的统一、体育的工具性和价值性的统一、体育的科学性和人文性的统一，使体育成为凝聚社会共识的核心理念。

其三，体育哲学认识论就是实践。认识不是抽象的思维，时代精神的转换要与社会发展实践紧密地联系在一起，即理论只有进入物质活动才具有意义。为什么？因为世界观决定方法论。因此，对体育哲学认识论的辨析与认知、选择与运用、规制与设计，不能囿于抽象的观念层面，而应立足于实践活动和实践条件的把握，立足于辩证法的理解与运用，使内在的认识切中外部的实在，实现存在与认识的统一，使理论在每一表现中都带着实践化的特性，并按照实践化的特点进行应用。

总之，一种知识就是一种理解世界的方式，一种视角就是一种认识世界的通道。体育哲学认识论的目的就是围绕体育发展着的认识——怎样反映发展着的体育，怎样与它相符合和作用于它——帮助人们洞穿认识的本质，梳理理论与实践的关系，实现文化自觉。换言之，就是遵循真理（认识）是一个从个别性提高到特殊性，然后再从特殊性提高到普遍性的不断完满的辩证过程。按照这个道理，扬弃对象化不等于扬弃对象性，现实存在物的对象性是无法被我们扬弃的。因此，人们要正确处理“客观存在与主体需要”之间的关系，依据不断变化着的实践去确立认识的基础和标准，解释过往、把握当下、面向未来。第一，明确客观世界是不断变化和发展的。第二，在此基础上实现认识的实践以及掌握其中所有有效的认识手段。第三，明确在实践的基础上形成并受其检验的认识也在不断变化和发展。

### （三）《中国体育哲学基础理论研究》的方法论

从哲学的视角看，方法论是人们认识世界、改造世界的方式，是各种不同的方式、方法与手段的总称，是发挥人的主观能动性的途径。从马克思“全部社会生活在本质上是实践的”这个观点来看，体育哲学方法论的目的，是把史料化于方法之中、融于方法之内，也就是说，仅靠内省是不能实现发展的目标的，方法是实现主体改造客体的手段或工具，是支配与改变物质关系的“资本”。世界的改变既来自认识的假定与核实，又来自方法的有效性。正如孔子所言：“托之空言，不如见诸行事之深切著明也。”

因此，方法论是实践的方法论，其形态以感性世界的改变为核心构成，其面对的是“肯定与否定”这一对矛盾。其对应的基本形式——运动是物质的属性，而对这一属性的运用经验的获得，则来自事物具体活动的对象化反映，是人可以直接或间接地触碰到的客观实在。综上所述，体育哲学方法论的文本之维，主要是突出认识对实践的反作用，解决认识与实践的因果性问题，阐明认识只有落实到实践中才有生命力，即一切理论的本性都是实践性的。利用好一切条件和手段，激发与调动一切积极性，实现体育目的与手段的有机统一。表述、回答好实践的理性是什么、怎样做，技术方法的理性是什么、怎样做，做好选择、设计与安排，促进形而下与形而上的互动，明确体育“德艺双修”、服务社会的合理形态与科学方法。也就是大家常说的，任何科学的发现和发明、任何理论的建构和提出、任何科学成果的应用和检验，都必然、必须经过一定的方法论的检验、表述。为了获得预想的成功，人作为主体，必须采用适当的方式和方法去理解世界、改造世界。

为此，实践论认为，方法论是经验最集中、最深刻的理性形式的反映，是描述规律的知识，是反映世界的普遍联系及认识的规律性的总和，是研究社会的物质表现和精神表现的各种不同现象并揭示现实的规律性、发展趋势及其革命改造的总和。即通过对方法的或经验的技术、技能的形式、手段的理性的能动过程的诠释，得出成熟的实践路向，处理好体育领域“客观规律性与主体能动性”的关系。一言以蔽之，就是既要防止将“能动的方面”给“抽象地发展了”，也要防止将“历史理解为人活动产物”的异化。外部世界是一个复杂的、矛盾的、变化的世界，从认识走向目标是在一系列的实践转向中完成的，只有发挥方法论对体育社会实在和社会知识的建构作用，才能实现主体与客体的统一。正如马克思在《关于费尔巴哈的提纲》中所说的，哲学的任务不只是解释世界，更重要的是改变世界。

沿着这一思想，我们认为《中国体育哲学基础理论研究》的方法论，是为实现体育发展的目标而采取的活动方式，是为达到一定的体育目的（认识、改变或创造客体）所采取的手段、途径。故而，它是对体育各种方法、手段、技术、活动方式等运用的总称。它以实践、辩证、历史唯物主义为基本框架，以意识与存在的关系为指导，以体育的主体与客体的矛盾关系的实践方式为定法，以体育客体的规定性（事物的规定性、关系的规定性）、客体的规律性（质量互变的规律、对立统一的规律、否定之否定的规律）、人的主体规定性（自主性、主观性和自为性）、社会的规定性（主体存在的形态、社会条件对主体活动的制约、主体的历史发展及其规律)、对实践的认识(实践的本质、实践的结构、实践的作用)等为生成与发展的着力点，解释方法论在体育贯彻、运用过程中的动力作用，研究用什么方式、方法、手段和途径保障体育事业的发展既合目的又合规律，为调控与评价体育事业的各构成要素与关系、机制和系统的平衡运行是否科学，确定一个可信赖的基础。

上述内容体现出的《中国体育哲学基础理论研究》的方法论的重要性，在于体育不是一个“独立的变量”，它是嵌在社会系统之中的一个开放的系统，始终处于与周围的政治、经济与文化等因素的相互作用与关联之中。即体育是多关系共同作用的对象，存在多种利益需求、多种利益冲突、多种矛盾纠纷。所以，要想充分调动和发挥好各方面的积极因素，必须建立有效的处理机制使之安定有序，才能预防与化解这些关系的紧张、失调与失衡。方法是改变世界的基础和动力，其不仅是一切社会存在的基础，也是人自然存在的基础。为什么？因为只有方法才能实现人的主体性和客观的物质性的能动的统一。

就此而言，从实践的方式看，意识在任何时候都只能是被意识到了的存在。因此，其方法组成既包括社会科学的理论方法和自然科学的理论方法，也有演绎和归纳相结合的理论方法与从抽象到具体的科学技术的方法。从逻辑学的角度看，这就可能形成了两种非此即彼的方法形态——辩证理解的方法论与定义理解的方法论。前者认为每个事物都有众多的属性、特质、方面并与整个世界相互联系，促进社会的进步。后者将事物的个别成分、属性和方面加以分解、固定，把它们看成彼此互不相关的东西，探索事物的未知，促进科学技术的发展。可见，要解决这两种方法形态存在的问题，实现“二道相因，生中道义”，体育哲学方法论的运用就要理论联系实际，既要通过人文理论又要通过科技理论来提升方法的科学性，还要通过实践来检验方法的正确性与可行性，以使其方法不断完善与丰富，与实践的具体相结合。

从我国体育的发展历程来看，成功的经验与曲折的教训并存。实践证明，每当以能动论撇开人的实践活动(需要)，以决定论撇开具体社会条件(国情)，抽象地谈论体育科学的发展时，我们就遭受挫折；每当把实践和历史一体化地作为能动的界限，认识体育活动的本质，辩明发展的要求，不以能动论忽视主体性，也不以决定论忽视能动性时，我们就进步。例如，回顾70多年来中国体育政策的演进和走向，我们就会发现，由于国情和国家对外发展的需要，这期间中国体育政策偏于以竞技体育为主题，以实现计划为思路，以举国体制为方法，引导中国竞技体育一路高歌，队伍不断扩大，费用不断攀升，水平不断提高，成绩不断飞跃。这对纠正西方国家对中国的偏见起到了十分显著的作用。在鼓舞国家改革开放，推动国家向世界敞开胸怀方面，体育发挥了排头兵的作用，已成为国家软实力不可或缺的重要组成部分。然而，当我们以冷静、客观的态度来看待这一历史发展进程，把人的关系添加进来时，就不难发现，这种不面向人的发展趋向，显然不利于中国体育可持续的健康运行和发展。

为什么？因为一个好的体育方法结构体系，应涵盖国家需要和民众需要两个方面，应该是竞技体育和公众体育二者的均衡与结合。一个好的体育方法结构体系，应该是既引领建设先进文化的价值导向，又以国民的美好生活为目的，为公众提供一种幸福体育的生活模式。也就是说，一个好的体育方法结构体系，既要服务于国家发展的需要，又要满足人们现实生活的需求。要辩证地认识到不是国家发展了人就发展了，而是人发展了国家就发展了，只有这样才能把握住系统的发展运行。

综上所述，《中国体育哲学基础理论研究》一书从以下三个方面梳理了体育哲学方法论的基本原理。

其一，体育哲学方法论即廓清。体育的出现是人类社会实践化的结果，存在着物质资料的消费与物质变换之间的关系，存在着物质生产力和精神生产力的调整与重塑。对方法论的正确运用，可帮助我们解决上述过程中存在的低效、无效的问题。从绿色经济、绿色社会、绿色生态等出发，根据营利、环保、高效、安全等多重属性，增强方法对物质的有用性，实现效益的最大化。也就是说，方法作为必然性的逻辑，就是使事物的各个环节都能得到有效的展开，实现内容与实践的统一、主观与客观的统一。

其二，体育哲学方法论对体育技术、体育器材、体育场馆、体育用品、体育产业的选择和设计、创造和改造、配置和运用等，不能危及人的生存和发展。在其方式上，应遵循生态法则、循环经济模式，减少污染和浪费，实现清洁使用。消除以方法性征服客体，使客体为我所用的思想。方法不是简单的方式和活动的现象概念，人的现实存在的觉悟力制约着对劳动工具的认识、改造、利用和发展，决定方法的理性、运动及其价值的效果。也就是说，方法就是对于内容的内部运动形式的“觉识”，即实现物的外在尺度与方法的内在尺度的统一，是一切发展的内在本质。

其三，体育哲学方法论即逻辑证明。方法并非真理性的认识，方法的感性活动并不能直接检验真理，不能认为方法先进了结果就是先进的。也就是说，方法是一种决定生产力效力的技术手段，是衡量生产力发展程度的重要标准，先进的生产力取决于先进的方法。但如果没有先进思想的引导，没有对事物合规律性与合目的性的激活，方法就是“死”的，会有负效、低效和无效的情况发生，难以对劳动成果产生有效的生产力。为什么？因为对象性的存在物进行对象性的活动，如果它的本质规定中不包含对象性的东西即方法，它就不能进行对象性的活动，只是想象出来的东西，无法表征出人与世界的关系。

总之，体育哲学方法论着力为体育科学的发展拨开迷雾、保驾护航，试图为消除体育科学在现代化转型期所出现的诸多矛盾提供方法，为其实现进步性的变革提供有力的举措，促进体育价值与功能统一、体育理论与实践统一。学者张力为在《体育科学研究方法》一书中提出：“没有分析的工具或方法，就没有发言权，体育科学就是以此为起点发展起来的。”

**（四）《中国体育哲学基础理论研究》的发展论**

辩证唯物主义指出，世界上的一切事物都处于运动变化中，没有不运动的物质，离开了现实的历史研究就没有任何价值。就此察之，体育发展存在着差异性和多样性、正确性和错误性、先进性和落后性等客观实在的表现。例如，体育的发展观存在从外延式发展到内涵式发展的演进，体育的发展存在着有效与无效、有序与无序、高质量与低质量的交织。这些表现意味着既要用运动、变化、发展的眼光观察和处理问题，又要看到事物相对静止的存在，坚持绝对运动和相对静止的统一。因此，体育哲学发展论的文本之维，就是从“历史之维”和“现实之维”出发，论述、阐明什么是中国特色体育的发展之路，如何实现体育事业的提升与发展的命题描述。一是方向上，一切从国情出发，把国外体育的先进成果和经验同我国的具体实际相结合，走自己的路，建设现代化体育。二是方法上，坚持洋为中用、古为今用，百花齐放、百家争鸣，因地制宜、创新机制的发展方向；从一般、特殊、个别三个层次有机的统一上来理解和坚持中国体育现代化的实践。三是理论上，以时代性与民族性统一、理论性与实践性统一、独立性与世界性统一等为认识原则，应对国情、实践，描绘出具有中国体育特色的发展蓝图。正如列宁在《什么是“人民之友”以及他们如何攻击社会民主党人？》一文中指出的：“马克思认为理论符合现实是理论的唯一标准。”①

故此，《中国体育哲学基础理论研究》的发展论着力阐述体育科学发展的运行观，说明体育运行过程中的状态、动力、环境、体制、机制、调

① 《列宁选集》第1卷，北京，人民出版社，2012年，第31页。

控和发展的趋势及方式的选择等。阐明围绕这一过程中发生的有序与无序、协调与失调、平稳与非平稳、发展与衰退、增长与停滞、量变与质变等状态的各种关系和矛盾现象，寻绎体育科学发展的前进性和曲折性的主客观的根源。予以考察和认识、选择和批判、审视和确定，以科学的话语，找出动力点，指出失灵点，增进体育科学发展的可知性、可控性、可利用性和可能性，健全宏观调控体系，为体育科学机制的进一步深化和发展，解决具有方向性和根本性的问题。

综上，《中国体育哲学基础理论研究》的发展论之所以重要，原因在于体育发展是一个多层次的复杂的社会问题。其发展存在多学科的交叉性理论研究，其运行活动、组织管理、发展模式是社会科学和自然科学的各种运动的反映。其实践基本形式，既存在由特殊上升到一般规律性的科学认识，也存在从一般的抽象到具体的抽象的实践趋向。正是在这个意义上，体育发展是一项特殊的社会实践活动，是人类有目的、有计划、对象化的活动，其运行与活动既存有合目性的与合规律性的正确发展，也存有不合目的性与不合规律性的不良发展。不仅涉及人的思想文化观念领域，也关涉技术、管理等不同的领域。因而，体育的科学发展问题构成了两个范畴：不仅直接指向物质生产的实践——生产关系的对象化思考，也指向意识形态人文精神——价值性的对象化思考。这一现象表明，只有从体育哲学发展论的视角出发，才能从整体性上对各种现象所反映的问题进行抽象、概括，才能揭示出体育科学发展的本质。因此，也可以这样理解体育哲学发展论：它是为当前存在的以下问题提供解决办法的理论。

问题一：体育学家一直试图尝试像自然科学那样，找到体育现象背后类似“牛顿运动定律”一样的规律，来处理体育发展中的问题。但由于体育的科学发展存在“不确定性”的特殊表现，体育学家做出来的一些研究成果难以契合社会的现象。

问题二：由于体育是众多因素共同作用的对象，存在“丛林理论”的陷阱，各种理论的界说与界定，都是针对体育实践发展的某一方面、某一领域的本质或某一层次的现象，从一个特定侧面去揭示和分析体育实践发展的某一方面、某一领域、某一层次，导致合理性与片面性并存，常常无法满足体育发展的理论需要。

问题三：从发展机制上看，存在着“关起门来办体育”的现象，过分注重自身计划机制的发挥和目标的实现，运行体系难以利用好社会的活力与动力。



问题四：从发展理念上看，举国体制的理念往往以竞技体育发展为唯一，没有处理好竞技体育、学校体育与社会体育之间的关系，这种单一性忽视了人与社会发展的需求，引发诸多矛盾，抑制了发展的活力，难以满足人民大众对体育文化日益增长的需求。

一个时代弘扬一种精神，一个社会锻造一个标杆，每个原理都有其出现的时间。上述问题形成的原因，就在于体育是多样社会利益和多元利益诉求的载体，具有多方位、多因素、多变量的特点。因而，如何针对这一背景，执握住“扬弃继承、转化创新”这一“守”和“变”的关系，构建出正确的体育科学发展观就成为必要的关注。

要解决这些问题，就需要利用体育哲学发展论，为以什么样的思想建设体育事业、以什么样的方式发展体育事业，找到可依靠的力量支点，为体育的实践发展摆脱传统的纠缠、找到理论的支撑。明晰体育“发展”对象的理论性与价值性、方法性与形态性，不再为发展本质的逻辑问题纠缠不休，帮助大众更好地理解“体育想发展”这一鲜活的思想，借助其真理价值在整体上取得更高的成就，加快推进中国体育事业的建设。

综上所述，《中国体育哲学基础理论研究》一书从以下三个方面梳理了体育哲学发展论的基本原理。

其一，回顾历史的进程，阐明了发展论价值的客体存在对人类主体的影响与作用。例如体育发展对人类产生影响即产生存在的价值，不产生影响就没有存在的价值；发生积极作用和影响就具有正面的价值，反之就产生负面的价值。这告诫我们，要科学地设计好“发展”。

其二，紧跟时代的脚步，阐明了人类发展对体育活动的本质认识和定位存在着由低到高的需求层次影响，其重心发生了由最初的人技关系到“物性”需求再到人的精神需求的核心转移。这一历程表明人类从低级文明走向高级文明的动力是发展，只有做好科学发展才能不断推动体育事业不断进步。

其三，从理论深处阐明了发展是体育的本质和存在方式。为此，体育需要在实践中不断地分析人的动机、情绪和社会因素的作用，不断地充实新的内容，不断地创新，以适应社会结构的新模式，不断地激发调动各种资源和力量。“体育的本质不在历史，而在当代，不精诚、不感动人、不创新、不发展，就不是体育”，讲的就是这个道理。

总之，本书从理论和实践两个方面展开体育哲学发展论的研究，着力为体育的科学发展消除矛盾、摆脱纠缠，提供路径和指南，为其实现进步性变革提供根本的动力。这有助于深化我们对体育的科学认识，为体育事业在宏观和一般规律意义上提供定向性指南，为我国体育事业的发展赋予更加全面的内容和更加先进的形式，促进体育科学发展与价值发展的统一。思维和物质在本质上服从同一的物质运动规律，对其进行研究，既可对我国体育的形成、发展和演变作一历史的考察和审视，也可对21世纪我国体育发展进程中面临的新问题进行指引，面向客观实际，绘制发展图景。可见，只有自在的统一，才有自为的统一。显然，只有在正确框架里建构的知识，才能成为实践发展的科学方案。

## 二、《中国体育哲学基础理论研究》的文本体例

上述文本解析表明，体育是“有意识的社会存在物”，是经济、政治和文化等多种历史因素共同作用的对象，是一种受这一社会属性广泛影响与制约的活动。其发展既存在一个与社会相互关联、协调发展的关系，又存在一个不断解决问题又不断产生问题的社会过程。质言之，体育不仅是自然的存在物，存在着人自身技能活动的关系，有自然属性，也是社会存在物，存在与人、与国家、与社会交往活动的关系，有社会属性。因而，按照“体育的价值性存在于交换之中”的认识，其实践方式和反映形式存在与社会的经济、社会的政治和社会的文化的呼应，其本质透视和蕴含着精神价值属性和物质价值属性，其运动形式是感性和理性的矛盾统一体。这一特征决定体育的存在和发展必须符合这一实践活动的反映和再现，才能获得体育本身历史存在的意义。

其一，建设具有中国特色社会主义的体育，是一项新事业，马克思没有讲过，我们的前人也没有做过，其他国家也没有干过。所以，没有现成的经验可学，我们只能在干中学、寻找经验，学中干、总结规律，当原有理论与新的实践发生冲突时，不能固守原有的结论，要以实践的发展来推进理论的发展。根据新的实践不断丰富和发展自己内在的动力，使体育在实践的基础上不断丰富和发展。

其二，《中国体育哲学基础理论研究》一书的文本体例，可“把熟知变成真知”，将表面的、局部的、个别的具体经验提炼到理论高度，将抽象的经验化为方法、规律。因此我们有理由说，《中国体育哲学基础理论研究》一书的文本体例，就是“以哲学所具有的时代真理，来阐明体育的科学品质，解析体育与人、与社会的关系，说明一切体育事件、问题和观念的范式”。

其三，《中国体育哲学基础理论研究》一书的文本体例表明，体育科学是一种最广泛、最普遍的社会化活动，是多种因素共同描绘的对象。这揭示出体育在发展的过程中同经济、政治、文化等产生了复杂的社会关

系。这些关系从不同侧面、不同层次反映着体育的价值本质，制约与影响着体育的内容、方法、组织形式与呈现形态。因而，体育的认知与历史条件和现实的有关建构，依赖于经济、政治和文化等的支持，生长于经济、政治和文化等的土壤，离开它们体育就会失去生命力。它们对体育的生存和发展发挥着各自的功能。没有经济、政治和文化等的统合，体育是不能单独发生社会实践关系的，只会剩下空洞的“类”的抽象。

《中国体育哲学基础理论研究》一书的文本体例，既贯穿着一切从实际出发、理论联系实际、实事求是的立场、观点和方法，也包含着马克思主义唯物史观、马克思主义中国化的理论成果。体现着《反对本本主义》《实践论》《矛盾论》等论著中的唯物哲学思想。要使中国体育的发展变化始终与现实社会保持密切的联系，永不僵化、永不停滞、永不掉队，就必须重视对这些成果的研究，发挥这些“力量”对体育因果能动的作用。实践证明，不讲明这些哲学成果与体育的关系，不遵守这些文本的理论关系，体育就会出问题，就难以得到真正的发展。正如美国学者 M. W. 瓦托夫斯基所言：“科学研究不单单是一件积累事实的事情，科学也不是一大堆积累起来的事实。就科学是理性的和批判的而言，它是一项力图整理观察事实并在清晰的语言结构中，用某种首尾一贯的、系统的方法来表示这些事实的尝试。”①

《中国共产党章程》明确指出：“党的思想路线是一切从实际出发，理论联系实际，实事求是，在实践中检验真理和发展真理。”② 基于这一认识，我们认为正确运用哲学的本体论、认识论、方法论、发展论参与逻辑论证，是实现体育现代化发展的基础。把握运用好这些理论成果，有助于建立对体育科学基本发展规律的认识与理解，因而，对其进行研究是必要的也是非常重要的。

有机整体的效果，来自各部分的共同协作。论纲是《中国体育哲学基础理论研究》本质的存在物，体例是其功能的展现。借助这些理论成果的“复调和声”才能整合自身，才能保证《中国体育哲学基础理论研究》的学说符合发展规律，与社会同步、与时代同行。也就是说，它从社会领回的，正好是它给予社会的，唯有这样才能使其自身服务于社会现实。

综上所述，我们有理由认为，《中国体育哲学基础理论研究》文本构建的路向不仅可以揭示和确定已有的研究活动的方式和方法，而且可以帮

① 〔美〕M.W.瓦托夫斯基：《科学思想的概念基础——科学哲学导论》，范岱年等译，北京，求实出版社，1982 年，第 162 页。

② 《中国共产党章程》，北京，人民出版社，2022 年，第 11 页。

助阅读者把当下的和未来的认识方法和思维尽收眼底。

其一，哲学的视角可使我们从新的角度深化对体育本质特征与其内在联系的理解。这一过程既有获得物质客体与精神客体的过程形式的两重性联系，也有科学的、技术的理性知识与技能等方向的双重关系。可见，当从哲学世界观的整体出发对体育科学进行构建时，它是具体的，离开整体从任一点入手都难以讲清它的本义。为了把这个体育的“心”讲透、体育的“理”讲真，必须追溯体育在人的存在和社会实践活动中的意义。建立体育哲学基础理论研究的学说，指导我们完成认识世界和改造世界的任务，就成为当前体育研究普遍的、最高的对象。诚如恩格斯所说：“一个民族要想站在科学的最高峰，就一刻也不能没有理论思维。”①

其二，辩证唯物观始终不渝地认为，人类的认识始终是以对现实的、完全相符的再现和反映为前提的。意指思维是外部客观活动的反映形式，是人类社会再生产的必要条件。任何实践活动，任何发生在自然现实、社会现实、人本身和人际关系中的实际改造活动，都必然以意识的运作为前提。吊诡的是，由于意识存有二律悖反的规律，真理可以带来正确的发展，谬论可以带来毁灭。换句话说，借用哲学养分，可帮助体育以认识论勘察全部积累的经验，调动各种已有的反映蓄能，为未来行为的图式、程序的活动做预先假设、预先调整，把可能发生对立的矛盾化为统一的组织图式。不言而喻，只有哲学才具有架构体育科学的知识与现实、知识与存在相互关系的能力，推进认识与实践有机地联系在一起，为现实问题做出满意的解答。正如马克思在《关于费尔巴哈的提纲》中所说的：“人的思维是否具有客观的真理性，这不是一个理论的问题，而是一个实践的问题。……离开实践的思维的现实性或非现实性的争论，是一个纯粹经院哲学的问题。”②

其三，哲学除了具有对体育知识的量变与质变的对立与统一的认识之外，还具有为现实建立新理论与新世界观的思考，即否定之否定的扬弃。例如借用哲学理解“终身体育”，养成人终身体育运动的能力和习惯。可得出更圆满的理解——建立“终身体育”的观念不仅是生活的准备，而且是终身的生活定义，可为人一生中持续不断的行为、学识、理解力、态度、技能以及能力等方面的提高提供精神的影响，引导、促进、规范个体由自然的人成为社会的全面发展的人。

要言之，现代体育是一个具有极大包容性和开放性的、处于动态发展

---

① 《马克思恩格斯选集》第3卷，北京，人民出版社，2012年，第875页。

② 《马克思恩格斯选集》第1卷，北京，人民出版社，2012年，第137～138页。

中的学科。从其活动的规律来看，它的本质是当代的，而不是历史的。正是这种运动规律，正是这种动态活动，正是这种相互作用的形式，促使着它持续不断地演进和发展。因此，从这一视角，运用学习理论、应用理论、贡献理论的方法论思想，提出《中国体育哲学基础理论研究》一书文本的构建。这个理论体系可由以下几部分组成。

第一章：《中国体育哲学基础理论研究》导论。矛盾性的多元催生体育哲学的呈现，理论性的困顿呼唤体育哲学的建立，辩证研究体育哲学的对象、特点、作用、使命、任务。

第二章：《中国体育哲学基础理论研究》文本论。从本体论、认识论、方法论、发展论几个方面，论析体育哲学文本的构建与确立。

第三章：体育发展论。审视体育科学发展的目的，分析发展趋势，讨论发展中的问题。

第四章：体育教育论。审视体育教育的发展，讨论发展中的问题，展望 21 世纪体育教育的构建。

第五章：体育竞技论。解析人类社会与竞技体育的关系，辩证反思其历史进步性与局限性。

第六章，体育社会论。辨析体育与社会的关系，讨论其对社会的作用，提出构建与实施方案。

第七章：体育文化论。讨论体育与文化的关系，体育文化的传承与变异、调适与冲突。

第八章：体育经济论。分析体育与经济的关系，讨论体育对社会经济的影响与作用。

第九章：体育政治论。辨析体育与政治的关系，阐明体育价值观的作用，讨论体育建设。

总之，本体论是发生的基础，认识论是提炼与深化，方法论是实践活动，发展论是展望未来。这一文本体系是按照历史、现实、未来的纵向思路，用学科、历史、逻辑、价值、目的、结构、过程、未来、研究这九个范畴作为“网上之结”而构成经纬。每章围绕一个主要问题进行讨论，驻足于哲学的理解，通过多种阐释推进讨论，为解决问题提供指南和参考。通过运用范畴把握对象，对当代体育科学在实践中所发生的问题予以审视与关注，从而完成《中国体育哲学基础理论研究》文本的构建。

## 小　结

综上所述，《中国体育哲学基础理论研究》一书文本的构建，从体育本体论、体育认识论、体育方法论、体育发展论四个专题进行解读。立足于哲学抽象的思辨力，从整体上考察与揭示体育科学与各对象的关系，以及相互联结、彼此对应的因果存在，梳理体育科学与各社会形态之间的关系、相互作用的因果制约性的关联。

《中国体育哲学基础理论研究》一书文本构建的目的，是试图实现整体考察全面、一体多元基本分析客观，既为体育的科学发展中产生的主要问题提供一种全面的指南，也为推进讨论和解决这些问题指明方向。体育是一个系统性和整体性的社会结构，与经济、政治和文化存在相适应的关系。不能把体育看成某种单一抽象的存在，而应把其看成是整体中的具体，是社会关系的体系的一部分。这种关系赋予了体育作为社会存在的特征和实现社会活动的形式，体育只有在这种关系内才能形成、表现出自己的积极性。

显然，《中国体育哲学基础理论研究》一书文本的构建可使我们科学地认识到，体育活动的产生、发展以及与社会存在和社会认识的相互作用，既涉及经济基础，又涉及上层建筑等体制层面与思想观念层面。要弄清这一问题，既要避免从客观偏向主观，又要避免从主观偏向客观。显然，对这些理论成果理解与运用的程度，决定了体育的科学发展水平与速度。这是因为，这些理论成果既有哲学原理的资源，又有马克思主义中国化的理论成果，它们是中国体育发展的思想基础，是实现体育中国梦的根本方针。也就是说，体育的价值与功能、认识与方法、运行与发展，只有在正确的框架里才能得以运行，才能实现对社会的改造。

**思考题**

1. 为什么要建立体育哲学的文本？

2. 体育哲学研究的四个核心范畴是什么？

3. 为什么说体育哲学蕴含着“生产方式和交换方式的关系”“生产力和生产关系的关系”“物质文明和精神文明的关系”“合规律性与合目的性的关系”等历史进程的互动关系？

4. 简述什么是体育哲学的本体论、认识论、方法论、发展论。

# 第三章　体育发展论

**【本章摘要】**

一是梳理中国体育与改革开放的关系，探讨其发展革新的根由与特点，思考其演变的逻辑、变革的内因与外缘。二是审视中国体育发展的经验和理论，解析其永续前行的道路自信、理论自信、制度自信、文化自信。三是勾勒中国体育未来的发展方向和任务，厘清经验与发展道路，沿着这一历史底色再谋新篇。

**【本章内容结构】**

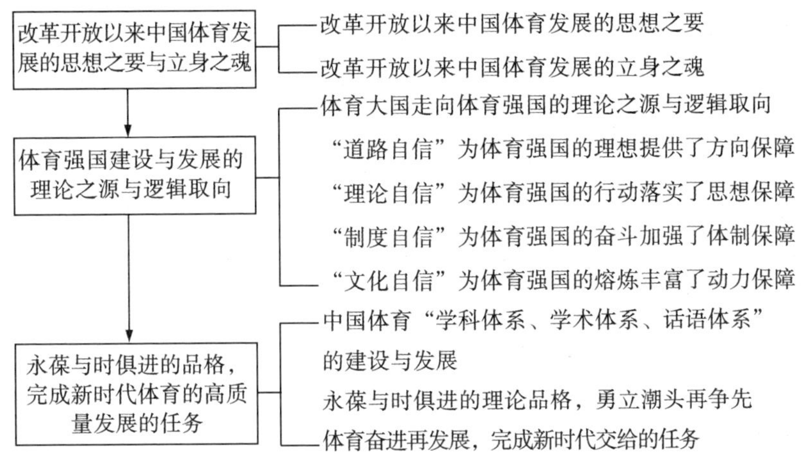


**【本章理解】**

1. 理解中国体育发展与改革开放的关系，思考其演变的根由和逻辑。
2. 理解促进中国体育永续前行、勇立潮头再争先的理论与思想。
3. 思考新时代中国体育科学发展的特征与取向。

从人类的历史进程来看，“发展”是描绘人类新的社会状态和面貌的词语，而“现代化”阐释着新的社会目标的实现。因此，“发展”是表现人类对历史进步的一种共同向往，“现代化”是对人类社会奋进的表达。“发展是当今世界的主题，现代化是实现这一主题的通道。”由此，对“发展”和“现代化”概念的探讨，也就成为表现先锋力量的关键。有研究认为，“发展”一般是指事物渐进过程中的“中断”，由旧的形态“飞跃”到新的形态的样貌。“现代化”体现着目标与过程的统一、理想与现实的统一。也就是说，分析“发展”和“现代化”的机理与目的，可增强工作中的系统性、预见性和创造性。当前中国体育的发展面临着改革开放的新气象、新形势、新理论、新发展，处于时代主题切换的大转折、大变化之中。要勇立潮头再争先，就需要明晰自身发展的理论特征和逻辑取向，明确支撑自身发展的思想之要、立身之魂。是什么推动中国体育不断发展，使其由全球体育的旁观者、观看者成为参与者、推动者和引领者？只有这样才能回应、指导、解决新时代体育进程中的新情况、新矛盾、新问题，否则就难以为继。历史方位和时空坐标决定了理论解释的框架与范式。“中国现代化发展理论”蕴含着现代化本质为谁的基本立场和价值观念，包含着现代化目标的指向、方向的预设。厘清该理论可以指导中国体育的发展适应生产关系的规律，适应经济基础的规律，增强中国体育的理论解释力和指导力，使其面对纷纭激荡的新形势，可以知道自身所处的位置，明白为谁发展、怎样做好发展，避免中国体育的发展丢失“初心”，努力将体育建设成推动中华民族伟大复兴的标志性事业。所以，对体育理论的把握和阐释，就构成了当前中国体育必须解决和亟待解决的问题。那么，中国体育应如何认识改革开放以来自身变革的内因与外缘、中国体育应如何认识改革开放以来的经验和理论、中国体育应如何沿着这一历史底色再谋新篇，就成为新时代中国体育走向现代化发展的历史之问和基础性的工作。正如雅克·勒高夫所说：“弄清过去与现在的关系，无疑是把握或拿捏历史分寸的瓶颈。”①

---

① 〔法〕雅克·勒高夫：《历史与记忆》，方仁杰、倪复生译，北京，中国人民大学出版社，2010年，第8页。

# 第一节　改革开放以来中国体育发展的思想之要与立身之魂

“每一个民族的文化复兴，都是从总结自己开始的。”体育是历史表现的形式，对历史记忆再审视的目的，就是解决当下的发展瓶颈、矛盾和问题。这是一个在批判的旧世界中发现新世界的思想重构、理论重组的再发现过程，显然，其体现着对过去、现在、未来的提炼、继承与完善的规律。因而，重新审视历史的自身，不仅是理解过去、展望未来，也是再发现的理论之源。为什么？因为对国家发展、民族复兴的规律的揭示和对未来的正确把握，只有从深刻的历史经验之中才能得到。显然，在推进中国式现代化发展的今天，中国体育要想站在历史巨人的肩膀上再前进，重塑自身的主体性，就需要及时地对改革开放以来中国体育取得的认识与成果进行总结，正本溯源，再将其转化为思想成果、制度成果、方法成果，方得始终。换言之，理论是一个与时俱进的发展命题，在不同的历史阶段有不同的着力点。理论的生命力在于不断创新，随着历史条件的改变而改变。要想使已有的东西表现出生命力，成为未来发展不可或缺的思想材料与思想智慧，就必须对其进行重新审视。为什么？因为只有如此，才能求得理论的共识，并对上一个历史时段进行呈现、沉淀和总结，为新时代的“再出发”提供历史参照，使后继者减少盲目性，增强自觉性，达成一致，摆脱歧义与纷争，成为继承者、传播者、捍卫者，永葆与时俱进的品格，排除一切干扰，砥砺前行，完成新时代面临的任务。

从历史的进程来看，中国体育是在特定时代的阶段中发展起来的，也应根据这个特定时代的发展阶段进行解释，才能准确地总结出自身的所在，然后“再出发”。为什么？因为只有这样做才可以增强中国体育的理论解释力和指导力，才可以防止中国体育不知自身所处的标志性位置，把发展变为一个“小插曲”。因为只有这样做才可以避免中国体育的发展丢失“初心”，抓牢体育发展的现代化本质，把握体育发展的客观规律，解决好体育发展面临的现实问题。这也是近年来众多学科不断地围绕道路自觉、制度自觉、理论自觉、文化自觉等话语展开各种形式的研究和讨论的原因。现代化是一个包括经济、政治、文化、社会和科技等在内的综合发展过程，实现物质富足和精神富足以及协调发展是中国式现代化的要求。

“万物得其本者生，百事得其道者成。”目前，各学科都在围绕“四个全面”战略布局、“五位一体”总体布局、“四个自信”等理论成果展开多种形式的讨论和对话，激励自身与再生，形势可谓如火如荼。而对“改革开放以来中国体育发展的思想之要与立身之魂”的论说，不仅有回顾与再现自身的历史评判，也有激励发展与再生的意义解释。其目的在于使更多的人包括笔者本人，更加深刻地理解改革开放中体育发展的意义，更进一步地把改革开放的信念转化成动力，更加努力地做好新时代体育事业。

“理论在一个国家实现的程度，总是取决于理论满足这个国家的需要的程度。”是什么力量使中国由全球体育的旁观者、观看者成为参与者、推动者和引领者？在世界竞技体育中，有中国成绩、中国精神、中国特色，唯独中国理论较为薄弱。为什么？因为改革开放以来中国体育快速发展，并取得了显著的成就，其动力来源不是自身，而是得益于中国改革开放的引领，是中华民族伟大复兴的历史必然和时代要求的推动。为此，有研究者提出，当前中国理论最重大的问题，就是构建具有中国特色的经济哲学、政治哲学、文化哲学、社会哲学，为中国发展提供新的理论资源。① 显然，做好这一来源的研究对中国体育今后的发展具有显著的意义，可给中国体育提供理论支撑。正如习近平总书记2016年在哲学社会科学工作座谈会上的讲话中指出的：“只有聆听时代的声音，回应时代的呼唤，认真研究解决重大而紧迫的问题，才能真正把握住历史脉络、找到发展规律，推动理论创新。”

## 一、改革开放以来中国体育发展的思想之要

改革开放后的中国体育思想蕴含着丰富的理解和阐释，其思想认识的内涵与外延经历了一个由“简”到“丰”的发展过程，对中国体育什么样的思想认识是正确的、什么样的思想认识是不正确的，什么样的道路是正确的、什么样的道路是不正确的进行了不断的辨析。从历史的进程来看，要建立什么样的中国体育、如何建设中国体育、中国体育向何处去，在这些事关体育前途命运的根本问题上，我国还少有自主性的研究。只有一些出国考察归来的学者简单地介绍了一些发达国家的情况与模式，而对像中国这样的发展中国家的体育该如何建设的问题，我们尚未在批判的研究中建立起自主性的话语体系。

无论是功能变革，还是结构重建，最终都需要来自理论的支撑。中国体育的改革是一个被逼出来的、不得不为之的“选项”，其动力不是来源

① 参见孙正聿：《当代中国马克思主义哲学的使命与担当》，《中国高校社会科学》2019年第6期。

于自身，而是国家改革开放的引领。为什么这样说？因为它的基因来自国家改革开放的解放思想、实事求是的思想路线，它的种子来自国家不改革就没有出路的伟大实践。显然，这一历程存在着正确与迷误相伴而生、求新与偏见一起增长的差异形态与理论。只有讲清，才能得到分享，只有理解，才能得到传播、成为思想、纳入行动。我们的体育发展不仅存在历程性与多样性的落差与表现，还有一连串互相衔接的阶段的发展过程亟待得到阐明。为此，对中国体育改革开放以来发展的整合与阐发、经验与教训、成就与贡献的提炼就成为必要。引介理论随时随地都要以现实的历史条件为转移，开掘新的诠释满足实践探索的需求，进而为破解中国体育存在的问题提供思想参考。如何认识与实施党在十九大报告中提出的“中国特色社会主义进入了新时代”对中国体育的影响，使其实现手段与目的的统一，就成为体育学者首要关注的问题。正如学者关铭闻认为的：“一个国家、一个民族要振兴，就必须在历史前进的逻辑中前进，在时代发展的潮流中发展。”①

但直到今天，中国体育学者也没有对其展开深度全面的研究，当然也就没有取得明显的成果，为我们走入新时代的建构提供支撑。一是尚未形成清晰共识，确立改革开放以来中国体育取得了哪些思想认识与成果，以借用理论的力量深入推进新时代中国体育的建设。二是没有从历史的具体性到架构的思想性，说明改革开放以来中国体育留下了哪些成功的经验、共识，以推动新时代的体育发展。三是没有说清中国为什么能发展为全球的体育强国，中国体育为什么由全球体育的旁观者、观看者成为参与者、推动者和引领者。四是没有说清中国体育打破“旧世界”的本领是什么，建设“新世界”的动力是什么。显然，这一缺失严重妨碍了中国体育对自身方式的认识、对初心的理解、对使命的担当，不知哪一步是踉跄的，不知哪一步是踏实的，失去“热血”，重回老路，以致难以从更宽广、更深刻的角度走进真理的“最后一公里”，总结出矛盾存在的状态与发生的转变、新观念的变化和新方式的转换的根由，抽绎出主观阐释与客观阐释、时代阐释与历史阐释等合目的性与合规律性的统一，实现中国体育“认识与改造”两重任务的确认。厘清这个问题不仅可回答好时代再发展的提问，也可帮助后人摆正对中国体育健康发展的认识，以便进一步推进中国体育的发展。

理论研究是一切研究的基础。只有求得理论性，方能介入实践的意

---

① 关铭闻：《坚定改革开放再出发的信念——纪念〈实践是检验真理的唯一标准〉刊发四十周年》，《光明日报》2018 年 5 月 11 日。

识，推动理论随着历史条件的转移而转移。那么改革开放为中国体育提供了哪些思想，深刻地改变了中国体育的面貌，点燃了中国体育建设、改革的实践之火？它为什么能历经风霜？为什么能以小博大？为什么能走出彷徨？为什么能摆脱僵化和保守？为什么能对未来有不懈的追求？其中内蕴着哪些中国体育发展的历史辩证思维需要讲清？联结着哪些参照可为未来提供借鉴？显然，要说明这些问题，给出历史的解答，就需要运用理论阐释和逻辑论证相结合的方法，才能梳理出认识的理路。也就是说，只有从这些关系出发，才能清楚获得其完全意义，才能结出新的与时代要求相符合的丰硕成果，防止出现“一锅夹生饭”。

体育要改革，观念要先行。毫无疑问，“实践是检验真理的唯一标准”这一思想，为中国体育的发展奠定了“基因”基础。它是中国体育转变主体意识，突破重重阻碍，实现发展与变革的钥匙与“催产婆”。它不仅是引发体育走向改革开放的最强音，而且为中国体育正确认识与把握理论与实践的关系奠定了“标准”，并使人们认识到中国体育的发展是一个不断接受实践检验的过程。可以说，这一论断不仅为中国体育确立了科学发展的认识论，对中国体育思想认识的形成产生了基础性的影响，也塑造了中国体育理论与实践相结合的学科品质。这就如同所有的事物都蕴含着新生的机遇一样，这一从实际出发、实事求是的光辉思想，不仅揭示了中国体育内在本质与社会发展的必然联系，也为中国体育如何实践提供了科学的观念和分析的方法，促使中国体育的目标与运行、现实与未来实现合目的性与合规律性的联结和统一。

社会发展是一个继往开来、不断前进的历史过程。在生产力与生产关系、经济基础与上层建筑的相互作用下，一个社会从低级阶段向高级阶段迈进是一个不断积累基础和条件的过程。那么，一种理论的产生与发展也不是凭空出现的，而是植根于相关“营养”的供给，因此，中国体育的形成与发展也是有着深厚的理论依据的。体育理论的关系不仅决定着自身，还连接着其他一切关系的现代化发展，这也是党和政府把体育列为中华民族伟大复兴的标志性事业的原因。“理论在一个国家实现的程度，总是决定于理论满足这个国家的需要的程度”“发展才是硬道理”“实践是检验真理的唯一标准”等思想，撬动了中国体育改革开放的杠杆，推动其观念创新和实践探索相互促进，冲破了束缚生产关系的观念和藩篱，不但为中国体育凝聚了解放思想的力量、实事求是的精神，而且为中国体育确立了改革的理论原则和行动方式。在不断推进国家治理体系和治理能力现代化的思想引领下，我们收获了“五位一体”总体布局、“四个全面”战略布局、五大发展战略等理论成果，从而使中国特色社会主义制度得到坚持和完善，中国特色社会主义现代化建设不断推进。这些理论成果强有力地推动着中国体育由传统的“自身办”举国体制，走向开放的“社会办”举国体制，从封闭的“自我发展”体育走向开放的“社会发展”体育，由“自我看世界”走向“让世界看中国”。正如习近平总书记2015年在全国党校工作会议上的讲话中提出的：“如果没有中国共产党领导，我们的国家、我们的民族不可能取得今天这样的成就，也不可能具有今天这样的国际地位。”

上述研究得出的这些思想之要既是中国体育改革发展的灵魂和特征，也是中国体育阔步前行最根本的政治保障，可为新时代中国体育砥砺奋进提供重要的启示。而以下理论与实践的表现，值得我们思考关注。

第一，从历史的意义上说，是“实践是检验真理的唯一标准”这一思想，推动中国体育思想走向解放，给中国体育带来了本质意义上的改变，为中国体育“拨乱反正”、走向改革奠定了基础。它不仅使人们清醒地认识到中国体育的发展不是西方体育的翻版，也不是对自身传统的全盘否定，还给中国体育提供了解决问题的智慧和方案，为激励中国体育奋勇前进提供了强大的精神动力和智力支持。

第二，从理念的变革上看，是“实事求是”的解放思想、“发展是硬道理”的科学观念，使中国体育摆脱了思想的束缚，不断厘清和革新体育发展观念，深化体育体制机制改革，使竞技体育与全民健身协调发展，学校体育与奥运计划对接起来，体育产业与社会体育连接起来，体育消费与体育文化融合起来，促使体育发展实现合目的性与合规律性的统一。

第三，从历史的进程上看，“四个全面”战略布局保证了中国体育机制体制的正确方向，“五位一体”总体布局为中国体育的目标与运行提供了路线图，使体育实现了与中华民族伟大复兴总任务的对接，为创造良好体育生活环境、夯实体育强国的发展、创造更加美好的未来奠定了基础。明晰了只有感性的主体认识而没有客观的实践性认识，事物就会失去平衡、走向偏颇的道理。

第四，从矛盾的破解上看，“四个全面”战略布局为体育发展提供了法治保障，使体育的改革和发展在有法可依的法治轨道内有序进行，避免体育的改革发展出现颠覆性的错误。为中国体育问题提供了理解和分析的方法，滋养了思想自觉的理念，从实践层面把握了中国举国体制的特点、优势和不足。使人们认识到“客观现实世界的变化运动永远没有完结，人们在实践中对于真理的认识也就永远没有完结”① 这个道理。

第五，从根本保障上看，“四个自信”的理论成果为体育不忘初心、继续前进，努力将体育建设成为中华民族伟大复兴的标志性事业提供了坚强的精神保证。为中国从体育大国到体育强国的转变奠定了基石，为实现体育“打铁还需自身硬”提供了立身之要，使思想与现实的融合获得了理论说明，辨析了问题的形态中不仅含有矛盾的否定性，也含有矛盾的发展性，推进体育发展实现体制与机制、理论与实践、目标与方法、内容与形式的辩证统一。

总之，任何一项伟大的事业都是理论与实践的生动统一。改革开放以来，传统体育原有的运行模式难以为继，已逐渐为新时代多元化的、多样化的、从富起来向强起来发展的新形态所取代。体育是时代存在的形式，必然受历史的制约，但体育也存在着超越现存社会关系、解构现存社会关系、重构新的社会关系、推动自身转变的未完成性的特点。这个转换过程必然引发中国体育不断调整自身关系以适应新生产力的发展。可见，对“改革开放为中国体育的发展提供哪些思想认识”论说的研究，既有利于我们建立正确的思想信念，也有利于我们推动中国体育实践这一伟大进程按照正确的道路前进。

## 二、改革开放以来中国体育发展的立身之魂

从“内容决定形式，形式依赖于内容，并随内容的发展而发展”的原理来看，是“实践是检验真理的唯一标准”这一重要论断，为中国体育的改革确立了思想保障，体现了“需要什么样的发展，应该怎样发展”的战略思考。是“发展才是硬道理”的发展观，使中国体育获得了对自身本质特征的认识，美好的社会理想只有在实践中才能实现。是“五位一体”总体布局的路线图，使体育朝着中华民族伟大复兴的中国梦不断前进。是“四个全面”战略布局，确保了体育“打铁还需自身硬”的品格，让权力在阳光下运行。是“四个自信”的理论成果，从根本上为体育提供了政治保障和发展基础，推动中国体育全面进步、生机勃勃、蒸蒸日上。

显然，这些重要论述有机融合、有机统一，凝结着我们党坚持和发展中国特色社会主义的宝贵经验，反映了以习近平同志为核心的党中央对中国特色社会主义规律性的认识与升华，体现了理论与实际相结合、认识论和方法论相统一的鲜明特色，使我们明白“如何发展、怎样发展”，使我

① 《毛泽东选集》第1卷，北京，人民出版社，1991年，第296页。

们明白以人民为中心的发展思想，使我们明白新时代的建设是实现“五位一体”总体布局，使我们明白“四个全面”战略布局是政风作风的保障，使我们明白“四个自信”是自我净化、自我完善、自我革新、自我提高的行动指南。要实现经济发展、政治清明、文化昌盛、社会公正、生态良好、人民幸福，就必须坚持中国特色这个准绳。只有坚定不移、坚韧不拔、坚持不懈、艰苦奋斗，朝着伟大目标持之以恒地前进，风雨如磐不动摇，我们才能够完成历史赋予的使命。

这些“立身之魂”揭示出中国体育只有通过实践来发现真理，又通过实践证实和发展真理，才能不断获得发展的动力。这些“立身之魂”具有领航定向、正本清源的作用，可为中国体育再发展提供保障，可为中国体育新时代理论体系的建设发挥立根塑魂、立柱架梁、概念提炼、学理论证的支撑作用。这些“立身之魂”表明中国体育只有沿着“实践—认识—再实践—再认识”的理论特征和逻辑取向，才能获得前进的不竭动力，从胜利走向胜利；才能随着时代的前进而前进、社会的发展而发展，永远站在时代的最前列，站在思想的最前沿；才能消除精神懈怠危险、能力不足危险、脱离群众危险、消极腐败危险。俄罗斯中国问题研究专家季塔连科认为，中国改革开放取得成功的第一条经验是“实践是检验真理的唯一标准”，第二条经验是“解放思想，实事求是”，第三条经验是“调动多方面的力量”，第四条经验是“举国体制办大事”。这些经验解放了人们的思想，调动了人民的积极性，发挥出国家的力量，为改革目标的实现培育了土壤。

“察势者明，趋势者智，驭势者独步天下。”从“天变，道亦变”这一新故相除的学术观来看，目前中国体育发展中存在着以下主要问题与现象，需要特别关注：受理论思想贫乏的制约，我国体育事业的发展一直纠缠于经验论和实践论的争执，总是在主体和客体谁是主导、谁是从属的圈子里打转转，缺乏统筹兼顾、总揽全局的整体观。因而，一些不平衡的问题不断出现：或是把系统某一要素的绝对化增长当作目标；或是把某一理论不加思考地用于指导广阔的实践；或是工作前瞻性不够，一些举措过多考虑了眼前的、局部的形势，忽视了长远的、全局的形势；或是只重视当前，忽视或切断与过去和未来的联系，造成“把孩子与洗澡水一起泼掉”的失误，从而导致发展缺乏整体性，只见树木，不见森林。为解决囿于时代的局限而发生的这些问题与矛盾，全面地系统地对此进行理论阐述，让人们了解它们、认识它们、接受它们，也是改革的必要环节。每一项理论和实际任务的提出，都包含着对前一段实践经验的总结与深化，都是以实践经验为内容的理论系统化的过程。要解决以上这些问题，就必须时刻遵守这些“立身之魂”。为什么？因为它们是规律性与真理性、科学性与实践性统一的学术思想，可为我们分析根源，明确主攻方向，帮助我们根据实践的发展实事求是地去解决出现的问题。

从历史上看，中国体育在这些“立身之魂”的指引下，避免了未能坚持实践观点所出现的或左或右的失误，不断地从实践中总结发展出新的智识，不断发挥主体性的力量攻坚克难，清除妨碍社会生产力发展的机制障碍，推动中国体育各项事业成功实现从高度集中的举国体制到与充满活力的社会主义市场经济体制相结合的伟大历史转折。从这里起步，中国体育由体育全球化的适应者、参与者成为推动者和引领者，中国成为世界体育的大运动场和大市场，中国体育在世界体育界提升了影响力和话语权。从这里起步，中国体育成功实现了各项事业从封闭、半封闭到全方位开放的伟大历史转折，不断壮大体育发展和治理事业，从改革开放步入新时代。

只有正确地总结出历史经验，才能科学地把握历史规律，才有可能对未来的发展做出正确的选择。为了规避“发展陷阱”，应该既继承前人研究成果，又不墨守成规，努力从全面、客观、真实的角度，做好科学性的概括和总结。对中国体育在改革开放历程中所获得的基本经验进行梳理，可归纳出以下有益的理论启示：(1)“实践是检验真理的唯一标准”不是敲门砖，不是只具有破冰的历史意义，过时就可以束之高阁。(2)坚持“四个自信”是解放思想，深化改革，不断推进伟大事业，开辟未来的根本保证。(3)“五位一体”总体布局是科学发展体育的依据和标准，是实现体育强国的行动指南。(4)“四个全面”战略布局是把权力放在阳光下，实现体育梦“又好又快”发展的保障。(5)“发展才是硬道理”是破除体育分配不公、城乡发展不平衡的困境，实现更高质量、更加公平、更有效率的体育发展的精神支柱。显然，这些成果是继续推进中国体育完成新时代使命的“立身之魂”，可为解决新时代中国体育前进道路上面临的矛盾和问题提供阶梯和支点，既解放思想、深化改革，又可避免盲目冒进，不仅不能丢，而且要大力弘扬。

上述归纳得出的这些“立身之魂”，既让中国体育从根本上摆脱了发展陷阱、矛盾风险，建立起全方位、多渠道、宽领域的工作格局，也让中国体育进入新的阶段，为不断打开新局面提供了有力的指导。因而，对其进行历史回望，可为中国体育牢记初心使命、不懈探索奋进、实现体育梦与中国梦的目标，提供以下深刻的启示。



第一，解放思想、实事求是是中国体育改革开放获得成功的重要法宝。

第二，坚持道路自信、理论自信、制度自信、文化自信是中国体育健康发展的政治保证。

第三，立足基本国情、从实际出发是中国体育发展取得成功的重要原因。

第四，充分调动多种积极因素，发挥举国体制的特色优势，是中国体育不断取得胜利的根本路径。

第五，“五位一体”总体布局和“四个全面”战略布局是中国体育创新、健康、稳步发展的强大动力。

第六，坚持人民利益至上是中国体育改革开放获得成功的根本原则。

从以上的梳理与论述中可以看出，受“五期叠加”“新常态”“转向高质量发展”的历史转换影响，中国体育发展的道路贯穿着发展与进步、碰撞与矛盾、需求与供给、数量与质量的多重关系，能动地进入了矛盾变革的多发期与易发期。只有坚持改革开放、解放思想、实事求是的路线，才能促进中国体育的发展，才能建立新思想、拓展新路径，契合时代发展的需要，防止中国体育的发展成为一个“小插曲”，避免中国体育的发展丢失“初心”，才能体现中国体育服务时代、发展时代的目的。因此，该路线理应成为中国体育始终不渝的传统、沃土和根基。为什么？因为实践是决定一切认识的基础，从实践提炼理论，又以理论指导实践，体现了马克思主义一以贯之的认识论。而上文提到的“立身之魂”蕴藏着中国体育发展的主题、主线，以实践检验中国体育的发展可避免失误的发生。这些“立身之魂”使我们对坚持和发展什么样的中国体育有了更加丰富的真理认识，对怎样坚持和发展中国特色体育有了更深刻的理解。这些“立身之魂”告诉我们，通过实践而发现真理，又通过实践而证实真理和发展真理，才能实现解释世界与改变世界的统一。正如毛泽东同志在《实践论》中的精辟观点：“客观现实世界的变化运动永远没有完结，人们在实践中对于真理的认识也就永远没有完结。”①

## 第二节　体育强国建设与发展的理论之源与逻辑取向

时代是思想之母，实践是理论之源。党的十八大将经济、政治、文

① 《毛泽东选集》第1卷，北京，人民出版社，1991年，第296页。

化、社会、生态文明统一于全面建成小康社会、实现社会主义现代化和中华民族伟大复兴之中。由此，“五位一体”总体布局已经成为指导中国特色社会主义现代化建设进程中各行各业的行动蓝图。那么，要使中国体育的“再发展”与新时代蓝图相吻合、相适应，就必须根据其思想与自身对话，厘清改革开放以来中国体育前行的理论之源与逻辑取向，解释其变革的内因与外缘、发展的经验和理论，解析其永续前行的道路尺度、理论尺度、制度尺度、文化尺度。中国体育如何沿着这一历史底色再谋新篇，就成为新时代中国体育发展必须回答的问题。显然，深入做好对其的研究是一项具有时代使命的任务。正如有研究指出，“四个自信”是比较出来的国家共识，它的概念框架和方法话语深刻地影响着当代中国学科的面貌。①

## 一、体育大国走向体育强国的理论之源与逻辑取向

“夫天下将兴，其积必有源。”每一个民族的文化复兴，都是从总结自己开始的。从认识与实践的辩证关系来看，在时代大变局的今天，要实现从思维的抽象向思维的具体的转换，把历史性和现实性相结合，使行动的方式紧扣时代前进的步伐，植根于相适应的关系之中，关键在于把握住特定历史阶段的主导性关系。为什么？因为只有把握住这一主导性关系，才能正确把握当下变革的全局，自觉避免理论与实践的脱节。为什么？因为只有这样做才可以解决中国体育的“脚”长大了，已有理论的“鞋”小了的问题。为什么？因为只有这样做才可以防止中国体育丢失“初心”，将把体育建设成为民族复兴的标志性事业变为一个“小插曲”。为此，应全面深化学习习近平总书记关于全面深化改革的一系列重要讲话，深化体制机制、市场机制改革，盘活体育产业。以全民健身活动为载体，带动竞技体育、社会体育、学校体育共发展，加强体育文化建设和对外体育交流，就成为体育强国建设的新内容。

从中国式现代化道路的基本特征和本质要求来看，“四个自信”是中国式现代化的理论源泉和根本路径，是中国共产党优秀品质在中国式现代化建设中的集中体现，是建设中国式现代化的主导范式和持久动力，可为中国式现代化建设的实现提供强大的支撑。“五位一体”总体布局是中国体育“十四五”时期改革开放再前进的出发点，“道路自信、理论自信、制度自信、文化自信”是中国体育改革开放再出发的落脚点，二者是革故

① 参见谢伏瞻：《加快构建中国特色哲学社会科学学科体系、学术体系、话语体系》，《中国社会科学》2019 年第 5 期。

鼎新、消除再发展阻碍的钥匙，是丰富、准确、深入理解中国体育今日现实及其历史经验逻辑的基本方式。对其的研究可极大地拓宽体育学科的视野，为体育实践提供更加“锐利”的认识工具，进一步彰显发挥出体育服务于国家、民族的生命力和影响力。为什么？因为“五位一体”总体布局凝聚着改革开放的丰富思想，“四个自信”汇聚着对改革开放成果“道路的正义性、理论的科学性、制度的优越性、文化的自信性”的实践结晶。二者是马克思主义基本原理同中国具体实践相结合的产物，具有深刻的历史逻辑、理论逻辑和实践逻辑。它们使人民获得了对当代中国所选择的道路、制度、思想、文化的价值认同和信念。这一理论之源已成为主导国家治理的基本纲领和持续发展的保证，也是各学科在新时代再前进的思想基础。

一项事业如果没有纲领，就不可能成为比较完整、始终坚持自己路线的有机统一的整体。可见，是“五位一体”总体布局的引领、“四个自信”的引导，熔铸了中国体育不畏艰险、积极进取、勇于开拓、敢于担当、不懈奋斗的精神，给予了中国体育摆脱迷失、解决问题、推动变革的钥匙。这一“理论之源”既推动了中国体育改革开放以来的伟大进程，也为中国体育走向新时代凝聚了力量，提供了坚实的理论支撑。显然，“五位一体”总体布局是中国由体育大国走向体育强国的路线保障，“四个自信”是引领中国由体育大国走向体育强国的政治保障。可学界对这一主题的研究至今仍有缺失，这显然是个不正常的现象。一个没有时代意识的中国体育，能走向可持续发展吗？能做好自身的工作吗？要使中国体育的底色不被磨灭，使中国由体育大国走向体育强国，就必须坚持上述思想，与自身对话。为什么？因为心中有信仰，脚下才有力量。没有牢不可破的理想信念，没有崇高理想信念的有力支撑，要想取得中国体育在新时代的再胜利是不可想象的。

## 二、“道路自信”为体育强国的理想提供了方向保障

可以说，中国体育自改革开放以来所形成的一切发展方式，所取得的一切成绩和进步，归结起来皆是源于坚持了中国特色社会主义的道路自信。那么，何谓中国体育的道路自信？即举国体制和市场机制相结合的特色之路。这条路既充分发挥了举国体制的决定性作用，又充分发挥了市场在资源配置中的作用，极大地解放了生产力和激发了社会的活力。“五位一体”总体布局调动了社会的多种因素、多种关系，激发了市场主体的创新活力，使举国体制走得更稳、站得更牢。“道路自信”使中国体育的举

国体制充满活力、生机勃发，引导中国体育优化资源配置，让更多的创新要素向中国体育集聚，使举国体制更加科学、集约、有效，不断创造出新的局面，使中国体育由全球化的观看者、参与者成为推动者和引领者。因而，“道路自信”让中国体育越走越有信心，前路越走越宽广。

为什么这么说？因为“道路自信”的主体建构引导中国体育不忘本来、吸收外来、面向未来，从自身的民族性、国情出发，看待自己与外部世界的关系。其不仅使中国体育获得了独立性和主体性，摆脱了对他者的“膜拜”，从指导思想、学术体系、话语体系等方面，得以发展出中国特色、中国风格、中国气派，不断突破自我，走向超越，也充分发挥体育在全面建设社会主义现代化国家新征程中的重要作用，持续提升体育发展的质量和效益，不断满足人民对美好生活的需要，努力将体育建设成为中华民族伟大复兴的标志性事业，从立场、身份、精神、方向确证了中国体育自我发展的方式和中国体育的特色道路。

为什么有信心？因为历史证明“举国体制—市场—社会”这条道路是一条科学解决现实问题的辉煌道路，是一条活力焕发、生机勃勃的道路。历史告诉我们，中国体育这条道路是从时代的历史特点和时代精神的高度反思和提炼出来的，这是一条适合中国体育的正确发展的道路，具有最活跃、最革命的因素，可为中国体育的主体创造性的释放提供机制性保障。其不仅让中国体育获得了行动策略，也从最深层次让我们明白了“中国体育走什么道路、举什么旗”这个大问题。方向决定道路，道路决定命运。这一理论品格指出，中国体育的发展是一场深刻革命，必须坚持正确方向，沿着正确道路推进，才能确保自身成为全球体育的引领者、推动者、贡献者。这一理论品格表明，中国体育只有坚定不移走这条道路，才能战胜一切艰难险阻，不断取得新的成绩，最终实现确立的目标。这一理论品格强调，要从群众中来、到群众中去，确立以人民为中心的根本原则，积极调动各种因素，激发和释放各种动能，创造优良绩效。这一理论品格说明，旗帜问题、方向问题历来十分重要，旗帜就是方向，方向错了，就会南辕北辙、人心涣散。

为什么前路越走越宽广？因为“道路自信”使中国体育得以克服痼疾，摆脱不合理的框框，突破不适应生产力要求的制度设计，逐步形成中国特色体育的运行机制，体现了选择的正确性。从科学性看，“举国体制—市场—社会”这条道路遵循了科学社会主义的一般规律，对行为动机、执行过程、适用范围和评价标准进行了统一，提升了中国体育的机制效能和服务品质。也就是说，这条道路实现了历史性和具体性的统一，抓住了“社会存在决定社会意识”这个最核心的本质，以一定方式的社会活动，运转着一定的社会关系和政治关系。从实践性看，这条道路的践行植根于中国具体的国情，抓住了“科学性和实践性的统一”，体现着科学社会主义的基本特性。它告诉中国体育“一定形式的活动，存在着一定形式的条件、过程”的基本规律，不能脱离历史环境而教条主义地谈论发展。即理论是方法，而不是教条，任何事物的发展都不是肯定状态，而是合目的性与合规律性的统一，极为相似的事情发生在不同的历史环境下就会引起完全不同的结果。正如马克思所说：“人们在自己生活的社会生产中发生一定的、必然的、不以他们的意志为转移的关系，即同他们的物质生产力的一定发展阶段相适合的生产关系。”①

“每一历史时代的经济生产以及必然由此产生的社会结构，是该时代政治的和精神的历史的基础。”② 中国体育走什么道路，不是一种随意的想法，其凝聚着中国体育人坚持改革开放、不懈探索的实践智慧和心血，敢为天下先的气概和胆识，争当排头兵的毅力和精神。其之所以能越走越光明，是因为它的生命尺度是在这条道路上形成的，它的格局建构、价值选择、战略谋划、道路图式是在这条道路上完善的，它的基本理论、基本路线、基本方略、思想纲领是在这条道路上提升的。因而，“道路自信”就成为中国体育与时俱进、奋进再发展，完成新时代任务的理论支撑，成为为人民服务、为社会主义服务、为中华民族的伟大复兴服务的基本纲领。

### 三、“理论自信”为体育强国的行动落实了思想保障

理论的目的不在于理解，而在于运用，要想发挥出理论的力量，就要把自身的客体转化为实践的主体。因此，理论是认识和解释世界的知识体系、思维方式和价值规范，是实践的先导、思想行动的指南。正如恩格斯所说：“一个民族要想站在科学的最高峰，就一刻也不能没有理论思维。”③ 改革开放以来，在“五位一体”总体布局的部署下，中国体育自觉运用“理论自信”，积极推进体育事业的整体发展与中华民族伟大复兴的总目标进行有机对接，不仅迎来了良好的历史发展机遇期，还按照自己特有的规律把体育强国与一系列国家重大战略紧密结合。可见，是“理论自信”的主体建构促使中国体育不断发展，它使我们从感性的认识能动地

① 《马克思恩格斯文集》第 2 卷，北京，人民出版社，2009 年，第 591 页。
② 《马克思恩格斯文集》第 2 卷，北京，人民出版社，2009 年，第 9 页。
③ 《马克思恩格斯文集》第 9 卷，北京，人民出版社，2009 年，第 437 页。

发展到实践理性的认识，避免为虚假的现象所迷惑，得以清除一切发展的障碍。为什么？因为它凝结着我们党“建设什么样的社会主义、怎样建设社会主义”的认识，汇聚着改革开放以来中国社会主义建设实践的经验总结和思想成果。那么，何谓中国体育理论自信？就是在思想信念上执着，在政治上能保持定力，自觉做共产主义远大理想和中国特色社会主义的信仰者、实践者、捍卫者。从特质来看，信仰是中国体育的灵魂，忠诚是其命脉，它贯穿着坚持中国特色社会主义这个大问题。从作用上看，理论自信是中国体育坚定的社会主义理想信念的主心骨，是做好工作的压舱石，决定着对党和人民是否忠诚、干净、有担当。从践行来看，它体现了中国体育人思想深处对党的路线、方针、政策，四项基本原则，为人民服务的原则的坚持。从思想上看，它使体育人懂得了所担负的历史使命，明确了推进体育科学发展的内涵，把握了走向体育强国的部署。

“知之愈明，则行之愈笃；行之愈笃，则知之益明。”哲学的批判必须与批判的哲学相结合才能产生力量。为什么？因为理论是实践的守卫者、行动的引导者，是认识和评价事物的坐标系。要进行伟大的事业，就需要有正确的理论。没有先进的理论指导，就无法坚持正确的发展目标。因而，理论自信的这一品格就成为不断推进中国体育发展的力量源泉，促进中国体育不断创新的根本保障，推进中国体育取得建设、改革伟大成果的重要法宝。显然，中国体育要想不动摇、不懈怠、不折腾，少弯路，避免困境，以广阔的视域走向超越，就需要理论给予启示、给予回答、给予护航。也就是说，只有学深悟透，牢牢把握住这一品格，才能凝聚起推动中国体育永续前行的力量。为什么？因为理论自信的品格可为中国体育预设理想，提出前瞻性的根据和革命的原理。要使中国体育摆脱少知而迷、无知而乱，避免失去灵魂、迷失方向，保持理想之光不灭、信念之光不灭，充分发挥出时代排头兵的先锋作用，唯有坚持理论自信的主体建构。正如习近平总书记指出的：“只有掌握科学理论才能把握正确前进方向。”①

那么，中国体育的理论自信源于何处？其自信的本质是什么？显然，“发展才是硬道理”、“三个代表”重要思想、科学发展观、“四个自信”等重要思想成果，是中国体育理论不断走向自信的源泉，是增强抵抗风险能力的法宝。这些理论不断给予中国体育力量，使其爬坡过坎，战胜险滩急流，一次次踏平坎坷成大道，斗罢艰险又出发，谱写出新的篇章。可见，这一理论品格如明灯照亮心扉，如航标灯塔引导航向，督促中国体育人坚

① 《习近平谈治国理政》第2卷，北京，外文出版社，2017年，第51页。

定不移跟党走，把实现中华民族伟大复兴的中国梦视为自己的神圣职责。这一理论品格帮助中国体育把握斗争的规律，丰富斗争的方式，把今天的矛盾变成明天的铺路石，使中国体育人得以重整行装，奋进再出发，继续在这场历史的进程中经受考验。这一理论品格，使中国体育永不僵化、永不变色、永不停滞，勇于变革、勇于创新，不断创造出多种活动方式、多样活动内容，全心全意地为人民服务。这一理论品格，汇聚强大的思想凝聚力，不断给予中国体育自我革命的勇气，不断地使中国体育成为时代的弄潮儿、社会发展的排头兵，勇做中国特色社会主义的奋进者、开拓者、奉献者。

## 四、“制度自信”为体育强国的奋斗加强了体制保障

制度是保障事物运行的基本支撑，否则事物很难按照自身的规律来运行。实践证明，深刻认识“五位一体”总体布局的实质内涵，牢牢把握“制度自信”的实践特质，必然能够推动中国体育事业走得又好又稳、又快又准，促使新时代的中国体育事业更加生机勃勃、蒸蒸日上。政治学研究表明，一个国家的综合实力往往与该国政治体制、制度机制紧密联系在一起。那么，何谓中国体育的制度自信？就是夯实体育与人民性和国家性的联系、全民健康与全民小康的联系、举国体制与市场经济的联系、体育产业与文化休闲的联系、体育文化与思想建设的联系，不断推进中国体育服务人民、社会的能力，提高中国体育走向世界的能力。这一理论品格为中国体育植入了职能的简约化、职责的精准化、职位的靶向化，摆脱了繁复的层级链条，提升了执行的效率；调动了体育人干好工作的积极性，激发了社会参与的积极性，让发展更有质量，让治理更有水平，让人民更有获得感；激发中国体育体制机制不断创新出新的思路、新的战略、新的举措，统筹由体育大国走向体育强国的布局，推进了奥运发展、全民健身发展、学校体育发展、体育产业发展的战略布局。这一理论品格不断优化绩效机制，促成制度绩效最大化，不断迈上现代化建设的新台阶；加强了中国体育“为人民发展服务、为社会发展服务、为国家复兴服务”的能力，保证了中国体育不断向党和人民交出满意的答卷。这一理论品格使中国体育由世界体育的观看者、参与者一跃成为推动者和引领者，为世界发展和人类进步贡献中国智慧、中国方案、中国力量，使越来越多的国家开始重新认识中国体育、学习中国体育，并且承认中国体育所取得的光辉成就！因而，制度自信是中国体育现代化体系的轴心，是理解新时代中国体育发展的出发点。这一理论品格保证了中国体育突破自我，把改革与时代发展

统一起来，防止了体系腐朽、体系腐败、掣肘内耗的现象。

综上，制度自信的品格就在于不断使已成立的制度获得普遍的服从，而所服从的制度又应该是制定得良好的制度。为了使体育事业真正融入国家经济社会发展的大格局中去，就需要不断革新体育发展观念，深化体育体制和机制改革；使群众体育、全民健身与奥运计划、竞技体育协调起来，体育产业与富民便民连接起来，丰富人民群众的体育文化体验和感受；促进体育产业在线平台、体育企业内外资源、体育休闲健身产业等业态形式的不断优化和协同，提升体育事业服务的职能，实现体育在实现中华民族伟大复兴过程中的重要价值。与制度自信进行“对话”可推进中国体育制度的建设，增强制度的科学性和整体性。体制的生命力在于制度的建设与执行。也就是说，中国体育的发展是一个与制度选择密切相关的问题。体育具有公共物品和公共服务的属性，作为一项配置社会资源的活动，其政治关系中蕴藏着个人、社会、国家以及权利与义务、平等与民主、公平与正义等一系列有关价值的目的性问题，体现着中国体育制度行为的理性和权力运作机制的有效性思考，存在着有价值的与无价值的、好与坏的倾向。为此，应推动建设中国特色社会主义法治体系，完善和发展中国特色社会主义制度，突出政治建设在党的建设中的重要地位，推进国家治理体系和治理能力现代化建设。

可见，中国体育要实现时代赋予自身的历史使命，完成“十四五”时期的各项目标任务，就要坚持制度自信，保障和提高管理水平，创造更好的工作效果。与制度自信“对话”，可改变只重权力不重责任、只重结果不重投入、只重管理职能不重服务职能的弊端，转向高效率、低成本的新常态，实现向“职责清晰、权利公平、规则公平、服务公平”的转变。也就是说，发展先进的中国体育，要有先进的方式与之相匹配，先进的方式要有先进的制度来保障。要想使中国体育的发展更有质量，让治理更有水平，不走封闭僵化的老路，不走改旗易帜的邪路，坚持改革开放不动摇，实现国家强盛、民族复兴的历史性跨越，就必须与制度自信“对话”，以制度自信为保障。

与制度自信“对话”，是一场中国体育重塑自身的变革，可防止中国体育体制的公共性旁落、行为失范。可见，与制度自信“对话”，无疑是提高中国体育行政能力的重要内容，可以起到平衡与纠偏、建设与发展的作用。与制度自信“对话”，可使中国体育明确责任主体，完善管理体系，优化管理流程，精细公共服务。与制度自信“对话”，可使中国体育更加正确地完成时代赋予的任务，更加鲜明地突出服务人民的核心地位。与制度自信“对话”，可使中国体育更科学地保持再发展的协调性和可持续性，展现出制度的科学性和公平性，实现从体育大国向体育强国的历史性跨越。

## 五、“文化自信”为体育强国的熔炼丰富了动力保障

从文化的发展而言，文化自信是一个民族、一个国家以及一个政党对自身文化价值的充分肯定和积极践行，体现着对其文化生命力持有的坚定信心。其本质是对中华民族文化的发展前途充满信心，对中国社会主义文化发展充满信心，对建设社会主义文化强国充满信心。所以，文化自信是中国体育时代精神的主题。中国体育的人文气象、审美情趣、思维方式、价值取向以及行为实践，都依赖于文化，来源于文化的塑造。因为文化是体育的“基本盘”，是其底色，精神文明是其天然的属性。体育活动的每一目的、每一意识、每一行为只有在文化的主题中才能寻找到答案，才能得出合理的解释。

中国体育为什么要以文化自信为根本？因为中国体育的历史是在文化的孕育、融合、转化中形成的，其个性的丰实肇始于文化的浸润。其思想观念与价值体系烙印着文化的特性，其对象活动存在着文化感知、感召的影响与约束，其载体映衬着文化的历史底色。因而，文化自信是中国体育的精神和血脉，文化既是中国体育在历史发展过程中把握方向的灵魂，又是中国体育认识世界和改造世界的重要工具。它使中国体育具有“成教化，助人伦”的作用，按照文化的面貌成为创建时代精神的力量。也就是说，文化自信的理论品格可促进中国体育走入、走近社会生活的本质，可为中国体育寻找新的实践向度和活动方式提供空间，增添和丰富中国体育对社会主义文化建设的贡献。

文化自信对中国体育有什么价值与意义？一是文化自信可为中国体育“挺起脊梁”提供坚实的学理支撑，可使体育始终打不散、摧不毁。即使其在某个时期被遮蔽、曲解，隐而不显、沉潜于地下，仍然能兴废继绝、创新发展，不会被轻易地“抹去”。二是文化自信是防止中国体育“礼乐崩坏”的坐标，是促使中国体育不断向上突破与发展的源泉，使其对自身的生命力充满信心、对自身的使命坚定不移。三是文化自信可使中国体育丰富自身，把握时代，回应挑战，充分体现出中国特色、中国风格、中国气派。正如习近平总书记在党的十九大报告中指出的：“文化自信是一个国家、一个民族发展中更基本、更深沉、更持久的力量。”

从“物质决定意识，意识反作用于物质”来看，一国文明的生成发展

必然是道路、理论、制度、文化理念相互作用的结果。没有先进之源的引领，一个民族不可能屹立于世界民族之林。为此，点明文化自信之中国体育文化力的厚重性，领悟文化自信之中国体育文化力的深刻性，寻绎文化自信之中国体育文化力的时代性，讲清文化自信之中国体育文化力的生动性，认识文化自信之中国体育文化力的先进性，可以在更高思想层次上充分发挥出文化自信教育人、鼓舞人、感染人的品质，发挥出体育在新时代的文化作用，可为中国文化走向世界的历史进程提供方法论的支撑。这一论断揭示出，文化自信是厚植中国精神、中国价值、中国制度、中国道路的力量根基。

总之，要走向未来、摆脱干扰，就要理性地论证自身。从历史唯物论的视角来看，存在决定意识，体育文化的发展是一定条件、环境相互作用的结果，选择不同的文化发展方式就会有不同的时代回答。我国体育发展的这一过程经历了从结构形态到运行机制乃至思想理念的根本性转变。所以，这条道路存在着继承与发展、传统与现代、全球与本土、移植与创新的文化思考，对其进行正确认识与反思是做好 21 世纪体育的关键。这既是主导体育发展的一种文化自觉的内驱力，又是一种责任和担当。为此，辩证揭示中国体育发展的文化规律，说明文化在中国体育发展过程中发挥的作用，是必要的也是重要的。

## 第三节　永葆与时俱进的品格，完成新时代体育的高质量发展的任务

“明镜所以照形，古事所以知今。”每一种理论都有它独有的特性，只有辩证吸收才可更好地前行。实践证明，中国体育要在新时代发展好，要完成历史赋予它的使命和任务，做好自己的工作，把自身建设成为民族复兴的标志性事业，就必须有正确的理论作为行动指南，并以“与时俱进”为最高原则，全面审视自身的一切思想、一切行为，才能确保自身在新时代形成高水平的再发展。

### 一、中国体育“学科体系、学术体系、话语体系”的建设与发展

进行科学研究不仅要明白历史，更要通晓其中的道理。要促进体育科学的发展，加快实现习近平总书记关于构建“学科体系、学术体系、话语体系”的重任委托，就要秉持“四个自信”，立足“四个自信”。为什么？

因为“四个自信”可为中国体育“学科体系、学术体系、话语体系”的实现提供制度、道路、思想、方向保障，保证其实现不出现偏差。“四个自信”还可从思想建设、目标建设、组织建设、作风建设，给出中国体育建立“学科体系、学术体系、话语体系”的方案，由此实现体育在民族复兴、国家强盛中担负的社会责任和历史使命。“四个自信”的理论成果可引领中国体育排除干扰，澄清模糊认识，始终保持自身的先进性，成为社会建设和现代化发展的力量。坚持和发展中国特色社会主义是一项长期的艰巨的历史任务，而中国体育建设与发展的目标，存有从内化于心到外化于行的内在转换与制约的预设。一是发展目标的叠加性，二是发展环境的复杂性，三是发展速度的加速性。这些特殊性给中国体育的目标、功能、属性和发展等带来许多纠缠不清的关系，以致难以形成相对稳定的实践认同。一定的植物生长于一定的自然环境，一定的政治模式来源于一定的思想理念。要想在危机中孕育先机，在变局中开出新局，就必须用历史的、辩证的、发展的眼光去抓住规律、把握本质，坚持理论联系实际，用科学的方法找出矛盾的原因所在。为此，一是要尊重客观事物内部联系的基本特点，促进体育的继承、传播与更新。二是要遵循科学发展的基本规律，通过传递、选择、发现、创造四个基本环节，推动体育焕发出新的生命力，发挥出更大的社会功能。三是充分认识体育的本质，按照时代发展的要求来不断创造新质，做出自身应有的贡献，为中国社会主义建设的发展提供理论支撑和实践保障。

### （一）体育科学发展的规律

从历史唯物主义的视角来看，一是体育也存有进步、上升或停滞、倒退的历史动态规律，存有“实现什么样的发展、怎样实现发展”的时代之问。二是体育有其自身内在的动力逻辑与系统，有自己的规律特征，必须根据本身的特性，找出适合其自身发展的模式和方法，从实际出发才能保证可持续发展。三是从根本上说，体育的发展与变革只有在社会历史的变迁中才能得到理解。那么，准备好面向社会、面向时代、面向现实，着力解决中国特色社会主义建设中存在的问题，就成为中国体育始终不渝的追求。这是中国体育发展的基本原则。这一进程的规律是我们在深刻总结国内外发展经验教训的基础上形成的，也是在深刻分析国内外发展大势的基础上形成的。

那么，体育要想始终保持先进文化的底色，其着力之处在哪里？就在于对发展的把握——如何认识发展，怎样实现发展。由于发展是一个充满矛盾的过程，不仅存在着主观逻辑的构建，而且存在着客观逻辑的构建。

因而，其发展既是一种客观的，也是一种主观的辩证过程。唯物辩证法认为，在对现存事物的肯定理解中同时包含着对现存事物的否定理解。可见，回答体育的发展之问的过程，就是通过“再平衡、再定位、再整合”的自我批判和自我否定的辩证，符合“时代现实需要”的过程。这一思考是体育科学发展的根本依据与资源。只有根据这一合规律性与合目的性的统一来研究现状、预测和推断体育发展的未来，才能得出正确的结论。

认识、掌握与利用好前人的优秀理论成果，超越自身的“感性确定”，从发展中存在的正确与错误的“差别”里发现规律和揭示矛盾，才能实现主观逻辑和客观逻辑的统一，防止在历史的进程中发生“手段”与“目的”的颠倒。只有在当前国家的大文化建设中做好自身定位，发展好自身，才能在从富起来到强起来的历史进程中发挥作用，使体育建设与国家发展保持一致。这是中国体育得以持续发展的基础与构建因素。即习近平总书记指出的：“新发展理念是一个系统的理论体系，回答了关于发展的目的、动力、方式、路径等一系列理论和实践的问题，阐明了我们党关于发展的政治立场、价值导向、发展模式、发展道路等重大政治问题。”

从理论的沿革来看，上述这些问题之所以会成为时代的热点与学术的核心议题，原因就在于体育事业的建设与发展的这一过程存在着一种与特定历史条件现象关联的规定性，可形成一种“知止而后有定”的自觉性认识，防微杜渐，保证其未来的生命力。历史证明，这些理论成果是时代所需。利用这些理论成果，我国的体育事业就会兴盛，走向可持续发展；违背这些理论成果，就会衰退、失衡、陷入混乱或分裂。

其一，从唯物史观来看，体育是从社会生产中产生并发展起来的，社会存在决定社会意识，社会生活本质上是实践的这一规律是其存在的基础。体育对于既定的经济、政治、文化没有选择权，是随着社会母体的需求而发展的。因而，现阶段自觉把“十四五”规划和2035年远景目标纲要确立为体育发展的基础才是正确的。质言之，只有从体育这一关系出发，以社会规律作为衡量自身发展的指南，才能正确把握体育自身的发展规律，使中国体育成为推动中华民族伟大复兴的标志性事业。为此，顺应社会发展的历史规律，是增强中国体育的生命力、文化力、影响力的必然选择，是实现自身超越的资源与源泉。

其二，中国体育具有独特的国情与形态、独特的历史文化环境、独特的价值取向、独特的发展进程，是一个与时俱进、不断更新的开放体系。历史证明，只有把不同时代的先进性与自身的本质相互联系在一起才能更好地发展自己。因而，如何做好“传统性与现代性相统一”“主导性与多样性相统一”“科学性与发展性相统一”，正确处理好问题与变革的多种关系，对这些关系进行“创造性转化”与“创新性发展”，进行科学设计和精细加工，就成为必须思考的问题。实现这些多样关系的统一是体育发展的基础，哪一部分发展理念贯彻不到位，哪一部分的发展进程就会受影响。中国体育作为社会的一部分，只有遵循这些科学的理念与规律才能走向可持续发展。

其三，体育的发展是逐步积累的，由简单到复杂。这种特性表明体育不能切断与历史传承、历史革新的联系。即任何理论的发展都离不开特定的背景，都要受到特定的时空约束，这一形式就成为体育必须遵从的、普遍的、历史性规律。也就是说，体育是通过诸多表现形式的联系传播和发展起来的，其传承演变的空间形式存在一体现多、多体现一的发展原则，没有多种多样的表现形式就难以体现出体育的终极意义。体育既是外在的社会文明活动，又是安置人类心灵的家园。也就是说，不能感动人、不能表现交流、不能共享理解的体育不是体育。

总之，体育的发展进程，既是经济、科技硬实力提高的过程，也是思想文化等软实力提升的过程。历史和现实表明：一个民族的觉醒，首先是文化上的觉醒；一个民族站起来，首先是在物质上站起来。显然，只有遵循与把握历史发展的规律，才能建设好体育、发展好体育。

### （二）体育科学发展的思路

从体育发展的外部环境来看，“两个大局”的历史逻辑和发展必然，蕴含着新的发展阶段、新的发展理念、新的发展格局，已成为当今中国时代的脉络。其对中国体育新阶段的战略制定与目标确立将产生重要影响。只有做好对其的解读才能做好下一步工作。

其一，历史的发展表明，把握好中华民族伟大复兴的战略全局和世界百年未有之大变局的叙事，是新阶段建设体育强国必须把握的先决条件，是中国体育设定新的改革议程必须把握的时代背景。也就是说，中国体育与时代的发展息息相关、命运与共，中国体育只有统筹好“两个大局”叙事，阐释好“两个大局”的历史背景和发展趋势，才能在历史发展的潮流中找到自己的方向，才能在时代发展的逻辑中找到自己的发展道路。

其二，工作的实践表明，只有与外部环境协同、与外部部门合作、与外部社会联结，体育发展的步伐才能不断加快，才能使自身在更高水平、更大范围、更宽领域、更深层次做好“奥运争光”“全民健身”“学校体育”三个计划的发展。为什么？因为只有与政治、经济、文化、社会的相关性加强，体育促进人的全面发展的作用才能日益凸显，促进国家发展的力量才能日益强大。

其三，统筹体育产业技术、商品发展、场馆器材与生态文明建设、绿色低碳循环发展对接，履行体育环保责任。促进体育技术“科学性与文化性的统一”，体育产业“经济性与低碳性的统一”，修正不适应绿色发展要求的设计、不合理的“条条框框”，着力落实“五位一体”总体布局，提升中国体育的产业机制、效能和服务品质。实现“人—运动—环境”的和谐统一，从而体现体育促进人的全面发展的本质、和谐社会的宗旨、美好生活的价值。

从体育发展的内部环境来看，中国体育走什么道路，不是一种随意的想法，其不仅蕴含着党的新思想、新理念，还体现着党的新主张，而充分认识体育的四个作用是做好工作的根本。

其一，要充分认识国家发展体育的根本目的，是推动社会经济的全面发展和人的全面发展。为此，体育强国的建设要以满足人民群众对美好生活的向往为准绳，推进各种形态、各种方式、各种层次的体育活动，满足14亿人民的工作环境、社会环境、生活环境的发展需要。

其二，要立足国家发展的需要发掘新动能、构建新机制，寻找推动体育质量变革、效率革命的新理念、新理论、新模式，全面优化体育发展的空间布局，着力解决中国体育在速度、高度发展上存在的关键短板和突出问题，为中国体育可持续发展夯实根基。

其三，要以大数据、人工智能、物联网等新技术为杠杆，推动体育全领域、全场景、全流程的变革，构建更高水平的体育公共服务体系。推动信息体育、生活体育、数字体育、财富体育、绿色体育、文化体育等发展新样态，并将其深度融入为人民服务、为国家服务之中。

其四，要从“理论之源”与“实践取向”着手，推动传统文化资源、国外体育学资源、马克思主义资源的融会贯通，不断提升中国体育在危机中抓机遇、在变局中开新局的能力。着力回应习近平总书记构建“学科体系、学术体系、话语体系”的要求，构建出具有中国特色的体育学，为世界提供中国智慧和中国经验。只有这样，中国体育才能完成社会的责任和历史的担当，为实现中华民族伟大复兴、国家强盛的目标做出应有的贡献。只有这样，才能拓展体育的生存空间与可持续发展的活力，无愧于人民对体育的热爱、民族对体育的期盼、国家对体育的重视。只有这样，中国体育的未来才能取得更大发展，才能不断巩固和提升，实现体育的使命。



从上文中我们得出如下结论：一是体育是历史的本质力量的对象化，

是人、社会、国家活动的具体化。二是体育要想发展自身，就必须做好为政治、经济、文化的服务。三是体育的每一次跃进、每一次升华，无不是国家发展的结果。所以，体育要为人的全面发展、社会进步、国家强盛发挥作用。显然，只有遵循以上几点，才能摆脱束缚，取得更大发展，与人的发展相吻合、与社会发展相适应、与国家发展相符合。

从思想意识上看，体育发展的内外环境揭示了体育发展存在着历时性和多元性的人类活动特性，这一特性为体育形成了一个具有内在理路一致性的必须遵从的路径，即历史发展的普遍规律。体育只有按照这一规律，做好“和而不同”的相互融合，才能获得正确的发展，服务好“十四五”规划和2035年远景目标纲要的宏伟蓝图。

从学科意识上看，需要用理论解读现实问题，构建形成对“学科体系、学术体系、话语体系”的整体性理解，并在此基础上孕育出可具体实践的不同形式和内容，方可实现新时代中国体育高质量建设目标。体育学科要按照中国的特点着力承担“大变局时代需要大叙事”的责任，明确中国体育在国家、世界大变局中的位置，以及怎么做、如何做才能符合时代发展的趋势和人民的需要。

不精诚不足以感动人，今后中国体育的发展，应以激发人们参与体育运动的热情为出发点，一步一步地引导人们去学习体育、学会体育、学好体育。也就是说，其价值取向应从以掌握运动技能为应用方式的实践观，向以体育的文化性审美为实践方式回归；从以运动技能的价值性为主，转向以运动的参与性和欣赏体验性为主，发挥出体育运动中蕴含的文化性与审美性。今天“广场舞”在全国的火爆流行就证明了这一点，不论你有没有基础，不论你的年龄大小，不论你的性别，只要想运动就可以参与。“事浅易善，深者难识”，讲的就是这个道理。

上述论证道出了体育发展的终极本质——体育既是具有意志自由的人类劳动的对象化，又是劳动对象的主体化。它一方面塑造了人，另一方面也被人创造。这一认识指出，体育以实现人的存在价值为根本目的，同时也不断被定义和转化。体育被视为人类社会的文明和生活的手段与工具，其存在的意义就是凸显出这一表征。即不但要有理论上的贡献，建立起一个贯通世界的图式，也要有方法上的贡献，发挥出体育既是世界的又是民族的文化性上的作用。

总之，上述思想的诠释与价值取向，存在着“认识老文化，建设新文化”的历史发展脉络，既为体育事业的指导思想提供了鲜明的理论支撑，又为体育事业的具体发展构筑了路径。其意义在于，一是这一命题完整地分析了主客观矛盾的产生，揭示了体育发展的规律性；二是能够为体育的未来发展提供可追求的目标与方向；三是能够为评价体育的发展程度进行衡量和测算；四是在政策与工具方面具有可调控和操作的方法。该理论对于全面认识体育的现实状况与未来发展走势，具有重要的作用。

## 二、永葆与时俱进的理论品格，勇立潮头再争先

文化孕育理念，思想引领方向。按照2019年国务院办公厅印发的《体育强国建设纲要》的部署，体育事业的发展已经被纳入“五位一体”总体布局和“四个全面”战略布局的整体进程中，成为全面深化改革的有力助手，成为助力实现“两个一百年”奋斗目标的践行先锋，成为推动实现中华民族伟大复兴的中国梦的坚实力量。中国体育如何自觉运用习近平新时代中国特色社会主义思想，抓住时机发展自己，为实现国家更快更好的发展贡献出自身的力量，就成为今后工作中的第一要务。从历史上看，社会的发展是一个螺旋上升的过程。因而，要想科学发展，不同阶段必须对应不同的需求结构才能与时俱进。为此，从语境上看，“正确与偏误”“开放与停滞”“进步与倒退”“有限与无限”等讨论与争论，一直是理论发展与实践发展中无休止的现象与话题。为什么？因为实践渴求思想，思想追赶时代。因为每一次时代的进步都是由新的实践形式引发的，由新的理论思维推动的。所以，在不同的时代，体育应具有不同的形式，同时具有不同的内容，方能体现理论历史存在的意义。

那么，如何自觉根据“五位一体”总体布局的行动蓝图，回答好“体育事业需要什么样的发展，应该怎样发展”的战略问题，使体育事业的发展实现合目的性与合规律性的统一，如何完成中国体育进入高质量发展时代的主要使命和任务？如何坚持以人为本、改革创新、协同联动，持续提升体育发展的质量和效益，不断满足人民日益增长的美好生活需要，努力将体育建设成为中华民族伟大复兴的标志性事业？在目标设计上如何对标高质量，锚定2035年基本实现社会主义现代化的远景目标，科学确定“十四五”时期的阶段性目标任务？在发展理念上如何体现高质量，贯彻落实创新、协调、绿色、开放、共享五大发展理念，构建“十四五”改革发展的新格局？在发展方式上如何转向高质量，完善推动高质量发展的体制机制，统筹体育事业发展的规模、结构、质量和效率，实现发展方式从规模发展向内涵发展的转变？怎样抓牢我国体育事业发展“为人民服务”的本质，点燃中国体育走向高质量发展的引擎，为中国体育高质量发展提供理论之火？以上就成为我们必须思考的问题。而以生产力和生产关系、

经济基础和上层建筑之间的客观规律作为基础，对其意蕴进行系统阐释和深刻解析，揭示出体育事业发展与“现实的人及其历史发展”的标准和尺度，解决民族复兴、国家强盛进程中面临的各种矛盾、各种问题，把已有的理论成果与“高质量发展”融为一体，使“时代的前行与理论的取向”实现统一，不断地把中国体育思想推向新的高度，就成为当下研究的焦点。

其一，这是一个需要理论而且一定能够产生理论的时代，这是一个需要思想而且一定能够产生思想的时代。当前中国体育已由改革开放时期经新世纪而走入新时代，“发展才是硬道理”已成为其本质、标志和主题。那么站在新时代的历史方位，面对这一社会整体的系统性变革，如何沿着这一历史底色再谋新篇，就成为新时代中国体育发展必须解决的问题。

其二，中国体育应认清自身使命，承担新时代交给的任务，建构出符合“又好又快”这一特色发展的基本纲领。中国体育要以前行的理论力量和道路逻辑，紧扣新时代发展“五位一体”总体布局的目标与任务，保持正确的前行方向，立时代之潮头、通发展之变化、发实践之先声，为党和人民再立新功，担负起历史赋予的光荣使命，推动体育事业的整体发展与实现中华民族伟大复兴的总体目标有机统一。

其三，这不仅是一种正确理解，也是一种必要的实践。因而，对“永葆与时俱进的品格，完成体育新时代面临的任务”这一论说的研究是必要的，也是十分重要的。正如习近平总书记2016年在哲学社会科学工作座谈会上的讲话中指出的：“只有聆听时代的声音，回应时代的呼唤，认真研究解决重大而紧迫的问题，才能真正把握住历史脉络、找到发展规律，推动理论创新。”

“华夏文明，以新立命。”从时代特征和精神来看，在百年苦难中诞生的中国体育之所以能发展壮大，并建立起自主性的理论体系和话语体系，是因为其学科建制和研究主题具有与时俱进的品格，体现了鲜明的走中国道路、建设中国风格、弘扬中国气派的时代性特征。因而，在改革发展的进程中最能体现中国体育勇立潮头再争先这一优秀价值取向特征的品格，就是“与时俱进”。那么，为什么需要“与时俱进”？因为这一理论品格具有发展求新、不拒斥外来文明、自觉吸收人类优秀价值观念的特征。其价值取向以“批判”“继承”“扬弃”“超越”的路径为方向，使理论摆脱有限理性的故步自封，证明理论不是一个终结性的概念，而是一个不断历史化的过程。因而，“与时俱进”具有改变旧有状况，根据新的形势发展，探索更为科学合理的方式与方法，给予事物随着时代的前进而前进的表现形式与发生机理。可以克服因同一性而放弃个性、因普遍性而失去特殊性、因一致性而抹杀多样性的不足，实现共相与殊相的统一，避免理论的存在就是重复的缺点。从这个意义上说，“与时俱进”是一种汇聚先进精神的理论母语，对于中国体育再前进具有启蒙和扫除路障的基础作用，可促使已有理论竞相迸发新的活力，涌现更多的新观点、新方法，增添和丰富新的内容。显然，这也是保证体育学是一级学科的一项基础工作。

从认识与实践的关系上看，“与时俱进”这一理论特质不仅可为中国体育所有事物运动方式的发展性、过程性和规律性找到共同的、逻辑的、思辨的表达，也可为中国体育所有事物运动空间的具体性、现实性和实践性找到共同的推动原则和创造原则，促使事物外在运动形式与内在矛盾的演变，不走学术封闭的老路。缺少“与时俱进”的理论就会陷入固化，进入死胡同。所以，“与时俱进”可最大限度地增加中国体育理论价值的成效，可最大限度地减少不利于中国体育发展的思想价值取向的影响。“与时俱进”可为中国体育未来的发展、各种关系的创造提供思想引力和理论表达，显然“与时俱进”是理论的“脊梁”，推进中国体育“再前进”离不开这个“阿基米德点”。同时，这一理论可解决体育学科因缺少“时代意识”而被其他学科“轻视”的问题。

可见，“与时俱进”是一种科学的世界观，可给予中国体育发展不断前进的动力。“与时俱进”是一把钥匙，可为中国体育认识世界、改造世界，批判旧世界、创造新世界提供正确的支撑点。“与时俱进”是一种思想力，可使中国体育的发展变化始终与现实社会保持密切的联系，永不僵化、永不停滞、永不掉队。“与时俱进”是中国体育理论体系的重要组成部分，可使中国体育理论紧扣时代发展，及时呼应反映出时代的问题，发挥排头兵的作用。“与时俱进”可使中国体育始终代表先进文化的前进方向，推动中国特色体育的建设，坚定体育强国的自信，成为体育全球化的推动者和引领者。改革开放的历史雄辩地证明，把“与时俱进”统一于中国特色社会主义伟大实践中，是中国特色社会主义取得成功的根本性标志。显然，中国体育只有学习“与时俱进”，领悟“与时俱进”，笃行“与时俱进”，才能永远站在时代的最前列，站在真理的最前沿。

可见，“与时俱进”蕴含着马克思主义“两个必然”的规律性认识，人类历史发展的道路具有必然性与差异性的运动表现形式。“与时俱进”具有认识事物真理、掌握事物本质属性、发现支配事物运动和发展趋势的理论特质。这一理论特质使它实现了思想的科学价值与思想的时代意义的统一，从而成为推进思想再变革的刺激点，成为确保理论不变色、不僵化、不滞后、不掉队的“再出发”的起点。中国体育要勇立潮头再争先，实现体育再发展，完成新时代交给的任务，就必须深刻地掌握这一理论品格，运用这一理论指导实践。为什么？因为唯物辩证法中事物是普遍联系的观点表明，即使是真理性的认识，也会受到客观物质世界的限制，只能是相对真理，随着物质世界的发展，也有可能成为谬误。这就要求中国体育越是前进，越要永葆“与时俱进”的理论品格，并随着时代历史条件的变化和实践情况的变化而不断促进理论进步，不断调整理论以适应实际情况和现实需要。显然，只有这样才能着力引导实践向着正确的、有利的方向前进。

“真理的彼岸世界消逝以后，历史的任务就是确立此岸世界的真理。”质言之，任何一种真正的理论都具有深刻的内涵，都是建立在一定的历史精神和科学成就的基础上的。从中国体育全部发展的历史和成就来看，“与时俱进”是中国体育再立时代之潮头、再发思想之先声的理论武器。也就是说，中国体育要想随着时代的前进而前进、社会的发展而发展，在思想上、行动上洞察、把握住时代前进的主题不掉队，把时代完整的表象“蒸发”为具体实践的规定，处理好现实问题，就必须把“与时俱进”贯穿于其历史的进程之中，为什么？因为“与时俱进”是一条解放的道路，其品质的关键在于批判继承、扬弃超越，可给予中国体育不断更新自我的驱动力。可见，对于这一理论品格的正确理解，既有利于中国体育的发展，也有利于中国体育做好在新时代实践进程中的设计。

从历史的发展来看，传统的理论也是现代的产物，任何一种理论新品质的构建，都是从已有思想意蕴的反思中产生，并通过新的实践主体的实践活动表现、显示出来的。中国体育要想完成建设体育强国、满足人民日益增长的美好生活需要、推动社会主义文化建设的时代任务，解决好自身结构性的矛盾与发展方式的不协调等问题，确保自身能反映出时代的精神，发挥出先进文化的作用，不断创造出具有中国作风和中国气派的中国体育先进文化，不断提高其建设中国特色社会主义先进文化的能力，坚持与时俱进就是其关键法宝。也就是说，中国体育要想实现推动和促进当代中国先进文化发展与繁荣的历史使命，为激励人民奋勇前进提供强大的精神动力和智力支持，要想一直成为体育全球化的推动者和引领者，就必须坚持和发扬“与时俱进”这一先进文化的优秀理论品质，只有这样才能不断提高自身建设社会主义先进文化的能力。

那么，中国体育科学运用“与时俱进”观的生动体现是什么？就是从中国体育发展的视角，对中国体育事业的发展进行事实与学理描述和分析，确保平衡、包容、可持续的发展理念，确保“再认识”随着历史条件的变化而变化。从共相与殊相出发，认清体育事业“什么是发展、为什么发展”“为谁发展、靠谁发展”“如何发展”等核心的战略问题，不断走向思想创新、理论创造，为建设体育强国奠定思想条件。

## 三、体育奋进再发展，完成新时代交给的任务

中国体育在新时代“奋进再发展”所面临的任务，就是实现高质量发展、满足人民日益增长的美好生活需要、推动社会主义现代化建设。中国体育在实践中体现的先进文化品质，就是“为人民服务”“为社会主义服务”“为民族复兴服务”，着力以“与时俱进”的思想理论特性正确处理好与这一任务的关系，反映出人民对物质文化的根本需求和愿望，促进人的思想道德素质和体育文化素质的全面提高，促进社会全面进步，推进社会主义现代化的建设，使中国体育成为民族复兴的重要活力来源。对其进行研究，可为中国体育进一步发展开阔思路，可为中国体育寻找新的实践向度和把握方式。这无论对于中国体育的理论，还是实践的发展而言，都具有积极而现实的意义。

从工作定位看，当下中国体育科学运用“与时俱进”观的生动体现，就是深化改革，调整供给结构，建立多主体广泛参与的协同体制，强化执行环节，协同发力，使公共体育从单一的体育锻炼向既是运动又是教育、既是锻炼又是快乐、既能参与又能欣赏的综合模式转型，深化便民理念，让人们有更多获得感和幸福感。改变体制不完善之处、市场开放相对滞后之处、资源管理不合理之处，以高水平做好为人民服务、为社会服务的建设。中国体育发展的目的在于人，中国体育的发展依靠人民，那么中国体育发展的成果也应由人民共享。因此，走出自身，面向社会，解决好中国体育社会服务的公平性、发展的平衡性和指向性等问题，发挥自身在社会的价值与作用，就成为新时代中国体育“与时俱进”观构建的要义。只有遵循这一思想，坚持这一策略，才能使中国体育成为社会主义发展的排头兵。

从政治定位看，应按照国家“五大发展”的政治规定性，对中国体育事业的发展进行事实与学理的描述与分析，建立起中国体育“与时俱进”的科学发展观。从体育发展的视角表述出这一理论的特质和品格，作用于体育发展的实践，克服主体服务职能与客体需求不相适应的矛盾，认清体育事业“什么是发展、为什么发展”“为谁发展、靠谁发展”“如何发展”

等核心的战略问题。改变体育"国家主导、国家建构、国家实施"的单向推进政策，确立平衡、包容、可持续的发展理念。改变传统体育在政策话语与制度建构的过程中常"关起门来办体育"的方式，打造"人人参与、人人尽力、人人享有"的良好局面，化解转型带来的矛盾与风险，彰显中国体育与人、与社会、与国家根本性的联系。也就是说，中国体育事业发展的主要矛盾，已经转化为"人民对体育文化生活日益增长的需要和不平衡不充分的发展之间的矛盾"。要解决好这个矛盾，需要以"与时俱进"为引领，全面提升体育发展体系的主体、构架、职责、目标、对象、功能、机制、方式等，全面向治理现代化转型与升级，推进政府、市场和社会三个领域与范畴的相互协调。

在为民族复兴服务方面，中国体育在新时代要完成的任务，就是以"与时俱进"的先进文化特性，着力培育和践行社会主义核心价值观，提高全民族思想道德水平，培育有理想、有道德、有文化、有纪律的社会主义公民。就是以"与时俱进"的先进文化特性，夯实中国体育"面向现代化、面向世界、面向未来"的先进文化发展方向。就是以"与时俱进"的先进文化特性，推动社会主义文化的繁荣和发展，为实现中华民族伟大复兴的中国梦提供思想保证、精神力量、道德滋养。就是以"与时俱进"的先进文化特性，从世界性、民族性、科学性、大众性等方面不断完善自身，并使其随时代条件的变化和实践发展的要求不断地丰富和发展。就是以"与时俱进"的先进文化特性，不仅发挥中国体育在新时代"由富起来走向强起来"的文化作用，而且使中国体育成为世界体育的重要活力来源。

在为人民服务方面，中国体育要不忘初心、牢记使命，以人民为中心、全心全意为人民服务，与时俱进地不断满足人民日益增长的美好生活需要。着力以新的路径、新的内容、新的发展方式落实便民服务，调动多种力量解决人民"共享体育"的需求。最大限度地解放和发展体育的文化力，提升体育服务于文化需求的能力，让人民不断地获得、分享体育发展的成果。也就是说，中国体育要与时俱进地提高、改善公共体育文化生活的条件，促进大众体育"从有向好、从好到高品质"的发展，实现人人享受体育社会化的发展成果。

在为社会服务方面，要与时俱进地体现出中国体育在社会文化中的轴心作用、引领社会发展的排头兵作用。在工作方向上，政府要以服务、保障为纽带，扎实推进依法行政，动员社会多元参与，建构政府引导，企业法人、社团法人、消费主体参与的市场大格局。促进政府、市场和社会的有效配合，充分发挥出政府自身的服务性，彰显出政府的主体功能。做好体育文化服务供给、体育文化产业发展、体育文化市场监管，满足人民对体育文化的日益增长的需求和渴望。要想方设法调动一切力量，开发集合一切资源，创新多种形式，对原有的体育文化方式和路径进行优化，扩大体育文化产品资源的有效供给。扩大受益群体，想方设法让更多的人参与体育活动，满足人们对体育文化的精神追求，提升人们的文化认同、文化自信。

在为学校体育建设服务方面，就是以“与时俱进”的先进文化特性，着力体现党和国家在教育方面的新方针、新政策和新思想，寻找学科教学与核心素养的联结点、触发点、结合点、落实点，自觉对照、自觉调整和改进课程、教学，进而实现“全科育人、全程育人、全员育人”的目标。坚持以马克思主义指导学校体育的建设，体现马克思主义中国化对学校体育建设的要求，体现中国学校体育建设的特色。坚守党和国家对教育的基本要求，体现国家和民族的基本教育价值观，体现人类体育文化知识积累和创新成果在体育教育中的运用。全面贯彻党的教育方针，落实立德树人根本任务，使中国特色学校体育扎根中国大地，站稳中国立场。加强爱国主义、集体主义、社会主义教育，引导学生坚定道路自信、理论自信、制度自信、文化自信，努力成为德智体美劳全面发展的社会主义建设者和接班人，成为担当中华民族复兴大任的时代新人。自觉运用中国特色话语体系，把世界学校体育的先进文化和成果，有机融入中国教育的优秀传统文化之中，努力构建具有中国学校体育特色、融通中外的概念范畴、理论范式和话语体系。着力体现学校体育的科学性和先进性，反映出社会发展新变化、科学技术进步新成果。

在为文化建设服务方面，中国体育要与时俱进地把中国体育先进文化活力贯穿于社会生活的方方面面，发挥先进文化的作用。从理念走向形式，从形式走向方法，从方法走向实践。提升体育文化的影响力、渗透力和传播力，充分发挥体育在“育人”与“国家发展”中的积极作用。不仅要充分发挥自身在促进社会发展中的作用，还要体现出国家对体育文化的理想和愿景，使中国体育成为人们日常生活和工作所必需的思想依据和工具。也就是说，不仅要使中国体育内化为人们日常生活的精神力量，外化为人们日常生活行动的资源，还要使中国体育成为国家发展的重要活力来源，成为世界体育的重要活力来源。世界可以改变，时代可以改变，但

“与时俱进”的理论本质永远不可改变。

要言之，“与时俱进”体现着诸多先进文化进步的主张，具有捍卫人类思想发展的优秀价值取向，其最独特的本质就是理论与实践的相互联系，可使理论对应实践的本质，实践抓住理论的指向，是一种合目的性与合规律性的理性汇成，是理论走向先进文化的“脊梁”。其先进性、广泛性、开放性、时代性等理论品质，可防止理论失衡与失控，保持永久的价值和生命力。为此，中国体育要与时俱进，奋进再发展，完成历史赋予的使命和任务，做好自己的工作。要坚持以“与时俱进”为最高原则，全面审视自身的一切思想、一切行为，确保自身形成高水平的“再发展”。必须以“与时俱进”统摄理论认识，以“与时俱进”作为指导自身的行动指南。

## 小　结

综上所述，改革开放以来，中国体育在学术领域、学科领域、话语领域等多方面，挣脱了改革开放前的学术政治化、学科苏联化、话语单一化的桎梏，纠正了研究教条、简单拼凑、有实证无理论、简单比附的现象。逐步解决了以政治语言、工具形态扭曲体育教育特性的问题，运用服从性、纪律性弥补体育教育的欠缺，走向了百花齐放、多学科新发展的局面，走向了求真求新、崇尚科学与严谨治学的道路，走向了学术多样化、学科多元化、话语解放化的发展。克服了实践缺少理论、理论缺乏实证的不足，取得了多维度诠释、多家论述、井喷式的理论成果。其理论成果为中国体育提高水平、走向世界体坛的中心奠定了坚实的基础。唤醒了中国体育的文化自觉，使中国体育人认识到，只有“高质量的体育”才是中国特色体育，只有“以人为本的体育”才是最有发言权的体育，只有形成“学科体系、学术体系、话语体系”的中国化，才能实现体育高质量发展的目标，才能将高尚的道德与崇高理想有机融入体育伟大事业的进程中，才能完成体育强国的根本使命。

彩虹和风雨共生，机遇和挑战并存，中华民族之所以伟大，根本原因就在于我们在任何困难面前从不放弃、从不退缩、从不止步。所以，改革开放使中国体育有能力在危机中育新机、于变局中开新局。中国体育的发展史，是一部攻坚克难的历史，是一部自我革命的历史，是一部与时俱进的历史。那么，感悟这一历史、回应这一历史、更新这一历史，就成为今天中国体育走向“新发展”的动力之所在，解决这个理论阐释就成为今天体育学界的责任与任务。

**思考题**

1. 简述“道路自信”与体育强国的关系。
2. 简述“理论自信”与体育强国的关系。
3. 简述“制度自信”与体育强国的关系。
4. 简述“文化自信”与体育强国的关系。
5. 简述什么是体育的“学科体系、学术体系、话语体系”。

# 第四章　体育教育论

## 【本章摘要】

一是梳理体育教育与人类发展的关系，解释其形成的根由与特点，思考其演变的逻辑。二是审视体育教育的发展，解析体育教育的目的。三是勾勒体育教育未来科学发展的方向，提出 21 世纪体育教育观。

## 【本章内容结构】

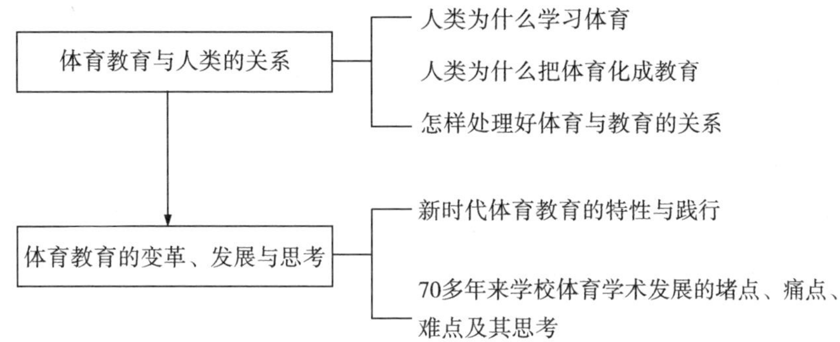


## 【本章理解】

1. 理解体育教育与人类发展的关系，思考其演变的根由和逻辑。
2. 思考、理解体育教育观时代嬗变的影响与启示。
3. 认清 21 世纪体育教育观发展的特征与变革取向。

历史的进程表明，“人只有作为自己本身的产物和结果才成为前提”，“人的存在是有机生命所经历的前一个过程的结果。只是在这个过程的一定阶段上，人才成为人”。体育教育作为培养人的社会活动，是人类生存和发展的依据与前提，是人类社会继承和延续所必要的手段，可谓是人类社会永恒的范畴。它的基本功能就是在最短的时间内，把人类社会数千年所积累下来的体育文化知识、技能和技巧传授给受教育者，并把当代发展的新体育科学技术和知识传播给受教育者，培养、挖掘和发挥受教育者的才智、体力、品格和个性，使他们从未受体育教养的状态变为有体育知识的状态，为他们未来走向社会的生产与生活提供保障。按照人类学的观点，体育教育与人的自由自觉的活动的类特性之间有着深刻的内在联系，即体育教育的诞生是人的劳动结果，体育教育的提出是人的实践活动的创造，体育教育功能的发现是人类从野蛮走向文明发展的必然产物。

体育既是教育的重要组成部分，又是社会文化发展的一个重要的子系统，它对推动人的多方面的发展具有重要的作用。对此，唯物史观认为，一定的体育教育反映着一定的社会需求，并与一定的社会相适应，为一定的社会的发展与进步服务。由于人是历史的产物和结果，不同时代的体育教育观演绎着不同时代的思想，体现着人在不同时代的发展。基于此，从哲学的视角，寻绎体育教育在21世纪的新视野、新思想、新高度，阐明新体育教育的本质、功能、规律和价值等基本理论问题，推动体育教育理念、知识观念和行为变革及发展，就成为现实必须关注的问题，因而对其进行研究是必要的也是十分重要的。

## 第一节　体育教育与人类的关系

从历史的发展来看，人类为什么一直那么重视教育、关注教育？那是因为，人一生中的成就与幸福，都来源于青少年时期的学习。对人来说，教育可使个体从未受教养的状态发展为有知识的状态，关乎人类的体力、脑力与生命力，是人类获得幸福生活的保障与基石。对社会来说，教育培养的是生产力的核心要素——劳动者，劳动者的体力与生命力的高低，直接影响人类社会生产力水平的高低。政治学理论认为，对社会结构产生影响的有三大关系，即国家制度、劳资关系和教育。体育教育是以实现每个人的全面而自由的发展为基本原则的教育形式。以体树德、以体增智、以体强身、以体育美、以体增志，促进学生全面发展就成为体育教育应有的目的。体育教育是审美的对象，是按照美的规律把自然知识和社会知识集于一身的载体，其活动可使人摆脱自然关系的多重束缚与制约，其过程可唤醒人的多重潜能，提高其能力。基于此，释放人的潜能、充盈人的精神、提升人的素质、推动人的发展，使人的自然的生命成为有智慧的生命，在美好生活中展现出生命的丰富与多彩、价值与意义，就成为体育教育追求的目的。

## 一、人类为什么学习体育

人类为什么学习体育？亚里士多德在《形而上学》开宗明义地断言："求知是人的本性。"培根则在《新工具》中说道："知识就是力量。"由此看来，教育关系的总和蕴藏着人的本质需要，而体育教育与人类的关系也同出一辙。第一，体魄强健、精力充沛是人类生存的基础。也就是说，不论是生活环境还是生产方式，都要求人类通过参与体育活动，促进体质提升，保障健康状态，以便除能胜任日常工作外，还能够应对外界环境的变化和突如其来的压力，有余力享受休闲，获得生活的乐趣。第二，体育自由的生命表现，可促使人"类特性自由自觉的活动"的发生，即对体育的学习不仅是为了获得谋生的技能，还牵连着人的发展以及未来生活的乐趣。

体育教育不是孤立于社会之外存在的，它本身是一个连续发展的过程。这种连续性和继承性不仅表现为体育教育是一种社会再生产形态产生与发展的知识标识，也表现为前一种社会形态的体育教育知识，能够积累出后一种社会形态发展需要的工作和生活的能力，这种能力可为该社会形态的存续提供必要的物质文明和精神文明的资源保障。

不管个人在主观上怎样去摆脱各种关系，但他在社会意义上总是这些关系的产物，即人的发展是历史实践活动的结果。从教育的角度来看，对于儿童和青少年而言，体育活动具有发展社会交往、增进情感认知、促进机体生长、塑造个性特征等作用，可促进其身心全面发展。有大量的事实和充分的研究证明，体育教育不仅影响个体的身体发育与语言、认知和思维的发展，而且是个体情感、态度、行为习惯和性格养成的重要基础。著名科学家钱学森曾说，青年是社会的未来，他们必须受到好的教育，以培养他们的潜能和创造力。

人是自然存在物，也是社会存在物。人类的发展不仅取决于自身存在的自我意识，也取决于自身实践的活动。也就是说，作为个体的人，只有使自身的生理素质、心理素质、思想道德素质和科学文化素质得到全面发展，才能够按照自己的意愿去实现所选择的发展目标。人类个体要成为社会成员，首先要学习、掌握生活的基本知识、技能，才能自理生活；然后学习、掌握一门或几门职业的知识与技能，才能谋生。体育教育就是将一个生物学意义上的自然人教化、培养为一个有体育文化的社会人的过程，使其从外在行为到内心世界尽可能地合乎社会的需要。因此，在整个体育教育活动中，对人的价值的追求与创造是整个过程中不变的主旋律。我们有理由说，体育学习是人向自身、向社会解放自身本质的合乎人性复归的一种形式，可在一个不自知的知觉中为未来的社会培养高级形态的人才。

要言之，人要把自身的类特性表现出来，并把这些类特性化作力量表现出来，最好的办法就是学习体育。为什么？因为人的能力不是与生俱来的，需要通过各种练习和长久努力，才能全面占有自己的本质，释放潜能、提升素质、充盈精神，发展个人需要的关系和能力，从而将人的全面发展推向卓越，成为“拔尖的人才”。正因为如此，体育教育具有培养与锻造人的能力的意义。学者王坤庆在《现代教育价值论探寻》一书中指出：“体育教育活动就是一种以人的需要为动力、以掌握社会历史经验为媒介、以培养人为特征而构成的价值认识、价值选择、价值实现的一种身心活动。”而在体育课程的每一个时空里，人类都可以获得社会关系、交往方式和生活经验。

“人只有凭借现实的、感性的对象才能表现自己的生命”，在“自由人的联合体”中，“每个人的自由发展是一切人的自由发展的条件”。所以，人类就要求体育教育活动不断进行建设、完善、发展，为应对人生之路发生的困难和挑战提供支撑，这无疑使体育教育活动成为人类社会中极为复杂而又极富意义的重要社会活动之一。也就是说，如同人类其他活动一样，体育教育作为人类社会意识活动的理性认识的反映，也存在着建立人生目的、促进人类发展的任务。其认识既具有主观性质，是存在于人的头脑之中的一种观念形态，为未来预先建立起教育目的，也具有客观性，即有什么样的社会存在，处于什么样的历史发展阶段，就会有什么样的体育教育目的。这一观点表明，体育教育是实现人的自由解放的实践的一种对象化的活动。表现为双重关系，一方面是自然的关系，另一方面是社会的关系。

实践表明，体育教育“学以成人”的目的性，存在着主体动力与社会环境的互动，具有长期性和复杂性，个体只有积极参与体育教育的各种活动才能发展，获得卓越的成就。换言之，受客观状态的影响，人的发展是一个动态的不稳定的过程，在这个过程中，“才能”的形成是随着人学习的增加而转变的。可见，能否学好体育这一问题，既涉及“人”与历史之间的关系，又取决于对人的社会化教育的理解，无法像其他一些活动的目的，可以用图纸或物品予以物化的反映。正是这种矛盾性的存在，才使得古往今来的教育家们不停追问“为什么教育需要体育”“体育在教育中应该做什么”。体育可训练人成为完善的人，人是体育学习的第一问，人具有什么性质，体育学习也具有什么性质。抓住了人的根本，也就抓住了体育学习的根本。正如《论语》里的一句格言：“人能弘道，非道弘人。”学者毛振明等在《体育教学内容改革与新体育运动项目》一书中提出，体育教育既存在着关乎人的自然生长与生活质量的追问，是一国人种强弱的民族兴亡大事，也关乎着一国社会习俗的建设与维系，影响着做人做事的基本道理和养成。

以上论述表明，要讲清体育教育主客体之间的关系，使之有成效地发生理论作用，从中寻绎出体育教育对 21 世纪社会关系的反映，辩证讨论体育教育在 21 世纪的意识与行为的目的和地位，阐明 21 世纪一定历史发展阶段中的社会生产方式对体育教育的影响，厘清 21 世纪体育学习的目的、性质和内容的社会依据，如何在普通的课堂教学中构建出适当的个性化教育，满足学生不同的学习需求，如何精准制定学习策略，把体育教育的课程与学生的优势、兴趣和风格相匹配，就成为必须思考的问题。为什么？因为人的全面发展不是单一学业培养的结果，只有多样化课程、多元化教学，才可以发展优势纠正劣势，消弭缺陷。可见，理解马克思“外部环境”对才能培养的意义，把握人发展演进的轨迹，尽力为学生提供优质教育、优质教学、优质学习的资源和机会，努力构建适合学生发展的体育教育环境，将其梳理并具体化，使之成为教育者和受教育者的精神内核与新行为生成的逻辑，就成为做好体育教育必须的思考。诚如马克思所说：“那些发展着自己的物质生产和物质交往的人们，在改变自己的这个现实的同时也改变着自己的思维和思维的产物。”①

“流水不腐，户枢不蠹。”从生命叙事的角度来看，人类为什么学习体育？因为体育承载着人类对“生命之不朽”的期盼、深情、理想、价值与愿望等。人类为什么需要学好体育？因为体育学习里高扬着促进和鼓励人的主体性、创造性发挥的精神，推动着人自身本质的提升，可以最大限度地帮助个体走出简单的生物循环的本性，使个体努力成为一个完善的人，全面占有自己的本质。人类为什么需要热爱体育？因为体育学习所追求、

① 《马克思恩格斯全集》第 3 卷，北京，人民出版社，1960 年，第 30 页。

所依据、所建立的意义和价值，就是从人类整体生存和发展的根本利益着眼，为人的进步和发展提供终极关怀，是一种身体与思想结合、身体与运动结合、身体与健康结合的通识性过程，即体育教育是每一个人走向全面发展不可或缺的条件。正如教育家蔡元培的一句名言："完全人格，首在体育。"

学者任海在2016年华东师范大学举办的全国体育课程论坛上指出，体育不是宗教，但是它也聚集人的共识；体育不是艺术，但是它给人以美感；体育不是思想，但是它使人拼搏；体育不是伦理，但是它引导人向善；体育不是生活，但它给人快乐和享受。可以说，体育的功能是任何机构或专业教育都无法替代的。

从历史唯物主义的视角来看，体育成为知识学习的一部分，实质上是人类社会主体对更美生存环境和更好物质条件的追求，是对生命方式的理解和生存实践理性认识的飞跃。实践证明，人一旦应用体育学习来理解生活、解释社会，就会滋育力量、产生动力、勃发生气，从而推进人的发展上升到一个新的境界。实践证明，其"更快、更高、更强"的思想，会推动人不满足于停留在原有的水平；其"顽强拼搏、顽强进取"的品质，就会促使人走向新理想、新现实。也就是说，体育这个"中介"可使人进步，把自己从某种孤立的、封闭的、限制的（生理的、社会的等）环境中解放出来，可使"人的世界即各种关系回归于人自身"。显然，体育教育是人类社会化手段的一个质的飞跃，它使人类的教化活动进入了一个有组织、有计划的"德智体"全面发展的阶段。

对体育教育的理解，与其说是人对自我生命的理解、对体育学习的理解，不如说是人对自身发展的理解。

体育教育彰显着人的心理变化与生理变化的统一，影响着人的能力与行为经验，塑造着人的心埋和品格，是人认识社会、改变社会不可或缺的手段与方法。我们要撸起袖子加油干，一步一步、一点一滴地实现知行合一，保护好体育教育、传承好体育教育、建设好体育教育、发展好体育教育，否则我们如何证明体育是美的、是实用的，让大家爱学、乐于学呢？

体育教育不仅是一种客观物质的存在、一种知识范式的存在，还是一种社会意识的存在、文化观念的存在，具有工具性、科学性与价值性。学者王家宏提出，体育教育具有影响一代风气、塑造集体认同的功能。学者杨桦2018年在全国体育博士论坛上提出，国势之强在于学，人才之成出于学。因而，体育教育要做好两个方面的工作：教人学会运动和健康，教人成为真正的人。这二者结合才叫发展。为什么？知识是可以学来的，但人的智慧的发展只有在实践的过程中才能获得。可见，体育教育具有促进德、智、体全面发展的重要作用，因而也就能成为展示国家富强、民族振兴的形象与样式。

将这一认识带入哲学的理解，可以发现，体育教育中存在着人与社会彼此关系的辩证“对话”，真切地显现着人对自身存在的追问、对何为有用的思考。也就是社会发展需要什么样的素质与能力？人通过什么方法来增强自己的素质与能力？显然，这一“对话”有两种表现：一是人对体育教育的认识与理解体现着人怎样发展与如何发展的思考。二是体现着对体育为谁生产知识以及生产什么类型的知识的追问，即它以何种方式展开，以何种意图参与，完成到何种程度。约言之，从这一视角看，人类与体育教育的关系，是在“社会生产体育、体育生产人”的这一链条中得以推进和发展的。

沿着这一认识，我们可以发现，人类在学习体育的过程中，存在着从感性认识上升到理性认识的历史嬗变，存在着从现象飞跃到认识事物本质和规律的过程。也就是大家所讲的生命的充实、精神的完善。这种矛盾的产生与解决，按照哲学的理解，是一个充满物质与运动的对立统一的矛盾过程、一个质量互变的渐进与飞跃的过程、一个主观与客观的矛盾统一的否定之否定过程。也就是说，体育教育的目的指向实践需要，存在着主观构建与客观需要的二元性。把目的与手段、内容与形式、过程与结果有机地统一起来，实现培养什么人与如何培养人的有机统一，使体育学习活动真正变成一种最大发展区的教育活动，是体育教育建设必须遵循的指南。

洛克曾指出：“健康的心灵寓于健康的身体。”人类把体育设置为教育，成为教养下一代的重要组成部分，帮助学生在体育学习的活动中认识自己，认识与他人的关系，学会人类社会交往的基本技能、知识和社会规范。用联合国教科文组织对当代教育要求的话来说，就是“学会做事、学会生活、学会做人、学会生存”。任何一种思想体系或学科的发展，都必须随着历史进程不断地“重写”自身，拉近自己与时代的关系，必须始终不渝地把满足人发展的需要作为自身发展的动机和目的。

由此上溯古与今、现代与传统，人类孜孜不倦做好体育教育的目的，就是要保证人类在生理和文化双重意义上的自我繁衍和自我更新。历史反复证明，不论何种学说，违背这一原则就会僵硬固化走向死亡。这就要求体育教育应关注以下方面：引领思想做好细化安排，学习要与发现相结合、与再理解相结合、与未知相结合、与发展相结合，促进身体认知与精神认知相结合，加强多元协同，促进不同学生的成长与进步。正如德国存在主义哲学家雅斯贝尔斯在《什么是教育》一书中阐述的，教育的过程是让受教育者在实践中自我练习、自我学习和成长，而实践的特性是自由游戏和不断尝试。

这一过程存在着否定之否定的扬弃，即在把握对象的方式、过程以及所涉及的范围、层面时，客观上存在一个螺旋式的由低向高的发展阶段，体现了体育教育这一过程存在着世界的物质统一性原理、事物的矛盾运动原理和认识的能动反映原理。体育学习的过程也是体育的教育目的与对象之间、体育的教育理论与实践之间的矛盾运动过程。能否以否定之否定规律提升理论思维，进而实现自身变革与发展的文化自觉，努力使体育教育的主观与客观相结合、理论与实践相结合、合目的性与合规律性相结合，使之与当代实践相适应，与时代发展相协调，推动体育教育理论和实践体现时代性、创新性、育人性，把握规律性，就成为体育教育未来的努力方向。诚如恩格斯所说："生命也是存在于物体和过程本身中的不断地自行产生并自行解决的矛盾；矛盾一停止，生命也就停止，死亡就到来。"①

由上可见，人的自由全面发展与美好生活是相互联系的，人的自由全面发展与人的发展条件是相互联系的。人只有把自身与这一主客体的关系厘清，树立人的美好生活来源于人的自身发展的观念，才能明白人类为什么需要体育教育。人类对体育教育的需求，源自人对美好生活的追求，源自人要突破生存性走向发展性。为什么？因为"历史不过是追求着自己目的的人的活动而已"。基于此，对体育教育来说，21 世纪的目标，就是"提高人的体力、解放人的脑力、增强人的智力"，给人类的体力、生命力和健康的发展提供保障。《共产党宣言》指出："每个人的自由发展是一切人的自由发展的条件。"显然，这一论断科学地说明了"为人的发展提供服务、为人的美好生活提供服务"是体育教育与人类关系的根源。

如何认识自己，成为一个完整的人？这是一个历史久远的经典问题，可以说，从古希腊柏拉图的《斐多篇》和亚里士多德的《论灵魂》，到古代中国孔子的《论语》都讨论过这一问题。近代的马克思、康德等对此也有回答。这些研究显示，人类通过身体、社会和文化意义上的脐带获得滋养，把自己的生命活动和自己区别开来，使自身的自然潜力从沉睡中发挥出来，并且按照美的规律，使这种潜力的活动成为自身的一部分，且付出了巨大的代价和努力。人类的进化与发展不是一蹴而就的，这一过程贯穿着从直觉、经验到目的的意识自觉，从低水平、不全面到高水平、全面，

---

① 《马克思恩格斯选集》第 3 卷，北京，人民出版社，2012 年，第 499 页。

从自发、自在逐渐发展到自觉、自为。它也是在人类对外部世界的认识不断提高、能力不断增强的基础上发展起来的，既存在着正确又存在着错误，既有彷徨又有进步。

“以人为尺度”的哲学理念在古希腊时期的教育中就已经产生了，并一直绵延于人类发展的历史进程之中。如西方古奥林匹克运动、文艺复兴、启蒙运动和现代人本思潮、后现代思潮中都曾反复呈现这一思想。而这种思想在古代中国也有表现，如孔子的“六艺”提出了人的全面发展的目标，如孟子的“性善论”进一步从理论的高度提出“人皆可为尧舜”，指出了学习的目的与作用，并形成了从春秋战国时期到现代世世代代尊崇学习的人文传统。可是，历史反复出现扼杀体育的现象。这一现象与对人、人性、人的本质的认识，一直是古今中外学者孜孜不倦探讨和追问的话题。

历史进程表明，人由“片面的人”走向“全面的人”不是轻易能实现的，为什么？因为人的本质属性是在后天具体的社会关系和社会实践中形成的，存在着客观形态与主观建构的相互作用。这就要求体育教育要努力打造合乎人性发展的环境，留住对生命的热爱、留住美的体验、留住运动的丰富、留住健康的享受，使每一个学生都能培养优秀的品格、收获健康和能力。这样做不仅有利于个人的发展、个人的幸福，也有利于体育教育的进步与发展、国家的稳定、社会的和谐。此外，体育教育与青少年的成长有着密切的关系，它是保存和延续人类文明的重要形式之一。

总之，借助体育教育这个中介，可使人把自然属性、社会属性和意识属性融为一体，使自己的生命活动区别于动物的生命活动。但吊诡的是，人类会出现有时重视、有时又不重视体育的情况，因为人作为社会存在物，存在着不以人的意志为转移的客观性质，即法国著名哲学家萨特所提出的一个著名的哲学命题“存在先于本质”。人的发展与人的发展条件紧密联系，受这种关系的影响，人类社会既可产生正确的教育思想，也可产生不正确的教育思想。这就是为什么在教育史上，曾反复出现“社会本位”“学科本位”“学生本位”的历史涌动。这说明人类最关心自己，但最不了解的恰恰是自己。以至于卢梭感叹，在“人类的各种知识中最有用而又最不完备的，就是关于‘人’的知识”①。为此，科学认识“十四五”时期学校体育工作任务、建设主题、实施方略和路径，认真遵循“建设高质量教育体系”的使命和“建成教育强国”的战略任务，努力找准方位，

① 〔法〕卢梭：《论人类不平等的起源和基础》，李常山译，北京，商务印书馆，1962 年，第 62 页。

开好局、起好步，自觉把这一目标贯穿于学校体育的全过程，构建起更加全面的教育体系，发挥好学校体育在“十四五”人才培养中的作用，就成为学界做好体育教育的关键。

## 二、人类为什么把体育化成教育

“求木之长者，必固其根本。”从人类社会的历程来看，人人皆有圣人之质，但不是每个人都能成为圣人。为什么？因为人容易为私欲所蔽、为错误思想所误导，必须修心与修身。为此，从实践理性的层面考察，可以发现人性是由自身动物性和人格性组合而成的。受动物性的制约，即使是品德高尚的人也存在着趋恶的倾向。人类为了克服身上的动物性以及由此而派生的恶性，为了实现自身超越、认识世界和自己而建立了教育。这种努力虽然极为艰难，且充满了曲折，但效果是显著的。因为，凡是人们能够想到的不足，教育都能够弥补；凡是人类能够憧憬的技能，教育都能够提供；凡是人类能够期待的欢乐，教育都能够奉上。为什么？因为只有走入“教育”的学习才具备系统性。

也就是说，为了保证人类健康、长寿、幸福生活的实现，培养出适应社会发展的人才，推动人类社会可持续发展，人类需要以体育的教育性来呵护与支撑人自身的修身与修心任务。个体的生长、生活与生存离不开社会这个共同体，要保证这个共同体的任务实现，就需要体育成为教育的组成部分，使体育成为有组织、有计划、有目的的培养人的活动。鲁迅在《我们现在怎样做父亲》一文中主张要让子女养成耐劳作的体力，纯洁高尚的道德，广博自由能容纳新潮流的精神。这句话在现代看来，其实就是指明了德、智、体全面发展是教育的方向。

儒家学派代表荀子在《王制篇》中言：“水火有气而无生，草木有生而无知，禽兽有知而无义，人有气有生有知亦且有义，故最为天下贵也。”显然，这一论述说明了人超越一切动植物的本质和本领，这些禀赋和特质是从哪里来的？——教育。也就是说，教育能陪伴人类成长，教育的传输与养育、熏陶与冶炼，可以使人形成强大的能力和崇高的道德情操，从而使人能有本领认识世界、改造世界，走向富裕、发达、科学、文明。即体育教育在人才的形成中起到关键的作用，可实现人多重潜能的提升与发展。

体育教育既是一种客观状态，也是一种主观建构，是在后天社会关系与社会实践中形成的。体育要成为“教育”的所在，就必须能动地处理好人类面临的三个基本关系：一是处理人与自然的关系，建立适应自然环境变迁的能力。二是处理社会人与人的关系，其中涉及学会做人、学会做事、学会生活、学会生存。三是处理人与自己的关系，它涉及基于知识、思想、观念、信仰、态度、价值等的养成。显然，没有学科范式、理论体系的体育教育不能完成这三个任务，为什么？因为教育不是在“头脑中想出来的”，而是在“事实中建立起来的”。也就是说，体育唯有成为教育，才能成为科学体系。体育成为教育，才能保证体育不变样，生生不息地发挥作用。

体育因成为教育而成熟，人类因体育成为教育而蓬勃发展。换言之，体育教育的“类意识”“类本质”是体育与人相互作用的结果，是体育与社会淬炼的结果。如果没有体育等这些教育方式促进人与社会的交往，即使人能够生存也是与动物为伍，可能仍在原始森林踟蹰不前。体育如果没有教育本质的养成、经验的积累、智慧的提升，就不会成为一种培养人的活动。由此可见，正是在这些不同思想的簇拥和促动下，体育才成为教育，成为发展文明的动力。

为保证体育教育培养出的人才“不走样”，不偏离这一基本思想，把“人生的第一粒扣子扣好”，人类就必须将“学习体育推进到体育教育”这个轨道，才能保障体育教育顺利实施，使人成为“有能力、有担当、有本领、有素养”的专业人才。也就是说，体育没有教育性就不能培养人，不能赋予人价值与规范体系，没有知识范式和运行模式、发展路径和行为机制的标准，只能是一种抽象、机械的存在。

体育教育的对象不是静止之物，而是有思想、有情感、有行为的活生生的人，个体之间存在着巨大的差异。体育教育不仅仅是向学生传授知识，还需要着力解决这里面存在的许多问题。而这些问题可变性、多样性，决定了学习的过程不是线性的、静止的、单一的，而是复杂的。要解决上述这些不同层面的问题，就必须回归教育职能，以教育性为标准，才能保障体育教育的科学、规范和高效，才能有效完成体育知识学习的传承与更新。正如哲学家冯友兰在《新原人》一书中所说，人与其他动物的不同，就在于人做某事时，他了解他在做什么，并且自觉地在做。正是这种觉解，使他正在做的事对于他有了意义。他做各种事有各种意义，各种意义合成一个整体，就构成他的人生境界。

从人类学的发展角度看，在人类发展系统中最为核心的部分，当属每一个具有独特生命力和无限可能性的个体。也就是说，人不仅有对象意识，还有自我意识，环境不同、关注点不同就会产生差异性，其可能会成为好人，也可能成为坏人，可能成为聪明的人，也可能成为愚蠢的人。为此，只有体育成为教育，才能正确设计好课程的内容、科学构建好教学的方式，充分展示出体育教育的丰富性、全面性、科学性，才能保障学习者实现发展目标。

体育只有成为教育，着力在系统化、具体化、形象化、生活化、社会化等方面下功夫，方能坚定不移地把新发展的理念贯穿于学校体育的全过程和各领域，方能健全职责体系，提升体育教育服务的能力和水平，推动学校体育高质量发展。也就是说，体育只有通过教育的系统过程，才能成为完整意义上的体育教育。对此，学者刘海元在《学校体育教程》一书中认为，体育作为一种教育基因，渗透到中国社会的生存方式、生活方式和思维方式中，影响着中国人的人生观、价值观、审美观、生死观等各种观念。

从教育的本质来看，体育教育是一项培养人的社会活动，社会是其载体，德、智、体、美、劳的全面发展的目标使其成为教育的组成部分。也就是说，要铸造既有思想觉悟又有知识水平、既能从事脑力劳动又能从事体力劳动的人，维系和促进个体生命意识的觉醒，保证其体力、智力的潜能得以充分发挥，就需要为其提供必要的环境和措施。为解决这个问题，只有把体育学习化成系统的教育，才能实现其使命和任务。

沿着这一认识，按照人的全面发展的学说，一是人的发展是一个整体性、综合性的发展过程，这一过程是由许多方面的发展组合而成的。只有教育才能使这些方面的发展组合成为整体的发展，而又通过整体的发展促进局部发展。二是一个人的最大发展取决于一个人的主动性、能动性。只有教育才能推动人达到最大发展区。三是如果选择的方法、手段不正确，刺激不足或过度都不适宜个体的发展。为了遵循这一规律，就应该把体育化成教育，按照教育的规律和方法去实施体育教育。

由上可知，体育教育是社会培养人的实践主体，既为现实社会所影响，又在推动社会进步的过程中实现自身的发展。要认清这一关系，将体育化为教育，满足人类学习体育的需求。基于此，为使其在更广阔的空间中发挥发展人、服务国家的作用，对体育教育与社会二者的关系进行辨析与厘清，显然是必要的也是重要的。

其一，从教育价值观来看，人是社会活动的主体，是社会性的存在，一个人要有益于社会，就必须承担起对他者的责任，只有这样才能实现“我为人人，人人为我”。为了实现这一目的，人类把体育化成教育，要求体育按照教育的目标与标准、规律和方法去培育人，促进人的素质的提升，对未来的社会生活、工作形成助力。

其二，从社会实践的视角来看，社会是人实践的载体，而社会是由个人及其相互关系构成的，人的本质是一切社会关系的总和，人的自由发展只有从物质生产和社会关系的实践中才能得到正确的答案。人的自由发展的过程是人作用于物的过程（或者是人作用于自然界，或者是人作用于社会，或者是人作用于其他物质的和精神的形态）。也就是说，人是社会意义上的人，要想实现自身的自由发展，就需要成为社会物质生产和精神建设运行的生产者、传递者、创造者和服务者。也就是说，为了顺应社会的要求，实现自身发展，就必须借助于体育教育。

其三，从发展的视角来看，一个确定的人、现实的人、劳动的人、实践的人，肩负着使命与任务，投身到认识世界与改造世界的事业中去，承担起一个人应有的责任。按照中国古代社会的理解就是要实现“修身、齐家、治国、平天下”的理想。这一认识论指出，要实现上述任务，人必须有能力，而能力的来源是知识，知识的主要来源是教育，体育是教育的重要组成部分，显然，使学习者在体育教育中认识到做人的权利和义务，就是体育教育的要义所在。正如学者季浏在 2016 年南京师范大学举办的庆祝中国高等体育教育 100 周年大会上所说，教育能给予人“自知”“自强”的能力，能够使人走向“得道”“闻道”“为道”之路，体育是教育的一部分，因而也具有此功能。

其四，从社会学的观点来看，人的能力是人们创造社会财富的条件和形成人的价值的前提。换言之，人的贡献在于能力，人的生活依靠能力。而在人的能力中，体能对于劳动的贡献的意义最为明显。因而，如何运用各种方式对人的体能以及运用体能的智力加以调节、引导，使之沿着人类社会发展所需要的方向发展，就成为人类将体育化为教育的必要思考。学者董翠香在《体育校本课程导论》一书中论道，只有具备课程体系的教育才能把体育中的游戏、运动等艺术的消遣，变成建设人、发展人、解放人的事业。

可见教育就是这一系列正确认识的摇篮，不仅能认识世界，还能改造世界。保障这一能力就成为体育教育的使命。换言之，人类为了能够生存好和生活好，就必须正确地认识世界，实现人与自然之间、人与社会之间、人与自身之间的“活动互换”，使自然存在转化为社会存在；就必须选择一些“活动互换的方式”（如体育），并通过这些“活动方式”的教育，完善自身在自然性、社会性上的不足，全面发展好自身的素质。否则，就不能实现“我为人人，人人为我”的发展目的。因为“每个人的自由发展是一切人的自由发展的条件”[①]。从这个意义上来看，体育教育是实现人走向“自由”世界的主要改造方式，其理念和方案符合人的发展的目的，可以保证人类这一“设计”不落空。

人类为什么需要体育？因为人的社会活动不是盲目的、本能的，而是有着预期目的的。想要实现这一目的，就需要作为社会主体的人全面占有人的类本质，成为具有知识、经验、意志、健康和需要的现实的人，才能不断地扬弃自己，由必然王国走向自由王国。这就意味着人需要借助体育教育的这一过程，不仅使自身的自然物发生形式变化，还要在对自然物的改造过程中实现自己发展的目的。换言之，人类社会的发展是因为无数个体接受了体育教育等方式，获得了认识与改变世界的能力，确保人类始终沿着正确道路不断前进。也就是说，体育教育的学习过程存在着不断改造、创造人的本身，包括他的肉体组织、思维认识和社会关系的系统化的对象活动。可见，所谓的体育教育，就是按照教育的要求，推进体育学习系统化，给人的全面发展造就各种适宜的条件。

人类为什么需要体育？因为体育教育这一过程既存在着知识的重复与再现，即认识世界、把握规律，又体现着知识的创造与更新，即运用规律改造世界。学习者可把个人过去的经验同新学习产生的潜力结合起来，应用于未来的事业和发展。也就是说，体育教育能够将知识与技能转化为劳动的智慧、生活的智慧、能力的智慧，使其与人的情感、人生观、价值观结合起来，既能让人的知识与能力贯通，又能把人的激情与生活结合起来，形成完善的人格，保证人的全面发展。

人类为什么需要体育？因为人要想科学认识世界，全面占有自然物，获得自身的全部类本质，就必须正确处理好主客体之间的关系，给自己提出合规律性、合目的性的认识世界与改造世界的任务。也就是说，要想正确认识自身与社会的关系，就要形成“打铁还需自身硬”的本领（素养与能力），而这一本领的形成需要通过体育教育等方式才能完成。这就像社会中常说的，一个人要想有价值、多贡献，就需要不断地提高知识和技术水平；一个社会要想其成员有能力、多贡献，就要尊重知识，尊重人才，不断提高和开发人的智力。因此，当代国际综合国力的竞争就是教育的竞争。

“致天下之治者在人才，成天下之才者在教化。”邓小平同志 1985 年 5 月在全国教育工作会议上提出：“我们国家，国力的强弱，经济发展后

---

① 《马克思恩格斯选集》第 1 卷，北京，人民出版社，2012 年，第 422 页。

劲的大小，越来越取决于劳动者的素质。”① 为此，推进体育教育与“十四五”时期高质量教育要求相符合，着力推动人的全面发展和社会全面进步，对体育教育和学习提出新要求，以更高远的历史站位、更宽广的国际视野、更深邃的战略眼光，加快推进体育教育走向建设教育强国的规划部署，不断使体育教育同党和国家的事业发展要求相适应、同人民群众期待相契合，就成为奋斗的方向。

人的体能与技能越强，劳动的效益就可能越高，贡献就可能越大，没有这个基础，就很难做好事情，所有的美好设计可能都是一厢情愿。为解决这一“自然本体”与“社会变体”之间的矛盾，实现每个人全面自由的发展，需要作为客体的体育教育帮助人类完善素质，全面发展，帮助人类在现实社会生活中完成使主体和客体统一的任务。正如学者毛振明在《体育课程标准研究》一书中指出的：“体育教育会从物质和精神两方面，改变人的自然属性与社会属性，从体能、智力和德行方面给人优秀的品质，使人变得矫健、强壮、机敏与坚毅等。”

体育教育何以必须继续呢？那是因为人类要发展，要进化。这告诉我们，人类需要体育教育的原因就是帮助自身实现奋斗发展的目标，促进人与自然、社会和自身三个向度的客观化、现实化、生命化的统一。也就是说，体育教育的这一过程中蕴含着人对自然的认识和改造、人对社会的认识和改造、人对自己本身的认识和改造等实践方式。通过体育教育这一普遍的形式，可对象化出人们在认识世界和实践世界的自觉、自为和自主的状态，实现人的目的、能力和权利的相辅相成、辩证统一，“人终于成为自己的社会结合的主人，从而也就成为自然界的主人，成为自身的主人——自由的人”②。

体育教育如何完成人的智力与品德的合一、技能与体力发展合一的任务，就成为体育教育存在的根本。质言之，这也是人类需要体育教育的根由。正如马克思指出的：“生产劳动同智育和体育相结合，它不仅是提高社会生产的一种方法，而且是造就全面发展的人的唯一方法。”③

一个人要想生活好、工作好、生存好，为社会做出应有的贡献，就必须使自己的意志服从于整个目的——身体力行地学好体育等这些具体的形式。因为体育教育蕴藏着社会的多种表现形式、多种表现力量、多种表现状态、多种表现境界。人类可以借助体育教育的各种形式（竞技教育、德

---

① 《邓小平文选》第3卷，北京，人民出版社，1993年，第120页。

② 《马克思恩格斯选集》第3卷，北京，人民出版社，2012年，第817页。

③ 《马克思恩格斯选集》第2卷，北京，人民出版社，2012年，第230页。

行教育、保健教育、休闲教育、生活教育、娱乐教育等）的多种经验，认识必然和利用必然，学会做事、学会做人、学会生存、学会生活，获得认识世界和改造世界的能力。

针对21世纪的发展趋势，许多国家和国际组织纷纷开展了有关人的核心素养框架的构建。如经济合作与发展组织1997年启动了“素养的界定与遴选：理论和概念基础”的研究项目，2003年发布《核心素养促进成功的生活和健全的社会》的研究报告，2005年又发布了《核心素养的界定与遴选：行动纲要》。欧盟2002年发布《知识经济时代的核心素养》，欧洲议会和欧盟理事会2006年通过《以核心素养促进终身学习》，欧盟理事会与欧盟委员会2010年联合发布了《面向变化中的世界的核心素养》的报告。这些文件无不体现出体育已成为人类应对21世纪挑战，实现跨文化、跨国家交流与合作的核心素养之一，是新的人才观与教育观的重要组成部分。

总之，人类与体育教育的关系，就是通过在体育运动这一过程中认识必然，通过“野蛮其体魄、文明其精神”在体育运动这一过程中利用必然，通过“人人参与”在体育运动这一定然的过程中丰富各种社会化关系，合理调节自身和自然之间的物质变换，完成自身的认识自由和实践自由的任务，实现从必然王国进入自由王国的飞跃。可见，社会离不开体育教育的实施，体育教育是人类教育的重要组成部分。它是一国公民美好生活的基础，是民族复兴的重要支撑，也是现代人类文明的根本标志。

## 三、怎样处理好体育与教育的关系

从人的全面发展来看，人的生命是一个有认识、有行动、有情感的统一体，即只有在德、智、体、美、劳的整体教育环境中，人才能获得最大的发展。因而，人的发展实质上是一个整体性、综合性的过程，任何单一的发展过程都不能全面占有人的类本质。这就是教育需要体育的原因。体育是生命的源泉，是美的源泉，体育是教育的组成部分。而要使人的主体性在体育教育中得到最大限度的发挥，要使人的潜力在体育教育中实现最大发展，就要通过体育教育使人认识到健康的身体是体育教育的基础，运动锻炼是体育教育的目标，树立终身体育的意识形成运动素养则是其核心。它们相互联系、相互促进，同时存在于人的全面发展之中，共同实现人的全面发展。所以有研究认为，能使人的情感与肉体合二为一者，唯有体育。



从时代的发展来看，新时代带来的新特点、新常态、新形式、新问题，要求体育教育必须改变传统的做法，必须重新确立新的目标，扩大体育教育的概念，使每一位学习者都能发现、发挥自己的潜力，为学习者解决当前面临的难题和未来可能发生的问题。从体育教育的目标来看，就是按照“十四五”体育发展规划中“高质量教育”的要求，从“优质教育、优质教学、优质学习”入手，为每一个学生提供合适的体育教育。在宏观方面，要为国家发展育才、为民族复兴育人；在微观方面，要做好为人的发展、为人的幸福生活服务。即从终身体育的视角审视教育教学的培养目标，按照高质量发展的要求提升人才培养的水平，根据为国育才的目的调整与改革体育教育的方式与模式。从“立德树人”出发做好学校体育课程的建设，以“三全育人”为中心做好学校体育实践路径的设计，扎实推进各项工作，使学校成为体育人才成长的沃土。充分发挥学校体育的育人功能、育人空间，为国家培养符合社会发展的合格人才。

个人发展一小步，社会发展一大步，每个人的自由发展是一切人的自由发展的条件。社会、国家、民族的发展依赖于个人的发展。实现理想体育学习的形式和途径应是多元的，体育的课程内容应是多样的。让每个学生都可以根据自身需求和愿望，去自主地选择学习的内容和教学形式，就成为体育教育追求的目标。传统体育教育把人的学习当作单纯的体育知识积累，这种教育完全割裂和切断了目的与手段、价值与效用的有机联结，是不会获得成功的。正如学者唐炎指出的，传统体育学习与教育仅仅满足于一般的技艺传授与体能培养，体育文化的意义却被淡化和遗忘了。约言之，任何教育，如果只重视人的一部分能力并且围绕它来组织课程教学，将其视为完整人生的标准加以过分强调，忽视人的情感历程、具体思维、道德行为的培养，那么这种教育就不可能成为好的教育。

从体育学习特性来看，体育教育是以其实践活动过程的方式存在的，学生的一切精彩行为的产生来源于技能学习与运用中的“体验”。即体育教育的目的和价值以及与社会其他方面发生的关系，要通过体育运动的过程才能得以实现。约言之，一门学科力图去把握某种对象时，必须提供实现这一意图具体化的实践基础，理论与实践统一才能产生改变世界的力量。道依术而立，术依道而存，二者统一才能坚实无比，讲的就是这个道理。正如学者董翠香研究指出的，体育教育改革的核心是在教学的各环节落实“以学生成长为中心”的教育理念，教学评价的标准不仅仅是教师“教”得如何，更要看学生的学习收获。

要言之，从上述内容我们可以发现，在做好体育教育的方面存在着应然与实然的追问。一是人的发展依靠体育教育，体育教育必须为人的发展做好服务的问题。二是外部知识如何被学生获得、占有，并转化为学生个体内在的能力与精神财富的问题。显然，这“两个追问”体现着如何使体育教育符合学生学习需要的思考，驱动着教学从知识本位走向素质本位、解放本位，从“以教师为中心”转向“以学生为中心”，把教育的主体地位还给学生，让学生在体育学习过程中获取健全的体魄、健全的人格。《大学》中说：“苟日新，日日新，又日新。”故而体育教育必须从前论中脱出，担当起在人类社会中应该承担的道义和使命。也就是说，体育教育只有让主体的人获得体悟，才能驱动人去参与体育运动，热爱体育活动。

那么，应如何做好体育教育呢？一是体育教育的不同知识、内容与形式，应该给人带来身体与思想的解放，要把实现学生的“最大发展区”视为第一位。在知识存在和技能传递的逻辑上，不能仅把对知识的理解与技能的掌握作为要点，要突出善于在知识点之间建立关联与应用的能力，引导学生完整地掌握知识与技能。二是把体育教育课程打造成为“课程超市”，满足学生个性化发展的需求，适应学生学习能力的差异性。为每一个学生提供形式多样的丰富课程，学生可根据自己的爱好、能力进行自主选择。只有在因材施教的关照中，学生才能实现最大发展。三是利用数字化技术，使学生摆脱传统“授—受”的被动学习模式，给予学生“课内学习与课外学习、集体学习与个体学习、必修学习与选项学习”等多元融合的空间，激发学生学习的积极性，让每一个学生在体育教育中闪现出各自的光芒。正如联合国教科文组织于1994年发布的《萨拉曼卡宣言》中指出的：“每个儿童都有其独特的特性、志趣、能力和学习需要，教育制度的设计和教育计划的实施应该考虑到这些特性和需要的广泛差异。”①

只有整体性地明白体育教育的目的、选择、实施的化境，才能实现自身的觉醒、成熟，完成社会赋予的使命与任务。无疑，这一理解就成为做好体育教育的基石，可帮助我们提升文化自觉，充分认识与理解体育为什么可造就人类自强不息的精神，体育教育为什么能够成为人类发展不可或缺的支柱，从根本改变有些人对体育教育的不理解。体育教育作为影响人类社会的一个科学范式，必须有明确的归属性，可宣扬的价值理性，方可指导我们的活动。

一种正确的理论产生出来以后，关键工作还在于付诸实践，理论角色主体性的明确与否就成为实施效果的决定性因素。那么，要做好体育教育的工作，落实好体育教育的目标，认清体育教育不仅是一项培养人的活

① 转引自赵中建:《〈萨拉曼卡宣言〉摘录》,《全球教育展望》2005年第2期。

动，也是促进国家发展的重要保障，就需要明确以下问题，即体育教育的实践尺度是什么，体育教育的价值追求是什么，体育教育的价值守望是什么。

其一，体育进入教育，成为教育的一部分，可以说是人类对知识理性认识提升的必然结果。按照美国行为科学家马斯洛的需要层次理论，当人们满足生理的物质的需要之后，社交需要、尊重需要和自我实现需要就成为新的追求。由于这些需要都涉及感知、体悟、鉴赏等功能，必然引起体育这一文化形式参与其中，成为人类发展的尺度。究其原因，在于体育活动的过程中蕴含着“既是运动又是教育，既是锻炼又是娱乐，既能健康又能愉悦，既能参与欣赏又能多样创造”的教育性，说明体育教育荷载着物质因素与精神因素，包含着人的思想、知识、目的的再创造，表现着、承接着物质客体和观念客体与社会发展的有机联系。这些精彩的表现有力地界定和佐证了体育教育客观化存在的形式是在哪里和怎样产生的，是在哪里和怎样存在的。学者刘海元在 2016 年南京师范大学举办的庆祝中国高等体育教育创建 100 周年大会上提出，体育如果赋予教育性的真、善、美的东西越多，其表征出的符号价值就越多姿多彩，这对于人的知识面貌提升、心智的锻造、人格的优化、体能的提升等都将产生不可估量的影响。这就要求我们必须清楚自身的任务与使命并为之奉献，从思想深处热爱体育教育，做好体育教育的工作。

其二，按照马克思“人是一切社会关系的总和”的观点，体育教育蕴含人的精神、人的生活、人的社会等主体性和主体能力的丰富和发展。它以多种多样的运动方式和学习方法固化人的本质，使人以一种全面的方式占有自己的全面本质，对人的社会化活动的主观形成、社会关系的统一进行组织、调节、规范，执行着、传递着经验与知识。可以说，在人类的发展史上，没有哪一种“学习”能像体育学习那样，能为人的美好生活提供充盈精神、释放潜能、实现素质的全面发展，没有哪一种“教育”能像体育教育那样，不仅影响社会的现在，也影响社会的未来，能对人类文明的进步产生广泛而巨大的影响。因而，这就要求我们必须德才兼备，为人师表，爱岗敬业，提升体育教育的工作水平。

其三，一切学说划时代的体系的真正的内容，都是因那个时代的需要而形成的，即一切体育教育的内容和手段，都要与社会的发展相统一，为人的发展服务。全球化的发展表明，先进生产力的发展、先进文化的创造，归根结底都是人才的竞争。因此，任何一个国家的发展都离不开教育。文化自觉地把社会形态更替的客观性变为体育教育的理性的意识，促进体育教育的目的性与时代的发展性相结合。这就要求我们必须以“有理想信念、有道德情操、有扎实学识、有仁爱之心”的标准要求自己，深化教学改革，使体育课程的实施更具逻辑性、科学性、衔接性，体育教学的实施更具创新性、适切性、实效性，研究好体育教育的工作。

其四，体育的影响由于具有多彩的教育性，因此成为人类生产与生活“消费”的重要载体和行为，是人类生存和发展的基本前提条件之一。体育教育存有人类社会从“物质”到“精神”的各种关系与各种体验的过程，可使人原来的自然属性转变为社会属性，从“自在之物”走向“为我之物”。可以解决几千年来传统教育把脑力学习与体力劳动分离的矛盾，从而助力人的体力和脑力得以更新和发展，并再生产人的劳动能力。也就是说，人类社会如果缺少体育教育，社会文明的发展就会受到影响与制约。这就要求我们必须充分认识学校体育在育人中的价值、地位和作用，落实好为党育人、为国育才的“立德树人”任务，做好体育教育的工作。

为此，我们有必要阐明体育教育的要义，让学习者明白体育学习的必要性，树立正确的体育学习认识，引导学习者去探索自己需要的运动，促使学习者能够深刻理解体育学习的过程、意义和方法，主动地全面占有自己的本质。理解体育学习的过程，实际上也是一种修炼自我的教育过程，是个人品性修养、意志磨砺与心理能量积累的精神过程，是把人的世界和人的关系还给人自己的全面发展的过程。正如马克思实践论的观点认为的，人不是世界本体论意义上的中心，却是价值论意义上的中心。

可见，体育教育的功能与作用只有被学习者接受、欣赏才能得到实现。显然，要实现上述“表现”，就需要教师构建好体育学习的教育场域。这就要求教师在教学方法的运用方面要体现多样性，教学内容方面要呈现生动性，学习分享方面要有交流性，教学过程方面要有高效性。具体来说，这就要求教师做好以下方面的工作。

从体育学习主体的形式上看，现代体育教育要摆脱以往以人的自然属性为发展目标的不足。要由一元主体向多元主体转变，为学习者提供一个卓越的学习环境，形成以学习为中心的有效教学方式，形成有利于学生学习的知识框架，形成有利于因材施教的个性化学习方式。提倡在多样化、多元化的活动之中实现体育教育的寓教于乐，增进学习成效，激发人们学习体育教育、接受体育教育，促使学习者全面占有体育发展人的能力。

从体育学习传播的内容上看，要不断创设种类繁多的课程、丰富多彩的教与学的形式与方法，实行“小班制”教学，照顾学习者的差异。通过必修与选修、“AB课程”与“弹性课程”、课内与课外相结合，拓展体育教育资源，丰富课程的内涵和多样性，增进课程的弹性，满足学习者对体育文化的多样性需求，如开发高速对抗的竞技体育、健康养生的保健体育、休闲表演的娱乐体育、享受生活的快乐体育等。丰富体育教育课程内容的形式与方法，与生活需要和职业技能相互呼应，给予学习者清晰的、精致化的、情景化的体育学习经验，进一步促进体育情感的深化与养成，为终身体育奠定基础。就育人目标而言，体育学习并非单一课程、单一方式、单一方法所能解决，需要各种教育形式、教育过程、课程内容、教学方法的有机融合、协同发展的系统合力才能完成。

从体育学习的手段上看，知识贵在融会贯通。信息化时代的到来为体育教育的传播创造了有利条件，应充分利用现代信息技术来推进体育教育，增加学习者的学习经验；利用互联网“无边界”学习的特点，为学习者提供适切的反馈，增进理解；利用信息技术与“互联网＋”的平台寻求自身新的变革，破解传统集体教学个性化不足的瓶颈；利用“翻转课堂”等促进学习“精细化”，增强为学习者服务的理念；借助网络传媒技术进行“在线学习”，利用好其信息量大、速度快、方式新、传播力强，可以促使学生参与、分享、交流与对话的联通特点，激发学习兴趣；为学习个体、社群提供便捷的媒介环境，建立相关学习的平台，满足学习信息的需要，让学习者真正成为学习的主体。显然，弥补传统体育教育教学的不足、提升体育教育发展水平和教学质量的活动及过程就十分必要。

从体育学习实践的属性来看，人的需要是体育学习存在的本质，是一切活动的动力源泉。换言之，体育学习的第一个前提无疑是让人爱上体育，产生运动兴趣。为此，精彩的运动过程是体育教育的最终体现，这也是体育教育努力奋斗的方向。也就是说，在教与学的方式上，要把“懂、会、乐”融合在一起，既要提倡学生认真学习、模仿技术，也要提倡学生使用技巧，表达动作之美。这样既可接受大家的欢呼与认可，也可使学习者产生共鸣，产生努力做得比他人更好的超越动机。只有二者统一，才能促进学习者产生体育学习的可持续力量。

总之，使体育成为教育，无论是作为一种知识科学的目的，还是文化教养的目的，都是人类基于自身发展需要的结果。体育教育是沟通人与文明的桥梁，是整合人与社会的纽带。体育学习的内容、形式以及被人们选择、接受的状态，都与一定时期社会的经济发展状况息息相关。这一特征表明，一是，作为社会个体的人，无论怎样选择，他的生长总离不开社会教育的文化场景，这也就是人类要学习好体育的原因之一。二是，体育的教育化是社会发展到一定历史阶段的必然产物，体育的教育地位是人类发展与时代对话的结果。与时俱进是体育在教育性上永恒价值的反映。体育教育的发展在当代，因为人的存在具有双重属性——现实性与超越性，所以做好体育教育工作，帮助人从“现实世界”走向“理想世界”，是体育学习永恒的本质。

## 第二节　体育教育的变革、发展与思考

体育教育是面向未来的事业，是为未来社会培养新人的重要手段，可为中国梦的今日和明日建设与发展提供强大的动力，因而必须“苟日新，日日新，又日新”。体育教育与人类的关系，就是为人类提供认识世界和改造世界的能力，解决传统教育中知识学习与社会实践分离的矛盾，知识学习与体力劳动分离、难以做好社会服务的矛盾。“现实的人”的“美好生活需要”才是历史发展的真实目的。体育教育要想实现上述发展目标，做好对这一目标的有效回应，提升人的素质、充盈人的精神、实现人的自由，就需要形成正确的认识，进行科学合理的实践。对体育教育的认识必须在理性中辨明，在实践中验证，才能赢得飞跃，实现新时代党和国家对教育提出的目标。显然，体育教育的变革与发展，既是对新时代高质量发展变化的反映，也是对新形态优质教育、优质教学、优质学习的向往。正如习近平总书记在《中共中央关于制定国民经济和社会发展第十四个五年规划和二〇三五年远景目标的建议》的说明中指出的：“必须强调的是，新时代新阶段的发展必须贯彻新发展理念，必须是高质量发展。”

### 一、新时代体育教育的特性与践行

按照马克思的社会矛盾推动社会发展的原理来看，我国学校体育70多年来的建设与发展有三个特征：一是从重视知识传授，到强调能力发展，再到关注全面素质的提升。二是从服从政治需要，到服务社会建设，再到促进人的发展。三是从外延式低目标的粗放发展，走向内涵式高目标的高质量发展。1972年，联合国教科文组织国际教育发展委员会在《学会生存——教育世界的今天和明天》中指出，今天人类社会面临一个令人惊愕的时代——科学与技术从未像现在这样突出地显示它们的威力……知识正以惊人的速度向前跃进……变化正在无限地加速……仅靠学习过去、

重复再现已难以适应社会的发展。[①] 可见，21 世纪体育教育的变革与发展，就是推进学校体育实现高质量发展，其践行之路就是用更新和创造增强发展力，逐步取代重复、再现的低阶循环，从人的单一发展走向全面综合的发展。显然，释放人的潜能，实现人的“最大发展区”，既是 21 世纪体育教育实践活动的指向，也是 21 世纪体育教育实践活动的结果。

基于此，从当前学校体育教育的现实情况来看，可以说无论是在体育课程的设置方面，还是在教学的实施方面，都没有真正体现出对学生个体差异的尊重，距离实现学生“最大发展区”这个目标还有相当大的差距，整体上还是用同样的内容、同一把尺子面对所有的学生。有研究指出，从教育的跨学科化、个性化、终身化、泛在化，从学习目标的公平化、学习时间的弹性化、学习内容的定制化、学习方式的混合化、学习评价的过程化，从管理的科学化、精细化、评价化等来看，我国教育的现代化水平与发达国家相比还存在较大的差距。显然，这种“不平衡不充分”的形态矛盾，就成为 21 世纪体育教育变革的内核与逻辑出发点。因此，如何解决这一矛盾、实现使命就成为主导方向。

就像马克思是通过社会性的生产劳动来规定物质的概念一样，体育教育的变革与发展的设定是通过目标来理解的。要做好 21 世纪体育教育的发展，提升体育教育水平，首先必须明确任何矛盾都发生于特定的时代，任何理论的发展都离不开特定的背景。同样，体育教育的变革与发展也有其特定的时空背景。因此，如何认识这一背景，如何科学实现学校体育“十四五”时期的发展主题、建设方略和任务就成为必须思考的问题。为什么？因为不同的认识会导致不同的走向和实践，只有树立正确的发展理念，才能更好地把握发展方向。约言之，体育教育的变革与发展是一个“去粗存精、去伪存真，由此及彼、由表及里”的过程，有待于我们消化和吸收。因此，我们必须从终身体育的视角审视教育教学的培养目标，按照高质量发展的要求提升人才培养的水平，根据为国育才的目的调整与改革教育方式和模式。从“立德树人”出发做好学校体育课程的建设，以“三全育人”为中心做好学校体育实践路径的设计，扎实推进各项工作，使学校体育成为人才成长的沃土。充分发挥学校体育的育人功能、育人空间，为国家培养符合社会发展的合格人才。加快推进“十四五”时期学校体育的建设，在新的更高起点上做好“十四五”时期学校体育的新发展。以上这些，就成为未来学校体育可持续发展的关键。

---

① 联合国教科文组织国际教育发展委员会编著:《学会生存——教育世界的今天和明天》,上海,上海译文出版社,1979 年,第 126 页。

从历史唯物论的视角来看，我国学校体育的教育转型先学日本、德国，继之学习欧美，新中国成立后又转而学苏联，改革开放后面向世界。百年之间，学科思想数度变迁，我国学校体育从“跟着别人的路走”到“走自己的路”，从模仿别人的形式到形成自己的模式。可以说，这既是中国学校体育发展的道路，也是中国学校体育发展的历史轨迹。显然，这一过程经历了从结构形态到运行机制乃至思想理念的根本性转变。这条道路存在着继承与发展、传统与现代、全球与本土、移植与创新的思考，对其正确认识与反思是做好 21 世纪体育教育的关键。这既是主导体育教育发展的一种文化自觉的内驱力，也是一种责任和担当。

从客观性来看，体育教育活动存在着教育目的与对象需求之间双向互动的矛盾过程，即体育教育的目的存在着符合与不符合学习者需求、社会发展需求的矛盾。按照唯物观的理解，进入了 21 世纪，面对新常态，原处于支配地位的矛盾的主要方面发生了变化，事物的性质也就随之发生了变化。因而，把“抽象上升为具体”，推动体育教育目的的主观性与客观性实现统一，通过这一辩证的过程不断扬弃自身，表现出自身在 21 世纪的特殊性质和功能就成为必须关注的主旨。也就是说，要使学校体育各个方面与“建设高质量教育体系”的发展阶段和“建成教育强国”的发展目标相适应，各个领域的改革都要能体现这一基本特性。在发展理念上，要以建设教育强国、办好人民满意的教育为指向。深化教育教学改革，向质量全面提升阶段迈进，充分发挥好学校体育课程在“十四五”时期人才培养过程中的作用。在发展方式上，要以“高质量发展”为抓手推动学校体育体制机制的完善，统筹发展的规模、结构、质量和效率，实现从规模发展向内涵发展的转变。

学校体育要加强知识性、教育性、应用性、发展性的协同和结合，改革课程结构，推进教育教学的综合化、个性化，加快教学由量的增长向质的提升转变。体育教育要树立多元化、多样化的质量观，平等地对待每一个学生，为每一个学生提供适切的体育学习机会，促进每一个学生都能健康发展，促进每一个学生的体育运动水平都能得以整体提升。要以提升学习获得感作为深化改革的着力点，构建方式更加灵活、资源更加丰富、学习更加便捷的学习体系，切实提升课程体系和教学能力的现代化水平。着力解决学校体育发展在课程、教学、师资等各方面存在的不平衡、不充分的问题。增强改革的系统性，促进课程、教学、师资等各个方面协调配合，相互结合、相互促进、共同发力、协同一致，实现学生的最大发展，精准完成新时代学校体育立德树人的使命与任务。

从主观性来看，这一“矛盾”的诉求，体现出体育教育作为一定社会生产方式内在反映的理性力量，决定着社会的生活方式，主导和影响着人们的思想形成与社会行为的走向。为什么？因为人的发展是一个学习建构的过程，教育认知的好坏，对上关系国家的发展，对下牵扯到人才的培养。换言之，体育教育的社会性，是推动人从生命意识走向意识生命的载体，是实现人进步的路径。体育教育的实践性，是实现“有生命的个人”走向“现实的个人”的保障。正如法国学者阿尔都塞在《保卫马克思》一书中所说，为了培养人、改造人和使人们能够符合他们的生存条件要求，任何社会都必须具有认识世界和改造世界的形态。黑格尔也指出：“要扬弃客体的直接性，并且要建立由概念而规定的那样的客体。对客体这样否定的对待，也同样是对自身的否定对待，也就是目的的主观性的扬弃。”①

从发展性来看，体育教育的过程着力使人摆脱自然认识的属性，形成自由的认识——主观能动性或自觉能动性，促进人的自然属性与社会属性、感性与理性的矛盾统一。为此，按照新课标中“核心素养”的构成，体育教育要着力解决好三个方面的问题：一是以新理念“质量是教育的核心”引领体育教育，充分体现出体育价值与教育功能的各个要素，让全体学生在体育学习中获得更多方面的发展。二是创设优质教学、优质学习的各种条件，激发、调动学生学习的兴趣与积极性，充分体现出快乐教学的特点，让学生喜爱体育。三是提升教育水平，让高质量的教育惠及更多的学生，帮助所有学生形成“终身体育”的习惯与能力，着力培养德智体全面发展的人才。

从实践性来看，人的自由个性的充分发展，从根本上取决于同他直接、间接进行交往的各种关系，所以要全面丰富人的社会关系，必须从不断丰富释放个性自由的各种活动入手。为什么？因为社会进步的本质是人的进步，而根源却是人的素质提高，没有人的素质提高就不会有社会的进步，人的修养是社会进步的起点。为此，应提升教育能力和水平，让学生从多彩的运动中发掘心灵的特质，使学生学会做事、学会合作、学会做人、学会生存。完善体育教育个性化的路径，提升学习条件，增加学习机会，推进课程的综合化，让课程更加贴近社会需求与现实生活，使全体学生受益。让大部分学生学习对他们将来发展真正有用的课程，帮助他们养成良好的行为习惯，形成良好的人格，让我们的教育更有人性的光辉，应该是“十四五”期间课程改革的方向。

---

① 〔德〕黑格尔：《逻辑学》(下)，杨一之译，北京，商务印书馆，1976年，第432页。

从社会性来看，体育教育是劳动力生产与再生产的重要载体，是把人的潜能转为科学技术生产力的重要手段，具有保存、传递、积累、发展和再生产的社会功能。也就是人们常说的，体育教育具有双重性的特征，既具有传播精神文明的特性，又具有产生物质文明的特性，推动建立新的价值目标，确立新的生活态度，产生新的关系，影响着学生的现在与未来。那么，创建人性化、个性化、充满生机活力的教育体系，给予学习者进一步的、更大的、更多的成长空间，让学习者有更多出彩成才的机会，让每个学习者成为自己，将每个学习者的潜能充分挖掘出来，让每个学习者的个性充分张扬出来，让每个学习者都能够真正享受日常的教育生活，真正喜欢日常的学习内容与学习过程，应该是“十四五”期间教育改革的重要目标。为此，把人与社会的主观意图整合到体育自身才是充分的。

从文化性来看，体育教育作为一种文化现象、社会现象，它的主体及其社会需要与客体及其属性这些关系，不是盲目的，而是有着预期的目的的。质言之，体育教育的目的，就在于给人类创造出新的关系，满足社会发展的需要。也就是说，每个活动的背后都包含着一定的价值目标或目的。体育教育是通过有目的的实践活动，来实现人类发展的需要，使人以全面的方式占有自身的本质，为未来的社会培养匹配的新人。这一过程不仅“使自然物发生形式变化”，而且让“人还在自然物中实现自己的目的”。恰如马克思所说的：“人的本质不是单个人所固有的抽象物，在其现实性上，它是一切社会关系的总和。”①

人的生命活动的独特性，在于人能使自己的生命活动本身变成自己意志和自己意识的对象。21 世纪体育教育的特性与践行的“逻辑原点”，假设了三种意义的目的存在：(1) 保全生命和维护生命，解决人类生命的存在和繁衍的问题，使人的生物进化和自然选择摆脱消极状态，实现人类对生命本质意义的理性追求——健全人格。(2) 解决人与人、人与社会之间的生存矛盾，改变人性气质、风俗社会环境，使社会趋于良善，构建“我为人人、人人为我”的道德判断——立德树人。(3) 把“灵魂与肉体”结合起来，开拓人的身体潜能，加速生物进化，改造提高自身运动的能力，帮助人类完成最伟大的本质飞跃——学会做事、学会合作、学会生活、学会生存。对此恩格斯也指出：“一句话，动物仅仅利用外部自然界，简单地通过自身的存在在自然界中引起变化；而人则通过他所作出的改变来使自然界为自己的目的服务，来支配自然界。这便是人同其他动物的最终的

① 《马克思恩格斯选集》第 1 卷，北京，人民出版社，2012 年，第 139 页。

本质的差别。”[①]

按照以上目的的总体要求进行设计与部署，构建起21世纪学校体育的逻辑框架，搭建起富有活力的实践体系、理论明确的话语体系就成为必要的措施。这一逻辑的信息具体表现在：一是为学习者形成自由的认识——主观能动性或自觉能动性，形成知识经济时代的创新能力奠定基础。二是提升自身生理组织的运动能力，提高技能运用的智力，为未来学会、改进劳动技能、技术，学会使用、改进工具奠定基础。三是使学习者的生物进化和生存斗争进入自觉的理性阶段，使人的自由而全面的发展与美好生活相连接，使人才培养与国家发展相连接。

换言之，体育教育的目的，即实现20世纪90年代中期联合国教科文组织发布的《教育——财富蕴藏其中》的报告中提出的21世纪教育的四大支柱：①学会认知；②学会做事；③学会共同生活；④学会生存。真正的教育是形成人自身的学习过程，本质上是解放人的一种活动。真正的学习经验能使学习者发现自己独特的品质，发现自己作为一个人的特征；真正的教学要契合学习者的经验、生活、心境，所提供的课程要能引起学习者的兴趣和共鸣，引发学习者产生对活动场景的体验与体悟。

当今社会已进入知识经济时代，知识经济推动了人的主体意识觉醒和主体地位的确立，在工业化时代被压抑的个性化需求开始觉醒，个性化解放的浪潮席卷了整个社会并成为不可阻挡的世界潮流。这一变化表明，过去形成的教育目标、教育经验、教育方式、教育技术已远远不能适应个性化学习的要求，其缺陷日益明显，需要对其进行改革。因而，国务院在2010年发布的《国家中长期教育改革和发展规划纲要（2010—2020年）》中明确提出：“关心每个学生，促进每个学生主动地、生动活泼地发展，尊重教育规律和学生身心发展规律，为每个学生提供适合的教育。”也就是说，新时代学校体育教育的价值追求，就是保障每一个学生都能高质量地学习，享受到优质的体育教育。

综观人类社会的发展史，世界各国从来没有像今天这样重视教育，为什么？这是因为人类社会迈入了知识经济时代。知识经济的本质是创新意识、创新精神、创新能力，这些都离不开人的思想解放。而有个性的、有创造能力和开拓精神的人才一跃成为时代腾飞过程中最富革命性、创造性、主导性的生产力，成为拉动人类世界飞速发展的动力系统。从外向型知识的存在走向内向型知识的思考，也从根本上颠覆了人类旧有体育教育

① 《马克思恩格斯全集》第26卷，北京，人民出版社，2014年，第768页。

“授—受”的标准化、统一化的理解方式，促使教育从“外延式”的知识积累的发展，转变为“内延式”的实现学习者“最大发展区”的发展，这也要求体育教育提供更多的个性化选择。正是在这一意义上，体育教育要从这些变化的现象中探索出一种教育观，并以这种观念解释和超越传统的教育理解。按照这一历史发展的规律，激发体育教育创新的活力，健全体育教育培养的目标，发挥出体育教育应有的作用，满足国家发展对人才的要求，就成为亟待解决的问题。

可见体育教育的变革与发展、特性与践行存在着一种对象关系与自身关系的互动，扬弃着主体与实体相统一的思考。这一过程既是一种客观形态，也是一种主观建构，既可能产生正确的结果，也可能产生错误的结果。因而，认清这些观点主要体现在把握其要义，促使历史主体的目的与客体的目的相结合。如何以“高质量发展”为主题，从更大范围、更宽领域、更深层次去实现优质教育、优质教学、优质学习，就成为必须思考的问题。

其一，上述论析表明，规律自身不能说明自身，规律存在于历史发展的过程之中。受历史发展的制约，一个时代说一个时代的话语，体育进入教育的时间与空间存有不同的阶段性特征。因而，其教育的内容、教育的方式也就可能千差万别，这也导致教育的发展水平是不均衡的，而且发展的目标也是不同步的。这体现出一个道理：如果体育的教育性不能与时代同步，仍然把前一时代的价值奉为圭臬，显然就只能作为一件过时的不合身的衣服，被人们抛弃。这个道理说明人类社会的教育已从知识取向的教学理解（侧重于知识性积累）、能力取向的教学理解（侧重于知识的把握与创造），开始向解放取向的教学理解（以人的完整性和个性发展为核心）转化。这显示出个性的发展是教育的核心，个性化学习是未来教育的重要形态，只有个性解放的教育才是永恒的追求。为此，解放人的潜在能力，挖掘人的创造力，促进人的全面发展，应该是当下和未来体育教育的首要任务。

其二，“十四五”时期是我国教育改革与发展的机遇期、窗口期和关键期。课程使学习者实现了主体与客体的统一，成为拥有改造对象性的本质和力量的存在物。课程的丰富性决定了生命的丰富性，课程的卓越性决定了成长的卓越性。那么，创造出更多教育机会和条件就成为学校体育教育改革的关键。因而，改革教学结构，推进教学内容的综合化、个性化，从不同方面改善课程学习的条件，增加课程学习的机会，推进教学内容的综合化，让课程更加贴近学生的现实生活，让学生学习对他们将来发展真正有用的课程，帮助他们养成良好的学习习惯，形成良好的学习能力，让我们的教育体现出“学会做事、学会合作、学会生活、学会生存”的光辉，从更大范围、更宽领域、更深层次为每个学生提供适合的教育，就成为21世纪学校体育教育必须思考的内容。

其三，任何一门学科、一种学说的存在都不是悬空的，人的存在方式和社会生活的本质是它必须依存的土壤。“十四五”时期的学校体育教育，应该更多地让学生自由选择学习的时间、学习的地点、学习的内容、学习的方法以及学习资源。真正理想的教育不应该限制选择，而应该鼓励选择，让所有人都能选择最适合自己的教育、最适合自己的课程。因而，未来的学习中心也是各具特色的课程中心，学生可以根据自己的需要、自己的兴趣，选择不同的学习中心。为此，深化体育教育与信息技术融合发展，进一步扩大优质体育教育资源覆盖面，推进现代技术与教育教学深度融合，以新技术探索教育教学和治理新模式、激发教育发展新活力，应该是“十四五”期间学校体育教育改革的方向。

其四，从今天来看，随着学校体育发展积累的不断丰盈，学校体育目标由培养与形成个人“终身体育能力”，转变为新时代立德树人，促进人才成长，服务民族复兴这个根本任务。即当前学校体育的主要矛盾已经转化为人民对优质教育、优质教学、优质学习日益增长的需要和不平衡、不充分发展之间的矛盾，着力化解这一矛盾就成为学校体育未来的任务。也就是说，体育教育应弥补“一把尺子丈量所有学生”的不足，平等地对待每一个学生，为每一个学生提供适切的教育资源，促进每一个学生获得健康的发展，保证每一个学生都能体验学习的获得感。给予每一个学生卓越的课堂教学，给予每一个学生学习的选择权，给予每一个学生“更高水平学习发展的机会”，使每一个学生在学习过程中都能体验到“学习高峰”的喜悦，让每一个学生的潜能都能得到最有效的开发，实现最大发展区。这应该是“十四五”期间学校体育教育教学改革的重要目标。

其五，进入新时代，教师已不仅是研究如何“教”，更要深入系统地研究让学生如何“学”，如何学得更好。教师要加倍主动地去研究当代学生的学习特点和认知规律，将课内与课外、线下与线上等多种学习方式结合起来，促使学生把“学会思考”视为第一要务，引导学生建构有效学习的框架。很明显，让学生学会思考比单纯记住知识更为重要。只有每个学生都勤于学习、热爱学习，孜孜不倦地探索真理，我们才能形成优良的学风，学生的成长和成才才能从美好的愿景变为现实。可见，推动体育教育创新的发展不是一个纯粹抽象的理论逻辑演绎，而是一个教育的实践。紧盯住这些问题，倾听实践中的呼声，完成实践赋予的任务，才能赢得体育教育创新的胜利。这应该是“十四五”期间学校体育教育评价改革的重要目标。

其六，从发达国家的现代化发展的历程来看，它们起步于文艺复兴，从千年的黑暗中摆脱出来，发生了科学革命和工业革命进而实现现代化。但这一进程并非一蹴而就，更准确地说，这一过程的实现是努力实施教育的结果，是教育的果实促进了国民素质的提高，加快了其现代化的进程。这告诉我们，教育的知识变革和思想先导是人类社会重大跃进、重大发展的前提，把握好这一特性是做好体育教育工作的根基。为此，与时俱进寻找新方法、探索新路径、采取新举措，加强课程建设，优化教学内容，健全教学运行机制和课程体系，提升体育教育教学质量，构建起与新时代相向而行的学校体育教育教学的理论体系，就成为体育学科亟待完成的任务。

总之，从根本性上看，体育教育的特性与实践表明，立足客观现实发展的变化与状态，促进运动性（科学性）与教育性（价值性）的统一、理论逻辑和社会逻辑的统一，才是体育教育的追求。一是不断发展，不断创造新事物、产生新思想，是体育教育突出的禀赋，可以使体育教育更加明确坚持什么样的体育教育、推动建设什么样的体育教育。同时也在体育教育诸目标的发展中，判断出应该扬弃哪些目标，把哪些目标置于优先发展的位置。二是运用哲学的一系列基本概念和原理进行诠释，从理论上搞清体育教育发生作用的形式和机制，改变体育学科“自说自话”的局面。从社会和个人两个角度探讨体育教育如何随着时代的变迁、社会的变化，寻找自身“做什么”和“怎样做”的使命体认，确认有所为、有所不为等一系列辩证的关系，从批判旧世界中发现新世界中体育教育发展的方向和途径。

## 二、70 多年来学校体育学术发展的堵点、痛点、难点及其思考

习近平总书记提出，中国要“努力成为世界主要科学中心和创新高地”。那么今天，创造有中国特色的学科体系、学术体系和话语体系就成为学界的重要任务。而促进学校体育完成这一任务，就成为体育学者的抱负和理想。正如曾子所说：“士不可以不弘毅，任重而道远。”任何一个学术体系都是先有思想，后有成果的。为保障学校体育学术科学、规范和高效地发展，早日形成中国特色、风格、气派，就必须厘清现存的问题，否则就不知道发展的方向在哪里。笔者执“学问乃千秋事，订讹规过，非以

訾毁前人”的立场，梳理了70多年来学校体育学术发展的历程，希望促进学科体系成熟，滋养学术体系建设，打造风清气正的学术思想与环境，力求有助于推进中国学校体育学术健康发展。基于此，下面对目前学术存在的基础及研究现状进行了客观省察、理性分析与概括，希望能针对当前学校体育学术中存在的一些不良情况、矛盾和问题，给予“意义的发现”，揭示出这个存在物背后的一个世界。学术不仅是一种客观的理论研究活动，而且是一种对自身行为的认同、体悟和扬弃的过程。

从学术史来看，理论是实践的成果，专著是学术成熟的标志，学派是学术发展的动力。因而，三者不仅呈现着学校体育教育的全部关系，也体现着从外化走向内化的行动，蕴藏着学校体育教育发展的趋向。可谓对上关系到国家的发展，对下牵扯人才的培养，这在学校体育教育的视域中无疑是最重要的。一个学派的名称不是由创立者本人确定的，而是人们对这一群人的思想本质、学术观点、学术成果的概括。每个人的学术发展是一切人的学术发展的条件。中国学校体育教育的发展要想有强大的推动力，就需要有众多学派，有一个名家云集、群星璀璨的学术群体，紧跟历史前进的步伐，围绕中国学校体育教育发展过程中面临的具体问题发声，才能形成具有中国学校体育鲜明特色、风格和气派的学理体系。

从体育教育的学术成果和内在的形态来看，70多年来我们在一些核心概念，如体育教育本质与目的的关系、体育知识与课程的关系、体育课程选择与组织的关系、体育课程设计与编制的关系、体育教学与学习的关系、体育教学设计与形态要素的关系等方面，不仅没有形成清晰的概念定义与范式可供实践应用，也没有形成从低阶走向高阶的态势，体现出理论对客观的反映，以支撑学校体育教育实践发展的需要。

### （一）70多年来学校体育教育学术发展的痛点与思考

70多年来，体育教育研究往往缺少学科交叉，只从一个因、一个果展开研究，没有能力跨学科解开多个问题的纠缠。很多体育教育研究都是把学术焦点压缩为“观思潮为叙事”，围绕一个主题一阵风而上、一阵风而下，但却没有形成思潮或取得原创性理论成果。

体育教育研究要始终以解决新时代的现实重大问题为导向，要始终把接地气的学术精品写在中国大地上。要秉持这一理念，就要厘清理论和实践中遇到的根本问题，确定问题所在，找到根由，寻求解决的方法。习近平总书记2016年在哲学社会科学工作座谈会上提出“立足中国、借鉴国外，挖掘历史、把握当代，关怀人类、面向未来”的思路。因此，提出我们自己的新概念、新范畴、新表达，着力加快构建具有鲜明中国学校体育教育特色的学科体系、学术体系、话语体系，亦成为寻求突破的方向，成为新时代赋予我们的神圣职责。只有这样，才能改变当前这种只有国外概念术语的引入无中国话语的构建，“有高原无高峰”，有数量无质量，有大师无“大著”的不足，唤醒学者勇于担当时代学术职责的意识，开启“六经注我、我注六经”的自觉与体悟，摆脱拾人牙慧、亦步亦趋的状态。为此，贯彻落实中共中央办公厅、国务院办公厅在《关于进一步弘扬科学家精神加强作风和学风建设的意见》中的要求，科研工作者就要“大力弘扬追求真理、严谨治学的求实精神”。可见，学校体育既是一门研究教育的学问，又是一门反映研究人的学问。

### （二）70 多年来学校体育教育学术发展的堵点与思考

70 多年来我国学校体育教育学术的发展主要存在五方面的“堵点”：一是挖掘政治内涵成为学术时尚，政治意义的强化成为普遍追求。这一偏颇导致我们在分析和解释学校体育现象时缺乏实践指导能力。二是研究视野、相关定性认识还较为肤浅，难以产生学术流派，当然也就没有形成公认的派名。究其原因，是无反映代表人物独树一帜的理论成果与学术专著。三是缺少一批能提出假说、拿出有理论成果的学术名家，致使理论与实际应用不协调，理论研究与学校体育发展需要不同步。四是缺少成果的支撑与带头人引领，没有形成中国学校体育多学科交叉融合、跨学科协作的团队凝合与发展有序、互为补充的学术优势。五是新的进程、新的形态、新的要求迫使学校体育原有的方式发生改变，而这些新方式超越了现有的理论承载范围，导致理论发展出现瓶颈。

国际社会期待听到中国声音，看到中国方案。从大的方面思考，试问 70 多年来我们形成了什么建设学校体育、发展多学校体育的理论体系吗？试问 70 多年来我们在学校体育领域有学术群体、思潮和学派吗？试问 70 多年来我们在学校体育领域创造了什么具有中国学术特色的理论成果吗？试问 70 多年来我们说清了什么是“中国特色学校体育”，在当下我们说清了什么是“‘十四五’时期的学校体育”吗？试问 70 多年来我们在学校体育领域哪些方面取得了突破，凸显了中国学校体育教育的观点与他国的不同？试问 70 多年来我们对学校体育教育的建设与发展有过“中国化”的科学结论吗？试问 70 多年来我们在学校体育领域的哪些方面形成了系统化的学说？从小的方面思考，试问 70 多年来我们对“谁是体育教育的主人”有系统性的解读，对“如何做体育教育的主人”有系统性的解读吗？试问 70 多年来我们说清了“什么是体育教学方式、教学策略、课程模式以及怎样运用”，说清了“什么是体育学习科学、体育智能教学、体育深度学习以及怎么运用”吗？试问70多年来我们说清了“什么情况下进行集体教学、什么情况下进行个性化教学”，说清了“什么是情境结构、什么是学练结构以及怎么运用”吗？试问70多年来我们说清了从“三基”到“三维目标”再到“核心素养”的概念更迭，并形成了切实可行的理论，有专论、专著吗？答案不言而喻。直到今天，无论是理论还是实践，中国学校体育都远没有形成“中国化”的格局。也就是说，在世界学校体育的格局中，有中国成绩、中国精神、中国特色，唯独缺少中国理论，这已是不争的事实。

为什么会缺少？因为70多年来中国学校体育取得成就的动力来源不是自身，而是得益于国家的发展，得益于改革开放。不可否认，当今学校体育领域现有的研究成果偏少、偏弱，难以适应新时代体育教育发展的要求。不可否认，在构建学科体系、学术体系、话语体系这三大体系的过程中，我们至今还没有提出自己的概念、范式、方法。不可否认，在体育教育改革方面，学界还缺乏带有整体性的、标志性的专论、专著。不可否认，在话语方面，学校体育教育还缺乏学术学派，用以体现中国特色、中国风格、中国气派并与世界对话。究其原因，借鉴盖过自创，转录替代创新，话语高蹈而实践不彰，有高原无高峰，有大师无大著，所以中国学校体育教育尚未产生一批能拿出东西来的、有影响力的学者。也就是说，由于学术支撑不够坚实，在总体上也就难以形成高水平的理论成果，难以为中国学校体育与世界对话提供支撑，中国也难以成为公认的体育教育强国。

我国学校体育教育发展70多年来，有体育教育学的教材却缺乏体育教育学的专论、专著，有体育课程却缺乏有关体育课程的专论、专著，有体育教学论的教材却缺乏体育教学的专论、专著，有体育考核的论文却缺乏体育考核评价的专论、专著，有体育课外活动的论文却缺乏体育课外活动的专论、专著，有体育教育改革的论文却缺乏体育教育改革的专论、专著。学术是层累推进的有机体，没有原创性、基础性、基本性的理论奠基，其对当代的主题形态的解释就缺乏说服力。没有众多思潮、观点的理论接引，就没有众多学术流派的产生，学术就难以持续向前发展，形成活泼、有序、共生、创新的学术组织。可见，这些短板严重地限制了中国学校体育理论的深入发展，制约了学术的成熟。因此，坚持有所为有所不为，提升科学研究能力、高科技创新能力，争做国际学术前沿并行者乃至领跑者，大力激发创新活力，建立健全具有中国特色、中国风格、中国气派的学术评价和学术标准体系，就成为学界必须努力的方向。

### (三) 70 多年来学校体育教育学术发展的难点与思考

一个学科体系成熟的重要标志，就在于提出本学科特有的问题。一个学术体系成熟的重要标志，是有自己的理论、专著、学说、组织。一个话语体系成熟的重要标志，就是从“跟着讲”“照着讲”到“自己讲”。显然，中国学校体育要想完成建设“学科体系、学术体系、话语体系”这一任务，一是必须有自己的灵魂，二是学说深入前沿、形成特色，三是能用中国的声音与世界对话。在对待理论的建设上，我们有三步路可走——“理解考量、互动通约、完善创新”。可以说，70 多年来我们学界只基本完成了第一步“理解考量”，研究还基本停留在对各种现象的理论归纳与分类的平面描述上，只获得些边角的个案成果，远没有形成整体性的结论可供实践运用、可向世界传播。也没有实现第二步“互动通约”，即没能通过理论思索与实证积累沉入事实之中，提取符合现实状况的答案，并加以理解、展望和推进，将其置于中国学校体育教学不同环境与实践中互动通约，为广大体育教师提供理论实施的路径和应用的经验总结，供他们开展有效的理解和应用。更没有实现第三步，即总结巩固已有的经验知识，助推其濯去旧见，创立新见，重估“一切价值”后，走自己的路，完善创新，推进现有的理论不断发展。突破中国学校体育教育无学派、无专著、无话语的难题，弥补学校体育教育没有涌现出一批可为世界所接受的“理论”和“大师”的不足。70 多年来，中国学校体育丰富的实践活动和发展的鲜活经验，既为学术研究创造了“攀高峰”的环境，也为学术成果提供了“接地气”的土壤。可是我们没有形成中国学校体育的“特色”“风格”“学派”，难以向世界展示中国学校体育的风貌，这要引起学界的重视和深思。

学术没有思想便是盲目的，思想没有学术就是空虚的。显然，这一全局性的偏差，导致中国学校体育教育陷入难以自拔的困惑和窘境之中，总是依循或追随国外的理解，满足于对外来理论的接受，没有在此基础上产生“学习理论、应用理论、贡献理论”的渴望，也就难以科学地解决好自身的学科、学术、话语体系的发展问题。为什么？因为“知性的活动，一般可以说是在于赋予它的内容以普遍性的形式”①。从模仿、理解、超越三个阶段来看，我国学校体育教育仍处于消化吸收的理解阶段，虽有进展，取得了一些边角个案的成果，但却没有出现中国化成果的重大突破，新结论、新办法、新思路并不多见。当然，也就没有站在世界学校体育教

① 〔德〕黑格尔:《小逻辑》,贺麟译,北京,商务印书馆,1980 年,第 172 页。

育的大舞台上讲好“中国故事”的话语权。这就要求学界每一个人都必须增强忧患意识、责任意识，认真修炼自我，不忘初心、牢记使命，进行自我革命，提高科研水平、争创一流成果，把促进学校体育教育高质量发展和建设教育强国作为自己的根本遵循。离开了这种使命、视野和气魄，就难以实现创新。

由于我国学校体育教育理论解释乏力，学术引导力匮乏，学徒心态有余但自我主张不足，只敢接着讲、照着讲，不敢自己讲，致使我们没有产生“中国意识成长”的文化自觉，没有实现从“拿来主义”走向“中国贡献”的转变。那么其结果就是，我们仍然是一个“搭便车者”，是一个使用国，而非产出国，难以回应国际社会对中国的期待，难以满足国家对学校体育教育高质量发展的要求。因此，对当前转变“假大空”的问题就必须予以警惕、批评，否则将阻碍学校体育学术的健康发展。如以转录充当成果创新，以挂名掩饰学术贫弱，以头衔作为学术高低的标准，相互“吹捧”、自为大家，以“师承”拉山头替代学派。针对以上这些现象，我们可以毫不留情地说，不论是学界地位多高的大师或是声望多大的名家，如果拿不出几本专著来证明自己的学术观点，反映自己独到的学术思想，不能用新概念、新范式把学问写在祖国的大地上，不能写出前沿教材，与国际接轨，为国内领路，给学生最新的知识、最好的课程，终究不会得到世人的认可。

“德之不修，行之不远。”习近平总书记提出：“每个学科都要构建成体系的学科理论和概念。”① 衡量学术业绩的不是学校的地位和个人的官职，良好的声望来源于学术的建树，没有学术成果，只靠“吹”“捧”“哄”“抬”，是不可能进入学术史的。成熟的学科必须有稳固的思想基础。当前存在的种种不足，不符合一个“大科”应有的地位，希望引起全国学校体育学界的共同关注，砥砺前行，担起学术之责，改变学术氛围差、弄虚作假现象多，学风过于浮躁、急功近利、追求功名，论资排辈严重、学术发展得不到保障的现象，为努力构建新时代学校体育的学科体系、学术体系、话语体系提供学术保障。正如学者陈先达在《问题中的哲学》一书中所指出的：“在学术领域，倡导学术讨论和争鸣有助于学术发展。”②

---

① 习近平：《在哲学社会科学工作座谈会上的讲话》，北京，人民出版社，2016 年，第 24 页。

② 陈先达：《问题中的哲学》，北京，北京师范大学出版社，2014 年，第 85 页。

# 小 结

历史的发展是包含矛盾的，为了走向正确的道路，需要有人出来总结经验，需要有人停下来反思走过的路，需要有人站出来讲真话。良药苦口利于病。正是在这个意义上，本书的问世不是“抱怨”，而是通过批评与理论的对话纠正偏颇，是一种学术化、科学化、规范化的理性活动。① 所以，本书研究的目的，是力求把历史进程中的不良现象和隔阂搞清楚，把理论上存在的误区搞清楚，把学术中存在的薄弱环节搞清楚，把改进的思路和举措搞清楚。为打破学术壁垒，防止赝科学的产生，希望全国学校体育教育学界的同仁共同关注，净化不良科研状态。

著名学者杨文轩在《北京体育大学学报》编辑王晓微对他的访谈中指出：“总体来说，中国体育学科整体发展还是比较滞后的，第一是指与其他学科相比滞后；第二是指理论构建相对于实践来说比较滞后，目前的体育理论并没有办法解决实践中的很多问题……体育学者总是缺席。在体育学科改革与发展过程中，小到名词称谓、分类标准，大到理论解读，都充满争论，其根本原因是我们学科体系、学术体系和话语体系构建的滞后。……发展乏力的原因是我们体育学科缺乏思辨，缺乏凝练、总结和升华。”“2009 年，我发表了《体育学科体系重新构建刍议》一文，首次呼吁体育应该是一个独立的学科门类，但遗憾的是当时体育学术界内极少有附议甚至无人呼应。”②

综上，遵循老革命家陈云“不唯上、不唯书、只唯实”的教诲，本书以“学问乃千秋事，订讹规过，非以訾毁前人”为立场，分析这一历史现状存在的根由。目的是纠正存在的悖说乱象，迎接机遇和挑战；解放思想，认清抵牾所在，使学术的发展和守正创新相符合；实事求是，明白偏见产生的根由，使学术的发展和时代要求相符合；突破当前学校体育现有的研究成果偏少、偏弱，缺乏源头性、自主性的学术主张、理论、观点、方法，难以适应新时代体育教育发展的困境，解决“功效不足”带来的堵点、难点、痛点；改变当前“喊口号有余、建设不足、实践不彰、学术支撑不够坚实、借鉴盖过自创，转录替代创新”的窘境。

---

① 参见吴秀明：《当代文学研究“历史化”需要正视的八个问题》，《新华文摘》2021 年第 12 期。

② 王晓微：《中国体育学科发展的历史回眸与未来展望——杨文轩教授访谈》，《北京体育大学学报》2021 年第 11 期。

## 思考题

1. 简述人类与体育教育的关系。
2. 简述体育教育的目的。
3. 简述“十四五”时期学校体育发展的主题。
4. 中国学校体育发展的难点与痛点有哪些？怎样消除？

# 第五章　体育竞技论

## 【本章摘要】

一是廓清竞技体育与人类的关系，指出竞技体育是人类发展的基础，论证它的科学理性。二是辨析竞技体育蕴含的精神实质，捕捉问题、对话现实，实现扬弃、获得超越。三是思考中国竞技体育存在的问题与制约因素，提出重塑的对策与设想。

## 【本章内容结构】

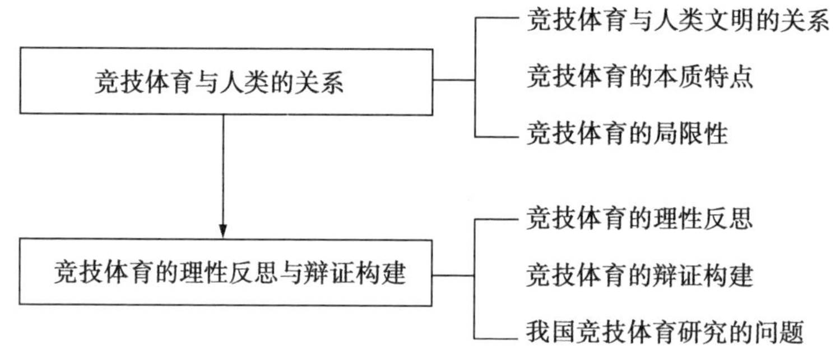


## 【本章理解】

1. 理解竞技体育与人类发展相互制约的能动关系。
2. 辨析竞技体育的观点或主张，树立正确的价值观。
3. 思考中国竞技体育的问题与发展，建立文化的自觉。

从文化学的立场出发，文运同国运相牵，文脉同国脉相连。以此来看，竞技体育是人类精神意象塑造的标识，是人类动作技能超越有限的自然物象的写意，已成为一种广泛影响人类社会的世界性文化现象，是沟通世界不同文化的桥梁，在人类历史进程中具有不可或缺的作用。为什么？因为人在本质上的自由发展需要感性的补充，即“人只有凭借现实的、感性的对象，才能表现自己的生命”。在这种活动中，人以一种全面的方式把自己的本质据为己有。时至今日，中国梦已经成为中华民族奋斗的主题，在这个大踏步迈进的过程中，可以说竞技体育在实现我国社会深刻转型，改变与塑造人们的思维方式、健康价值取向等方面发挥了时代的先导作用。实践证明，竞技体育是推进我国改革开放的不竭动力，如果缺少这一文化，社会文明的进步与发展就会受到相当的影响与制约。因而，应领悟竞技体育的精神与规律，研究我国竞技体育发展中存在的问题，探寻其历史存在的根由，推进我国竞技体育理论体系与话语体系创新，加快竞技体育的类本质研究，扬弃它的竞技理性，辩证它的人文精神，寻绎其现代化发展特质，加快由体育大国向体育强国的转变，适应国家新时代新常态发展的需要，防止其局限性和片面性凌驾于人与社会的发展之上。

## 第一节　竞技体育与人类的关系

美的程度体现了社会所达到的文明状况。为什么？因为自由的有意识的活动是人类进步的阶梯，是推动物质资料再生产的源头，不仅能提升人的素养，完善人格，还蕴藏历史的发展和演变，帮助人们利用自然、改造自然，提升获取物质和精神的能力。就此而论，对“美”的需求使人类产生了有形状、有声音、有变化、有技巧的“体育”，并给予了这个“体育”至美至善的多重“品质”。也就是说，在运动过程中，无数的生命得以健康，无数的快乐被唤起，无数的困难被消解，无数的斗志被激发。这不仅使体育获得“立象以尽意”的体认，也成为衡量人的文明的素养的标志。也就是说，它的出现使一个“原子化”的自然的个体人，逐渐脱离“动物世界”，进入了“人的世界”，使人全面占有自己的本质，解决了肉体生命有限存在和生命意义无限延展的矛盾。体育是人体的诗歌、情感的律动、美的表现、文明的宣言，是一种独树一帜的宝贵文化。

### 一、竞技体育与人类文明的关系

“一切之美，皆形式之美也。”人的直观活动是一切精神活动的基础，有直觉必有形象，有形象必有艺术。由于体育竞技具有直觉与形象的特性，可谓形神兼备，能够产生“有我之境”“无我之境”，因此体育是研究“美”的学问，是创造“美”的根源，是提升“美”的路径，是凝聚“美”的思想载体。竞技体育是人类认识生命、理解生命的载体，它让生命的安顿和生活的真实走向了审美，走向了娱乐，走向了文明。

从唯物史观的角度讲，社会存在决定社会意识，美是劳动的结果，人们创造物质的目的，就是创造出美好生活。“更快、更高、更强”的体育精神蕴含着劳动的本性，是人类劳动理想之美好生活的表现。这一伟大之处，不仅使竞技体育成为人类生活的样法，其独立精神、公平竞争的思想也推动着人类的进步与社会文明的改造，呈现出一国生活之新方式、民族精神之新面貌。为什么这么说？因为“美”的表现形式越多，意味着劳动的财富就越多，意味着社会生活就越丰富。因此，体育是一种具有世界性格和记忆的、令男女老少都心驰神往的文化形式。

体育文化的丰富性、理性、娱乐性，可谓浓缩着人对世界和人生的多重思考。为此，从社会学的意义上来看，竞技体育是一种带有多重理解话语和思想意图的社会行为。以哲学存在论的观点扬弃地来看，竞技体育是人们把想象、精神和物质生活交织在一起的产物，即“体育是审美的载体，体育是社会的现实，体育是人的关系”。学者任海在《奥林匹克研究》一书中指出，旧体育观的立脚点是技能，新体育观的立脚点则是人类社会或人类社会的人。

正像一切自然物的形成过程一样，体育的形成过程即历史，也是一部礼赞社会的发展史。基于这一意义，体育文明是人类社会进步的重大成果，而国际社会无不把竞技体育视为本国发展的一种软实力，视其为改造国民性与养育民族精神的有力抓手。就此，从哲学的视域研究竞技体育的历史与现实，对当代中国社会发展与人的全面发展，具有重要的理论意义和现实意义。为什么？因为对其的研究可为人类营造出一个更好的生活环境。

任何事物的发展都有它内在的合规律性与合目的性，竞技体育亦是如此，其尺度包含着两个方面的关系：一个是人与自然关系的合规律性的认识，另一个是人与社会关系的合目的性的认识。梳理文献可知，竞技体育的发展也是一个从自在到自为、从低级到高级、从感性到理性的过程。这一过程表明，竞技体育存在着一个从单纯关注外部世界到关注人自身的转向，以及从合规律性的“物的尺度”到合目的性的“人的尺度”的突破与跨域。因而，以“全民健身，健康中国”为主题，竞技体育与群众体育两翼齐飞，加快建设体育强国，把体育强国梦融入实现“两个一百年”奋斗目标大格局中去谋划，就成为中国体育建设的缩影。

经过多个世纪的演变，体育成为一门具体的社会科学，形成一套独特的学科对象和研究方法。从学术的角度看，其“理论—现实”的逻辑，或侧重对社会的精神性，或侧重对社会的物质性，或侧重对社会和人的关系，多元地展开着不同性质的研究。其不仅在科学知识体系中占据了独特的地位，而且在全球范围内发展成为一门包含田径、球类、体操、游泳、舞蹈、冰雪、水上运动等众多分支、具有独立知识结构的社会科学。审美学指出，人类对美的要求只有起点，没有终点。

可以说，在经历了人类社会的漫长洗礼与雕琢后，如今的竞技体育不仅蕴藏着各种社会现象的相互促进和相互制约的关系，还表现着对人类社会的规律性认识，并用以指导人们的社会关系和生活。因而，对竞技体育的研究既是一种学术探索，同时又是一种服务于社会和人们生活的精神文明和物质文明的过程。学者王华倬在 2016 年武汉举行的全国学校体育论坛上提出，文化是人化和化人的实践，表征着每一个人的价值定位和知识向度。故此，学校体育可为学生的发展提供两类经验：一类是为了认识客体本身原有的性质而改变其位置、运动和特性，由此而获得物理经验。另一类是以新的性质或新的关系来丰富客体，赋予客体以新的性质或新的关系，由此而获得社会的心理经验。

人具有意识，文化是意识理论化的结果。任何文化都是从社会生产中产生与发展起来的，盘结着社会生活中人与人的关系。以此审视，人类原始游戏的经验经过竞技性的改造，文化的艺术性得以提升，从而获得更为广泛的传播与经典化的传承，这一相互成就揭示了“人与文化自觉”的关系。故而，竞技体育归根结底离不开人类主观意识的指导，以及对客观规律的遵循，即主体只有通过作用于客体、改变客体，才能认识客体的性质。因此，揭其本质、去蔽显真，以丰富的哲学理性对其进行展现，解析、廓清其与人类的关系及其蕴含的精神实质，捕捉问题与现实的对话，实现辩证的扬弃，获得超越的理解，就是极其必要的了。

为什么需要研究竞技体育？因为历史反复证明，一个民族要想复兴与富强，必须发展生产力，但是绝不能陷入“唯生产力”的泥沼。要摆脱异化，走出遮蔽，实现劳动对象与审美对象的统一，必须把培养人民顽强进取的拼搏性格与发展生产力并举。为什么？因为任何一个国家的存在和发展都不可能离开文化，任何一个国家的强大最终也会体现为文化的强大。文化是推动人类意识发育、思想觉醒的载体，历史证明，人类许多的伟大事业都是在这个力量的推动下完成的。

竞技体育是涵养一个民族文明性格的文化，是培育一个民族强壮体质的载体。如果从哲学的高度对这一命题加以概括，一个民族要立足于世界，其“性格”是关键。那么，培养民族性格的形式是什么？毋庸置疑，其典型的文化形式就是体育。也就是说，体育是民族性格的“塑造者”，把竞技体育搞得更好、更快、更高、更强，使全民健身成为风尚，更加丰富、更加完善，就成为打造“健康中国”的重要举措。

历史反复证明，思想和知识变革是人类社会走向重大飞跃、衍生人类文明重大发展的前提，一个没有繁荣文化的国家是不可能走在世界前列的。换言之，体育是一种具有情感深度和形而上境界的文化，可直面对象的审美意识，开启形象的直觉和美感的生成，推动形象的直觉性和精神的愉悦性发生物我互化、主客同一的交互感应；体育具有感动人的、穿透社会现实的感染力，可以塑造人的习俗与信仰，增强人的骨气、志气和底气；体育可为有关社会问题提供力量与解释，为文明的发展奠定基础，是推动实践走向新征程的动力。

可以说，竞技体育是对无动不为舞、无艺不为情的礼乐的传承，具有维护社会秩序的价值功能，已成为延续民族生存与发展的文化基因。体育给人的美感不是人的自然禀赋，而是人经由社会历史实践的产物，即体育的起源是人类社会实践的需要。显然，这一认知提供了一个较为全面辩证且科学的新思路。建立什么样的观念文化体系，让人们在社会生活中产生什么样的主观愿望和需求，这是竞技体育文化建设的核心内容。满足人民的健身需求，以全体人民的健康为体育发展的主题，促进人的全面发展就成为体育工作的出发点，发展竞技体育、建设体育强国就成为体育工作的落脚点。因此，推动竞技体育的发展、增强人民体质、提高全民族身体素质和生活质量，始终是中国体育事业发展的根本宗旨，是建设体育强国、健康强国的目标。

从唯物观来看，竞技体育文化中存有肯定、否定之否定的哲理表现的形式与过程，可给予人类知识，把人导向理智的、感性的世界，使人类发现事物、发明事物。民族的性格只有通过文化才得以产生，得到展现。文化是一切知识的来源，没有文化便没有知识，没有知识何来生产力之说，何来正确发展思想之说呢？所有的竞赛活动都带有“竞争”的本质，可以激励人拼搏上进，摆脱惰性；都带有道德教化的功能，可以陶冶情操，为人类社会的发展提供一种稳定的精神基础。正如习近平总书记2014年8月在看望南京青奥会中国体育代表团时指出的：“一个健全的人既要有丰富的知识和文化内涵，还要有健康的精神和强健的身体，要通过发展体育运动以不断提高全民族身体素质与健康。”

沿着这一认识，从文化观的角度进行分析，可以发现任何一种社会意识形态的产生、社会生产形式的变革，都是以一定的文化形式为基础的。即人活动的想法、活动的态度、活动的选择，甚至用来进行活动的语言本身，都是文化给予的，都是需要文化保护的。可见，竞技体育是文明薪火相传的重要组成部分。发掘竞技体育的不同意境的底蕴，构建起不同的图式的含义，并做出准确的解释，是一种必需的也是非常重要的文化自觉。2016 年 10 月，中共中央、国务院印发了《“健康中国 2030”规划纲要》，提出把全民健身纳入其中，明确实施国家体育锻炼标准，发展群众健身休闲活动，丰富和完善全民健身体系，并将全民健身上升为国家战略。学者陈来在《中华文明的核心价值》一书中认为，文化是宇宙万物的内在推动力量，是对外部世界的认知与态度，自然界和社会生产力都不过是它在运动中的外在表现。[①] 可见，每个事物的存在都有它的理、形和性。

循着这一思想，从社会学的视角看竞技体育，可以发现竞技体育是构建世界认同的语言，可为不同文化背景的民族提供交流和对话的平台，是人类文明必备的一种基本技能，是促进社会政治、经济、文化发展的有效载体，也是人类进步、社会文明发展的一种文化标志。显然，对于一个国家来说，竞技体育这个“符号”是一个国家的“名片”，是一种走向世界的有效的软实力，是一种参与世界话语权构建的有效支撑。其既是国家精神力量的感性显现，又是一种体现生产关系的动力资源；是人类社会精神文明和物质文明的重要组成部分与发展条件，还是谱写文化与科技新篇章的舞台。它以顽强拼搏、公平竞争的性格，造就人类社会的精神，促进人类社会经济的发展。

以此来看，竞技体育的文化性格不仅具有形而上学的特点，而且也具备形而下学的功用，其意识无处不在地笼罩着人们的思想，无时不在地渗透于人的行为，影响着人的日常生活，已成为人类社会发展不可或缺的日用之学。2016 年 6 月，国务院印发《全民健身计划（2016—2020 年）》，就发展群众体育、倡导全民健身新时尚、推进健康中国建设做出了全面部署，“全民健身”逐渐成为“健康中国”新时尚。

考察竞技体育的形成过程，可以看出，竞技体育虽产生于古希腊，但作为人类宝贵的文化遗产，可谓影响了全世界。它是人类历史上一个宏大

---

① 参见陈来:《中华文明的核心价值》,北京,生活・读书・新知三联书店,2015 年,第 63 页。

的社会文化现象，是人类社会的一种教育活动的形式，是人类社会不可缺少的一种文明生活的方式。它的“公平、公正、公开”的精神，与“更快、更高、更强”的终极价值追求，既表现了人类对生命力的追求，还是人类文明精神的体现，对当今世界具有极大的社会影响力。可以说，竞技体育已成为衡量当今国家文明程度的重要尺度。它是一个社会赖以生存和发展的不可或缺的重要基础条件之一，也是支撑一个民族和国家立足于世界民族之林的力量和动力。它用“更快、更高、更强”的竞争思想，树立了一种勇往直前战胜困难的典范，给予人精神力量，促进人类奋发向前。

黑格尔指出了古希腊人奥林匹克竞技体育精神的核心，即以身体活动表征生命时间观，把竞技运动作为展示生命的过程。他认为体育竞技是持续不断创新生命的动力，把身体活动、艺术与精神活动融为一体，才具有无限的意义，竞技运动对使人成为一个完整的人具有举足轻重的作用。一言以概之，他把古希腊的身体运动视为一种精神的力量，给“野蛮”的竞技体育吹入了哲学的灵气。

竞技体育是人类文明进步的缩影，承载着人类生产发展的内涵，主宰和牵引着人类价值观的发展。因此可以说，竞技体育不仅是精神资源，也是物质资源，而且其作为精神资源的愿望更为强烈。为此，教育、健身与娱乐是它的本质功能，经济、政治的属性则是它的多维表现。竞技体育具有精神与物质的两重属性，其既是精神功能“产生—传递—运用”的文化过程，又具有物质功能“科学—技术—生产”的一体化特征。也就是说，竞技体育既具有处理好社会生活关系的规范、引导和调节的功能，又具有构成社会经济关系的物质基础。

这些不断拓展的功能促使它与社会发展的关系日益密切，推动它普及化和大众化，成为笼罩人类社会与生活的一种精神力量、经济力量和政治力量，在人类的自身完善中发挥着举足轻重的积极作用。经济哲学指出，经济发展不等于单纯的经济增长，经济发展既是物质方面的实现，同时又是精神方面的实现。

竞技体育是人类改造世界的精神力量，影响着人类社会活动的指向和价值，可满足人类自身发展的需要。其在人类历史的长河中，不断地发挥着自身跨文化交流、跨文化欣赏的价值功能，潜移默化地影响着人类文明的社会进程，对人类现代文明的形成发挥着积极的作用，它将会与人类互为共存，永不湮灭。因此，黑格尔对它的青睐不是偶然的，马克思对它的推崇也不是偶然的，而是有着内在的逻辑和必然。竞技体育是一种先进的文化形式，我们必须重视其对促进人可持续发展的意义和对社会的作用。

学者张力为在《运动心理学》中指出，竞技体育是包括知识、信仰、艺术、法律、道德、风俗以及作为一个社会成员所获得的能力与习惯的复杂整体，人在参与竞技体育改造自身的过程中，同时也改造了主观世界的自己。奥林匹克主义是将身心和精神方面的各种品质结合起来，并使之得到提高的一种人生哲学。奥林匹克主义所要开创的人生道路，是以奋斗中所体验到的乐趣、优秀榜样的教育价值和对一般伦理的基本原则的尊敬为基础的。它的目标是将运动置于为人的和谐发展服务的位置，以期建立一个和平的维护人的尊严的社会。

## 二、竞技体育的本质特点

从竞技体育的活动目的来看，竞技体育的本质在于“挑战”，致力于追寻“更高”的超越，存在着客观性、主体性和实践性三个维度的本质表现。

其一，从客观性来看，竞技体育“挑战自我，超越自我”的本质，可以教育人、鼓舞人，促进人性张扬、精神觉醒，是解放人和社会关系的重要途径。“竞争”是竞技体育一切思维的出发点和本源，而“超越”是这一文化的价值核心。对其“参与”的程度越高，人生享受的“体悟”就越大。即体育是用来拼搏的，是用来挑战自我、超越自我的！

其二，从主观性来看，竞技体育是国际化的象征，是构成人类命运共同体传播与认同的重要一环，是全球不同民族之间的一种取长补短的交流方式，是化解矛盾不可或缺的重要方式。它既是一种文化主体，汲取不同文化中对自己有益的营养成分，来丰富和发展自己，又是一个国家或民族与世界互动、提升国际话语权的重要抓手与力量，对当代中国的建设与发展具有推动作用。

其三，从实践性来看，技术是早期竞技体育的显著特征，但随着其社会影响力的不断提高，其话语的范围和对象也不断扩大，促使其自身不得不对传统的技术模式进行变革与发展，对接政治、经济、文化、社会等多元主体的要求。因而，其自身在现象存在方面，从“感觉的完美”走向“存在的完美”，把“自由联合体中每个人的全面发展”作为自身的目标。可以说，当前竞技体育已跨越“以技术为特征”的边界，成为一个具有全球性共识的话题。

在体育运动的每一个阶段中，人都会发现并且证实自身拥有了一种新的力量，获得了新的理想与新的关系，建设了一个新的自己。显然，确认这一观点，构建出一幅竞技体育和谐社会的蓝图，无论是在理论上还是在实践上，对于我们建设中国特色社会主义都具有十分重要的意义。

上文揭示出竞技体育的概念并不只拘囿于自身运动的意义，它不仅勾连着更宽阔的历史和文化语境，还与社会和世界密切相关，主要体现在以下两点。

其一，竞技体育是人类探索和认识生命过程的科学活动之一，是挖掘与开发生命的各种潜力和功能的载体。可以说人类对这一过程的探索，既有助于把握对人体生命各种现象的认识，从而更科学地提高生命的质量，又有助于建立对身体的新知，加强对人体运动能力的应用。

其二，竞技体育是人类现代生活的联结点，是人类社会生活的基础。它以丰富多彩的运动技能、多变的运动内容和形式，洋溢着公平竞争的精神，引导人类挑战极限和超越自我。可以说，体育公平竞争的精神和顽强拼搏的品格，广泛地影响了人类社会的生活，并为人类社会的发展提供了新的价值观。其不仅作用于人的身心功能、作用于人的社会关系，而且是一个国家、一个民族的社会意识形态和文明发展的表征。正如马克思主义人性观指出的，人的个性完美有两层意思：一是指通过社会实践使文化内化为人的各种潜能素质，并得到最大限度的开发，从潜在的可能性转换为客观的现实性；二是促进人的对象化关系的全面生成和社会关系的高度丰富。

竞技体育是开发人力资源、发展劳动能力、陶冶人的素质的一种手段，已经成为人类社会变革的重要因素之一，是实现现代性追求和内在超越的动力。它表现了人在体育里的一种成长、一种发展、一种人生态度和一种充满活力的境界。可见，竞技体育是人进化的客观需要和社会发展的需要，也是国家执政建设的需要。

遵循这一思路来分析，考察竞技体育的本质可以发现，技能是竞技体育存在的前提，运动的形式是其生命的表现，更高、更快、更强是其价值取向；其特征既有物理性的科学存在，又有人文思想理性的高扬。可见，竞技体育既是一门从事挖掘和开发人体物理特性和潜能的科学，又是一种获得各种知识、方法、方式、能力和技巧等经验的超越自我的文化，其产生是人类与自然力抗争的结果。

总之，上述学说阐明了竞技体育的存在与存在者之间的关系，从人的存在的角度出发去解读其存在的意义，指明竞技体育存在的意义只有通过作为人的存在的“此在”才能显现出来。可见，竞技体育是人们改变自然环境、社会环境、身体环境的手段，是促进民族复兴和国家发展的力量，必须对其进行研究。它让世界了解中国，让中国了解世界，促进中西方交流，使中国获得友谊和尊重，走上世界舞台中央。它重塑了中华民族的形象，表现出中华民族旺盛的生命力和无可撼动的竞争力，说明了中华民族不再孱弱。

## 三、竞技体育的局限性

竞技体育的一部分内容属于物理性的事实判断和实证分析，另一部分涉及价值判断和思想启蒙，存在着二相悖离的不同假设结论。一是古希腊原子论认为生命本身是一种物质的代谢过程，运动是促使机体代谢走向更强的力量。这一理论从物质性的认识入手，探讨身体连续运动和不连续运动之间相互转化的关系，认为人是由许多器官和系统组成的，可以分解成不同的组成部分。二是中国的自然观则在人与自然的关系方面提倡“天人合一”，在人与社会的关系方面提倡“天下大同”。认为生命的活力来自机体“精、气、神”本身的整体平衡，把阴阳五行的和谐运行作为把握世界的重要依据。显然，二者都为人类文明的发展做出了重大的贡献，奠定了生命认识的基石。

受古希腊理论的影响，西方竞技体育把人体结构、物质基础、功能形态作为对象，倡导身体的“力”与“美”。而中国文化则强调身体“气”与“神”的整体性平衡，认为身体自然气息的畅通与体内各部分的和谐通泰是生命的根本，强调气通则无病，气滞则病生，要求运用各种引导性的操练，保护生命各部分的气息和谐通泰。西方竞技体育重视通过身体的外部机能与技能，以“更快、更高、更强”为终极价值追求。中国文化关注身体内部与外部“天人合一”，认同“仁者以天地万物为一体”，以“中和之道”的终极追求来构建世界。二者的认识都有局限性，合者则利，分者则悖。

要走向未来摆脱干扰，就要进行理性的论证。从文本解读来看，二者的矛盾来源于以下方面：竞技体育的国际化是人类社会发展到一定历史阶段的产物，是在文艺复兴运动中为了反对中世纪神权对人的束缚而产生的，其目的是张扬人的存在。但事与愿违的是，到了19世纪中叶，随着竞技体育的“更快、更高、更强”价值取向的形成，为了获得更大的进步，取得更高的成绩，人们将竞技体育的整体分解为各个组成部分，并分门别类地进行研究，以求得“科学化”的把握，进而取得“突破”，最大限度地发挥技术的作用。受这种历史价值观的制约，竞技体育难以把握好技术性、教育性和审美性的关系，将技术抬升到最高的地位，以金牌衡量一切，丢失了审美性和教育性。

于是，探讨人的生命肉体的“自然状态”“活动方式”“组织形式”给予运动什么样的支持和什么样的制约就成为研究的主导方向，并得出“竞技运动是生命的一个化学过程”的共识。科学理性客体的形成，是导出一切竞技行为的实在表现形式的前提。竞技体育只有在科学的因果性里才能找到说明，只有在科学的时空因果里才能走向伟大。因此，“体育是物理的艺术，物理是体育的灵魂”就成为追求的主题。

按照“镜像神经”的理论解释，特定的感觉信息可形成特定的运动编码系统，当“意象”出现时就会诱发出现相对应的动作“拷贝”，使特定的感觉信息转换成特定的运动形式。也就是说，运动技能的形成不是人自然进化产生出来的，熟练的运动技能的形成，来源于个人运动经验的转化。竞技体育通过对人的生理活动规律、心理认知规律、技能形成规律等的掌握，寻求躯体与技能自动化的科学匹配。

这一命题引出竞技体育的科学归结，即在于竞技体育的因素联结中存在着肌肉“物理”特性与实在环境方式的对接。它以躯体的各种感性活动为实践表达的基础，以躯体的受动性和受动的能动性的活动形式为理解对象。人的运动经验的建构与获得，左右其“躯体活动朝向”的设计，存在着躯体的物质性知觉与外源体物质性知觉的相互关联。以“物质的第一性”勾连着统觉，获得外延的运动技能和经验，然后形成概念和判断，阐明不同的运动方式以及应该如何应对活动现象。运动感觉场的定位，使每一感觉场都获得与躯体的一种实在化的联结，使其在一定的场域中显现，并获得一种新二维秩序的感觉扩展。运动条件存在于感觉的扩散之中，试图通过各种活动经验间接或直接地不断扩散、变异，促使躯体运动的能力不断增强，通过经验的提高来适应运动条件的变化，从而不断实现新的运动技能的提高。

从神经学和心理学的角度看，身体运动中的各种形式属于神经的条件反射，它协调着来自体外的各种各样的运动传感器的信号，精细地识别着、调整着肌肉动作信息的发生与变换。也就是说，每一个运动行为的发生、每一种动作形式的变化，都必须接受神经系统基本机制的支配和控制，这一物理特性的任何一点变化都会对运动能力产生极大的影响。虽然过程会因人而有所不同，但本质却不会因人改变。也就是说，这种身体的知觉和经验的获得体现着一种自然科学的物理认知。从这些身体运动的形式来看，竞技体育能力根植于身体物质特性的变化。考虑到这一原因，其属于狭义的自然科学。简言之，身体运动的形式是确立在自然科学性的技术学和运动生理学之内的，其身体动作的形成与完善都在这一物理设定之中。

从上文我们可以发现竞技体育自然科学性来源的所在，也是其欠缺人文精神的根由。由于其统摄的每一本体的概念与技能的解说都来源于对物理科学性的探讨，其方法论自然遵循着物理科学的范式。需要指出的是，虽然受相关介质属性因果关系的影响，竞技体育把自身看作科学理性的“计算”，在这一语境下，不时导致与人文联系及排除人文价值的现象。但必须承认，竞技体育的物理特性可极大地提升人的机体潜能，促进身体新的特质的形成，同时也为后续发展提供有益的理论和方法资源。

然而，文化是动物与人的分水岭，其任务动能地处理着人类面临的三个基本关系：一是处理人与自然的关系。二是处理人与人的关系。三是处理人与自己心理的关系。所以，竞技体育的“物理特性”，说到底只是面向马克思关于“三大社会形态”的论述中的第一阶段，即“以物的依赖性为基础的人的独立性”。毕竟还是属于一种片面的、外观的、物化的“身体启蒙”，只是促进人的有机体改变了其自然性。但人并不是抽象地栖息在世界以外的东西，人还有认识与改造世界、国家、社会、生活的责任和任务，只有把二者相结合才具有完整的意义。

从发生学来看，竞技体育的“物理性”与“文化性”犹如一枚硬币的两面，缺少任何一面都会失去其应有的价值。

而从人文性的视角来看，体育是文化的组成部分，究其本质联系和依赖的关系而言，体育具有物质文化和精神文化的属性。换言之，竞技体育活动不是纯粹的客观现象，它存在着丰富的社会关系。从这一视角来看，受古代奥运历史文化的影响，在竞技体育的价值观中总有一种对立的意识，那就是总想利用自己的力量，战胜非我、宰制他者，将别人视为手段和工具，以至于人的本质都失去了，人存在的特征也就被抽象掉了，只变成一个片面抽象的概念存在。

约言之，竞技体育是一个实现“竞争与德行”并存的尚未完成的过程，如何实现这一“技与心”的互动，既保护竞技体育“竞争”的张力，又使“德行”融入其中，就成为体育发展的重要目标。显然，围绕这一理想的思考和努力会促使它不断地循环演进，由低级走向高级，实现个体的需要尺度与人类大同尺度的统一。我国今天由体育大国走向体育强国的倡导就折射着这一论证。

人的实践不可能是没有自觉意识的本能的活动。竞技体育是一种有规律的、有目的的活动，要在目的和目的的实现中逐步消除目的的主观性，追求人的目的性与竞技体育的客观规律性的动态统一，在对规律的认识和运用中实现目的，在目的的制定和实现中体现规律。可以说，这既是竞技体育持续科学发展的依据，又是我们处理竞技体育的客观规律与人的主体活动目的的关系的基础。

基于上述理解，笔者也就得出与之相应的值得讨论的几个方面。

第一，体育竞技以技能活动的结果作为客观存在的事实，以技能运动形式发生变化的事物与态势作为对象。体育竞技的运动表现形式与作用方式，是具体化的理性认识活动。

第二，体育竞技追寻技能方法的科学性、精确性，从而确立技能的普遍形式。体育竞技是一个多层次、多维度、综合性的“技能”加工过程，其全部会理与会通都存在于科学的解释之中。

第三，“金牌第一”的价值观违背了奥林匹克精神，这种价值观以“物”的自然属性掩蔽人的社会属性，以物与物的关系掩蔽人与人的关系。显然，如果这种“只要金牌不要人”的做法持续发展下去，注定将会驱散竞技体育的最后一丝人文关怀。在这种价值观的视野内，“人”失去了应有的丰富多样的关系，变成抽象的“类”，变成达到某种目的的手段，也失去了应有的主体性、能动性。于是人的存在消失于竞技体育“金牌至上”的“绝对理性”的阴影之中，人在竞技体育中的本质成为一种金牌抽象物的存在。受其影响，竞技体育发展中具有以下需要讨论的矛盾取向。

其一，竞技体育主张以科学性确立基础和边界，以“目的—手段”的逻辑范式为指导，以此来确定自己的主体性和关系。从严格遵循理性的公理、定理、规则中得出必然结论，这无疑是具有积极意义的。但从唯物史观来看，竞技体育既是一个科学的概念，更应该是一个德性的概念。因为善的理念是知识存在的合法依据，所以竞技体育的使命应是为社会和国家演绎出德性的标准，使人们能对事物做出合乎伦理性的评判，其内容和形式必须符合深刻的道德原则，才有可能被认可、接受。

其二，竞技体育以“更快、更高、更强”为本体论，过于注重“公平竞争”的主导作用，把推进这一思想作为竞技体育的全部发展方式。在这一规则下，刚从神权重压下解放出来的人又变成了一架“机器”，为了战胜对手可把一切人都当成“敌人”。马克思指出：“实物是为人的存在，是人的实物存在，同时也就是人为他人的定在，是他对他人的人的关系，是人对人的社会关系。”[①] 这就是说，竞技体育是物质实践对象化的劳动产品，即物与物的背后是人与人的关系。或者说，竞技体育不仅体现着人与

① 《马克思恩格斯全集》第2卷，北京，人民出版社，1957年，第52页。

自然的关系，而且体现着人与人的关系。那种脱离了人的活动和社会历史、与人无关的物或自然，是一种“不存在的存在”。

其三，在研究方法论上，竞技体育一直追求建立一种具有像自然科学那么严密的逻辑的概念体系，也期望竞技体育研究能有效地“移植”自然科学的研究方法，力图构建对公理、定理与规律的解释性把握。可见，在竞技体育的视阈内存在一个必须克服的缺点，那就是没有说明存在物的规定性存在的地位，及其在整体存在中的地位。即把人生产出来的物和引起的过程存在——物的东西的存在、精神的东西的存在、社会的东西的存在，变成达到本身目的的手段。按照马克思的观点，其结果是“人”失去了应有的丰富多样的关系，变成抽象的“类”，也失去了应有的主体性、能动性。沿着这一认识，需要说清的是，人类需要体育的目的是认识自身，突破本身局限，促进新的本质与力量产生。因而，不能仅仅停留在技能运动形式的外部过程，而应借助这一形式改变自身、超越自身，全面占有人的本质，从而成为一个真正的人。正如马克思主义哲学一直认为的，人的本质只能从人自身的活动中去寻找。

从理论性质上看，竞技体育是一个具有人文性和科学性的概念，存在着思维内化主导的“如何发展人”的思考与思维外化主导的“金牌就是一切”的思考。这就产生一个问题，即如何从竞技体育的“物化”的身体启蒙，孕育出人的自由个性发展的启蒙，从而提升人的能力，如人的体力、智力、道德力、现实能力和内在潜力等，为人的全面发展提供保证。人因教育的解放而解放，因教育的发展而发展。即教育是一种知识、经验和技能的传授活动，是人类进步的阶梯，它不仅是提高社会生产的一种方法，而且是造就全面发展的人的唯一方法。

体育是一种“内模仿”的运动，它可使肌肉系统、内脏系统、神经系统等所有的感官与身体机能都被唤醒，进行运作，实现直觉和形象之间的交融同构，形成一种既与对象的客观性质相一致，又与主体的心理意向相一致的整体模式。这一活动不仅重建了人与事物的审美价值关系，而且重建了人与物的生命自由尺度和情感深度。

从文化视角看，竞技体育是人类文化的重要组成部分。但体育技能立足于客观精确性和科学性。人的这一思想观念是在竞技体育的练习之路上获得的，即竞技体育的练习是人行为改变的载体。必须推进东西方文化的融合，才能解除竞技体育这一二律悖反的“危机”，即要使竞技体育的科学性与中华文化“和而不同”的文化胸怀相互融合。

因此，可以得出这样的结论。

其一，体育竞技是人类达成自己目的的工具，是人实现自己目的的活动形式。人掌握和参与体育竞技的活动，也意味着人发展了自身。人类在这一文化形式上发展越迅速、越广泛，意味着人的发展越全面，创造社会新形式与新生活的能力越强。体育竞技既产生了发展个性的社会需要，又为发展个性准备了必要的物质前提。因而，打造各种平台，创造运动条件，吸引广大人民群众积极参与体育竞技就成为具有普遍社会意义的行为。

其二，从历史的关联性来看，任一事物都客观存在着从繁荣到僵化的不可摆脱的对立，这是一条客观存在的、不以人的意识为转移的历史规律。也就是说，竞技体育“永远在路上”，是一个创新发展的“未竟之业”，存在着经常性的“修正”。面对时代多元、多样的变化与发展，竞技体育的理论与实践始终存在着危机与新生、困境与顺境的二律悖反的迷局，始终存在着直面历史、自我更新、与时俱进的辩证思考。

总之，人的需要是竞技体育的活动动因和目的。人类实践发展到什么程度，人类文明发展到什么程度，人类感受、发现和创造价值物的能力就达到什么程度，从而人类所创造的各种价值以及人自身的价值也就达到什么程度。毛泽东同志在《体育之研究》中指出：“体育之效，至于强筋骨，因而增知识，因而调感情，因而强意志。”显然，我们要超越竞技体育历史的局限性，刺穿竞技“技能”的物化形式，扬弃出人的自由与解放，也就是说，要把竞技体育感性的运用与中国德性化育的引领统一起来，二者融合则益，分离则损。

## 第二节　竞技体育的理性反思与辩证构建

从哲学的视角来看，竞技体育的活动中存在“物的客体尺度”与“人的主体尺度”之间合规律性与合目的性以及不合规律性与不合目的性的关系认识，需要对其进行理性反思与辩证构建。也就是说，从社会发展形态来看，人类对竞技体育的认识是不可能一蹴而就的，它是一个不断总结经验、逐步加深认识的动态过程，存在着一个从“体与形”到“体与理”的嬗变。

因此，总结经验与教训，认识竞技体育在特定社会实践和历史进程中的某种片面性或局限性，反思、打破原有的范畴或形式，建立新的适应实践的范畴与形式，就成为必须完成的任务。正如实践论所认为的，实践改造自然不仅仅是改变自然物的形态，更重要的是在自然界中灌注人的本质力量和社会力量，使其成为人生存和发展的条件，体现出人的需要、目的、意志和本质力量。对竞技体育的研究既是一个发现过程，也是一个创造、改造和重建的过程。因此，必须把对它的反思置于社会实践和历史发展基础之上。

## 一、竞技体育的理性反思

按照“文化是人的发展的尺度”的唯物论观点，文化是社会存在物，是作为活动主体的人的发展特征，是一切社会关系总和的浓缩表现。要把握竞技体育本质的现代性，一是要从存在本身来规定人的本质，才能克服与防止竞技体育本体论中二律悖反的现象。二是揭示这一文化体系的理论来源与观点之间的关系，消解对象错位的威胁，阐明已有活动的方式和方法哪些是被允许的、哪些是不被接受的，让人们清楚必须遵守的伦理和责任，知道历史从哪里开始，思想进程也应当从哪里开始。过去和现在的关系不仅仅体现为时间维度上的差异，不仅仅是历史兴衰交替，还存在着过去对现在的价值和意义。故而，“一切历史都是当代史、一切历史都是思想史”。

从上述的梳理来看，西方语境的竞技体育具有积极和消极的双重效应。其注重“权利”“能力”“理性”“自立”的主体精神、竞争精神和启蒙精神，把人从依附的关系中解放了出来，具有推动现代性文明发展、进步的作用。可以讲，西方社会的现代化过程就是人的觉醒和主体自我意识张扬的过程，而实现这一逻辑过程的一个重要的力量就是古希腊理性的精神——奥林匹克的竞技体育精神。借助这一载体，人成为本体、实体，形成了“我思故我在”的个体本位的自我意识。

吊诡的是，由于“更快、更高、更强”思想的过度膨胀，竞技体育把技术“精确性”作为唯一，把技术变革作为发展的根本，从根本上改变了对竞技技术的成果是“美德”、是“智慧”的理解。于是竞争金牌成为竞技体育存在的目的，竞技成为一种感官刺激的形式，人的主体性不见了。这一转向消解了人的存在。竞技体育的载体不是人，而是金牌。虽然这一尺度符合竞技体育的技术体系的发展需要，但其不应当把根据解释为存在，把存在解释为根据，使物的客观性变为主体的必然性，从而支配人的目的，使人成为金牌的“侍女”。显然，这一逻辑关系与历史是人追求自己目的的活动、文化是满足人生活方式的载体等观点相违背。这种异化把人的关系转化为竞技体育的依附关系，人成为竞技体育的产物，被当作竞技体育发展的工具；遗忘了竞技体育原本是人类自我实现的过程，是改造自己的一种手段。

换言之，如果竞技体育仅以金牌为目的，就会陷入“天下熙熙皆为利来，天下攘攘皆为利往”的物欲追逐。人的生命运动的文化意义与价值存在被对金牌的欲望遮蔽了，体育竞技的目的和手段被颠倒，从而使人忽略了竞技体育是人再生产的重要手段，是促进自己可持续发展的一种生活方式。

海德格尔提出，当前技术的“座架”成为强大的实体性力量，控制了人们的全部生活，催逼人们为其添砖加瓦，对个体的自由和主体性造成了威胁和控制。[①] 因此，只有运动与人的需要发生共鸣，才能有效获得竞技体育的客体文化存在的价值。可见，对“人性”成长的作用是衡量竞技体育的核心尺度，失去这个尺度，竞技体育就会失去教育性，走向异化，沦落为一门表现物理空间填充物的技艺。

竞技体育既受文化内在逻辑的制约，又受外在社会条件的影响，这一特点对竞技体育的发展产生了强大的影响。竞技体育的本质虽然只有一种，但本质的表现形式却是多样的。竞技体育可以产生出物质文明的成果，成为人发展的载体，也可以导致人对物质财富的过度崇拜和依赖，异化为物对人的统治，把人当成工具。换言之，人的生存成为物化生存，就会使一些人把追求金牌、获得财富作为目标，导致利己主义。其结果是手段遮蔽目的，工具理性高于价值理性。这不仅诱发人自身物欲、贪欲膨胀，导致人的身与心的疏离，而且使人产生把他人当作“敌人”的心态。

按照辩证法的逻辑，极端的理性主义就是非理性主义，它可以造成技术“座架”对人的控制，毁了人类创造竞技体育的初始目的。正如胡塞尔所说，古希腊理性精神一旦落于物质技术领域，必然使其高度发达的工具理性、技术理性、控制论理性反转成为奴役人的实体性力量，可能使人类毁灭于自己成功的自反性的现代化。而竞技体育是社会的一种独特生活方式，其对象功能不仅是被消费的，而且还产生着影响“消费者”周边世界的存在意义。

总之，竞技体育具有直接影响社会文化结构中居于主体地位的人的价值观的力量，它既可以通过主体的力量对社会发展的方向产生积极主动的正能量的影响，又可以误导社会发展、让人迷失方向。在这种情况下，揭示其异化与阐明其健康文明的发展方式就显得尤为重要了。

---

① 转引自孙利天：《现代性的追求和内在超越》，《中国哲学年鉴》2017 年第 1 期。

## 二、竞技体育的辩证构建

辩证法认为，思维不仅是建构的，而且是反思的。因而，上文从对象性存在与非对象存在的关系着眼，从实践这一对象性的活动出发，展开对竞技体育的批判扬弃，揭示了竞技体育的异化根源和矛盾特征，指出了目的是主观的，而它改造的对象却是客观的。即竞技体育既是自然的产物，又是历史的产物。竞技体育越发展，社会就越进步，反之亦然。前者贯穿于后者之中，并通过后者来实现。因而，要促进人的发展，就必须促进竞技体育等文化的发展。实践证明，社会为人提供的文化形式与关系越多，人的发展越多，社会就越进步。

所以，在这个过程中，既存在理性向主体展现客体变化的多种可能性，也存在必然性与应然性能否实现相互统一的后果制约。就是说，在这个过程中，人既可能遵循客观规律，也可能违背客观规律；人的目标可能是合目的性的，也可能是不合目的性的。竞技体育活动包含着主体目的与客体手段互为前提、互为媒介、互为制约、互为超越的运动形式，人们就是通过各种运动形式不断解决现实世界的矛盾。

换言之，目的要在外部对象中实现自身，必须依靠手段，但只有符合主观目的要求的“物”才能成为手段。手段的客体存在自在自为的分化，手段既可能依据目的而运动，也可能不依据目的而运动。因而，人可以改变竞技体育的外部形态和内部结构乃至其规律起作用的方式，但不能消除竞技体育自在自然的客观实在性——科学性的追求。就是说，人只能改变竞技体育运动的形式，改造、创造出新的社会联系和社会关系，不能改变竞技体育的本质（更快、更高、更强的竞争本质），否则存在物（竞技体育）就不存在了。显然，这一过程存在着是人化自然（竞技体育）还是自然（竞技体育）化人的双向运动的矛盾形式，这一运动形式表现为客体对主体的制约和主体对客体的超越性。

沿着这一认识，当外部对象不能实现人的目的时，人必须根据自己的内在需要对外部对象进行改造，修正实践活动的目的，反思实践活动的目的，消弭外部对象的客观性存在的异化，建立起主体的人与客体的竞技体育的新的统一关系。把握这种“目的—结果”过程的运动形式，即“水能载舟，亦能覆舟”，就构成了人类竞技体育活动的既对立又统一的特点。因而，如何把手段（竞技体育）与人的过去活动与未来活动统一起来，把前人活动与后人活动统一起来，使人的本质力量和社会力量进入竞技体育的存在当中，并赋予竞技体育新的尺度——社会性或历史性，就成为现实世界的追问。对此，有学者认为，一个国家、一个民族的竞技体育发展水平，体现着这个国家、这个民族的人与社会的发展水平，明显地表现着该国家、民族历史发展的水平。

从生活的关系来看，竞技体育能给予人现实生活中不能得到的体验，使人的生活产生出新的意义。这就要求竞技体育不断分化出新的活动领域、新的运动形式，不断扩展人的活动空间，不断分化人的交往形式，尽可能广泛地满足人们对竞技体育的物质文化要求。这就意味着人的新的需要的产生、新的本质力量的形成、新的社会关系的建立，无疑会促进社会进步，造就全面发展的人。正如马克思所说："文化上的每一个进步，都是迈向自由的一步。"①

因此，如何使每一代人都能在继承前人竞技体育的成果的基础上，把其经验纳入自我的发展之中，突破本身力量的局限去从事新的活动，以客观形式实现主观目的，就成为历史的追问。只有这样做，才能加快社会发展的步伐，使人类的能力得以不断发展壮大，形成区别于生物进化规律的社会发展规律。正如有学者提出的，对人类文明的进程来说，最为重大和艰巨的问题莫过于探寻人类社会发展规律；对于人类现代化的发展来说，最为重大和艰巨的问题莫过于用新的理念塑造出时代的精神；对于当代人类的实践活动来说，最为重大和艰巨的问题莫过于如何认识"现实历史"，总结"现实历史"。

从发展的关系来看，人类从事竞技体育活动的目的，是借助这种形式、通过这个过程不断实现人的发展，不断地突破人的本身局限，产生新的本质力量，不断地摆脱已有社会联系和社会关系的束缚，走向自由王国，全面占有人的本质。所以，竞技体育不仅是提高社会生产力的一种方法，而且是造就全面发展的人的一种方法，是造就人的全面发展的必由之路。有学者认为，竞技体育的文化理念就是全球化，全球化就是竞技体育进步的特征。

从社会关系来看，体育是人对象化的活动，能给予社会的、文化的、科学的独特的价值观念。其本质与功能是在时代的发展中展现出来的，具有同时代相联系的特点，具有把握与迎接时代机遇与挑战的责任与义务。可以说，竞技体育的形式浓缩着全部社会关系及历史规律的形式与特征，体现着人的本质力量和人与自然的能动关系。

竞技体育的客观过程存在两种形式：其一，竞技体育体现了一种奋发

① 《马克思恩格斯选集》第3卷，北京，人民出版社，2012年，第492页。

向上的精神，也是一种积极向上的乐观的生活态度，可赋予人生命的活力。它不仅可以磨炼人的意志，还可以锻炼人的体魄，使大家通过努力，成为更好的自己。其二，竞技体育的活动中也存在规律的人化与异化的矛盾运动形式。既有积极的一面，也有消极的一面；既可以为人类提供物质文明的成果，促进社会发展，也能助长人性的贪婪，阻碍社会的发展。因此，需要对其考察和审视，正确把握与处理，以深化对其的理解与认识。正如毛泽东同志曾说的："人类的历史，就是一个不断地从必然王国向自由王国发展的历史。这个历史永远不会完结。……人类总得不断地总结经验，有所发现，有所发明，有所创造，有所前进。"①

从文化的关系来看，社会存在决定社会意识。人总是生活在一定的文化之中，从衣食住行到各种社会活动，从日常生活到重大历史运动，无不体现个中的文化内涵。也就是说，竞技体育具有化育性质，是人类的本质活动的对象化。黑格尔在《历史哲学》一书中提到，古希腊人主观上希望把身体锻炼好，将自己的身体修炼成"美丽的形态"，这可使他们证明自己，从而获得承认，受人尊重。为此，黑格尔认为，古希腊人的竞技体育是"艺术的主观"和"主观的艺术"。②

可见，竞技体育是一种高尚的文明人的行为，使人运用"主观"的力量来改变自己的身体，可以使群体性社会生活程序化，建立共同遵循或认可的行为文化模式。

从历史的关系来看，应积极地看待竞争，深刻把握竞技体育理念蕴含的理论特质和品格。"竞争"是自然界的法则，是推动人类社会发展的基本形式。为此，学习竞技体育"竞争与拼搏"的精神，引领社会思潮，妥善处理好"古与今"的历史性和具体性之间发展的关系，把竞技体育的精神和民族的道义力量有机地结合起来为我国现代化发展所用，具有积极的现实意义。

要科学地认识到，对竞技体育的理解存在着正负相关的范围，关键在于"以谁为主"。恰如列宁所说："任何真理，如果把它说得'过火'……加以夸大，把它运用到实际适用的范围之外，便可以弄到荒谬绝伦的地步。"③"只要再多走一小步，看来像是朝同一方向多走了一小步，真理就

① 《毛泽东文集》第8卷，北京，人民出版社，1999年，第325页。

② 转引自李力研：《解读体育文化：21世纪奥运大讲堂》，北京，中国社会出版社，2003年，第292页。

③ 《列宁选集》第4卷，北京，人民出版社，2012年，第172页。

会变成错误。”① 也如矛盾论告诉我们的，矛盾是普遍存在的，一个问题的解决常常伴随着另一个问题的产生。每一种思想和改革方案都不可能解决所有的问题，总有自己的边界和盲点，都不可能穷尽世界的真理。

那么，应如何完整地看待、理解竞技体育呢？习近平总书记 2015 年 8 月 25 日在会见第 31 届奥运会中国体育代表团时指出，体育是社会发展和人类进步的重要标志，是综合国力和国家软实力的重要体现。“发展体育运动，增强人民体质”是我国体育工作的根本任务。我国体育健儿在奥运会上的表现，展示了强大的正能量，展示了“人生能有几回搏”的奋斗精神。实现“两个一百年”奋斗目标、实现中华民族伟大复兴的中国梦，就需要这样的精神。要在全社会广泛宣传我国体育健儿在奥运会赛场上展现的拼搏精神，使之化为全党全国各族人民团结奋斗的强大精神力量。

## 三、我国竞技体育研究的问题

随着中华民族伟大复兴的集结号吹响，“文化自信”的提出，各个学科不约而同地都进入了中国学派的发展与建设这一重大问题的讨论之中，这一图景已成为当前学界讨论的焦点和研究的主要特征。长期以来，我国体育学者为了改变竞技体育在我国的面貌，付出了艰辛的努力并取得了可喜的成果。但毋庸讳言，从起源学和发生学的角度来看，中国竞技体育的学科意识与基础理论格局起源于国外，是一个“西学东渐”的结果。换言之，我们竞技体育的经典理论基本来自西方国家的实践经验总结，大多数解释其面貌话语的观念和分析框架，都直接来自西方或是经过日本、苏联的阐发再转而进入中国。可以说，这种学术范式的转换既具有一定的历史合理性，也存在一定弊端，表现在至今我们的理论主体性都未完全确立。无论是理论还是实践，中国竞技体育都远没有形成“中国化”的格局。可以说，直到今天我们依然没有摆脱追随国外理论、依附西方学术话语体系的困境，拿不出一本体育著作或体育理论传入西方，并产生影响力。可以说，在世界竞技体育领域有中国成绩、中国精神、中国特色，唯独缺少中国理论已是不争的事实。本土话语体系建设薄弱、对中国竞技体育的经验缺乏理论解释，已成当下所面临的主要挑战和亟待解决的问题。

从认识论角度看，这些观念和分析框架推动了中国竞技体育的形成与发展，却又常常妨碍我们对其产生深刻理解。也就是说，受理论“出生地”的制约，其有效性会因“二手”传递而下降。其结果，一是至今无人

① 《列宁选集》第 4 卷，北京，人民出版社，2012 年，第 211 页。

将理论反思提升到实践层面，认真从中国的经验中总结出具有中国特色的理论或方法，创立中国学派与国际学界交流。二是任何理论的建构必须依附于本土实践的总结和凝练，才能最终有效地指导实践，而目前学界还未能拿出相关理论，摆脱这种偏离，指导解决现实问题。这也是大家常说的，发生在中国的故事，用别人的语言总是难以解释好的。因而，重塑对竞技体育的理解、构建中国学派就成为亟待研究的议题之一。

从总体的研究来看，上文指出的不足，原因当然很多，但带有根本性的原因表现在两个方面，即自发性与自觉性。第一个问题是到目前为止，我们的研究还基本停留在对各种现象进行理论归纳与分类的平面描述上，只获得些边角的个案成果，远没有形成整体性的结论可供实践运用。由于学术依赖性过强、自我主张不足，也就没有涌现出一批可为世界接受的“理论”和“大师”。大家都沉浸于认同与服从、照搬与仿效的“拿来主义”，没有产生“阅读”后“自发性”的再理解，不曾有意识地用批判的视角再审视理论，把其养分衔接到“我”的思想里。第二个问题，就是在顶层的理论设计上，重跟踪、重引介、轻创新，致使我们没有产生“中国意识成长”的文化自觉。

从发生学来看，问题是新思想的根源，任何理论的发展和创新，都只能从问题开始，必须以问题为导向。也就是说，要建构起新文论的话语，其前提是首先对旧文论进行分析与批判，总结经验，批判局限。现实的情况是，从改革开放之初到现在，40 多年过去了，对此响应者寥寥无几，敢于实际践行者更是不多。这一偏差导致中国竞技体育思想总是按照理论的预设演绎，总是依循或追随原有路径的逻辑前行，没有在此基础上产生“学习理论、应用理论、贡献理论”的自觉超越的渴望。这种背景使我们停留在接受的语境中，只考虑对外来理论的接受，只见“接受者”的方法，不见对“接受对象”的独特运用。因而，在问题的处理中，不是从自身直接经验的观照去发现端倪，建立新思想，而是执拗地套用已有“理论”，解释问题的根由，遗忘了理论不是一成不变的。显然，这就难以总结、阐释经验在实践运用中的特点和方法，难以把我们已有的好经验提炼为客观规律和理论体系，解决“中国学派”的发展问题。从模仿、理解、超越三个阶段来看，我国竞技体育仍属于消化吸收的理解阶段，虽有进展，却无重大的突破，当然，也就没有站在世界体坛讲“中国体育故事”的话语权了。这也正如毛泽东同志谈到新中国成立初期照搬苏联的办法时所说的，“总觉得不满意，心情不舒畅”①。

“橘生淮南则为橘，生于淮北则为枳。”历史证明，竞技体育的形成与实践中存有明显的族群文化和生存经验的特点，因此，任何理论的运用，都必须依附于本土实践才能真正起到作用，这是确保理论有效的唯一途径。因此，加强文化自觉、道路自信、理论自信，梳理我国竞技体育发展的图谱，其作用可谓举足轻重。可以发现，只有将意识（国外先进文化成果）与存在条件（中国问题）这两个因素融合在一起，才能“从理论依赖走向理论引领”，产生具有中国特色的竞技体育理论。正如毛泽东同志所指出的：“我们的态度是批判地接受我们自己的历史遗产和外国的思想。我们既反对盲目接受任何思想也反对盲目抵制任何思想。我们中国人必须用我们自己的头脑进行思考，并决定什么东西能在我们自己的土壤里生长起来。”②

输入学理的目的是再造文明，强健自身的文化机体。关键的一步，是做好“中国经验”这个国情谱系与先进竞技体育谱系的兼容，实现二者汇流。推进我们从“跟跑到并跑再到领跑”，是每一个体育学家都必须思考的问题。由此引发出需要讨论的问题：我们能不能有效地解决西方竞技体育经验与中国竞技体育经验之间的抵牾，从而形成中国化的新经验？实践证明，理论不是凭空产生的，那么我们有过对中国竞技体育的总结吗？新中国成立以来，我们从竞技体育广泛而深刻的实践变化的形态中，提炼出过“新概念、新范畴、新思想”吗？贡献出具有中国竞技体育立场的原创性、标识性的理论吗？显然，如果将美、苏的竞技体育理论抽走，我们的竞技体育研究成果就所剩无几了，这说明我们还没有建立起自己的竞技理论体系。

从研究条件上看，中国竞技体育虽不敢说是世界第一，稳居世界第二是毫无疑问的。从发展的结果看，可以说，经过数十年的历程，我国竞技体育取得了长足的发展，稳居世界前列。但进一步分析会发现，这些成就的取得主要归功于“举国体制”的发展模式。这个模式会塑造一个怎样的中国形象，又能够传达一个怎样的中国声音？这种经验能不能代表“中国道路”？这不能不引起我们的反思。

换言之，我们需要思考的问题是，我们一直游走在“举国体制”的叙事之中，离开了“举国体制”的叙事，我们是否有自己的竞技理论和方式？也就是说，我们能不能把“举国体制”的叙事自觉地构建为“中国道

① 《毛泽东文集》第 8 卷，北京，人民出版社，1999 年，第 117 页。

② 《毛泽东文集》第 3 卷，北京，人民出版社，1996 年，第 192 页。

路”，打造出具有中国特色、中国风格、中国气派的竞技体育的学术体系？突出中国话语立场，从中提取出针对中国竞技体育的解答手段与方法，从中国经验走向中国理论，为世界贡献具有中国模式、中国确切方法的竞技体育就成为亟待解决的问题。

从学派的角度来看，中国拥有众多的体育竞技研究机构，却没有形成一个世界体坛公认的竞技体育学派；有众多的竞技体育专家，却难得见到有学术专著标识自己的思想，当然也没有出现一个享誉世界的竞技体育学大师。这种“有山头、无学派”的现状，折射出中国竞技体育缺乏学科发展的原创性的理论体系，研究的学术认知较低，很难为实践的超越提供理论的解释，缺乏具有针对性和实际指导意义的成果。我们当前的情况是学习了理论、运用了理论，但缺乏贡献理论的自觉，以至于难以为中国竞技训练提供前瞻性的指导。

为此，有学者提出，知识的建立取决于本体论的基础阐释。没有不同学派的百花争艳，就没有学术“由贫而富”的量变到质变。学派是学术发展的根基。范式是学派运行的根本。范式体现着一门学科与其他学科的共相和殊相、一般和特殊的关系。那么，中国竞技体育有区别于世界其他学派的风格与运行范式吗？有百家争鸣的不同形态吗？至今没有见到。那么，这样的学术有生命力吗？答案不言自明。总的来看，数十年来中国竞技体育学术发展还处于有数量缺质量、有专家缺大师的状态。既没有破题之说，也没有立足中国竞技体育的发展实践、特点和规律，对实践经验进行提炼、总结的系统化的学说。

在有关运动训练的理论成果方面，来自中国竞技体育的声音太少，都是以中国的资料来检验西方现有的理论，少有从中国竞技现象中总结出新理论、新概念、新思想的。可以说，当前我国竞技训练理论的研究还处于局部、分散的状态，远远没有形成一个完整的理论体系。因此，也就难以出现有国际影响力，能够开宗立派的大师。这种“有高原、无高峰”的现象，难以满足我国由体育大国向体育强国发展的需要，与我国世界大国的地位不相符，跟不上国家经济、政治、文化发展的需要。中国竞技体育的理论贡献还处在初步阶段，要想成为主角，今后只有实实在在地把研究搞上去，拿出“东西”给人看，才能让世人信服，才能吸引世界的目光。正如习近平总书记在2016年新年贺词中指出：“世界那么大，问题那么多，国际社会期待听到中国声音、看到中国方案，中国不能缺席。”

不可否认，在国家的亲切关怀和大力投入下，中国竞技体育取得了一些成就，也形成了自己的一些实践经验，但中国竞技体育理论建构的整体状况并不令人满意。客观地说，我们在竞技体育研究方面取得的一些成就，仍然是建立在对西方竞技体育相关论著和思想的介绍与研究上，而不是完全从中国化竞技体育实践经验中获得，然后转化为中国化竞技体育理论资源成果。

这些问题不仅仅表现在光靠享用“别人”的学术研究成果，拿不出自我的“东西”证明自己，没有能力解释自己的经验。更令人忧虑的是，祖国已经向我们发出从体育大国向体育强国迈进的时代要求，而破旧立新是这一历程转变的显著标志和进步轨迹。但在中国竞技体育的学术倾向上，还没有进入一个集体反省和检讨自身、超越西方的文化自觉阶段，还不具备对自我清醒的认识和批判精神，缺乏竞技体育“中国化”意识，这不能不说是一种悲哀，可以说已成为当前中国竞技体育学术面临的最大问题。这也是中国体育未来发展的最大制约。显然，明白这一点是至关重要的。

对此反思，在实践中我们都是参照西方竞技运动训练的框架、概念或论题来探讨中国的竞技运动，没有自己的理论阵地和“中国竞技”学派主体性的表达。其结果是，多年来，中国竞技体育学界至今没有在“如何科学看待西方竞技体育”的问题上形成共识。表现在以下三个方面：第一，如何正确地、客观地评价西方竞技体育理论？第二，如何处理好自身与西方竞技体育理论的关系？第三，如何把中国竞技体育的经验上升到理论？显然，这是一个不正常的现象。

基于上文的论述，凡是成熟的学科，必有稳固的思想基础。那么，要如何打好这个基础呢？可从以下三方面予以思考：一是进行跨文化的比较。以“我见”的立场，通过学习理论、应用理论，汲取西方竞技体育经验，弥补自身的理论不足，并明白自己需要改进什么、建设什么。二是以中国竞技体育的经验印证西方竞技体育的经验。以“我见”的立场，在交流、交锋、交融中找出自身经验的特色与不合理之处，找出二者的共同点与不同点，从而获得发展。三是以中国竞技体育的经验修正西方的理论。以“我见”的立场，在实践运用中，针对西方竞技体育经验的局限性或不足，借助中国的经验重新对其阐释，形成自己的理论。

可见，学习理论、运用理论、贡献理论，为世界贡献中国智慧是做好这件事情的动力和源泉，“我见”是构成这一路径的阶梯和支点。缺少这一主观的立场，就会发生变形或误读，陷入形而上学的泥沼，难以摆脱路径依赖。因为拾人牙慧、简单模仿和重复前人，就会陷入“似我者俗，学我者死”的困境。也就是说，是“跨过去”还是“掉下来”，就成为中国竞技体育亟待解决的问题。故而，努力以中国智慧解读中国竞技体育的实践，为世界竞技体育的理论建设做贡献，就成为必须实现的目标。

大道至简，实干为要，理念引领行动，方向决定出路。视域是一种问题意识，是一种客观性的“告诫”。约言之，解决问题的主线，就是围绕“自主创新的胆量、另辟蹊径的思路、向新兴领域进军的勇气”，把历史和现在、客体和主体、自我和他者构成一个统一的整体，构建出可资学习的思想。田麦久先生在第九届全国体育科学大会上指出，要想实现体育学术“理一分殊”“月印万川”的多重思想交流、多重学术争锋的视域融合，士不可不弘毅，任重而道远。显然，田先生“心有高标、方可致远”的这一主观意图，给我们指出一个事实：特色、风格、专著、学派，是一门学术发展到一定阶段的产物，是学派成熟的标志，是实力的象征，是自信的体现，具有里程碑式的地位，也是中国竞技体育区别于西方竞技体育、实现“中国化”的标识。

在这样的历史语境之下，中国竞技体育要想站稳脚跟，在世界性与民族性的双重追求中推进理论的发展，建立起让世界集体认同的学术主体性，就要真正明白中国竞技体育变革的根本在于“重新发现”，要消弭国外一些学者的傲慢与偏见，提升中国竞技体育在世界的地位，关键在于发出“自己的话语”。竞技体育作为一个“专业”、一门“学科”，学术成果的创新是其存在的根源。换言之，每一时代竞技体育的生命力都体现在对新发现的运用、总结与再解释之中。理论与实践相结合才能产生力量。

“察势者智，驭势者赢。”从科学的角度看，竞技体育的发展有赖于思想理念的突破和科技创新的支撑。只是模仿和引进将会永远落后，自然也不会被人重视。从马克思的观点来看，问题是时代的口号，理论创新只能从问题开始。在这种思想的推动下，要从问题、理论与实践的结合上精准锁定研究对象，知其意，明其理，弄清楚这些事情发生的原因、在全局中的地位和作用，不同事情之间有什么关系，有哪些有利条件和不利因素等，通过比较找出问题的成因并“对症下药”。正如学者杨红伟所说：“只有对各个区域进行深入细致的研究，把一个个区域钻研透了，才有可能对各个区域进行综合的研究，我们的整体研究才有可能提升到一个新的层面上。”①

历史的发展证明，实践是培育真理的摇篮，也是检验真理的唯一标准，任何科学理论只有本土化才能为我所用。就是说，理解“他者”的目的是丰富自身，要认识到在从体育大国向体育强国发展的道路上，“理论

① 杨红伟：《安多藏区的社会特质与区域史研究路径》，《江汉论坛》2017年第3期。

中国化”是大国学术的必然选择，打造“中国学派”是大国崛起的必然选择，“理论自觉”是中国学界从边缘走向中心的必由之路、必要条件、必备前提。为此，在改造与转化的过程中要有觉醒，以“对话”为基本路径，自觉摆脱模仿窠臼，将这些问题辨析清楚，实现“学习理论、应用理论、贡献理论”的统一，这也是体育学者奉行的使命。也就是说，“对话”是创新的先导，再运用是理解的终端。只有撸起袖子真正干，才能在实践逻辑与理论逻辑的双向互动中不断开拓出新的体悟，转化为理论上的新发现、实施上的新运用，唯其如此，才会有成果的出现，才能到达中国竞技体育的新境界。

“纸上得来终觉浅，绝知此事要躬行。”中国竞技体育学经过多年发展，在将经验转化为学术思想和理论方面，还较为薄弱。要克服这一问题，就要从思想上、实践上做到知行合一，把创新与实践相结合，实现“学与问”“学与做”的融会贯通。为此，要根据问题的变化和实践的发展，从观察问题、研究问题、解决问题出发，老老实实、踏踏实实地下功夫，解决好现实的问题。

眼界决定境界，气度决定高度，心态决定状态。从发展的路径看，用钱穆大师的话来说：“一门学术之发皇滋长，固贵有专家，而尤贵有大师。”每门学科的诞生与成长、发展与建设，都离不开“学术—理论”的建构、“学说—学派”的争鸣、“学养—普及”的基础，都离不开了解、体认、理解、反思、扬弃等体悟的文化自觉过程，都离不开学术带头人的领导和后来者的发扬光大以及实践的检验。为此，当前急需“真学者”对这些理念、观念和理论进行反思、分析，统一思想，找出我国竞技体育迅速发展的原因，提出21世纪竞技体育的构想与建议。保留那些适应新要求的理论，不适应新要求的就淘汰，总结移植过来的国外竞技经验，这是中国竞技体育继续有效发展的必要保证。

可以说，直到今天，竞技体育学界鲜有人完成对学习理论、应用理论的总结，并提出新论。有学者指出，既然今天我们仍旧在使用西方训练的话语，那么至少要对多年来西方理论的使用问题进行一番回顾，总结经验教训，反思其实践运用中存在的问题，说明其必要性与合理性有哪些，为当前的使用和今后的转化与创新提供借鉴。学者杨桦在《竞技体育与奥运备战重要问题的研究》一书中指出，当前主要的问题表现在以下四个方面：一是竞技体育的训练工作体系的思想与组成问题；二是制度与机制的创造能力的问题；三是科技原创力、技术创新力的问题；四是体育各类人员的思想水平与文化修养的问题。

为学之道，必本于思。不深思则不能造于道，不深思而得者，其得易失。目标、思想、立场、方法是认识问题与解决问题的力量来源与基础。为此，在目标上，要改造我们的研究思路与方法，重视对现实重要问题的探索，把我们的“好东西”讲清楚，把教训讲清楚，用中国的经验阐发出新的解释，树立起中国学派的标识；在思想上，要培养创新的胆量、另辟蹊径的思路、向新理论进军的勇气，自觉活用西方理论的合理之处，对中国的经验做出新的诠释，呈现出方法论的范式，推进中国竞技体育理论的形成；在立场上，要加强战略思维，做好对战略问题的研究，加强全局意识，做好对全局问题的研究；在方法上，加强针对性，做好解决主要矛盾和现实问题的研究。清理旧意识，创造新意识，推陈出新，扩大视野，做好舶来理论与本土经验的对话，不达顶峰誓不罢休。只有持之以恒，耐得住寂寞，学术奇迹才会发生。正如马克思的名言：“在科学上没有平坦的大道，只有不畏劳苦沿着陡峭山路攀登的人，才有希望达到光辉的顶点。”

实践证明，竞技体育是科技与人文整合的具体体现，它的理论基础包含人文科学原理与自然科学原理。竞技体育存在着竞技的物力、心力和外力三者的关系，运动成绩的获得是“三力”相互联系、相互作用的结果。竞技体育学研究证明，“物力”是运动员产生竞技状态的基础，“心力”是智力，“外力”是指物理训练对人体储备能力作用的形式，“外力”只有通过“心力”才能对“物力”产生作用。因此，所谓的竞技训练，就是解决运动员在竞技中如何实现“物力”“心力”“外力”三力合一的问题。需要注意的是，由于特定的运动行为与特定的运动刺激存在着相向关联，因此，项目作用的条件不同，“三力合一”的形式就不同，比例就不同，组合也就不同，难以找到一个固定统一的标准模式。

由于人具有万千复杂的感知、动机以及不同情境的行为表现，因此，自然科学所崇尚的决定论、机械论、元素论无法在人的领域完全奏效，导致竞技体育的训练具有多样性与波动性的特点。为了消除干扰，就需要通过多方面的支持与调节来提高掌控能力。为了能更进一步聚合机体的能力，形成稳定的竞技状态，更好地整体识别竞技训练中出现的各种现象，当前国际竞技训练是按照“生物—心力—社会”的模式进行的。显然，这一模式可为我们提供丰富的概念性资源，值得我们去探讨，并结合我国实际情况开展新的思想指导训练工作。因此，如何辩证地理解运用好这些思想，提升训练体系，是我国竞技体育训练亟待解决的问题。

竞技体育训练的过程既是一个“追求”成绩的比赛过程，也是一个人自爱与自利的修炼过程，它包括运动员的修炼与教练员的修炼。过去我们只重视运动员修炼的圆满性，忽视了教练员修炼的圆满性。换言之，过去我们偏重于研究生物学的竞技结果，忽视“三力合一”，这也是不全面的。我们注重外部运动条件与环境的改善，重物轻人，把竞技训练看作一个“物化”的过程。有时处理不好“授技与育人”的关系，造成教练员与运动员的情感与责任感不强，出现利益分配不公、师徒反目成仇、队员出走、成绩下滑等现象，给国家造成了损失。

## 小　结

有效推动竞技体育的科学发展，促进理论与实践有机结合，实现竞技体育“学科体系、学术体系、话语体系”中国化的构建，是中国竞技体育今天必须做的一项重要的工作。这就要求新时代中国竞技体育的理论建设应该在目的性、主体性和专业性三个方面，做出具有自觉意识的梳理，为构建“三大体系”蓄能，摆脱充当西方“学术搬运工”的命运。为此，就要改变我国竞技体育学界有众多论文，但无原创性的理论成果、无代表性的学术专著的现状。“言必称希腊”只会落得亦步亦趋的下场。要摆脱这一尴尬境地，寻找适合自己的道路和方法，只有坚持“道路自信、理论自信、制度自信、文化自信”，才能找到自我、突出本性，把中国学派推向世界。

**思考题**

1. 简述竞技体育与人类的关系。
2. 简述竞技体育的进步性与局限性。
3. 简述我国竞技体育发展的主题。
4. 我国竞技体育的难点与痛点有哪些？怎样消除？

# 第六章　体育社会论

【本章摘要】

一是辨析体育与社会的关系，理解体育社会化的成败得失，指出实施体育社会化是政府执政的要求。二是阐明社会价值观是一个民族良好风气形成的基础，实施好公共体育服务均等化是一个国家良好政体形成的基础。三是指出体育大国走向体育强国的变革目的、政府推进公共体育的责任与任务。

【本章内容结构】

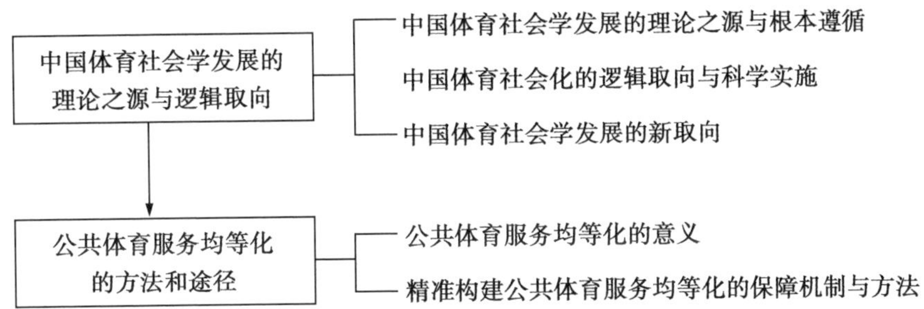


【本章理解】

1. 理解中国体育社会学发展的理论之源与根本遵循。
2. 把握体育社会化的目的、作用与实施。
3. 理解举国体制的意义与革新的目的。
4. 思考公共体育服务均等化的方法和途径。

历史证明，审美是人类文明得以保存、延续的根本，人类的文明就是凭借这一“路径”不断走向丰实的。体育是审美创造的形式，是人类感性的显现，体现着存在的本质。梳理中国体育社会学的形成与发展进程，解析中国体育社会化的实施与存在的问题；总结中国体育社会学的学科体系、学术体系、话语体系的建设成就，展望未来发展前景，将中国社会学的理论和实践推至新的历史高度；着力发挥出体育社会学在社会发展与历史进步中的建设作用，为实现中国梦的奋斗目标提供有力的保证。以上几个方面应受到重视，基于此，本章从概念命题、理论架构和经验事实的三重维度，对中国体育社会学的时空结构、特征构成、含义类型、空间转向等进行审视与建构，试图借助其真理价值着力解决中国体育在社会化运行、发展和实施中的具体问题，以期产生更多视角、观点、场域的碰撞与创新，推进中国体育社会化与民族复兴紧密结合，为实现人民美好生活而奋斗，既能展示中国体育社会学的特色品格，也凸显了中国体育社会化，进而促使中国体育社会学的话语更具解释力、更有实践力。

理论是对象存在的说明，实践是对象存在的方式。任何客体对象都有其特定的结构、性质、规律，客体对象的发展、变化方向和秩序都要受其内在规律的制约。本书为什么要研究“中国体育与社会的关系”？因为，社会是体育活动的本源。因为，要改变的现状是“从国外领回来的孩子”，就必须明确中国体育社会学的学科目标和指导思想。因为，要使中国体育社会学实现本土化和科学化的发展，就必须建立中国体育社会学科时态与实体谱系。因为，要明确中国特色、中国风格、中国气派，就必须阐释好、展示好中国体育社会学的学理与审美。因为，要向世界讲好中国社会体育的故事，就必须深入挖掘体育的力量、阐释体育与社会的关系。有研究指出，社会的本质是实践，人们生活的过程、交往的形式，正是社会体育的起点。

## 第一节　中国体育社会学发展的理论之源与逻辑取向

本节以“理论之源”为经，“逻辑取向”为纬，解析与论说中国体育社会学的学理与实践，试图为中国体育社会学的建设与发展寻绎出理论基础，为中国体育社会化的科学实施提供有益启示，实现理论融通与实践落地的结合。研究表明，这一探索可使中国体育社会学的学理性更明确、实践性更清晰，可为中国体育社会化的发展夯实目标，为中国体育社会化的发展找到路径，为中国体育社会学开拓出新的境界，体现了中国体育社会学促进人的发展的根本任务，推动国家发展、民族复兴的基本目标，促进理论与实践相统一、内容与形式相统一、取向与进路相统一，充分发挥出中国体育社会学建设和谐社会的独特作用。

## 一、中国体育社会学发展的理论之源与根本遵循

一个事物内部所含的实质或内容，概念地反映着它所适用的对象与范围。从这一意义上说，厘清中国体育社会学之理，充分发挥出其社会化的功能与价值，对于贯彻落实国家强盛、民族复兴，建设美丽中国的任务和工作来说，显然是一件具有重要理论价值和现实意义的事情。因此，本书试图深度挖掘中国体育社会学蕴含的理论之源，为做好体育社会化的工作夯实学理基础，使其充分展现中国特性，并应用于中国的具体实践。

### （一）体育与社会的关系

从“历史的本质只是人的活动”来看，社会——不管其形式如何——是人们交互活动的产物，激情、热情是人强烈追求自己的对象的本质力量。社会是人类的重要特征，社会的本质是人与人交往所形成的关系总和，是共同生活的个体通过各种各样的交往联合起来的集合。形成全部人类社会历史的第一个前提，是“交往”的存在。也就是说，全部社会生活在本质上是实践的，人是一种群体性的动物，个体的发展受社会环境的强烈影响，社会是由人群通过一定的模式组织起来的有文化、有组织的系统。按照这一认识，文化是人存在的方式，反映着人生活的世界。体育社会学可成为人依之生存、发展的土壤，体育社会化可成为国家改造人、改建社会的途径。其方式和表现能够主动地调整人与环境的关系，为激发人精神觉醒提供能量。

以此察看，社会与体育虽然各具相对独立的形态，但均以实践活动为基础，以人与人交往过程中发生的内容和现实为靶向。因而，两者密切相关，社会的形态决定、制约着体育的形态，体育的形态能动维持着社会的形态，两者之间是相互成就、彼此融合、不可分离的关系。两者“联姻”形成的社会体育“可使社会的一切要素从属于自己，把自己还缺乏的器官从社会中创造出来”。显然，研究社会体育是一种有目的的活动，既可为自身找出存在的实践基础，又可形成发展的基础，实现“物质变精神、精神变物质”的交换。社会体育是人类文明成果的重要组成部分，蕴藏着解放人、发展人的历史关系。为什么？因为社会体育是以人的自我认知和社会角色的构成为基础、以人性的教化为使命的。

社会的本质是“共在”，但离开了“单在”的存在，“共在”的存在既无法被呈现也无法被证明。以此察看，体育社会化的活动关系里既有个体性的“单在”，也有社会性的“共在”，这使得人在运动中进行着一种既具有独特性又具有共同性的塑造。遵循社会的进步是个人进步在社会互动中的外化表现，体育社会化既是展示个体性进步的舞台，也是传承社会性进步的路径。体育社会化的实施既把人的世界和人的关系还给人自己，使个人才能获得全面发展，又在人与社会的关系基础上，发展自己、改变自己。社会体育里发生着人与人的关系、社会实践的落地，它以技艺为核心，依托活动存在，体现着人在社会中的生活、精神、审美，是使人保持身体健康、愉悦精神世界、密切社会关系，给人们带来发展感的一个重要途径。

人的发展不是一蹴而就的，而是一个漫长的过程，其存在着一个从简单到复杂、从低级文明走向高级文明的实践进程。因为“人”作为对象性的存在物，其本质不是确定不变的，而是在对象性的活动中生成的。显然，在这个过程中，需要有“体育”等文化形式参与。为什么？因为人只有通过体育等文化形式才能丰富自身的社会关系，也只有在这种社会关系中才能增强素养与能力。可见，体育是实现人类社会交往的必然形式，某些看似平凡的体育社会化的交往、某些嬉嬉闹闹的体育活动，实际都勾连着人与社会时空的关系。这体现了马克思一个极为明确的结论——“全部社会生活在本质上是实践的”①。

对体育与社会两者关系的深刻分析，既对“社会”的价值进行了有力的解释与科学的判断，也将体育由一种竞技性的活动升华为人类生活的“样法”。显然，对其的认识与理解，既可成为实施体育社会化的推动力，也为正确认识两者的关系提供有益的启示，可帮助我们改变原有的对体育的一些误解，认识到体育活动中存在着的“全部社会生活的本质与关系”，是“有生命的个人”走向“现实的个人”这一过程中不可或缺的载体。对两者关系的研究，可推进社会文明进入一个新的阶段，实现人与社会的现代化。约言之，体育与社会相互作用、相互诠释，要促进社会的发展，就要促进人们社会交往的普遍发展。而体育社会化就是这一过程的载体，是促进人们相互学习、相互交流，进而完善自己的这一过程的活动方式。

“实践是整个社会生产中的枢纽，交往是社会有机体存在的载体。”②这一客观逻辑表明，“实践”是人类物质生活的根源，“交往”是人类发展

---

① 《马克思恩格斯选集》第1卷，北京，人民出版社，1995年，第56页。

② 杨耕等：《马克思主义哲学基础理论研究》，北京，北京师范大学出版社，2013年，第115页。

的阶梯。那么，人类要想与自然相统一，就得构造与这一客观内在相统一的形态，就要通过实践提升社会生产力，获得生存的物质；通过交往促进自身关系的丰富，全面占有自身的类特性。只有这样，人才能成为真正的主体。因而，对体育与社会两者关系的研究可科学地廓清人与体育在社会这个外部世界的关系，可以得出人与自然的关系、人与人的关系、人与其意识的关系，可更好地把这些成果运用于社会实践，实现人的先天本性与后天习性的统一；寻找出在人的社会实践活动与对象化的建构中发生的活动，揭示这种互动关系的图景以及体育与人之间的主客体相互作用的存在。一个人的发展离不开他直接或间接交往的形式，一个社会的进步离不开个体交往的丰富、生活关系的丰富，因为“整个所谓的世界历史不外是人通过人的劳动而诞生的过程”。也就是说，人的发展是人自身的本质力量的对象化活动的能动的结果。没有交往就没有社会，没有实践就没有存在，社会是人们通过交往形成的，社会的进步是实践发展的结果。正如嵌入理论的观点，一个人的行为受到其所处的社会结构及系统环境的影响。由此而论，社会里不能没有体育这门科学。

总之，当我们把体育社会化作为“人和人的社会关系”的体现时，可以发现体育社会学作为一门学科，基础就是人与人的活动，满足人与社会的要求是其生存的方式。体育社会化不是孤岛，而是勾连社会关系的由应然走向实然的载体，不仅蕴藏着人对事物的态度与体验，也贯穿着强烈的社会关怀和公共参与的精神，是维持和改变社会的能量。因而，体育社会学是一个肩负社会责任的学科，体育社会化是发展社会文明，教化人们拥有高尚品德和生活情操、摆脱低级趣味、走向高层次生存的一种科学方式。一句话，体育社会学不是纯粹意义上的存在物，满足社会关系的需要是其本质，体育社会化是其产物。因而，对其的研究既具有学科的学术价值，也具有现实价值。

### （二）体育社会学的形成

任何一种理论都是历史的产物，都带有自己的时空烙印。对其进行研究可使目标更加明确，体系更加严密，学理更加科学。从历史上看，中国体育社会学的形成、发展和运用来源于三种资源：中国传统文化资源、国外社会学资源、马克思主义资源。这三种资源在中国体育社会学的建设与发展中交融互动，共同推进了中国体育社会学的启蒙、变革和发展，也为中国体育社会学的基本立场、基本观点、基本方法构建了学理。

#### 1. 中国传统文化资源

在中国战国时期，思想家、哲学家、教育家、儒家学派的代表人物之一荀子提出“合群—修身”“能群—齐家”“善群—治国”“乐群—平天下”的“群学之说”。该学说以合群、能群、善群、乐群为主线，以修身、齐家、治国、平天下为层面，将人性与社会事实、社会问题、社会发展、社会需要相结合，逐层展开基本概念的关系结构。这不仅为中国社会学的构建奠定了厚重的历史基础，也为世界社会学提供了中国学理。同时，其价值取向和行为准则也使今天中国体育社会学的思想更加光辉、内容更加丰富、目标更加明确、体系更加严谨、学理更加科学。这一原创性和自主性的学说不仅彰显了中国体育社会学的科学性、普适性，也说明了社会学、体育社会学是人类共同的结晶。

2. 国外社会学资源

在19世纪的欧洲，为了推进社会现实秩序的变革和发展，迎接工业社会浪潮，解决社会转型带来的深刻、复杂的问题，人们一是把科学的形式和方法应用于对社会现象的研究，二是用科学实证的方法去考察分析已有的社会问题，从而使社会的发展与科学结合在一起。以法国迪尔凯姆为代表的学者，借鉴孔德社会学的观点，认为社会就是社会学本身，以客观实证为立场，以客观观察为方法，建立了实证社会学的理论，对社会的各种事实与问题进行研究，继之演化形成学派。

3. 马克思主义资源

马克思恩格斯以历史唯物主义为立场，从“实践”出发，认为劳动是人类社会生存和发展的基础，指出物质生活的生产方式制约着整个政治生活、社会生活和精神生活的过程，提出了“三形态论”等一系列关于社会发展变化的光辉思想，为人类社会学的学科形成和构建提供了理论之源，使人类社会学有了立场、有了对象、有了责任、有了方法。有研究指出，虽然选择的路径不同，但实证社会学思想与马克思主义社会学思想有着共同的主题，都在反思现代性带来的社会转型问题与在现实社会中行动的政策。

这三种社会学文化资源所确立的基本立场、方法原则和价值取向，为认识、批判和改造社会确立了典范，为社会学史的形成与发展树立了丰碑，书写了光辉的篇章，因而得到广泛的认同和运用，并不断衍生出新的分支。而产生于近代的两种文化资源在前进中不断互动，不断融会扩展，不断加深视野，形成了“唯物论”“功能论”“冲突论”“过程论”“符号互动论”“批判论”“结构化理论”等学理。其通过对人类的动机和行为的分析，着力探索解决社会矛盾的良方，寻找支配人类社会的规律。这两种学说的相互推动，极大地丰富了人们对社会的认识，增强了人们指导社会建设的能力，为人类完善社会制度提供了理论支撑。社会学也成为最具影响力的学科之一，演化出许多流派。

19世纪末期，欧美学界的一些体育家受这些社会学思想的影响，开启了一系列的讨论与辨析，体育社会学就在这一背景下应运而生，社会学的出现来源于对解决社会问题的需要。同样，体育社会学的问世，也是由于社会的需求，使其崭露头角，成为改造和建设社会的力量。体育社会学的问世，不仅充实了体育学的学科发展，也使体育成为推动国家发展、民族复兴的重要力量。

上文提到的三种资源形态中的任何一种都没有能力独立完成建设中国体育社会学这一艰巨的任务，只有把这三种资源形态按国情要求、时代要求、世界要求进行相互融合与转化创新，才能实现中国体育社会学科学的发展。因而，中国体育社会学既没有简单地延续自身文化的“母版”，也不是简单套用马克思主义的“模板”，更不是西方体育社会学的“翻版”。离开了自身的文化底蕴、底色，就没有了坐标，就不能构建出具有中国特色的体育社会学，为世界提供中国智慧和中国经验。同样，离开了马克思主义，中国体育社会学就会失去正确的立场、思想和方法，就不能对社会发展中隐含的规律加以探究和揭示，就不能把握客观、掌握主观、避免片面。而离开西方社会学就失去了理论和方法，就不能形成学科体系、学术体系，无法对外交流，也不能被他者认同和效仿，难以推进中国体育社会学走向兴盛与繁荣，走向世界舞台的中央。

从学术的指向看，体育社会学以解决社会发展的矛盾为根本，以人的生活化、社会化，人的物质化、精神化作为扬弃的对象，以经世致用造福社会、服务人民为价值取向，着力运用社会学的原理、视角和方法对社会体育的行为、运行状态做系统的分析和解释。由于其研究的内容不仅涵盖了社会学“直面社会矛盾现实、探究社会演变之理”的学问，而且也融合了体育在文化传统与认知信念等方面的非正规社会学的演化与运作。因此，体育社会学是体育现象和社会现象两者相结合的一门学问，是社会学的一门重要的分支学科。从本质上看，由于其着力倡导改良社会，涉及人的现代化问题，记录着人与社会之间的演化变迁，存有重建“一切社会关系总和”的表现，因而是当今社会学中最为活跃的研究领域之一，也催生了一大批学者和诸多有深远价值的学术思想。

从中国来看，体育社会学的学说、体育社会化的活动，既蕴含着先贤荀子“群学”的“合群”“能群”“善群”“乐群”的思想命题，也体现着马克思主义科学的物质观、实践观、精神观等，还表现着从客观实证出发考察社会的观点与方法。显然，这些认识揭示了体育社会化的活动里“现实的人”“现实的生活”与“现实的历史”之间的关系，展示着“社会结构的矛盾运动与历史变迁”，调整着“人与人的关系”，丈量着“社会的进步”。《“健康中国2030”规划纲要》明确地指出，实现国民健康长寿是国家富强、民族振兴的重要标志。显然，对它的认识可推使中国体育社会学重新审视自身的价值，体育社会学只有在人的运动和社会的流通中才能存在，社会存在是物化知识存在的基础，社会化的条件决定着个体的社会化。这个向度既体现着对体育社会活动发展的相应思考与认识，也勾连着体育社会学自身改革发展的生动实践，践行着体育社会学发展与社会发展合目的性与合价值性的统一。体育社会学从创立之日开始，就负有建设和谐社会的使命。这就要求体育社会学要为现实的人及其历史发展关系的建立做出应然性的说明和实然性的构建。

**（三）中国体育社会学的构建**

从理论发展来看，改革开放后中国社会学派以“认识国情、改造社会”为宗旨，从传统“志在富民”的研究开始，后投身于中国特色社会主义的建设事业，为认识社会和推进社会的科学发展，不断地提供动力和理论来源，并取得了关于“中国社会矛盾的基本认识和判断”“中国发展道路的选择”等新的研究成果。社会学的蓬勃发展，引发林启武、轲黎、蔡俊武、牛兴华、顾渊彦、熊斗寅、刘德佩、卢元镇、吕树庭等一批体育学者的关注与觉醒，他们敏锐地感觉到社会学可使体育走向新的发展，使其具有“补充—修正—创新”的非同寻常的意义；可为中国体育学改变旧方法、设计新方法，转向社会化的道路提供解释和说明；可推进把体育的经验运用到社会主义事业的建设之中，发挥于中国现代化发展的进程之中。为此，向社会学借鉴学习就成为中国体育学者的愿望。于是，怀着一种历史使命感和学术责任感，他们开启了对中国体育社会学的研究。他们的相关著作与成果对于推进中国体育社会学的理论建设发挥了重要的作用，为促进中国体育社会学的持续发展奠定了难能可贵的基础。其不仅为世界了解中国体育打开了窗口，也把体育社会学引进了国民教育体系，为中国体育培养了一代又一代体育社会学专业人才，极大地增强了中国体育的文化软实力，为解决“发展不平衡不充分”的问题做出了重要贡献。正如学者叶启正所说：“西方知识体系的移植中国乃是整个近代中国社会及文化变迁中的一个环节，而社会学的发展又是中国新学术体系重建中的一个环节。"①

从历史渊源上看，战国时期荀子关于“群”的概念及其“群论”，应是中国体育社会学的源头。从时间上看，近代中国社会学诞生的标志，是1903年严复翻译斯宾塞的《群学肄言》。从学科建制来源看，1914年美国传教士葛学溥在上海沪江大学开设社会学课程、建立社会学系，1916年康宝忠在北京大学开设社会学课程、建立社会学系，是中国社会学学科化的起源。也就是说，中国社会学的诞生既受西方社会学体制的影响，也有中国传统文化的底蕴。从立场上看，遵循马克思主义关于人类社会历史发展的规律，在运动变化中看待体育与人类社会发展变迁的关系，应是中国体育社会学学科建设与发展的原则。从理论性来看，把马克思主义社会学、实证主义社会学和传统“群学”相结合，达成“中国化”的系统认识，应是推进学科建设的路径。从发展上看，把社会现实与“群学”中爱民、保民、惠民、教民的特点相结合，从“化中国”与“中国化”的结合上，找到自己的内容和方法，应是学科努力的方向。从方法上看，找到一条适合中国体育社会学发展的路线，就成为学科亟待了解并亟须解决的命题。

体育既是基于人类繁衍的需求而产生的，也是推进人走向社会关系的阶梯。因而，体育既是人类社会文明进步的载体，更是一种有效透视和洞察人类行为特征及其生活质量的视角。那么中国体育社会学的发展，一是按照荀子“群学”的“爱民”“保民”“惠民”“教民”主张来看，体育运动给予民众团结向上与持续发展的力量，使人自觉挺起自立、自尊、自强的脊梁。二是以荀子“群学”的“合群”“能群”“善群”“乐群”的主张，诠释中国体育社会化的独有地位与存在价值。三是以历史唯物主义为引导，继承实证主义的方法和原则，在运动变化中解释社会变迁。沿着这一认识，可以发现体育社会化不是单个固有的抽象物，在其现实性上，凝聚着社会关系总和的表现。也就是说，中国体育社会学要想获得发展，必须同这些广泛的社会目标紧密联系才能产生活力，才能完成“举旗帜、聚民心、育新人、兴文化、展形象”的使命与任务。为此，厘清体育社会学的本质和关系，讲清体育社会化在社会中的行为，就成为必须完成的任务。

感性是抽象本质走向现实的生动力量。人类历史的第一个前提，无疑是有生命的个人存在及其由此产生的关系。可见，人除了生物学的意义外，还具有社会学的意义，技术的根本属性在于社会性，只有被社会化的

① 转引自周晓虹：《社会学本土化：狭义或广义，伪问题或真现实》，《社会学研究》2020年第1期。

技术才能发挥作用。人的社会性是先天的，它是国家强盛、社会团结的根本。因此，中国体育社会学的产生和发展不仅具有鲜明的民族传统文化背景和深厚的社会底蕴，而且还具有服务于社会重建和凝聚共识的任务。也就是说，作为一门应用学科，中国体育社会学的本质就是做好社会活动。其社会化的方式和表现，不仅有动员、吸引全体人民参与的任务，还有凝聚民族精神、促进国家富强的使命，可谓兼具精神文明与物质文明两种属性。其不仅指向人的身体、人的心灵、人的关系，还可以解读我们民族文化的品格、民族的社会行为。

因而，中国体育社会学是维护国家稳定、社会发展的不可或缺的学科。理论是对象存在的说明，实践是对象存在的方式。中国体育社会学探讨的是人的成长和存在与社会相统一的问题、人的活动与社会结构的关系问题。将这些问题置于体育中重构，使其获得有效改变，即人的幸福与社会的进步是体育社会学思考的问题。而体育社会化就是通过体育活动这一方式，把一个“可能”的存在翻转为一定的“是”的存在，使体育活动深入人心，落地生根。为此，中国体育社会学的发展需要从以下三个方面继续深化。一是注重中国体育社会学与马克思主义社会学理论、西方实证社会学理论、传统“群学”理论的融会贯通。二是推进中国体育社会学“中国化”的学科体系、学术体系、话语体系的建设。三是深化自身发展，为当代中国社会的建设提供理论指导。那么，中国体育社会学的结构里，应包含着人的解放、社会的解放、经济的解放、政治的解放。

以上论证表明，一是借用西方社会学的经验和马克思主义社会学的成果与中国群学”思想，联系中国实际讲中国体育社会学，并服务于中国社会的改革和建设，就成为学科构建的内容。二是建设中国体育社会学的民族性格，为中国所用，在中国生根，就成为该学科的主要任务。三是能否参与相关社会发展的议题，投身于国家的改革与建设，是衡量中国体育社会学成熟与否的根本标志。也就是说，坚持服务于中国式现代化的伟大实践是中国体育社会学的研究导向，坚持实事求是、脚踏实地是中国体育社会学的学术风格。“社会”决定了人类的存在，“社会”决定了所有事物存在的价值，为社会服务就成为中国体育社会学的立身之本。

要厘清人借助实际的、感性的对象——体育，来表现自己的生命、证实自己的存在的道理。要说清人参与体育的过程，也是人的发展过程、人的对象化过程。显然，这就要求我们必须说明中国体育社会学的历史渊源、理论基础、学术品格、研究重心是什么，才能明确中国社会体育学的学术基础和学术资源是什么。要加快建设中国体育社会学的学科体系、学术体系、话语体系，使之成为解决“人民日益增长的美好生活需要和不平衡不充分的发展之间的矛盾”的重要力量。时代课题是理论创新的动力，中国现代化的社会实践的需要即为当下课题。在中国社会的泥土里培养体育社会学，摆脱“泛西化”“泛八股化”，把西方社会学的实证主义观点、马克思主义社会学和拥有两千多年社会历史积淀的“群学”相结合，使中国体育社会学成为促进中国社会转型发展、实现国家富强的力量，就成为学科必须坚持的导向。把社会建设、社会组织、社会结构、社会秩序、社会规划和社会发展“根植于中国土壤”就成为中国体育社会学研究的视野。正如2020年8月习近平总书记在经济社会领域专家座谈会上提出的：“从国情出发，从中国实践中来、到中国实践中去，把论文写在祖国大地上，使理论和政策创新符合中国实际、具有中国特色，不断发展中国特色社会主义政治经济学、社会学。”

## 二、中国体育社会化的逻辑取向与科学实施

社会系统的结构是一种关系结构，是各种关系要素之间相互联系和相互作用的形式。从发展的客观逻辑上看，生产关系是中国体育社会学赖以发展的基础，体育社会化是其质定的载体。按照辩证法的观点，事物不是被分解为与事物特征无关的各个组成部分，而是被分解为这一事物特有的、彼此内在联系的、必然的存在形式。如果事物只有抽象的形式，本身就是虚假的。所以，构建与体现人与社会发展的和谐统一的当代形态，研究社会建设、民生关注的社会问题，应是中国体育社会学面临的课题，为中国社会发展提供合理性证明应是其根本任务。为使中国体育社会学落地生根，担负起自己的社会化历史责任和历史使命，下文将从本性、定位到行动等一系列根本问题上，对中国体育社会化“为什么做，做什么，怎样做”进行解析与论说，以期为新时代中国体育社会化的建设与发展夯实基础、提供支撑。

### （一）中国体育社会化的逻辑取向与立身之要

如果没有把理论的抽象转为直接的、真正的证实或表现，就这一点来说，理论本身是虚假的。那么，从“是什么”“为什么”“怎么办”来看，体育社会学就成为一个社会是否发展的解说者、一个社会是否繁荣的论证者、一个社会是否进步的验证者。也就是说，中国体育社会学可体现中国社会的精神、展现中国社会的力量、证实中国社会的表现。可为人们认识和解释千变万化的社会和生活提供养料，促使人们以正确的态度看待社会、分析社会，以正确的行为建设社会。为此，其体育社会化的重要特征

和价值目标，就是以人的发展和社会需要为尺度和中心。有意识的生命活动把人与动物的生命活动直接区分开来，创造出人之为人的一切特征。个人怎样表现自己的生命，他们自己就是怎样的。也就是说，中国体育社会学的逻辑取向应以“合目的性”、按照“人的尺度”去构造学理。其体育社会化的科学实施应以“合规律性”、按照“物的尺度”去贴合实践。因此，为人民做学问是中国体育社会学的研究导向，满足社会的需求是中国体育社会化的生命体现。①

从感性的具体到理性的抽象，再从理性的抽象上升到理性的具体，这是人类认识运动的规律。那么，从学科特性上来看，体育社会化才是社会发展的载体，贯穿着人与人、人与物互动交往的实践活动。其以充盈的自我与他我以及自物与他物之间的关系，呈现出社会大众的多重生活关系的人文精神，反映着人从自然空间向社会空间的转换，从劳动、生存的空间向人的社会、精神生活空间的转换，体现出人与自然、人与社会的多向作用、多重关系、多种品格，展示中华民族的精神、风俗、心态与习惯。因此，在哲学家眼里，体育社会学的这种联结关系中的“社会化”，既存在着个体从“自然人”向“社会人”的转变过程，也存在着人的价值观的社会重塑。因而，可以说体育社会学的生命力在于社会，体育社会化的价值在于实施，公众和公共议题是其学术的对象。正如学者卢元镇在其《体育社会学研究》一书中的观点，社会体育是人的自由在现象世界中的映照，实现了马克思所说的，人的本质是人的真正的社会联系。

社会是体育存在的基础，社会的需要决定体育社会的一切。当前，要实现体育强国这一社会化的发展，就要把握体育社会学与社会变革的关系、与生活的关系，认清体育社会化的价值定位，找出“体育强国”的理论资源。一国的工业化程度和经济的成熟度，决定着一国体育社会化的发展。正如价值哲学认为，手段是实现价值目标的载体，一切价值体系需要通过手段的使用，才能形成具体的行动。概言之，体育社会化要靠两条腿走路，一是促进国家发展，二是深化对生活的理解。即体育社会化的实施既要以“民”为魂，又要以自身所承载的社会历史文化为中介促进国家的发展。体育也是一种秩序化和制度化的技术，国家不仅为体育的技术使用提供环境，又为它的发展提供保障。只有被国家运用的技术才有生命力，假如没有国家的具体实施与操作，实现体育社会发展的目标到头来只能是一句空谈，“皮之不存，毛将焉附”讲的就是这个道理。

---

① 参见景天魁、高和荣:《中国马克思主义社会学理论发展100年》,《新华文摘》2021年第14期。

从“体育是被人和社会的事实所规定的”来看，做好体育社会化就要“深化学科建设”。既然社会是人同自然界完成了本质的统一，那么，知识必须分析这种社会建构的过程。故而，从社会学的历程来看，从马克思提出社会学的理论、孔德开创“社会学”，再到迪尔凯姆创立学派，社会学已走过近两个世纪的历程。在这个过程中，社会学不断发展壮大，产生多种学术流派与思想、学说与观点。实践证明，丰富的社会学及其理论的强大语境，不仅可为体育扩展科学研究的视角，丰富研究的对象，打开思路，提供丰富的经验和理论启示；也促进了体育社会化进一步发展，产生了具有时代意义和价值的学术生长点——“体育社会学”，并给出了有力的理论支撑。正如学者吕树庭在其《体育社会学》一书中指出，体育社会学是人类社会文明及其生活生态状况的反映，是对社会进步与发展的最深刻、最全面、最详尽的集中体现和系统运用。

社会是有机构成的活的机体，它的性质是由内部要素的关系所决定的。可见，社会学的理念可进一步丰富体育的研究方法与手段，可为夯实学理基础与理论分析提供工具，可最大限度地激发体育的活力，推使体育走向一个新的起点——体育社会学。可以说，社会学思想的张力将体育置于一个更巨大的学术背景下，使得体育社会化成为学科突出的特色，成为学术领域探索的重大课题，始终在中国体育学的研究中占据重要的位置。它也是推动体育学不断趋新、不断获得更为全面的认识，进一步走向普遍的认同，不断巩固、发展和壮大的重要途径和基础。因而，体育社会学是现代体育思想的不可或缺的重要组成部分。

显然，这些研究丰富了体育社会学的内容，回顾这些研究，可以发现体育与社会学早已结下不解之缘，社会学的各种理论成果在体育领域的研究中都能得到丰富体现，并留下了细致而富有特色的成果。要想促进体育社会学的学术发展，做好体育社会化工作，就必须把其放到复杂的社会关系和背景中去考察和分析，才能形成正确的认识，确立中国体育社会学的基本方法和学理。可见，把马克思主义社会学、实证主义社会学与传统“群学”相结合，才能找到中国体育社会学建设祖国的道路，解决、处理好各种关系与面临的问题，做出自身应有的贡献。显然，深刻了解这一点对于我们认识并从事体育社会化的活动具有十分重要的理论和实践意义。

**（二）中国体育社会化的逻辑取向与科学实施**

体育社会化是促进人与人的交往的社会进步形式，是推进社会规模发展的实现条件，是维持社会性质以及生产关系的实现基础。人不是抽象化虚构的“原子化的自我”，而是实现社会化交往的“现实的个人”，如要加强现实交往的力量、改变社会生活的存在状态，就离不开体育这个社会化的“媒介”。已有的研究证明，体育社会化是构建和谐社会、培育与弘扬优秀社会价值观和风气的重要抓手。

体育社会化是一个集合的概念，是由众多个体组成的抽象整体，存在着己与群的关系。也就是说，人以实际的、感性的体育社会关系作为他对象存在的确证，以体育活动的交往作为他生命表现的确证。人在体育社会化中的不断发展，可满足人的日益增长的精神文化需求，使人的精神世界、文化生活更加充实。有研究发现，体育社会化是公民产生公共意识的载体，帮助公民提升精神面貌、参与公共活动，激发社区活力。

体育社会化活动中的各种“交往”关系天然地潜藏着“各种资源”，需要对其开发、利用和配置，同时也涉及多种社会角色的协调。体育社会化既体现着个人和社会等关系的双重聚焦，又是人类从自然状态向社会状态转变的重要标志，是提升人类活动能力的根本途径。可以说，体育社会化活动中的社会“交往”关系，可减轻社会冲突，提升个人幸福感，促进社会文明进步。这种发展可建立自由人的联合体，使个人成为具有普遍交往和全面社会关系的人。显然，这些关系显证着体育社会化的“交往”存在着政治的影响，体育社会化的“交往”存在着经济的力量，体育社会化的“交往”存在着文化的弘扬，体育社会化的“交往”可发挥和提升人的能力，有促进社会改革和个体发展的功能。

精神、观念植根于物质的经济事实之中，是由社会生活所决定的。体育社会化的各种“交往”积累着社会进步的经验，是促进社会发展的动力，是赓续人类生命力的基石，是洞察、透视社会关系秘密的视角，是一种有别于物质资本和人力资本的重要的社会资本，它对提高社会竞争力和推动社会现代化起着巨大的作用。也就是说，体育社会化沟通着人与社会之间的关系，是人类的感知、动机和行为的衍生来源，是人类的社会体验和需求的反映。概而言之，体育社会化存有“社会生产体育，体育生产社会”的相互关系，只有在社会的发展中才能找到对体育的理解。这一点成为体育社会学的学说原理、学科的学术增长点。有研究者提出，我们有必要思考改革开放历程对体育社会进程的影响，以及这些影响推动了哪些历史演进。

历史唯物主义认为，“体育的社会化”是一个交往的概念，这一范畴蕴含着深厚的人本属性和社会的特质，揭示了人由于有了体育这个特殊的主体，才出现一个存在物的本质，并通过其他对象物显现出其与不同对象之间的关系。即人借助体育的社会化使其自身“价值可见”，通过“他者化的可知”的客观需要将个人与社会的愿景联系在一起，从而赋予个人生存以充盈的历史意义。人是社会关系的承担者，实践活动体现着社会关系，个人的发展从根本上取决于他直接、间接交往的其他人的发展水平，所以全面丰富人的社会关系必须从人的全面发展着手。

可见，没有社会做骨架的体育社会化的活动就没有广泛性；没有社会大众的参与，体育社会化不能成为生活的样式；没有丰富的表现形式的体育社会化就不能感动人。体育社会化已成为记录我国社会活动轨迹、研究时代问题、观察社会实践的重要载体之一。为此，正确认识体育社会学与社会的关系，准确把握两者的要义就成为必须的思考。也就是说，坚持“公共性的态度和立场”是体育社会化存在的前提，“把社会成员铸造为体育的个体”是体育社会化的特征，“动员许多人参与体育活动”是体育社会化的坐标，“不断采取新的形式”是体育社会化再活动的规律，实现“人民对美好生活的向往”是体育社会化的奋斗目标。

上述分析是我们了解体育社会学的“钥匙”，辨明了“体育社会化”不是一个抽象的理想，它以人的“交往”为根基，促进个人与他人的社会性的统一，实现人人联合，体现着对人的关系和社会关系的总结。辩证唯物主义告诉我们，实践之树是长青的，理论只有与实践相结合才会有生命力。曾经，法国“食品习惯及体重观察”研究小组，对法国北部加来海峡地区的6000多名居民进行了一项历时10年的研究，结果表明：患有肥胖症的女性大多数是文化水平很低的妇女，而文化水平较高的妇女发胖的可能性较小。为什么？因为高文化水平的妇女由于社会交往的丰富，更能意识到身体在生活平衡中的重要水平，因此更乐意进行体育锻炼。这一研究表明，人的全面发展依赖于各种丰富的、个性自由的、精神生活的展开。

根据布迪厄的社会学再生产理论，现代教育与社会各阶层具有密不可分的联系，其公益性涉及为哪些人服务的问题。由而引申出，体育社会化要想在现实生活中获得掌声，就要“接地气”，把体育文化自觉地和人的发展联系起来。要实现这一任务，需要从以下两个层面着手：一个是思想层面，着力阐明体育社会化的文化价值，讲清其在推进公民道德建设、安顿人生精神家园中的作用，落实体育社会化存在的真理意义和使命，让人民乐于参与。另一个是落地层面，处理好与中国梦相连的体育大国与体育强国的关系，构建体育社会化的新方式，壮大体育社会组织，提供公共服务，满足人民对物质文化的需要。

只有把抽象的定义全部纳入实践的形式，上升到具体的方法，事物定义的多种关系才能存在，才能统一。显然，体育社会学的构建，并非简单地从概念或理论的层面去解释世界，而是通过对客观规律的认识去能动地改造世界。因而，体育社会化的实施，要更多吸取社会生活的实践经验，遵循美是人的本质力量的对象化原理，给每一个人提供全面发展和表现自己能力的机会，促进人自由而全面的发展，为人们高质量的生活提供支撑。因此，实践是体育社会学的本质，体育社会化是其存在方式。两者不仅再生产着物质资料，也再生产着人的精神世界，使人成为一个总体性的存在，即把现实的人类社会再生产出来。

历史的逻辑从哪里开始，理论的逻辑就应该从哪里开始。显然，任何活动的实现和改造都是一个需要反复检验和不断完善的过程，任何发展都存有“不确定性”，都是存在“风险”的发展。因而，体育社会化的过程存有多种运动变化的客观趋势，存在着目标的假说与实践冲突的矛盾，需要对其理论和实践进行不断检验和完善。那么，推动一种观点、理论、范式、方法走向实践就是一种责任。所以，对中国体育社会学的论说，可为建设美丽中国提供落地生根的学理，为体育社会化的解析打造一个化理论为方法、化理念为实践的桥梁，实现“国家强盛、民族复兴、人的发展”。

## 三、中国体育社会学发展的新取向

现代自然科学和社会科学的发展历程表明，科学理论的产生往往是从研究方法开始的，正确的研究方法是产生科学理论的先导。因此，“研究方法”就成为学科认识社会、改造社会的武器，成为推进学术发展的阶梯、认识事物客体的途径和手段。研究方法是联系研究主体和研究对象的桥梁与纽带，是推动学科走向创新的重要举措，具有举足轻重的作用。基于此，下文以“论体育社会学百年难题——‘社会预测’的实现”为题，对其进行梳理分析，以为中国体育社会学在新时代的前行提供支撑。

要实现中国体育社会学新时代的新发展，要素驱动、创新驱动是关键。这就要求我们从求新的角度考察母学科社会学在“社会预测”理论方面的发展，梳理社会预测的历史脉络，明晰社会预测的科学价值与作用，提出当前体育社会学“社会预测”理论构建的中心要义，为体育社会学的持续发展提供前瞻性的洞见和理论支持。抓住社会预测在新时代的机遇，有助于推进中国体育社会学的理论发展，有助于提升中国体育社会学的话语权，有助于中国体育社会学更主动地把握时代发展的潮流，更好地服务中国社会的发展，在新领域做出更大的贡献。

### （一）社会预测的价值与意义



“预测”可从前因而知后果，对人类社会未来将发生的现象进行逻辑化和科学化的事前思考，可预先为前行某一设想与布局提供预言和判断，因而“预测”一直以来都是重要的科学方法。如以 F-Score 等为架构集中统计量，以 DIKW 模型揭示数据与信息、知识、智慧之间的区别与联系，把定性、定量与经验合为一体。社会预测的基本含义是指对某一事物事前进行推测或测定，使其少走弯路避免损失。其理论要义同气象学对天气自然状况的“预报”一样如出一炉。也就是根据过去和现在的已知因素，运用科学的知识、经验和方法，对某一事态进行预先估计，并对事物未来的发展趋势做出估计和评价，从而实现从认识部分到理解整体、从描述过去或现在到预测未来发展的可能。

在今天看来，其学科价值既有思想性，也有科学性。为什么这么说?因为，“预测”既可为未来体育建设提供判断、测评，为实现体育高质量发展提供一个可行的测度指标，以增强体育发展的稳健性与持续性；也可为我们描绘出未来体育发展的景象，预见未来体育发展的趋势和状态，为体育人口的增长、消费偏好变化等提供解说；还可以有效识别与破解未来所要面临的问题、挑战，为我们排除发展中出现的矛盾提供科学性的支撑。也就是说，“预测”可从体制视角、组织结构视角、发展形势视角，前瞻性地判断风险、迎接挑战、防范失误发生，使体育的行为、政策、技术、资源、目标等的设计与操作符合国家发展的要求，使体育的发展符合社会发展的期望，使体育的发展契合人民发展的需求。学者田毅鹏在《发展社会学研究的新取向》一文中提出：“社会学研究不仅应关注社会发展进程中的事后解释，更应该加强社会学发展未来性的预测研究，超前预测和解决城乡社会发展所面临的诸多问题，应成为未来社会学研究的新取向。”①

鉴于其重要性，“社会预测”就成为社会学的一项科学使命和研究对象。对科学新思想的追求和对新科学方法的实践，是当代科学发展最为显著的两个特征。因此，母学科社会学在“社会预测”理论方面的发展，为当前体育社会学“社会预测”理论构建的中心要义、为体育社会学的持续发展提供了前瞻性的洞见和理论支持。

### （二）社会学的研究现状与存在的难题

从学科史的角度来看，自孔德提出社会学以来，近二百年间，社会学家不断追求社会过程的意义与解释，试图为社会“差序格局”的分层与流动、公平和开放，分化和整合、异化与改造提供理论与指导。为建设一个

---

① 田毅鹏:《发展社会学研究的新取向》,《新华文摘》2021 年第 4 期。

让人人都享受美好生活的社会，形成一个能满足差别化需要的“社会共同体”，提供评估检验预测。社会学试图通过对人类的动机和行为进行分析，找到支配人类社会的规律，从而为人类社会构造出完美的社会制度。由于这一社会结构与社会互动的二重性观点具有实证主义与实证科学的基础，可有力地促进社会的发展，把人的认识从神学的万物有灵论和形而上学虚假解释的泥淖中解放出来，将社会的发展与科学结合在一起，因此，社会学就成为最具影响力的科学理论之一。

可是，从理论上看，无论是功能论、冲突论、过程论、符号互动论、批判论还是结构化理论，其研究成果中都存在有“过程性”无“前行性”的不足。为什么这样说？因为从社会学的任务与使命来看，其理论观点不外乎两点：一是为社会过程提供“解释”，即“事后评估”。二是为社会发展提供“预测”，即“事前预言”。可是对其二百年来的历史进行研究梳理可知，无论是国外还是国内，学科研究都是把社会现象和行为作为重点。可以说迄今为止，整个学科运用的主流方法，基本都是根据样本数据，通过统计模型来获得变量间两两关系的无偏估计量，确定自变量 X 与因变量 Y 之间的“共变”，分析这种关系是否具有统计学的显著性，明确已有的现象和行为对社会现实产生的影响或意义；而在对社会发展的“预测”方面，研究始终缺位，至今没有相关的成果问世。

目前来看，社会学的研究达到了科学要求和范式的通用化，无论“量”还是“质”都非常成熟，形成了多种理论以及方法和范式，取得了丰富的成果。但其成果只能为社会过程提供“解释”，在其另一个使命和任务——“社会预测”方面，并没有取得明显进展。直到今天，仍没有形成统一共同使用的规则、范式与通用的模式和方法。为什么这样说？因为从具体的研究情境来看，当前社会学的研究方法几乎都是建立在“反事实”框架下的因果推断之上。通过观察到的社会数据，探讨 X 的变化是否引起 Y 的变化，显然，这就把社会学的使命与任务都压缩进变量间两两关系的分析之中，即落脚于解释过程。这种研究方法着力于处理社会现象和行为的因果关联，探讨某一自变量改变后对因变量造成的影响，论证期望值与真实值之间的偏离，其理论方法的基础是“模拟”回归“过程”，解释在某一社会环节和资源的微观层面整合问题。而要对社会的宏观发展的设想与布局进行前期“预测”，这一“方法”显然无法完成任务。为什么？因为这种仅明确 X 或 Y 的一个变量的“关联分析”，只能解释社会微观层面的因果关系，难以预测社会宏观发展要面对的多元因果关系。



简而言之，这种方法对于识别单一的微观社会因果现象和行为是完全足够了。但要进行社会发展的“预测”，就需要深入社会的宏观布局和发展层面。这不仅需要获得社会现象或行为过程的时空内部的数据，还需要对时空外部的未知信息进行精确测量，这样才能为社会发展规划提供前行的决策和依据，显然该方法是准备不足的。因为从方法的角度看，要进行社会发展的“预测”，既要从历史数据纵向推测未来的数据，也要从局部数据横向推测数据。而这样研究方法不仅结构更为复杂、样式更加多元，其信息内容的多种分类更难以处理，也涉及“主观潜藏的指标”（如人们不愿透露）、“客观潜藏的指标”（如不易被直接发现）的样本及数据的获得与处理。而要获得社会发展“预测”的数据，需要满足高精度预测三大条件：大数据、大算力和大算法。由于科学方法的不足，对人类社会现象和行为进行预测的研究就被迫搁浅，被社会学家视为不可能完成的任务。如何实现“社会预测”这一使命，也就一直萦绕在一代代社会学家的心头。

**（三）体育社会学的研究现状与存在的难题**

从体育发展史的渊源上看，体育的任何科学发现和发明，任何理论的建构和提出，任何科学成果的应用和推广，都必然在一定的社会语境中才能形成与进行，必须在一定的社会语境中才能开花结果。受这一特征的影响，体育社会学也就应运而生，成为体育科学中最为显著的学科。从目的性看，作为社会学分支的“体育社会学”，同样也兼具思想启蒙和社会重建的功能，能够助力构建公平正义的社会秩序、促进社会和谐与团结。这一特性充分彰显了体育社会学的学科意义与实践价值，体育社会学也就在人类社会的科学发展中占有不可或缺的重要地位。

观察一个理论存在的价值，就是看它的知识可否由实证所检验。为了保证社会学的科学合法性地位，使社会学的内容与形式具有相应的确定性，孔德给社会学的存在设立了三种规定：一是社会学所有的事实，都是建立在经验主义和实证主义的数据基础上的。二是社会学的研究立论和方法的高级形式是科学，存在一种通用的可重复性。三是社会学是预测与说明一致性的理论，不仅要说明一种现象，还可以预测未来将要发生的该种现象类型的事情。显然，由于体育社会学是社会学的“孩子”，因而其总体思路、获得知识的途径和实施的方法均来源于社会学，那么为使其与母学科一致，也就把这三种规定视为体育社会学核心的方法论。但母学科“社会预测”的学理不足，也就同样出现在体育社会学的身上。

综观中国体育社会学的发展历程，可见其价值目标一直集中于两大主题：一是按照“重建社会”的目标，发挥其作为国家机器的一部分促进人的发展和社会进步，建设美好社会、美好生活的作用。二是按照“思想启蒙”的目标，增强人们对社会主义的认同和凝聚力，维护社会稳定，培育和铸牢国家发展、民族复兴的意识。显然，在其主题中未见对未来社会宏观发展的“预测”话语与理论。也就是说，数据和计量方法的限制使其不具备预言的力量。因而其理论和数据也极少出现在国家的发展规划之中，无法被用来为国家未来的发展提供预言、为未来政策的制定提供预判。为什么？因为对体育社会未来发展的预测同样具有高度的复杂性，需要有足够丰富的数据、足够强大的模型，以及足够强大的计算处理能力，受时代科学门槛的限制，中国体育社会学家也不得不和母学科的社会学家一样妥协，回归现实，把“过程”作为重点，解释某一微观社会现象，厘清因果关系。结果是，其分析结论在很大程度上仍不具有预言的效力，难以产生新的突破，在国家的宏观设想与布局或政策研究中难以发挥力量，在国家实质性发展方面没有话语权。①

**（四）社会预测的实现与研究现状**

“工欲善其事，必先利其器。”进入 21 世纪，随着信息技术的快速发展，5G、云计算、大数据等各种技术形态、媒介形态的变革和功能日新月异，推动互联网的使用和共享机制进一步健全。其海量的信息传输、交互和超时空的无限可能性，突破了多种传播的壁垒，激发了大众的表达欲望。从社会信息传播的机制来看，人际传播、群体传播、大众传播、组织传播等交叉叠加的复杂网络，已经深深地嵌入了整个社会结构之中。显然，这些方面的变化给社会学的发展带来新的机遇，可以说已成为社会学研究的重要组成部分和不可或缺的基础平台。在数据收集方面，出现了过程简化、成本降低、互动化加强的新方式、新场景。过去那种为一项研究调查耗时耗财却难以取得成果的模式，已经在社会科学研究中被逐步淘汰。这就为社会学家打破壁垒、破解难题，重启“社会预测”奠定了科学的基础。

从研究趋势来看，将“社会预测”与最新的科学信息技术相结合，已经成为欧美社会学家关注和思考的中心。梳理文献可知，该研究范式已成为当前国外社会科学的主流研究方法，由于欧美学界的数据跟踪和共享机制已经较为完备，因而大规模的跨度的社会预测的综合调查已覆盖了大量的研究课题。在国内，以中国社会科学院开展的综合社会调查（CGSS）为代表的共享数据也已连续进行了好几年，随着 QQ、微信等现代通信方

① 参见陈云松:《定量研究的价值、门槛与瓶颈》,《人民日报》2012 年 1 月 19 日。

式的普及，社会调查的问卷和数据所涉及的手段和方法的成本也越来越低，为体育社会学开展相关社会预测的研究课题提供了条件。至于在统计分析的难度方面，随着数据规模的不断扩大、计算机处理能力的飞跃发展、人机对话技术的成熟，获取成熟的数据已经不是主要问题。过去研究需要直面和解决的非随机的“内生性问题”，无法观测的“主观潜藏的指标”“客观潜藏的指标”等问题已经得到解决，排除模型设定中的非观测变量的方法已经比较成熟。过去令人担心的样本处理问题随着技术迭代，也已经不成问题。这就是说，体育社会预测已经不存在技术瓶颈了，分析者只要具备基础的概率统计和线性代数知识，就可以完成社会预测定量模型的一般分析。显然，这一趋势应引起我国体育社会学界的高度重视，应早日推介，及时跟上，否则学科价值就会大打折扣。

理解不只是一种复制的行为，也是一种创新的行为。“启发”新观点、新理论、新范式、新方法是一种责任。上文从社会学的历史脉络和学术价值出发，归纳“社会预测”的学科意义，说明“社会预测”代表了体育社会科学研究未来发展的走向，是创造新贡献的领域。社会学不仅有一个孕育、成长的过程，也有一个不断成熟、完善的过程。为此，对于社会学“预测”内容的探讨，就是促进体育社会学与母学科社会学展开交流对话，构建体育社会学的“中国阐释”，扩展中国体育社会学的“中国表达”，推动中国体育社会学的话语体系有所突破、方法有所创新、功能更加清晰、能力不断增强，从而推动社会的发展。

## 第二节　公共体育服务均等化的方法和途径

对公共体育服务均等化方法与途径的研究，可调动社会发展的力量，引导人们更加全面客观地认识自身，把人从“疲劳”中解放出来，把人的“热爱”释放出来，把人的能力激发出来，把人的力量纳入建设美丽中国的事业中去。基于此，下文对其意义、方法和机制等予以梳理与解析，以推进公共体育服务均等化落地生根。

### 一、公共体育服务均等化的意义

从体育的发展来看，改革开放后，随着市场经济与文化的繁荣，党和政府推进实施了“构建体育强国”的战略决策，这一变化无疑是历史性的，是重要的破冰之举。因为，它纠正了多年来我国体育发展中的失衡，从追求高水平竞技体育转向追求国民“幸福”体育。而“健康中国2030”的规划表明我国推动竞技体育与公众体育协调发展的新方向。显然，要贯彻好这个规划，改变我国体育社会化发展不充分、不均衡的问题，做好公共体育服务的“两个提供”，就必须认真学习好、深刻领会好、积极落实好以下任务。

**（一）认清公共体育服务均等化是推动体育大国走向体育强国的基础**

回顾1949年至今70多年中国体育政策的演进和走向，就会发现，由于受国情制约，多年来中国体育政策以竞技体育为主题。在举国体制下，中国竞技体育一路高歌，队伍不断扩大，费用不断攀升，水平不断提高，成绩不断飞跃。这对纠正西方国家对中国的偏见起到了显著的作用，为鼓舞国家改革开放、敞开胸怀，发挥了排头兵的作用，已成为国家软实力的重要组成部分。

然而，当我们以冷静、客观的态度来看待这一历史进程，把人的关系添加进来，就不难发现，这种面向国家的发展，显然不利于中国体育可持续地健康运行和发展。一个好的体育政策结构体系，应涵盖国家需要和民众需要两个方面，应该是竞技体育和公众体育两者的均衡与结合。一个好的体育政策结构体系，应该具有丰富国民生活的目的，为公众提供一种“幸福体育”的生活模式。

我们处在社会转型时期，很多矛盾在短期内不可能得到根本改变和解决。我们只能在相互矛盾的取向中达成最大共识，在相互冲突的利益中找到最大的共同利益。其结果是为解决旧矛盾又不得不制造了新矛盾。回顾我国体育发展历程可以发现，就体育政策整体而言，主要问题是没有考虑竞技体育发展和大众体育发展具有内在统一性的特点。因而导致公众体育发展出现困局，体育社会化“供给不足”“享受不均”的问题日益突出，公众体育需求的快速增长与国家公共体育服务不到位的矛盾日益突出，并成为新阶段建设和谐社会突出的矛盾之一，成为社会关注的焦点。

基本公共服务均等化是民主政治发展的前提，是社会稳定的基础，是建设和谐社会的重要内容。“逐步实现基本公共服务均等化”的目标，关注民生、重视民生、保障民生、改善民生，也成为党和政府工作的重点。为此，认清中国体育的选择和担当，就成为体育社会化发展观直面的任务。

**（二）公共体育服务均等化的使命与责任**

从目标性来看，关注人的生存境遇是公共体育服务产生的源头，人民的需要是公共体育服务存在的根本价值所在，推进公共体育服务是政府为人民服务的体现。推进公共体育服务让人民享受改革的成果，既是“中国梦”的重要内容，也是我国改革开放后社会进步和发展的标志，还是政府改善公民生活方式和提高生活质量的具体化活动。也就是说，体育社会化价值观的指向，充分彰显人的存在的全面性、丰富性、对象性，体现了党和政府“人民至上”“以人民为中心”的发展思想。正如党的十九大报告指出：“中国共产党人的初心和使命，就是为中国人民谋幸福，为中华民族谋复兴。”

社会关系决定着一个人能够发展的程度，政府的制度条件是人生存与发展的土壤。可见，政府的公共体育服务的行为及其成果涉及人与社会存在和发展的问题，影响着人的“世界观、人生观、价值观、发展观”，关联着政府内在的价值治理、组织结构、行政程序的运行过程，有助于解决我国人民日益增长的美好生活需要和不平衡不充分的发展之间的矛盾。显然，提升对体育社会化的认识，可为破解这一矛盾提供方法，处理好“人民生活与品质的关系”“体育社会化供给与质量的关系”等。《“健康中国2030”规划纲要》明确指出，实现国民健康长寿是国家富强、民族振兴的重要标志。

政府推进体育社会化，是对马克思主义“人的全面发展”理论的继承和发展。它旨在减少或者排除不和谐因素的影响，使人在运动中锻炼身体，放飞和洗涤心灵，滋润意志精神，宣泄心中郁闷，展示风采魅力；使人变得更加强壮、健美、欢乐、充实、高雅、健全，以更好的体力和心情来迎接生活和工作的挑战，正确对待与克服工作和生活中不和谐的矛盾，减少社会问题，维护社会稳定。显而易见，公共体育服务既是促进社会和谐的载体，也可成为疏导社会问题的有效手段。因而，公共体育服务的实施既是人的进化的客观需要和社会发展的需要，也是国家执政建设的需要。

实现公共体育服务均等化是我国政府对人民渴望过上“好日子”价值期待的应答，这种发展思想作为一种形而上的预设，必须借助于一定的载体方能实现，其中一个就是公共体育服务。公共体育服务蕴含的以人为本价值导向，可促进人的全面发展与社会和谐，实现人民过上“好日子”的愿望。政府服务的“公共性的态度和立场”，决定着“体育社会化”的活动基础与根本，体现着共同富裕的理念。可见，对体育社会的研究，既是一个重要的学术领域，也是一项政治层面的工作和制度。换言之，体育也是政治的产物，对其本质的理解与阐释，最终都受制于政治性的解说与定义。积极的公共体育服务供给，可激发人民建设社会主义的热情，促进社会可持续发展。正如马克思在《1844年经济学哲学手稿》中提出的，随着人类文明的发展，人将不断地从那种片面的和单纯的“占有”中解放出来，“以一种全面的方式，也就是说，作为一个完整的人，占有自己的全面本质”①。

**（三）政府为什么要做好体育社会化和公共体育服务均等化**

信仰、感觉、价值观既是政治制度的衍生物，又是政治制度的起因。一个好的政府系统学说，必须能揭示其组成部分的内部与外部的整合度，其方法是心系人民的。体育社会化的实践浓缩着政府的具体化行为，展现着“把人民放在心上”的思想。这就要求政府一方面要不断出“真招”、出“实招”，显现改革措施的含金量，让广大人民群众获得看得见、摸得着的“实利”，有更多的获得感；另一方面，要通过体育等文化娱乐活动进入社区，满足人民群众对幸福生活的向往，增强获得感，为社会的发展提供稳定的氛围。显然，唯有两者结合才能产生力量。诚如许嘉璐先生在北京大学文化讲座上的一句话：衡量我们国家的强大，不是几颗核弹、不是GDP，不是最高大楼在不在中国、最大广场在不在中国，而是最完美、最吸引人的文化生活在不在中国。而人们在接受某一文化形式所带来的愉悦享受时，也不自觉地接受了这一文化形式的审美取向和独特的人文情怀。

对事物的认识，不是从观念出发来解释实践，而是从物质实践出发来解释观念。体育社会化是人们生存必然的需求，形成着人与人的社会关系，随着人们的生活条件、社会关系和存在的改变而改变。党的十九届五中全会确定的目标是，“十四五”时期，基本公共服务均等化水平明显提高，到2035年，基本公共服务实现均等化，城乡区域发展差距显著缩小。那么，推动全民健身与全民健康的协同联动，加强全民健身场地设施的建设，落实国民体质监测，构建国家体育锻炼标准和全民健身制度就成为必须完成的工作。

可见，公共体育对于广大人民群众来说，不只是运动的形式或爱好问题，它更体现为一个民族的生活方式和社会发展的精神状态。其不仅含有“人”的发展，也含有“物”的发展；不仅孕育物质文明，也孕育精神文明；不仅是消灭两极分化的符号，还是实现共同富裕的一项重要的标志和任务。政府要做好公共体育服务均等化的原因，有以下方面。

其一，展开公共体育服务均等化在社会和谐向度的研究，是小康社会



① 《马克思恩格斯全集》第42卷，北京，人民出版社，1979年，第123页。

发展走向深入的需要。公共体育服务是一个联系社会向度、体现时代精神的社会活动集合，反映了国家的社会制度、发展模式、价值观念，国民的生活方式、意识形态、道德品质等社会形式，显示着今天中国社会主义市场经济发展中人的生存状况、精神现象、价值取向，体现着我国政治建设与发展的软实力。需要立足于新的实践，促进理论研究同社会发展的要求紧密结合，才能具有强大的生命力和影响力，才能实现自身的价值。

其二，我国是从传统的计划经济向市场经济转型的，市场经济从某种意义上说就是货币经济。当代中国人需要培养成熟的、健康的社会观、价值观和文化观，要认清市场经济与人性、市场经济与自由、市场经济与人的交往、市场经济与社会进步的关系，要学会竞争，要懂得尊重对手、承受失败，学会游戏规则。而体育作为一种社会文化现象，是一种教育、一种精神修养、一种文明，也弘扬着一种人生的态度，是学习人生的最好手段之一。

其三，对党和政府而言，与公共体育服务均等化相连的是一种执政思维、一种理念，是爱民、富民、亲民的政治法则在公共领域里的运用。循着公共体育服务均等化的路径，我们感悟到和谐不是空洞的口号。正如亚里士多德在《政治学》中提出的：好的政体，必须是能使人人尽其所能而得以过着幸福生活的政治组织。

## 二、精准构建公共体育服务均等化的保障机制与方法

好的制度会引导更多的人朝着一个特定的方向行动，一般来讲，参加体育等活动的人越多，社会发展的文明程度就越高。为了落实公共体育服务均等化这一任务，下文将从怎样谋划、怎样保障、怎样改革实施等方面，对精准构建公共体育服务均等化的保障机制与方法进行解析与论说。

### （一）科学谋划公共体育运行的路径

党的十六大以来，党和政府从人民群众最关心、最直接、最现实和反应最强烈的问题入手，在推进以民生为重点的社会建设及公共服务体系建设，促进基本公共服务均等化等方面，提出了众多新观点和新思路，反映了社会主义民主政治的基本内容。如党的十六届六中全会提出加大对欠发达地区和困难地区的扶持，中央财政转移支付资金重点用于中西部地区，尽快使中西部地区基础设施和教育、卫生、文化等公共服务设施得到改善，逐步缩小地区间基本公共服务差距，逐步实现基本公共服务均等化。党的十七大提出加快推进以改善民生为重点的社会建设。到党的十八大提出扩大公共服务，并将人人享有基本公共服务作为让人们共同分享发展成

果、促进社会公平正义及构建和谐社会的重要内容和基本途径，作为2020年全面建设小康社会的基本目标之一。党的十九大进一步强调，必须把提高供给体系质量作为主攻方向，深化供给侧结构性改革。

为此，以制度手段刚性推进政府职能转变，实施公共服务标准化、均等化、普惠化、便捷化，就成为当前我国改革发展的重要内容和重要目标。一是对国家而言，以标准化促进基本公共服务质量提高，实现基本公共服务均等化、普惠化、便捷化，这既是建设高质量服务型政府体系的核心内容，也是国家现代化的标识。二是实现体育基本公共服务“四化”既是体育强国的表现形式和灵魂，也是推进高质量服务型政府建设的取向和态度。因而，如何逐步实现体育基本公共服务“四化”也必然成为当前中国体育改革的重点和难点之一，这也是构建体育强国亟待回答的重大理论和实践问题。

改革不是推倒从来，是为了更好地发展。显然，做好公共体育服务均等化工作对于“实现让改革发展的成果更多更公平地惠及全体人民”的目标十分重要。用基尼系数等指标工具来分析我国社会的现实，可以发现三种具有不同社会意义的变化。一是收入的普遍提高体现了全民生活水平提高，二是收入差距的拉大体现了社会不平等的结构，三是准GDP发展论造成老百姓不能充分享受改革成果。这种差距影响着社会的稳定与人民对党和政府的信心，告诉我们任何发展都不能以牺牲人民的利益为代价。苏联解体、东欧剧变的事件告诉我们，没有人民支持的政府必定走向垮台。

人的经济条件是有差异的，但人格人权的平等则要求体育活动应当具有公平对应的结果。可见公共体育不仅是一种实践理念，同时还是一个实实在在的、具体可行的实践框架，那么推进体育强国建设，实现公共体育服务均等化，就成为促进社会稳定和谐的一件大事了。国家体育事业如何通过构建体育强国和推进体育基本公共服务均等化的政策引导，提高群体的稳定度和促进社会和谐，应是制定体育指标和体系不得不涉及的重要方面和内容。《国家新型城镇化规划（2014—2020年）》《体育强国建设纲要》《“十四五”体育发展规划》的相继提出，加强公共文化、公共体育等设施的建设，创新公共服务的供给方式，扩大了政府购买服务规模，实现供给主体多元化，强化了体育公共服务职能，落实全民健身国家战略，构建更高水平的全民健身公共服务体系，满足了人民日益增长的美好生活需要。正像“古巴国父”菲德尔·卡斯特罗的一句名言：体育不是少数人的特权，而是全体人民共有的一种权利，对人民来说，体育是生活标准、是福利、是健康、是幸福，也是荣誉。[①] 显然，只有这样我们才能准确地把握当前中国由体育大国向体育强国转变的发展形态，完成时代赋予我们的使命和任务。

### （二）精准构建公共体育服务均等化的保障机制

进入新时代，随着我国社会主义现代化进程的逐渐深入，公共服务供给能力和均等化水平得到大幅度的提升。提升民众社会生活的发展水平，就不再像过去那样仅仅被理解为未来的理想，或者是探讨的逻辑起点，解决这一以不平衡不充分为特征的矛盾就成为当下需要加以思考的问题。因此，探讨“公共服务精准化”的价值意蕴，就成为建设服务型政府的根本特征之一。打造精准识别、精准供给、精准管理、精准评估的治理机制，就成为保障和改善公共体育服务的基本方式。也就是说，推进体育强国建设，实现公共体育服务的精准化和均等化，是完善公共服务型政府的重要内容。

资料显示，目前公共体育社会化基本服务“供给不足”“享受不均”的问题，与政府基本公共服务制度缺失、思想认识不足有关。为此，构建体育强国和推进公共体育服务均等化，关键在于通过政治体制改革，加快制度创新，强化公共服务职能，提高政府的公共服务能力，充分发挥政府、市场和社会在体育公共服务供给中的作用，为社会成员提供方便、快捷、优质的公共体育服务。依据《“十四五”体育发展规划》和《体育强国建设纲要》，落实全民健身国家战略，推进健康中国建设，构建更高水平的全民健身公共服务体系。也就是说，只有真正落实建立惠及14亿人的公共体育服务体系，才有望解决问题。

为此，按照相关规划目标，从实践效用上，要努力改变公共体育服务面临的供给主体单一、服务方式落后和价值导向行政化等现实困境，以及城市居民需求的快速发展与公共体育服务资源和条件相对滞后的问题。即在运作层面上，利用已有的条件和资源，借助大数据技术，精微识别民众的需求，精心设计供给方案，精细提供具体服务，精准评价服务效果，结合政府购买，解决公共体育服务资源的不足问题，尽力保障广大社会成员公平分享体育基本公共服务的成果。

总之，《“十四五”体育发展规划》和《体育强国建设纲要》的落实不但可保证社会公平正义和社会和谐，同时也在缩小城乡、区域发展差距中发挥重要的作用。公共体育服务均等化也是中国保持经济可持续增长和社

---

① 转引自陈久长：《我记忆中的菲德尔·卡斯特罗》，《纵横》2016年第12期。

会可持续繁荣的重要条件。因而，推进公共体育服务均等化，不仅包括国家体育总局自身机构和职能的演变，而且还涉及国家体育体系的政治体制、行政运行机制改革、功能界定、行为规范等广泛的领域，应是国家体育总局不可推卸的责任和治理的重要内容。

**（三）公共体育服务均等化的建构途径与改革方法**

1. 坚持改革、统筹兼顾、提高效益，完善举国体制，提高体育强国建设水平

北京奥运会的巨大成功再次证明：举国体制是符合中国基本国情、具有鲜明中国特色的竞技体育发展模式，是我国竞技体育得以快速发展、取得辉煌成绩的成功经验。一定要坚持下来，继续发扬光大，但切不可以举国体制的发展代替或停止其他模式的发展。要实现科学发展，统筹兼顾，促进竞技体育和公共体育的协调发展。要在认真总结经验的基础上，进一步调动社会各种资源，完善举国体制，调整布局，向金钱要效益，向科学要发展，提高优势项目，加快弱势项目的整体进步，才可能最大限度地发挥举国体制的号召力、凝聚力和战斗力。也就是说，在坚持并完善举国体制的同时，也要居安思危。要有危机意识，积极探索市场经济条件下的竞技体育发展模式，通过改革来完善举国体制。因为这种体制在充分发挥其优越性的同时，也存在很不利的一面，如国家投入太多、费用太高、成本太大等。正如学者张洪潭所顾虑的那样，一旦举国体制被纳税人投票否决，或者国际奥委会遵循奥运理念而杜绝举国体制的介入，那我们还能不能保住已经取得的奥运强国的地位？①

显然，“举国体制”代表的是一个整体，它不仅包含竞技体育水平，还应当包括公共体育社会化的服务水平等，只有公共体育服务的水平上去，才能称得上真正的“举国体制”。为此，中国的举国体制必须在统筹竞技体育和公共体育协调发展上找出路，在实现公共体育服务均等化上下功夫，才可为构建和谐社会提供动力和合力，确保社会主义可持续发展。正如习近平总书记在 2014 年南京青奥会开幕式的致辞中所说的：“体育是提高人民健康水平的重要手段，也是实现中国梦的重要内容，能为中华民族伟大复兴提供凝心聚气的强大精神力量。”

2. 以人民为中心，健全公共体育服务机制，提升人们的生活质量

虽然竞技体育成绩是衡量体育强国的一个不可缺少的标准，但是我们必须清楚地认识到，这不是唯一的标准，也不是决定性的标准。衡量一个

① 参见张洪潭：《北京奥运启示录》，《体育与科学》2009 年第 2 期。

国家的体育水平，金牌是一个方面，更重要的是，还得看这个国家的国民体育开展得如何。即使没有金牌，相信只要公共体育做得好，同样会获得世界的尊敬。西欧、北欧一些国家在公共体育服务方面的做法在今天仍然被世界推举为典范。为什么？因为在任何一个社会，竞技体育永远是少数人的运动，公共体育服务应占绝对地位。受国情制约，我们不得不暂时在运作导向上使竞技体育处于领先地位，导致公共体育只能"尾随跟进"。但今天我们有能力了，就应该从实际行动上落实这件事了。对此，学者赵瑜指出："如果说忽视竞技体育就失掉了国际比赛中的金牌，那么，忽视国民体育就会毁掉整个民族健康生存的环境。"①

那么，从"全民健身"和"奥运争光"两大计划的实施过程来看，两者至今都不是并重的，"奥运争光"一直被放在中心地位，体育行政部门为此投入了绝对优势的精力和财力。相比之下，"全民健身"的发展还是比较缓慢，虽然有人已经意识到了此问题的重要性，也将"全民健身"提到了前所未有的高度："从体育大国向体育强国迈进，我们就要以人为本，更加注重群众体育事业的发展。"② 但解决问题的关键是建立保证公共体育服务的财政制度，建立以国民体育制度化、常态化、生活化为导向的干部考核制度和绩效管理评价体系。正如《左传·昭公十年》所说："非知之实难，将在行之。"

3. 建立一体多元参与机制，改革完善公共财政制度，着力解决公共体育服务不到位的问题

随着市场经济体制的不断完善和政府职能的转变，国家与社会、政府机构与民间组织的关系出现重大变化，公民社会日益成熟。通过政府—市场机制—民间资本之间良性互动的模式，可以优化公共体育服务体系，着力解决公共体育服务不到位的问题。当前，以政府为主导的公共体育服务供给的多中心治理模式已经初步具备了组织与资源基础，有以下做法供参考。一是调整财政支出结构，落实各级政府公共体育服务辖区财政责任，确保新增财政资金的一部分能有效投向体育基本公共服务。二是理顺政府、市场、社会三者之间的关系，形成公共体育服务多元参与和补充机制。三是清除社会资本进入的障碍，打破政府供给的垄断性，消除寻租性，营造有利于各类投资主体公平有序竞争的市场环境，解决资源配置不足的问题。四是以效率目标、质量目标、满意目标为引领，强化服务监督，促进市场机制完善，改进公共体育服务的设施，提升平台服务功能。

---

① 赵瑜：《强国梦——中国体育的内幕》，北京，作家出版社，1988 年，第 124 页。

② 朱凯：《从体育大国向体育强国迈进》，《人民日报》（海外版）2009 年 1 月 27 日。

物质生活的生产方式制约着整个社会生活、政治生活和精神生活的过程。当前我国公共体育服务均等化发展面临三大任务：第一，以多层次的公共服务制度，实现公共体育服务广覆盖，把“保基本”这一原则落到实处；第二，以多样化的方式和手段，逐步推进公共体育服务一体化制度的建设与落实；第三，通过政府—市场—社会的良性联动，解决供给与消费两端的不足，让公共体育服务活起来，实现公共体育服务均等化。也就是说，由于当前我国公共体育服务均等化程度还比较低，分三步走有利于把握工作重点，逐步实现公共体育服务均等化。

4. 以“获得感、幸福感、公平感”为指引，分类推进公共体育服务均等化的实现

一是从理论层面，厘清当前我国政府与非政府组织之间的公共体育服务均等化发展方向与工作内容，具体包括：（1）我国政府与非政府组织在公共体育领域发展的范围与机制。（2）我国政府与非政府组织在公共体育发展中的方式与要求。（3）我国政府与非政府组织对公共体育服务效能的评估与监督。（4）我国政府与非政府组织提供公共体育服务的基本理论、性质、特点、服务主体、服务对象、服务内容、产品类型、供给方式与途径等。（5）我国政府与非政府组织提供公共体育服务体系的指导思想、基本原则、总体目标、层次目标、内容结构、总体框架、运作机制及制度安排等。

二是从机制层面，建立和完善公共体育服务组织供给的机制，提升人民对公共体育服务的满意度，具体包括：（1）健全政府公共体育服务的职责标准和监督机制，解决公共体育无问责、无监督的问题。（2）建立社会体育辅导员制度，提高科学健身水平，保障公共体育市场服务的供给机制与服务绩效。（3）建立一主多元参与机制，即以政府为主导，构建政府、企业和社会组织的多元化参与、对接、协同机制。着力调节政府供给、配置的服务体制和机制与服务主体之间的关系，解决机制体制僵化、资源配置扭曲、供给主体之间关系失调的问题。通过共建、共治、共享，促进公共体育服务供给权责协调统一。整合社会与市场等多元主体的资金、技术、智力、人力等资源，把分力变成合力，解决政府在公共体育资源的“量”和“质”难以满足社会对多元公共体育服务的需求这一难题。

三是从对策层面，处理好政府、企业、社会三者的关系，提高公共体育服务供给的质量与效率，这是我们的逻辑出发点。为此，要结合体育强国的奋斗目标，以“供给侧结构性改革”思想为指引，以处置、解决问题的直接性和有效性作为改革的选择标准，做好以下三个方面工作。一是体育政策的构建要从政府的一元转向与社会多元的结合，解决好体制运行低

效、供给主体单一的问题，最大限度地激发市场活力和社会创造力。二是要精准识别需求，匹配供需关系，将制度完善与技术创新相结合，实现公共体育服务需求信息共建、共享、共治，提高公共体育服务均等化水平。三是要从治理、管理走向服务，建立科学合理的公共体育服务的评估体系，增强公共体育供给能力与服务能力，更好地满足人们多层次、多样化的需求。

总之，在公共体育服务的实施过程中，既要满足个性发展对社会文化建设的需要，又要创新机制，打造优质服务体系，推动政府职能转变，动员更多的力量，鼓励不同社会群体积极参与，提高公共体育服务体系效能。所以，克服困难，从体育大国走向体育强国，使广大人民群众接受体育活动、参与体育活动、提高体育水平、享受体育快乐，同时借助这一过程满足人民群众的精神需求，这对促进人民大众广泛参与我国新形势下的社会建设是具有重要意义的。

5. 做好社会体育人才的培养，实现公共体育服务可持续发展

20 世纪 90 年代，北京体育大学首开先河，设立了社会体育专业，至今已有 30 多年了。从背景上看，其专业的适时建立，一方面来源于人们对物质生活不断增长的需求；另一方面，随着对外开放的不断扩大，人们的个体意识快速发展，产生了对多元精神文化的需求。从事体育运动的目的也从基本的增强体质转向丰富闲暇生活、调节社会情感。正因为如此，社会体育专业得到了快速的发展。可是在取得显著成就的同时，我们必须清醒地看到，社会体育培养的人才并没有真正进入、融入中国社会现代化进程之中，发挥社会体育指导员的作用，这在就业市场中表现得尤为明显。导致社会体育专业出现上述不足的原因有以下方面。

其一，社会体育专业的人才没有融入国家制度体系，没有制度的托举，就不能解决好人才接纳不畅的问题。无论从哪种途径或理论出发，都不可能有效化解社会体育专业学生招得来、出不去的困境。

其二，社会体育专业的职业化路径不清晰，很多人不明白、不清楚，甚至一些政府官员都认为这专业是可有可无的事情，致使社会体育专业的毕业生能真正成为社区体育指导员的寥寥无几。

其三，社会体育专业的基础不够牢固。西方社会服务的组织是自下而上的发展，而中国社会体育专业的诞生与各高校扩大招生有一定的联系。也就是说，其出现是为了满足高等教育专业发展的需要，而不是社会对体育专业服务的实际需求。

其四，相当一部分社会体育专业的毕业生存在着能力不足的问题，造

成这种状况的一个重要原因是各高校社会体育专业的任课教师基础理论知识与技能薄弱，大都没有体育学科的知识，难以给予学生深层次的指导，实现专业培养的目标。

那么，该如何解决上述供求不对称的问题与不平衡的矛盾，突破当前的困境与瓶颈，有效遏制社会体育人才培养的浪费呢？一是找到有效抓手，使其成为推动全民健身活动的动力。处理好社会体育专业的毕业生与社会体系与机制的接轨问题，确立其主体性、能动性与社区组织的配套与对接，取得社会的认同，融入国家公共服务体系。二是明确专业化服务目标，建立职业标准考试机制，提升社会体育专业的办学质量，解决“自说自话”的现象。加强专业的实践磨炼，实现人才培养与社会工作的有效融合，推使社会体育专业与职业制度化、规范化和科学化全面融合。三是从制度设计上取长补短，建立职业准入体系，明确专业资格的门槛，在薪酬水平和工作职责方面制定相应的标准。建立多元协同、联动发展的机制和体制，按社区发展的需要形成不同的模式并与专业特色相结合。做好社会体育人才的培养，实现公共体育服务均等化。

## 小　结

综上所述，社会体育既是改进社会、稳定社会的一种力量，也体现着一个国家的民族精神、社会面貌、生活智慧；既凝练着国家的政治观、民族的文化观、人民的生活观，也展示了“各美其美、美人之美、美美与共、团结友爱”的社会样态。因而，对其进行研究不仅可以激发民间体育和传统养生体育的活力，也可打造出建设现代社会所需的精神价值、社会价值和物质价值。所以，社会体育不是一个单一的概念、单一的结构体系、一个固定不变的状态。要想学科不变色、不退步、永葆先进性、始终成为服务国家发展的重要力量，就需要以先进文化责任提醒自己，不断进行有深度的研究，推进自身与时俱进。

**思考题**

1. 简述中国体育社会学与西方体育社会学的区别。
2. 中国体育社会化的逻辑取向与科学实施是什么？
3. 中国体育社会学发展的新取向是什么？
4. 怎样实现公共体育的可持续发展？

# 第七章　体育文化论

【本章摘要】

一是以民族性和现代性寻觅和展示体育在文化方面的使命，唤醒文化自觉，传承民族品格。二是辩证分析中外体育的影响与得失，树立学习先进文化的思想。三是辩证地掌握文化传承与变迁、文化调适与冲突、文化创造与发展的关系，更新观念，提高文化建设的自觉性。

【本章内容结构】

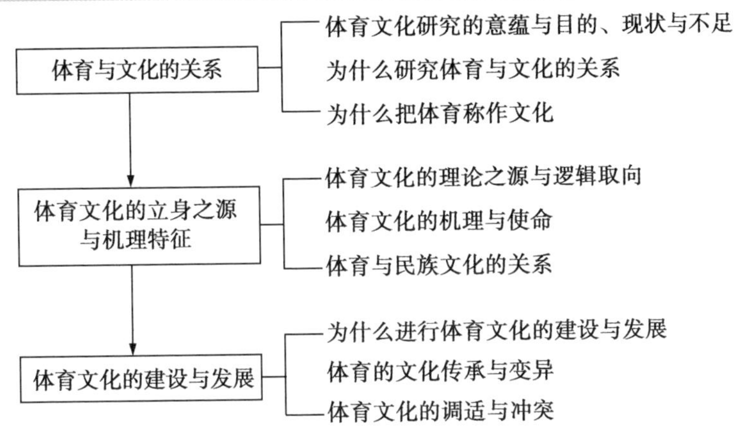


【本章理解】

1. 领悟体育文化的目的、责任与使命。
2. 理解体育文化软实力建设的作用与意义。
3. 思考体育文化建设与发展的方法和途径。

文化是人类生存的基础、发展的动力，是情感、信仰、精神、血脉的表达系统。人类文明进步的历史表明，文化是人类从自然状态走向社会状态的标志，是人类思想道德生生不息的资源。文化是一个民族在前进征途中抵抗风雨、摆脱挫折，不放弃、不退缩、不止步，化压力为动力，变挑战为机遇的百折不挠的力量。因而，文化是为国家立心、为民族立魂的沃土。没有先进文化的引领，一个民族不可能屹立于世界民族之林。当今时代，文化在综合国力竞争中的地位日益重要，谁占据了文化发展的制高点，谁就能够更好地在激烈的国际竞争中掌握主动权。一个经济发达的国家往往也是先进文化的领航者，一国文明的生成必然是先进文化理念相互作用的结果。体育是民族文化的品牌与典范，具有榜样示范、引领带动、促进社会繁荣的作用，是一个民族健康发展不可或缺的载体。因此，发掘与讲清体育教育人、鼓舞人、感染人的品质，凝聚共同理想，建设好社会主义，是时代赋予我们的历史使命。

## 第一节　体育与文化的关系

人类社会的发展绝不是一大堆偶然事件的堆积，而是一个有规律的运动过程。“一个种的整体性、种的类特性就在于生命活动的性质，而自由的有意识的活动恰恰就是人的类特性。”① 从体育与文化的关系来看，文化是人与环境相互作用、相互影响的产物，是集体记忆的结果。为此，任何民族的历史性发展都必然伴随着文化的崛起，只有精神觉醒的民族才有能力摆脱干扰，走向繁荣。从历史演进的历程来看，文化内蕴着一个民族生活的记忆、劳动的痕迹，也就是说，文化是一个民族精神和风格的表达，是一个民族赖以存续和发展的根和魂。中华民族要强起来，文化就要强起来。思想家们普遍认为，文化里面储存、蕴藏着一个民族的语言知识、信仰道德、经验智慧、精神谱系与历史演进的特征，是推动该民族不断扬弃自身的发展动力。体育独具特色的技艺来源于民族传统文化的流传，内蕴着深厚的文化底蕴。可发动这种文化的力量，展现自信、自立、自强的活力。它特有的精神力量与特性，不仅可以把中华民族团结起来，也可反映国人从自然性走向社会性的改变，成为人的发展和社会建设的基础。

---

① 马克思:《1844 年经济学哲学手稿》,北京,人民出版社,2000 年,第 57 页。

## 一、体育文化研究的意蕴与目的、现状与不足

理论自觉的根本标志，就是用概念的逻辑去理解、把握、描述这个世界的运动本质和规律。一个正确的认识需要由实践到认识，由认识到实践这样多次的反复才能够完成。由于人与人之间具有共同的属性、相同的价值追求，因此形成了“生命共同体”“命运共同体”的生存关系。那么，要想在这个生存主体中与他人和谐共生，人类就必须服从于这个主体的社会秩序，遵循相同的生活习惯——文化，否则人类就没有生存和发展的条件，因而文化就成为衡量一个国家最重要的指标之一。文化是社会秩序的基础，社会是在文化中发展的，在生产中前进的。显而易见，文化是处理人与自然的关系、人与他者的关系、人与自身关系的根本遵循。由此可见，文化不是一个一般的意识概念，而是一个“民德归厚”的表现形式，促进人与社会的发展是其显著特征。其不仅掌握着社会关系的终极解释，也蕴藏着人类社会文明的走向，是评价和规范人类思想和行为的标准和尺度。所以，文化是一个广泛的历史范畴，存有个别和一般、属和种的社会表现，既体现着一个社会的生活质量，也丰富着一个社会的精神世界，还维持着一个社会的和谐稳定。除却历史，无从谈文化，除却文化，无从谈体育。可见，体育的历史过程既包含着社会文化的内涵性质、基本矛盾、基本规律以及发展趋势等内容，也体现着社会历史发展的新特点、新变化、新要求。文化是体育存在的载体，它不仅表现着人类全部历史的过程，也是人类意识、生活方式、劳动方式、习惯方式的集合。

任何事物的话语都嵌入着自身历史的内生性的基因。从价值主体上看，体育根植于文化的土壤，传递着文化的价值观，体育是在文化的关系和文化的实践中形成、发展的。体育的思想是从文化资源中产生的，体育的技术是从这种资源中获得的。文化就成为体育反复吟咏的母题，两者存有水乳交融的内在关系。故此，体育具有可使“天下为一家”的文化特性、“为社会立俗”的文化功能，是人在世界上存在不可或缺的方式，是社会存在不可或缺的基础。其不仅深刻地表现着人类文明的进程，也是创造新生产条件和人类新生活经验的来源，既是一个民族文化建设的核心内容，也是一个国家精神谱系建设的重要组成部分。

学科文化是学科在运行和演进中基于自身知识、学术特点形成的价值与思想体系，代表着其特定的学科认识与研究进路。它统摄着学科内部学术活动的伦理规范与精神指南、发展路径和行为机制，规训着知识范式和运行模式再生产的标准。任一体育活动都具有超越性的概念，它无高低之

别，可以与任何对象（经济的、政治的、社会的、生产的、生活的等）建立关系并相互转化。任一体育活动都推动着社会的发展，体现着生命的追求。故体育文化也是社会存在的根本、自我认识的根本，是解读人类文明的钥匙，是构成“人们的生活条件”“人们的社会关系”“人们的社会存在”的重要因素和力量。国务院办公厅印发的《体育强国建设纲要》把体育定性为促进中华民族伟大复兴的标志性事业。

历史发展表明，由于体育具有“形于手足、情动于心”的特点，承载着文化的“审美对象、审美主体、审美活动”等三大形态，体现着文化的一切对象和特性，蕴藏着人处理世界问题的态度、原则和诉求，可为人类生活目标的树立提供指引。随着文化性的萌生、传播与发展，体育产生了概念、理论、体系，逐渐形成了一个由认识价值、审美价值、教育价值、娱乐价值、社会价值、经济价值、政治价值等共同组成的系统。显然，这些文化基因极大地丰富了中国体育话语体系的表达，体育不再只是一种技能活动，体育从注重对客观运动技能方法的研究，转向注重他律现实世界与社会建设的营构，成为一种影响广泛的社会活动。

也就是说，体育文化的研究，使中国体育从“健康”“情感”两个基本形式，走向了“社会”与“时代”的多重关系。这一觉醒使中国体育超越了以往的视野与格局，面向现实生活、解决人类面对的问题成为中国体育始终不渝的追求。体育可为人的幸福生活提供支撑，可为塑造国家竞争力奠定基础，可为提升国家地位发挥力量。文化是彰显生命力量的源泉，给予体育激情与能量。总之，体育是从文化的性质中生发出来的，也是以文化的性质为依归的。

“体育文化”已经成为社会、学界、媒体频繁使用的词语，是时代发展和社会变革的话语切入点，具有公共示范的意义。其已成为中华民族思想的一部分，被人民大众认同，是启蒙社会价值观的种子，是民族安身立命的重要支撑。可见，其不仅是学科组织、学术发展的研究对象，也是推动社会发展的力量源泉，还成为衡量人民生活样式的尺度，是加强社会思想建设的钥匙，是推进国家认同与发展不可或缺的精神纽带。因此，体育文化的研究不仅具有历史研究和理论研究的双重属性，还具有共时化、社会化和公共化的特点，具有特色化、差异化、多样化、生活化等诸多形态。那么，按照《“十四五”体育发展规划》中“高质量发展”的要求，《体育强国建设纲要》中“强化体育领域思想引领，促进体育文化健康繁荣发展，展示国家文化软实力”的要求，就必须自觉推进体育与文化的关系。为什么？因为体育学科的形成来自自然科学与人文科学的结合，其学科定位来自两者的底色和基因，其发展受两者的影响与推动。

理论并非现成地摆在那里的东西，需要通过创造性的诠释才能够呈现出来。那么，要实现《“十四五”体育发展规划》和《体育强国建设纲要》的“两个目标”，推进中国体育由传统单一目标的“低阶文化”走向新时代多元发展的“高阶文化”，就必须从体育内部寻求动力，发展出新精神、新关系，才能建设出高水平、高层次的文化，从而回应社会发展变化带来的新需求、新关系、新格局，既找到实践的基础，也找到理论的基础，把一个抽象的物还原为一个真实存在的社会关系，建构出体育社会发展的存在。研究发现，对体育文化的诠释已成为现代化发展的软实力。

当前存在的不足，体观为对体育文化的全过程缺乏“俯瞰全局”的解释、论证、整合。公式化的表述、简单的解释，没有把该表达的东西表达出来，导致文本失色，没有充分发挥出其完整意义。也就是说，没有体现出体育文化在认知体验、价值信念、行为意愿方面的关联；没有彰显出体育文化是“有意识的类存在物”，是以明道、传道为追求，以求道、悟道为根本；没有表明体育因文化而产生，也会因丧失文化而衰亡这一逻辑原点上的学理意义；没有依托丰富浩瀚的文化资源构建出具有中国特色的体育文化体系，提升中国体育文化软实力，为世界体育文化提供中国智慧和中国经验。可见，有必要对其进行一次较为深刻的“总体”分析，找出其一般本质、特殊本质，推进学科体系完善和发展，以体现出体育是文化的化身，是体现者、继承者、担当者。

一切艺术都是宣传。从话语形态上看，我们没有为体育文化构建一个具有许多规定和关系的丰富总体，以揭示它是许多规定的总和，是多样性的统一；没有厘清文化与体育的关系，没有说清体育为什么需要文化、文化为什么需要体育；没有说明体育软实力的建设取决于文化的品质，体育硬实力的发展取决于文化的应用；没有证明体育文化的多源和多维与社会的关系，没有提炼出体育文化的本质是交流与交往、开放与共享，没有阐明体育文化的功能是追求美、体现美、感悟美、贡献美；未能通过对其存在的形态的透视及内在诸要素的扫描，在体系内分别建构起相应的类型、范式，依照谱系学的分析方法，把其空间、时间、结构放置于一个框架体系内，并按要素构成的逻辑、结构、层级、特征等进行统合。因此无法摸清文化的内涵与外延的多元类型形态与多样表现形式的共生性，难以实现交叉与整合、融会与贯通、传承与利用，整体性与层次性、理论性与实践性无法融合统一；无法充分发挥体育文化交流、分享和再创造的力量，也就不能增强国家回答和解决新问题的能力，更无法彰显出体育是推进中华民族伟大复兴的标志性事业。因而，亟须从历史与现实、现在与未来、理论与实践三个维度为其注入活力，显示出文化既是中国体育发展的生命依托，也是中国体育发展的表征。此外，体育文化作为一个专业的科学范畴，必须有明确的内涵与外延，方可指导我们的活动。而对象的内涵只有趋于稳定，才能为人们所普遍接受。①

文化活动具有双重功能，既指向自然界，同时也指向人本身。体育与文化的关系就是交流互鉴、共生共长，实现自身多元的对象美与社会的、国家的、民族的形式美的统一，把时代问题转化成为自身问题，为解释和解决中国和世界的问题提供前提和支撑。也就是说，对体育文化的描绘不是简单地给出其存在的形式，而是要把这个统一体的单个元素进行融合，从中发展出各种新样态。要言之，对体育学科文化边界与价值进行探索与厘清，使其在更广泛的范围和空间发挥出服务国家的力量，是必要的也是重要的。对体育文化的研究既是对体育存在的历史研究，也是对人存在的现实研究。只有实现这一双重逻辑的统一，才能真正把其包含的价值意蕴转化为现实。

只有借助对象的独特性，事物的本质才能成为现实，才能证实它的活动是对象性的自然存在物的活动。笔者从两个主题对体育文化进行互构互释，一是本体论主题，即体育文化是什么；二是方法论主题，即怎样认识体育文化。笔者力图从"一阶"史论的角度，辨析文化之体育、体育之文化的多源底蕴、多彩本色与多维资源，提炼出其审美艺术的实践特点与象征思维的表现形式，以及转换与生成的历史过程和实现条件；同时从"二阶"史论的角度，"全景式"地剖析体育文化与国家、民族、社会、体制的相互影响与关系，期望摆脱单一、消弭混淆、扩大传播，不仅明晰体育文化的界分和要义，也深入了解了体育文化多源与多维的体系。为充分发挥体育文化的指南性、精彩性、感染性、鼓舞性、育人性，使体育文化更加明确、更具力量、更有效果，应加强对其的研究整理。因为体育文化不仅是一个需要严肃对待的学术议题，也事关着对体育当代性的准确把握，因而就自然成为我们不断回望的对象。正如《体育发展"十三五"规划》指出，体育文化在社会主义核心价值体系建设中的作用未能有效发挥，体育的多元价值有待深入挖掘。

梳理体育与文化的关系，阐明文化是体育安身立命的依托，可使体育"兴于体，立于礼，不逾矩"。文化是体育的智慧源泉，文化在，体育爱人

① 参见张振华:《体育课程学》,北京,北京师范大学出版社,2019年,扉页。

民、爱国家的这个主体性就在。这是一个规律，历史告诉我们，时代变革，文化先行。如在西方是“文艺复兴”运动启蒙了现代化的进程，在中国是“新文化”运动扫清了奔向现代化道路的思想障碍。质言之，文化具有一套能够穿透时空的原理，其“继承”和“转化”的功能，可以帮助我们解决体育在现代化建构历程中产生的问题。实践告诉我们，发展是一个不断演进和变化的进程，人民在不同发展阶段对体育有着不同的需求，国家在不同的发展时期对体育有着不同的发展要求。没有正确的发展理念引领，就没有体育的高质量发展，而文化的“继承性”和“转化性”具有管根本、管全局、管长远的重要功能，可把发展理念贯穿于全过程和各领域，落地生根，开花结果。没有文化的“继承”，体育就会失去主体性，难以育先机、开新局，不知向哪里走。没有文化的“转化”，体育就难以摆脱矛盾的羁绊，不能走向现代化。因而，文化既是体育不忘初心、面向未来的出发点，也是其最终落脚点。

## 二、为什么研究体育与文化的关系

玩乐嬉戏是人类的生存本能，表现着人的精神状态和面貌。体育凝聚着一个民族长久劳动过程中形成的生活性、文化性和教育性的历史“符码”。文化是养育体育的母亲河，体育是构成文化的土壤。对这一关系进行审视，是必要的也是非常重要的。那么，为什么要研究体育与文化的关系呢？

其一，文化是体育处理人与自然的关系、人与他者的关系、人与自身关系的根本遵循与生存的源泉。实现习近平总书记构建具有自身特质的“学科体系、学术体系、话语体系”的重托，是今天学界要奋力完成的任务。要着力改变中国体育是“从国外领回来的孩子”的状态，就必须探寻中国体育学科的发展源流。要使中国体育进入本土化和科学化的发展轨道，就要建设中国道路、中国特色、中国风格、中国气派。要建立中国体育学科目标和学科思想，就必须深入挖掘和解读自身的文化传统。要向世界讲好中国体育的故事，就必须阐释好、展示好中国体育的文明起源和底色。文化不仅是政治秩序、社会制度、群体行为的核心，更是形成集体认同，稳定社会的保障。

其二，体育是对象性的存在物，只有通过改造外在的对象世界，才能实现自身的存在，确证自身的本质是什么。生命只有通过形式才能表现自身，体育之所以伟大，就是因为文化使其有了品格、有了思想，并成为个人、社群的行为准则，为其确立了历史地位和理论体系。这一审美的本质不仅使体育找到了合法性、正确性、可靠性以及衡量的标准，生动鲜活地丰富了体育，也使体育走向了自我批判、自我超越、自我否定、自我发展的道路。美是万物存在的根本。为什么中国国旗在奥运会赛场上升起、中国国歌在奥运会赛场上唱响能让国人热泪盈眶，振兴中华的爱国之情油然升起？无疑是其“美”的力量。显然，研究体育与文化关系的目的，就是研究这种独有的审美价值所创造的物质活动、意识形态、社会结构，找出这些形式互相发生关系的过程、规律，揭示其生存与历史、社会与发展之间的联系，为新的变革与改造奠定思路。

其三，体育是通过识别他者而证成自我的，它凝聚着文化的成果和生活的经验。它以外在自然改造自身，又以自身的自然改造外在的自然，不断产生新的需要、新的品质。历史证明，正是文化的多元加入和融合，才使得体育不断产生新的活力。也就是说，文化是体育安身立命的依靠，是孕育体育的源泉，是滋养体育风气、风格与风范的土壤。体育的史迹是靠文化流传下来的，体育的力量是通过文化传承而积累的，体育的影响是借助文化的形式传播的。因而，体育文化的品质越强，体育的功能就越强，体育的软实力、硬实力就越强。文化是体育的源泉，可为体育的持续发展提供历史智慧。

其四，体育的历史与底色都源自文化，对体育的思想、精神、品格、概念、价值的解读都取自文化，体育的各种技艺、形式、表演、传播、推行都脱胎于文化，体育的教授、传承、阐释、解析都出自文化。体育从方式到行为、从精神到实践都回响着文化的声音。文化为了延续自身的这一过程，就必须在生产自己生命的同时，进行他物生命的生产，并通过他物的对象性活动证实自身的存在。

其五，文化学研究的成果表明，文化强国是世界强国的题中应有之义，真正意义上的世界强国，一定是文化强国。历史表明，中华民族强盛的各个时期都伴随着文化思想的大发展，这些强大的精神力量，无不融汇成生活的哲理、行动的纲领，闪耀于治国理政之中，使人把压力化为动力，变挑战为机遇。显然，这一丰厚的滋养不仅给中国体育提供了思想基础，也成为体育发展的不竭动力。物质强大的中国，必须是一个文化自信、文化自强的中国。文化在，中国体育的学术精神与学术品格就在。文化在，中国体育发展的动力就在。文化在，中国体育先进性的价值和意义就在。文化在，中国体育的民族精神和思想标识就在。文化在，中国体育顽强拼搏的时代特色就在。



其六，文化不仅构建着人类社会的生活机制，也塑造着人类社会的一切精神与习俗行为；既反映人类一般学科发展的普适性规律，也探寻民族特色发展的进程与规律，是一个从头管到尾的体系。从历史来看，体育的变革与发展虽然聚焦于时代的进程，但其根源却形成于历史中，需要文化为其提供正确指引。也就是说，文化能够帮助我们解决体育在不同时代产生的问题，消除僵化的学术形态。

其七，发展是一个“艰难困苦，玉汝于成”的过程，发展是一个道路曲折、不断演进和变化的过程。人民在不同发展阶段对体育有着不同的需求，国家在不同的发展时期对体育有着不同的发展要求，没有正确的发展理念引领就没有体育的正确的发展。而文化的“历史性”“凝聚性”和“锤炼性”具有管根本、管全局、管长远的重要功能，这些鲜明的理论品格和引领力，可永葆体育的生机和活力，保证将正确的发展理念贯穿于全过程和各领域，是奠定体育思想自信、制度自信、道路自信的基石。也就是说，从方法论的特征来看，文化不仅是体育生命的开端，也推动着体育知识与技能的发展，规定着体育的价值、功能、职责和使命，使其上可成为国家意识形态，下可变成百姓生活准则。为此，学者任海在《奥林匹克运动》一书中论道，体育文化是一种社会文明的构成物，是民族存在的表征。学者刘可风也指出：“文化即是一种力量，主体能够倚之而获得确立一切目的的能力，自由选择的能力，推动实现的能力。”①

其八，体育是文化的种子，是通过文化的确立来获取使命和实现使命的。没有文化，体育就会失去主体性，不知向哪里走，难以育先机、开新局。没有文化，体育就不能生生不息，难以产生引领力、传播力和影响力。因而，文化既是体育的出发点，也是其最终落脚点。也就是说，受这一“亲缘性”的影响，文化可以扩充体育的功能，促使体育不断创造出新的认识，推动体育以主动的姿态回应社会的需求，使体育的成果具有回应社会变革的独特优势与能力。所以，在方向上，文化是体育立论的保障；在实践上，文化是体育运行的形态；在学理上，文化是体育理论建构的逻辑起点。

由上文可见，体育与文化的关系犹如“皮”和“毛”的关系。无论什么学科，要想生存发展，首先就要探索自己文化的本质是什么，即对自身的第一追问就是“我与文化的关系”。而如果体育等载体式微，文化也不会流传久远。两者只有紧密结合才能相得益彰。可见，如果不了解体育与文化的关系，就不可能真正发挥出体育的文化价值，就不能帮助人类发现

① 刘可风等主编：《应用哲学与应用伦理学引论》，北京，中国财政经济出版社，2005年，第173页。

隐藏在冰山之下的深层问题，阻断不良因素的产生与破坏。

显然，只有从文化的角度对体育进行阐释，才能够理解和把握好其存在的价值与意义。体育文化具有“公共活动、公共传承、公共思想、公共认同”的特征。故而，党和政府一直高度重视体育工作，把体育工作放在重要位置。

## 三、为什么把体育称作文化

按照价值哲学的观点，美的价值必然包含着美的表现形式。那么，要理解体育就必须把其放回历史的现场，找出其历史底色、初心、影响力、感召力，才能明白体育为什么被称作文化，为什么具有文化的多维价值和功能，为什么要建设体育文化，为什么说它是推动国家强盛的一面“旗帜”、民族复兴的“排头兵”。语言是行为的先导，显然，对“为什么把体育称作文化”的追问，凸显出这一回答的重要性、紧迫性，做好其表述既是必要的也是重要的。

为什么把体育称作文化呢？第一，体育的形成与发展都来源于文化的土壤，体现着一定历史条件下文化存在的方式和生活的状态。这一文化特性，使其始终生生不息，前后相续，即使其在某个时期被遮蔽，仍能兴废继绝、再图发展。这一特性使它在不同时代展现出不同形式和不同内容，不仅显示着生命自然性的客观规律，也影响着人类社会文化前进的方向和生活的样法。体育既有人的参与，又有精神层面相连的“美”，使其具有了文化符号的意义，也赢得了文化“排头兵”的地位。学习、掌握好文化与体育的关系，可使体育实现可持续发展，把主体与客体结合在一起，实现思想的必然性与物质的应然性的统一，创造出合目的性与合规律性统一的对象世界。

第二，从社会学来看，体育来自生活，是从与人生存息息相关的事物开始的，其存在与每个人的生命有关、与社群生活有关。不管男女老少、国别人种、经济差距、文化传统乃至政治体制，体育一下子就能打动和照亮所有人的心。体育既是文化成果的“接受者”又是文化建设的“参与者”。体育被称作文化是因为其具有“文治教化之学”的精彩，具有政治性、教育性、审美性。这些特点证明体育是文化的一部分，并成为一种使用频繁、影响广泛的文化词语。

第三，人的价值观、世界观、人生观是在特定的社会文化中形成的。体育具有共同感情、共同习惯、共同语言的“文化认同”，它可从根源上防止人类社会在精神与物质方面的偏衡，摆脱片面性和局限性。其“继承”与“转换”地吐故纳新，也可使人们发现错误、避免盲目，使目的、方法与现实统一。体育的“器以载道”，可改变人类社会将物质利益和经济利益作为追求的迷误。体育的“器以藏礼”可改变我们社会将知识和分数作为衡量标准的偏颇。体育可帮助人实现“德智体美”全面发展，可告诫人们天行健，君子当自强。

从文化性看，体育是铸牢国家“自信”的软实力，可使一个民族摆脱精神贫困，获得对“为天下立心，为生民立命，为往圣继绝学，为万世开太平”的认识与理解。也就是说，文化是丰富的沃土，也是一种力量。它的背后构筑着时代的精神，培育着许多为人民提供精神指引的“故事”，激发着一个民族奋发向前的精神，可给予一个国家、一个民族持久的力量，为生成建设社会主义现代化的意志和责任提供保证。因而，体育与文化两者之间存在着明显的依存与伴生的历史关系。体育在文化的声音中出现是历史的需要，是踏着文明进步的步伐转化为支撑社会发展的一种资源。体育既关乎着人们的生存环境及质量，也关乎着民族的兴衰，已被视为国家不可或缺的“硬道理”与“软实力”。人类文化如果缺少了体育这种文化形式，社会文明就会受到制约。

所谓的体育文化，是人在劳动中诞生的经验性活动，是附着于民俗礼仪之上的日用之道，是可供人学习、交流、体验的一种文化存在物，是人的历史发展的存在基础，它寄寓着一个民族的价值观念、思维方式、行为习惯。换言之，它既是一个民族认识和处理外部世界矛盾的力量和途径，也是使一个民族认识自我的思想资源，是生动地反映着民族存在的历史性和实践性的载体。从历史唯物观来看，体育与文化的关系存在着一个“人创造了历史，历史又创造了人”的辩证过程。对体育文化再认识的这一命题，既寄寓着民族品格的传承、精神的发扬，也体现着国家富强、民族复兴的责任担当。体育起源于文化，体育的魂与文化一脉相承，体育的品格凝结着人类文化的成果，文化是体育的命脉、摇篮。人们对自然和社会的认识不断深化，引发了人际交流和社会关系的深刻变化，这种转换使体育开始由单纯地关注外部世界的技能性，转向关注人自身文化性的增长与质量，成为推动民众精神文明和物质文明协调发展的载体、推动社会变革的重要理论资源、中国与世界交流的窗口。可见，体育与文化的关系体现着人类社会的变化，反映着对新的时代形态的追求和向往。正如有学者论道，文化最重要的功用是它具有整合与分解的能力。体育文化借技艺改善人的生理状态、心理状态、精神状态，开启身体变革，缔造新的自我。

## 第二节　体育文化的立身之源与机理特征

文化是一个有机体，存有自我超越、自我否定、自我变革、自我衰落的周期，以及冲突、对抗、互鉴、对话的特性。以下着力分析体育文化力的形成，深耕体育文化力的建构，阐明体育文化力的民族性，铸牢体育文化力的影响性，确证体育文化力的厚重性，领悟体育文化力的深刻性，寻绎体育文化力的时代性，讲清体育文化力的生动性，发挥体育文化力的主动性，力求在更高思想上、更深层次上认识和发挥体育文化力的作用与意义，为讲好中国体育故事、筑牢中华家园奠定基础，为进一步做好中国体育的建设提供支撑。

### 一、体育文化的理论之源与逻辑取向

特点，是事物最深刻、最本质的反映，是了解事物现象与规律，划定事物结构，推测事物关系的基本出发点，可给出事物的具体性、形象性以及独特的历史价值。体育文化属于体系性的理论，它的思维逻辑必须体现为相应的概念、范畴和原理并构成系统，才能为人们所理解、掌握和运用。为了防止人们只熟悉概念而不懂得实质，下文将对体育文化的根源进行互构与互释。

#### （一）体育文化的立身之要与形态架构

任何思想理论和价值观念的提出，都离不开一定的背景，都有其形成的依据和特定的生态，只有理解背景才能掌握和运用这些理论和观念。体育文化也是一个多源、多维、多层次、多主体的统一体系，这些不同主体的组成，不仅涵盖着体育文化的多源表现与多维形式的价值取向，同时也传播着体育文化的认知体验、价值信念、行为意愿以及美学特性和内在意蕴。显然，只有厘清这些相互关联、互为视角、互为坐标、相互解释、相互构建的主体关系，明确其传播导向，做好理论供给，才能真正认识体育文化，开发应用好体育文化。

任何一门学科的形成，都有其历史的必然性，都是随着人们对这门学科文化性认识的积累而逐步走向成熟的，只有适应时代需要，理论才能自存。因此，体育文化的立身之要就是把“高超的技能和高尚的精神”与具体的需要相结合，并通过一定的形式实现，使之每一表现都带有文化的特性。所谓的多源是指体育的发展是逐步积累的，由简单到复杂，由低级到

高级。因而体育文化不能隔断与历史传承的联系，这是体育文化必须遵从的普遍的历史性规律。

体育文化的多源构成有以下方面。从文化学来看，根据索绪尔的结构语言理论，能概括出人的特殊的历史现象和规律的语言，并能与社会结合，可称之为“文化”。从艺术学来看，体育是一种呈现美、表现美的感性形式。体育让人知性懂礼，养育人的体魄和精神，因而可被称为“文化”。从审美学来看，体育这个学科的名称本身就会使人产生一种对生活品质、文明指向、人格行为的高尚的联想。它可催生人的灵感、智慧，将经验与创新融合，有助于人形成独特的个性，因而被称为“文化”。从政治学来看，体育促进人的文明解放与全面发展，诠释着顽强拼搏、为国争光的高尚精神，发挥着举旗帜、聚民心、育新人、兴文化、展形象的功能，因而被称为“文化”。从文化学来看，体育是人们抒发情感的对象，具有育德、启智、健体的功能，是激发活力、培养情怀的源泉，因而被称为“文化”。从教育学来看，其研究的领域既指向身心性命之学，包括“勇”“艺”“智”，又体现“人人为我、我为人人”的社会关系，因而被称为“文化”。因为体育的土壤存在着上述这些方面，所以才被称为“文化”。

不论是解释世界，还是改变世界，体育趋向文化的特质，给人提供改变世界的素质，从而解决社会发展中的问题。

体育文化既是一种客观状态，又是一种主观建构，解释世界、建设世界始终是其历史发展的动机，发展人的潜能、提升人的素质、充盈人的精神始终是其目的。体育是一种文化的力量，主体能够从中获得确立目标的能力、自由选择的能力、推动实践的能力。人类与动物的区别主要在于动物不能够区分自己和自己的活动，而人的生命活动是有意识的，他们使自己的活动从属于自己的意志并变成意志的对象。这种生命活动体现了人的类特性，表现为人不仅在生命的活动中转化客体，而且这种转化活动体现了人类的意志，复现了人类自身。任何思想理论的提出，都离不开学理化、学术化的锻造，都有其提出的依据和特定的生态。“共享体育、丰富生活、健康中国”是体育和文化发生联系的节点，这一节点具有可知性与可感性，可把在场的即时享受、不在场的分享链接起来，既使人热血沸腾，又使人自强不息。体育聚合着知性学习与审美伦理的“文化习性”，具有技术和价值两个体系，是一种物质与精神水乳交融的复合形态。也就是说，体育的技艺物质性可产生自由的关系，可为人才培养做出贡献。其真理性可使人从思想到生活都产生崭新的变化，产生一个崭新的面貌。

### （二）体育文化的机理之魂与逻辑取向

我国体育发展的历程深刻地体现着独特的国情与文化烙印，其思想之魂离不开“为天地立心，为生民立命，为往圣继绝学，为万世开太平”的目标。其取向就是锚定这一奋斗目标，坚持与发展体育事业，使体育成为民族复兴、国家发展中最坚实的基础。体育文化的多维表现只有放到社会广阔的背景中解读才能得到合理的认识。也就是说，体育文化的思想之魂，是通过诸多表现形式的交往联系等活动传播和发展起来的；没有多种多样的实践表现形式，就难以给出有价值的理解，体现出存在的意义。

从研究方式上来看，体育文化既有对民族性的研究，也有对世界性的研究。从研究方向上来看，体育文化既要突破旧有束缚，也要与时俱进。故而，对它的描述需要与时代、政治、经济、文化和社会等放到一起来考察，才能得到全貌，才能完成对其的历史安置。体育既是韵律、节奏、力量等美的形式，也是激情、跃动、奔放的活力形式，还是召唤时代精神文明和物质文明的依托和源泉。

民族的、科学的大众文化是体育生存的基础，体育文化的存在必须与具体的特点相结合，并通过一定的形式实现。那么，把普遍的东西存于观念之中，存于现实之中，就成为体育文化的显著特点。也就是说，从逻辑生成的起点来看，体育文化促使国家和社会与人的靠近，创造了相互改造的递归关系。体育文化具有工具性和社会性，既知人的起源又知人的归宿，既至社会又至个人，既至技能之微小又至思想之精深。体育文化既具有重申与发扬马克思“自由人的联合体”的作用，也是促进时代变革、国家发展的动力源泉。

改造主观世界，是改造客观世界的先声。体育文化通过丰富的功能，渗入和深入社会各个层面，不仅充实和改变着社会的生活、行为模式，也展示着国家政治形态的责任，为推进社会主义现代化和中华民族伟大复兴贡献自身的力量。这些特点使体育文化具有鲜明的发展性、规律性、科学性和价值性，造就了体育文化推动民族振兴和强国现代化的使命，体育文化就成为促进中华民族现代转型的重要组成部分。因此，所谓的体育文化发展取向，就是以深厚的历史性和深刻的时代性为基础，从大历史观去思考体育与人、与社会、与民族、与国家的关系，寻绎文化兴衰的规律，继承传统，总结经验，凝练精神，向世界发出中国体育的声音，从而发挥体育在新时代的文化作用。

文化兴国运兴，文化强民族强。对体育文化的研究是一件大事。为什么？因为体育文化如此丰富多彩，包含着众多人、事、物以及它们之间错综复杂的关系，渗透和承载着久远而厚重的历史传承。任何一种思维模式与行为方式都深深植根于一个民族的文化基因，新时期体育的创新与高质量的发展，离不开对传统的继承与转化。为此，从文化原点开始，追溯和聚焦体育文化核心的内涵与本源，寻找其最有代表性和生命力的基因作为创新的起点，捕捉和把握其独特的审美方式和精神活动，可有效地建构出当代体育的范式，形成中国体育的话语体系。对体育与文化的互构与互释，既可从价值尺度说清体育文化在认识世界和引领社会的实践过程中内蕴衍生出来的顽强拼搏的品格与风骨，也可从真理尺度凸显体育文化的家国情怀，具有促进社会变革、推动思想进步、振兴中华的能力与本领，可防止对中国体育的先进文化性“见而不见，闻而不闻、知而不知”，避免失语与失声，为迎接新时代体育文化的发展提供解说。

历史表明，体育的文化性是一国实现现代化的根本条件，是提升社会文明发展的基础和前提，可促进社会进步和国家繁荣。它一经形成就会凭借其极强的渗透力、借助多种方式进行传播和延续，影响人们的思维方式、生活方式、生存方式。对体育与文化的关系进行哲学的解读，就是进一步深入理解体育，着力把握体育变革求强的时代精神，既不脱离为社会现实服务的本质，也要反映出民族发展的立场与精神。显然，这一命题既能科学认识和正确发挥体育在新时代“由富起来走向强起来”的文化作用，也是成为体育强国之路上无法绕过的必然选择。

## 二、体育文化的机理与使命

体育具有自律性与审美伦理陶冶的“文化习性”，“美与道德”是体育在文化中表现的主线，给人带来“发展”是其实践指向，就像抽象劳动与具体劳动的二重性一样，体育与文化谁也离不了谁。两者共生的关系表现在两个方面：一是文化给予了体育存在的意义和价值，这一属性为体育的持续发展提供了形式和空间。二是体育为文化的传承提供了动力和纽带，成为人们理解文化、提升文化、发展文化的途径和方法。显然，这一共生关系实现理论与实践、手段与目的的统一，为体育文化的发展提供了理论逻辑。再好的文化，如果没有实施方法就难以产生力量；再好的方式，如果没有实践性，它就没有存在的价值。这一逻辑取向既可成为体育的治理方法和持续发展的保证，也是促进学科在新时代再前进的基本纲领。

### （一）体育文化的机理与特征

历史进程证明，国家的发展须有方向，民族的发展须有灵魂。中华民族的伟大复兴不仅是一个物质文明日益丰富的过程，也是一个不断建设与塑造精神文明的过程。沿着这一认识来看，体育是人类适应社会需要的文化，不论是纵向层次的文明发展关系，还是横向层次的民族交往关系，体育都是人类社会可持续发展的重要因素之一，其发展过程植根于社会从一元走向多元的实践与变革。为此，人类社会发展的矛盾和现实生活的冲突，都要求体育文化承担应有责任。正是这一独特的性质，使其具有规训个人行为、构建公民文化建设、调整政治与社会关系的作用，成为现代国家治理中不可或缺的重要抓手。其最大的贡献不仅是为国家的治理、社会的发展、人民的健康提供一个稳定的基础，还包括讲好中国故事，成为传播中国形象的载体。

文化是民族的精神和血脉，只有不断发掘和发挥体育等优秀文化思想的作用，我们才能更好地认识世界、认识社会、认识自己，才能更好地开创我国的未来。也就是说，体育文化的机理既是一个民族在历史发展过程中积淀而成的文化表征，又是一个民族认识世界和改造世界的重要工具，历来是国家发展、社会进步的有力抓手，是动员和组织全国人民建设社会主义的基本力量和方略。因此，我们可认为所谓的体育文化力，就是体育在认识世界和引领社会的实践过程中衍生出来的外显力，是一种能够对外界产生客观影响，促进社会变革、推动社会进步，并可为人们感知的一种特性力量和特性精神。

体育的文化力这一机理既存在着“道”的从物象到心象的生命气脉，也存在着“理”的从心象到气象的礼法启蒙。其既源于生活又凝聚社会，对于公共生活准则等现代精神的塑造具有激励与导向作用。因此，体育文化力是一个国家不断进步的条件，是凝聚共识、塑造新思想、促进新发展的一种文化。着力挖掘和释放体育“文化力”的多元内涵与功能，推动我国由体育大国向体育强国迈进，发挥其促进经济社会发展、引领民族复兴繁荣的作用，就必然成为体育文化力研究的题中之义。这长久以来一直是学界研究的重点内容，是推动学术发展的重要引证，对其的研究、发掘与探析，可把体育与文化的关系解释得更加透彻，把表征的“理”揭示得更为彻底。

除却历史，无从谈文化；除却文化，无从谈历史。如果不了解体育与文化的历史关系，就不可能真正发挥出体育文化力的价值。中国在成为世界强国的历史进程中，比任何时候都需要这个文化力的支持。

从文化性看，文化是一个国家、一个民族的灵魂。体育作为文化的重要载体，其机理是国家软实力发展的坚实基础，可促进人民对国家的认同和体认。也就是说，体育文化可激发一个民族奋发向前的远大理想，可给予一个国家持久的发展力量，同心共筑中国梦，为国家社会主义现代化的建设提供保证。

人类社会发展是一个以人为主体的过程，要想持续地发展，社会环境和精神文化环境的更新与发展就必须永无止境，这就需要选择体育等文化形式作为传播知识、培养人才的动力载体，以保障薪火相传。学者江畅在《本体概念的含义及其与“道”“德”的关系》一文中论道，事物的“性”作为有机统一体有不同层次及其要素，事物进化的程度越高，所包含的层次及其要素越丰富。①

任何文化都是历史的产物，体育文化力没有历史这个“家”，就成了说不清的东西了。以此来看，各种运动项目的产生与发展，有着厚重的历史文化外衣，不论在哪个朝代、在哪个社会都不会被轻易地“抹去”。为什么？因为历史的存在使其“动作审美、技能载道”的色彩持续得到深化，文化力的存在使其具有了“文武并进、德艺双修”的特点。所以，体育是文化的存在物，体育的存在、进步与发展都是历史性的存在、进步与发展。学者易剑东也在其《体育文化学》一书中论道，体育文化记录着一个国家和民族对传统理解与现代定位的历史进程与经验教训，因而，它是对人类生活的摹写、绵延与提升精神文明和物质文明的资源。

时代从哪里发展，文化就从哪里启程。离开了“文化”这一品质的引领，体育与其所属的历史位置、所处的历史条件发生错置，不能紧扣住民情、国情和世情，就难以牢牢把握住时代赋予自身的使命与任务。只有准确研判出体育在新时代发展的方向，才能实现其在社会矛盾中的历史逻辑与现实逻辑、理论逻辑与实践逻辑的统一，从而服务于国家现代化的构建。

要使体育充分发挥自身的文化力作用，最重要的一点就是要夯实自身的基础，做好对文化的理解与把握、保护与传承，守住体育自身发展的根。也就是说，只有正确认识体育的建设与发展必须与当时所处的文化条件相匹配、必须以当时的文化条件为转移，才能使其始终与社会矛盾运动的状态相一致、相适应，比如在今天，体育如果不能适应从“人民日益增长的物质文化需要”到“人民日益增长的美好生活需要”、从“落后的社会生产”到“不平衡不充分的发展”的时代变化，体育就难以与时俱进，难以留住自身的生命力，留住民族对其的认同，留住自身在民族复兴、国家发展中的作用。

---

① 参见江畅：《本体概念的含义及其与“道”“德”的关系》，《湖北大学学报》（哲学社会科学版）2021年第1期。

有研究指出，体育文化的品质蕴藏着经济解放、政治解放和精神解放的重要内容。为什么文化“品质”对体育这么重要呢？其存在什么价值与意义？一是历史文化的认同可为其提供坚实的学理支撑，即使其在某个时期被遮蔽，仍然能兴废继绝，不会被轻易地“抹去”。二是文化是帮助体育纠偏去衡的“制度”支撑，是引导其不断向上突破的源泉。

**（二）体育文化的使命与任务**

文化的发展与演进离不开具体的物质载体。对此，古有《礼记·乐记》认为文化具有“节民心”和民声的作用，今有梁漱溟认为文化是人们生活的样法。

从体育特性来看，重身体塑造和心灵体验是体育的艺术特点。因而，体育的本质具有“铸魂育人”这一特殊的力量，可使人具有“明辨”“笃行”的文化品格。也就是说，“文化品质”是体育永远矗立不倒的基础，是其生存和发展的动力。

以此观之，体育未来的使命就是把人类在劳动与生活中创造出来的艺术形式，经由文化的契入走向形而上，成为不可不读的教育之“书”，不可不习的“为己之学”；告诉人们可借助体育文化这一样法发展自己，消除异化，保持自身旺盛的生命力和发展力，促使自己变得更加完美；帮助现代人完成“文质彬彬，然后君子”的蜕变。学者周爱光在《竞技体育异化论》一书中提出，人类借助运动的形式，给人的身体和精神之间找到了依托的结合点，实现了运动技能表达与思想的融合。

体育文化的使命与任务，一是阐明体育是如何以丰富多彩的活动，感染人、教育人、鼓舞人、发展人、吸引人，宣传其价值观和实践意义。二是阐释体育是增进健康、改善社会关系、提高生活质量的一种有意识、有目的、有组织的社会活动。也就是从文化上解读体育与人相互作用的对象关系是什么，阐明体育在社会的发展中要做什么。因此，体育文化要自觉履行为国家、为人民、为社会服务的责任，充分发挥出自身的担当，积极满足社会的期待与公众的需求。

显然，对体育文化使命与任务的研究，可使体育走出以运动技能为唯一追求的困境，消除以技能解释一切矛盾的不平衡性，使体育真正成为一门必修的学科、一种必会的技能、一个必备的生活样式。实现“既是运动又是教育，既可锻炼又可快乐，既能参与又能欣赏，既有团结又有个性”的整体构建。正如伯明翰学派的奠基者理查德·霍加特在《识字的用途》一书中提出，文化的消费者是大众，只有从生活的经验出发去理解文化，才能发挥文化解放人的作用。

总之，体育文化研究的使命与任务，就是把体育“物理”的技能与“心理”的体验、“身体”的强壮与“心灵”的崇高、“个人”的进步与“社会”的发展等统一起来，实现体育“以技能武装人，以文化引导人”的文化使命。知识不仅是认知的对象，还是社会价值系统的过滤网和推进器。体育只有成为生活意义上的存在，为民所享、为民所用，才能实现其历史的存在。这就要求我们，要坚持从社会生活出发来理解体育的文化性质和作用，要坚持从需求差异出发来建构体育活动的方式、内容、作用，要坚持从社会发展的方向出发来设置体育的目标或蓝图。

**（三）体育文化的坚守与践行**

按照“社会基本矛盾是社会发展的根本动力”的原理，党在十九大报告中提出的中国社会的主要矛盾已转化为“人民日益增长的美好生活需要和不平衡不充分的发展之间的矛盾”这一科学判断，指出了体育事业发展的根本目的在于满足人民日益增长的美好生活需要。我国经济已由高速增长阶段转向高质量发展阶段，面对“新常态”，原有结构已难以支撑这一发展。如何提质增效，转变发展方式，优化供给资源，建设与创新丰富多彩的健身方式和手段，创造高品质、多样化、个性化的产品和服务水平，满足人民对美好生活向往的新需求，强势发挥体育文化在国家发展、民族复兴中的作用，推进体育大国走向体育强国，提升社会文明程度，就成为新时代体育文化的坚守和践行。

文化不能少，任何社会没有文化就建设不起来。先进文化必须源于中国特色社会主义事业的伟大实践，必须能激发中华民族思想和文化的创造力。也就是说，从特定的民族文化发展语境出发，具体把握体育先进的特征，从国情需要、民族需要、实践需要出发，发挥体育文化在支撑民族复兴中的现实作用。以新认识、新设计、新方式、新方法的丰富展现，让其先进的文化品格“动起来”，进一步提高体育文化的供给和效用、数量和种类，不断扩大体育优质服务的惠及范围，增强人们的文化素质，提升社会文明水平，为中国腾飞、中华民族伟大复兴打牢基础。

第一，从人类社会的发展来看，体育文化既是推动社会现代化的力量，又是人全面发展的起点。缺失了这一基础，一国的自信就会被削弱，一国社会的发展就会受限。有人说，一个民族只有文化强大才能推动社会进步更快，文化没落一切都会没落。文化的产生源自社会实践，文化的发展也依赖于社会实践。所以，体育必须科学结合新时代文化观的内在要求，准确把握体育在新时代“由富起来走向强起来”的必然选择，自觉成为国家可持续发展的文化资源。以新时代的需要为坚守，发挥体育“大文化+”的多元价值功用，为推进社会主义文化大发展大繁荣和建设社会主义文化强国提供保障，为造就符合社会需要的思想和全面发展的人提供保障。

第二，从时代的发展性来看，历史上大国的崛起都与文化的兴起密不可分。为此，体育文化的践行，就是处理好体育与时代的关系、体育与人的发展关系、体育与现代化的关系，把价值和逻辑统一于新时代国家发展、民族复兴的伟大实践中去，同时实现自身的转变。任何理论或体系的形成都离不开两个基本要素：一个是其价值追求是什么，它坚守的主张与立场是什么；另一个是它践行这一价值的方法和手段是什么。换言之，就是要搞清楚什么是体育文化、如何建设体育文化、怎样践行体育文化这三个问题，发挥体育既是审美的对象，又是劳动的对象的特点，实现自身从合规律性的“物的尺度”——满足人改造自然物质的需要，走向合目的性的“人的尺度”——满足人发展新本质的需要，使人以一种全面的方式完全地占有自己的全面的本质，积极投身于国家建设、民族复兴的大业。

第三，从历史的发展来看，人类文化最重要的特点是具有习得性，遗憾的是，这一习得性无法以生理遗传的方式获得，必须通过实践才能代代延续。正如历史唯物主义认为，体育的产生是由于人类早期自然性的生存与延续的需要，因而初期的体育没有影响社会的价值特征，是文化的介入使体育开始作为一种社会力量得以呈现，不断创造出自我在历史实在的表现形式与形态。

体育成为影响人类物质文化与精神文化的力量，则是在人类进入高度文明后发生的，体现人类对教育新的需求。这一变化产生的原因，一是人类需要新的文化方式来维持生命和延续生命的知识，将技能传递给下一代；二是需要体育文化为人的能动活动提供尽可能大的空间，从而唤醒人自身存在的多种潜能。因而，应发挥体育保存社会文化、传递社会文化教育的作用，实现其文化传播的教育功能，满足人们精神的需要。同时也要发挥体育优化生产生活方式的功能，使精神化为力量，满足人们在改造自然物质方面的需要，使抽象的思维在物质运行中再现，实现精神文明与物质文明的逻辑统一。

“文化是从历史上留下来的、存在于符号中的意义模式，是以符号的形式表达的前后相袭的概念系统，借此人们交流、保存和发展对生命的知识和态度。”① 从理论与实践来看，体育文化的坚守与践行可从三个方面

① 陈飞龙：《关于马克思恩格斯的文化思想》，2014 年 11 月 24 日，http://www.chinawriter.com.cn。

理解，一是体育是人类文化的重要组成部分，文化是体育产生和发展的源泉、动机和动力。因而，文化规定着体育的基本内容和最终方向，寻觅和展示体育文化的对象，使得体育以文化的尺度去表征人的发展，彰显出自身历史的存在。二是由于体育作为文化延续、传播和创造的主要手段，存在着对象性与非对象性的否定与统一的关系。为此，对其的考察可增强体育对社会历史发展进程的预见力和洞察力，从而把握好体育的文化价值，彰显出体育文化是人类走向进步、迈向自由的阶梯，发展好体育事业是文化的传播者、守望者和开发者的使命和责任。三是对其的研究促进了体育与文化之间的交流，揭示出两者之间发展的条件与特定的关系，两者相互包含、相互作用，互为目的、互为对象，贯穿于人类历史进程之中，体现了体育与文化息息相关、不可分割的特征。

总之，从哲学的立场审视，体育文化的坚守与践行阐明了三重学术目的：一是说明了体育文化“教化”的功能，可实现对人身心的改造或改变，属于文化的组成部分。二是沿着这一认识梳理，可以发现体育文化要发挥好“文化引领、文化传播”的作用，需要不断按照对客观世界的正确认识去改造体育，使之成为符合时代需要的服务者、实践者、贡献者。三是体育伴随着人的本身自然和身外自然的发展也得以不断地进化上升，使自身不断地从自然的状态中走向社会化的状态——“社会生产体育，体育生产人”。这一丰富的关系蕴藏着从实体到主体、主体到他者的，从存在到活动、活动到交互的辩证关系，即体育的存在是在与国家、社会、人的相互联系和政治、经济、文化的相互作用的交互性中体现的。

## 三、体育与民族文化的关系

“文化”通常与一国国情、历史、发展有关，是一个国家、民族长期形成的共同认知，具有内生性、习俗性、遗传性等特点，可认知，可传承，可积累，一般很难照搬移植。从哲学“存在与意识”的视角而言，“文化”是一种特色，任一民族的文化思想，不管多么复杂，都必须有一个中心逻辑点。诚如毛泽东思想的“实事求是”、邓小平思想的“发展才是硬道理”、习近平思想的“构建人类命运共同体”等。历史的发展证明，每个族群的历史文化形成，都离不开它所置身的客观环境。任何地区、任何文明的演进都离不开本身地理空间环境中的“文化”。诚如有学者说，中国改革开放的成功，一定程度上得益于儒家文化价值观的支持，如集体利益高于个人利益，家庭责任感强，提倡勤奋节俭。显然体育文化也是如此。正是文化的契入，使得体育不再是自娱自乐的单纯的技艺，而成为关乎人、关乎生存、关乎生命、关乎生活的大问题。正如梁漱溟先生所说的："文化乃是人类生活的样法。"

**（一）中外体育文化的内涵异同**

哲学认为文化的最深层次是价值观，这是文化的核心。为什么？因为不同文化的交往实质是不同价值观念的交往。从历史、现实与理论三个维度来看，为了弄清中外体育的这一关系，首先要阐明文化的理解问题。分析"文化"一词，在中国古代意指"文治与教化"。《周易》云："观乎天文，以察时变，观乎人文，以化成天下。"西汉的刘向在《说苑·指武篇》中说："凡武之兴，为不服也，文化不改，然后加诛。"在晋代，束皙又在《补亡诗·由仪篇》说："文化内辑，武功外悠。"其文中之意，都在提倡先以文德治过，暴力为次要。显然，上述这些精彩生动的释义，都说明了"以礼仪见良俗，以伦理铸公序，以礼制建仁政"是中国文化的核心。正如大儒韩愈精辟的总结，国家治理"以德礼为先，而辅以政刑"。

文献表明，西方的"文化"一词出现在公元前7—6世纪的古希腊，含义是耕种、居住、挖掘、养成。法文中的"文化"一词，有栽培、种植、培育之意。虽然西方关于"文化"的概念种类繁多、千姿百态，但这些观点描绘出"文化"这个存在物以及发展人的作用的意义却是相对稳定的。英国文化学家泰勒在《原始文化》一书中认为，"文化"描绘是"包括知识、信仰、艺术、道德、法律、习俗和任何人作为社会成员而获得的能力和习惯在内的复杂整体"①。

从中西"文化"的本质联系和依赖的关系来看，两者的含义都可引申为对人发展的陶冶和培养，都一脉相承地指出了文化的本身是什么，阐明文化在人的发展中起着什么作用。中西方对"文化"理解的不同是，中国对"文化"的理解多表现为对社会的教化，"修身""齐家""治国"是其目的。而西方对文化的释义是管理，认为文化是培养人遵守社会秩序的一种方法，其中心不是人而是治理，建立相应的法规准则是其目的。也就是说，西方文化是以人的外在要求来建设社会，而中国的文化则是以人的内心伦理来建设社会。为此，有学者论道，东西文化的根本区别在于，西方文化是竞争文化，把人交给"规则"管理；中国文化是教化文化，把人交给"道德"管理。

也就是说，中国体育的文化性致力于通过比赛来学习礼仪规范，使人向善。如孔子在《论语·八佾篇》提出："君子无所争，必也射乎！揖让

---

① 〔英〕爱德华·泰勒：《原始文化》，连树声译，上海，上海文艺出版社，1992年，第1页。

而升，下而饮，其争也君子。”西方体育的文化性致力于通过比赛规范竞争，如在古希腊城邦举行的各种体育竞赛活动都带有公平竞争、超越别人的性质。著名儒学研究学者牟宗三曾言，中国的文化重视主体性，首先把握道义的“天人合一”，观解人自身的问题；西方的文化重视客体性，首先求解事物之性，解析其自然之用，观解事物形成原理。[①]

历史证明，数千年来，世界各地的文明并非独立发生、发展，而是相互交流的结果。这一命题指出，文化因多元而可爱，不因单一而高贵，只有尊重文化的多样性，才能百花齐放，百家争鸣，相互交融、相互欣赏、共同进步。显然，向异邦求新声、重塑本土根基是非常必要的一件事。对体育而言，受不同文化的相对有限性和时代积累性的制约和影响，体育的价值观也出现了中外文化的“不同的争鸣”，这一差异性在历史的变迁中得到充分的体现，形成了丰富多彩的体育文化格局。任何文明的发展都是相互交织杂糅的结果，只有走出自我的封闭、面向世界，才能获得突破性的发展。文化与时代的进步、社会的发展具有很大的同步性，因而文化的传递具有不同时代的选择性。我们只有懂得中外体育文化的异同，理解中外体育文化的多样性，以互鉴为导向，以自信为灵魂，才能不断地更新，提高文化的自主性，使体育文化臻于成熟。

### （二）中外体育文化的立场差异

梳理文献发现，在体育文化的界定方面，中外文化都指出，体育是文化的注脚，与文化有不可分割的共性关系。对此，我国的《体育科学词典》将体育分为广义和狭义两种。狭义的体育，即体育教育，是通过身体活动增强体质，传授锻炼身体的知识、技术、技能，培养道德和意志品质的有计划、有目的的教育过程。广义的体育，即体育运动，是以身体练习为基本手段，以增强体质、促进人的全面发展、丰富社会文化生活和促进精神文明建设为目的的一种有意识、有计划的社会文化活动。[②]

国外学界对体育文化性的本质没有广义和狭义的区分，虽然存在着体育竞技（Sport）与体育教育（Physical Education）两种表述，但两者的概念中存在共同定义，即认为体育是以身体活动为方式的一种有规则、有组织的文化。[③] 两者的区别是，竞技体育是从社会现象和领域来认识和理

---

① 转引自李承贵：《科学视域下的中国传统哲学特点》，《中共宁波市委党校学报》2016年第6期。

② 参见中国体育科学学会、香港体育学院编：《体育科学词典》，北京，高等教育出版社，2000年，第267页。

③ 参见赖云华、崔国文：《论中西体育文化差异》，《体育文化导刊》2009年第5期。

解体育，一般被定义为有组织的竞技性活动。体育教育则被认为是作用于个人的运动教育，一般被定义为个人按照规则亲身参与到某种旨在健康或取胜的活动中去。

就体育本质与文化的“教化”关系来看，在中西体育两者中都具有文化的“教化”含义，并把其引申为对人的性情的陶冶和品德的培养，都指出了体育的本身是什么，阐明体育在人和社会的发展中起着什么作用。不同的是，中国体育文化注重人的精神生活养成，强调体育教化人的作用，比较注重体育对人在社会中发展的文化价值作用；西方体育侧重于体育对个体在现实生活的文化作用，满足个性的要求，将体育视为个人沟通交往的手段。

从文化与体育之间的关系可以看出，体育的本质包含了文化的精神创造和物质创造的两种含义。因而，体育是人类生活的样式，蕴含一切社会活动关系的总和，既具有道德教化的作用，也具有改造人类生活或生产方式的功能。在长期的生活劳动中，人类利用体育创造了精神文明、文化艺术、运动技术等精神资源，同时也创造了与体育密切相关的社会物质财富和生产方式。对此有研究认为，从根本上说，“玩乐”是人类的天性。因而，体育是各国在自身历史演进中逐渐形成的一种独特的文化遗产，具有相对稳定的民族性特征。

从学科性来看，中西体育文化之间不是一个谁对谁错的问题，而是存在因历史条件的不同而形成的价值差异。中外体育学科的对象性表现为既有对体育的赞同和认可，又存在理解上的不同，既钩沉着各自独立的源头，又展示着各具特色的解说，应该相互尊重，互学互鉴。这也是大家常讲的，文化具有本土化和国际化的关系、单一文化和多元文化的关系。体育具有不同民族与不同文化、不同自然关系与社会关系、不同精神关系与物质关系的区别。显然，对这些关系的梳理，可获得人类文化共同分享、共同发展的新内涵。

### （三）中外体育文化对体育的影响

人类的发展历程表明，任何事物的发展都有其历史的连续性，现存社会是历史上社会的延续，现存的文化也是历史上文化的发展，人类任何一个历史阶段的文明都是在原有文明的基础上发展而来的。各个民族在自己的文化形成和历史发展的过程中，总是在一定生产方式的基础上，建立起具有自身特色的社会文化体系，并且在这个社会文化体系的时空转换中，延续着一个民族的精神特质和文化传统，体现着一个民族的价值选择，表现出明确的定向性和特殊性。体育的发展也是如此，也必然具有长期历史演进中所形成的民族风格和民族特色，体育文化的形成离不开历史传统的影响。正如学者周西宽认为："古希腊体育侧重竞技，中国古代体育推崇养生，这是由于不同文化传统所致。"①

1. 中外体育文化的根源

17世纪，文艺启蒙运动兴起，西方学者试图使人类摆脱上帝的束缚，证明各种经济关系和社会关系不是上帝的创造而是人的创造，使人从精神上和肉体上摆脱宗教的压迫，向着人的内在本质挺进，使自己的生命活动变成自己意志和意识的对象。他们在历史文化的遗产中寻找到了一束理性思想的光亮——体育，试图从古希腊文化的奥林匹克体育的起源出发，来显示一种新时代的精神状态，借助体育这一文化的理性尺度反对宗教桎梏，以拯救现实，希望通过体育运动的文明理性来歌颂人性、反对神权、提倡人权、赞美生活，奠定人类新的生活方向。

古代中国没有今天体育的这些竞技内容，只有类似体育的养生，竞技体育在中国的发展，是"师夷长技以制夷"的结果。一百多年前，中国面临巨大的国家和民族危机，一些中华民族的先驱者认为，西方之所以强大，就是因为他们的技术比我们先进，认为中国只有学习好西方的"器物与文明"才能够强大。可以说，一百多年来，我们一直在寻求这个问题的解决方案。从体育领域来看，那就是只有认同、学习先进体育文化成果并坚守民族文化，体育才有可能成为一国的软实力。在全球化的今天，世界各国都认识到一个民族要想自立于世界民族之林，得到别人的尊重，靠的不是武力的霸权、经济的硬实力，而是民族文化的感染力。因而，在保持和发展一国体育主体性的同时，加强与其他国家文化的交流是一国体育不断创新、发展的保障。这已经成为当今世界许多国家、民族十分关切的问题。正如蔡元培先生说的："一个民族不能吸收他族之文化，犹如一人之身不能吸收外界之空气及饮食。"

2. 中外体育文化的观点

按照历史唯物论的观点，体育是某种文化属性积淀而成的文化载体，一个国家、一个民族的文化，是其不同品格的外化。一个国家竞技体系的形态往往与这个国家的民族品格和社会文化密切相关。例如美国强调个人的社会价值，崇尚强者，尊崇个人至上，追求个性独立、自我奋斗和自我表现。其竞技体育强调"个人英雄主义"，其成绩的取得可以被看作是个人奋斗的产物，国家只起到召集、协调和平衡的作用。而作为东方国度的

① 周西宽等:《体育学》,成都,四川教育出版社,1988年,第121页。

中国以“天人合一，和实生物”为核心理念，体育成绩的取得，可以被看作是团体合作的产物，而不是一个人的成果，这种模式被称为“举国体制”。西方体育提倡个人奋斗，中国体育提倡团结合作。

西方体育强调公平、竞争、民主的价值观，形成了以个体为主体的社会背景。在体育运动时重视个人潜力的发挥，注重个人体育技艺性的表现、个人目标的实现以及个人利益的追求，漠视集体和社会对个人成长的意义，把个人的诉求建立在集体、国家之上，认为“我”发展了，他人、社会、国家才有发展。显然，这一价值观提升了人的主体性、独立性，为人类认识自然、改造自然提供了力量，塑造了以人为本的社会理念。但其过分强调只有个人发展才有社会发展的“个体中心论”，会产生以牺牲他人为代价来谋求自我幸福的价值观，违背了“我为人人、人人为我”的社会价值尺度。

与之区别的是，东方体育文化受“天人合一”的哲学思辨观念影响，形成了一种独特的崇尚礼让、讲究友谊、提倡宽厚平和的文化，体现了注重团结合作的体育精神和集体至上的价值取向。不足的是，这一文化背景一定程度上扼制了个性的发展，缺失了进取与探索的精神及勇往直前的锐气。这种意识不仅使得中国传统体育文化呈现“弱竞技”趋势，也不利于中国在国际社会展示强大的形象。

3. 中外体育文化对我国体育发展的启示

上文对中国传统文化的不足作了颇为透彻的批评和反思，向我们展示了一个既属于思想史，又具有现实意义的课题。对东西方体育文化的比较，可帮助我们学习对不同文化进行定位。“向异邦求新声”的背后，不仅存在着民族文化的更新与观念的变革，也反映着社会形态的重塑与转换。为什么这样说？因为文化是解说社会面貌的语言，反映着时代的思想，人是文化的产物，你选用什么样的文化观就有什么样的世界。为此，中国体育文化的发展要在继承传统文化精华的同时，重视学习与借鉴其他民族文化中的优秀经验和先进成果，为我所用，弥补自身缺陷，提高对体育文化的本体性认识，发挥好体育文化“更快、更高、更强”的引领作用，以适应我国现代社会的发展，助力中华民族伟大复兴。

一国体育是其民族生活本质的内化和社会价值观的外化，是一个民族自立于世界民族之林的象征。对中外体育文化的研究，可帮助我们发扬“天行健，君子以自强不息”的刚健精神，顺应世界的发展，这显然是深刻的。



鉴于此，可以说体育是我国走向新文明的力量，既是人类文化自觉于预社会历史发展的产物，也是新时代人们内在精神素质不断提高的必然结果，可为我国新时代发展的转换提供保障，可为人民的主观能动性和创造性的充分发挥提供支持，为人的自由全面发展提供有利条件，为我国走向新时代开辟道路。

以上论述表明，东西方体育文化的价值观差异决定了两种体育文化的不同发展方向，解答了以当代人类文化为背景，如何看待和总结中国体育文化的世界意义和时代意义的问题，提供了运用哲学思想对体育文化性的内涵与外沿予以正确把握和利用的路径。虽然西方文化的竞争观念已成为现代世界体育文化的主流，但从价值论上看，它把竞争当作唯一，显然是有缺陷的。从某种程度上讲，当前国际社会经济发展所面临的危机正是这种狭隘观念造成的结果。学者乐黛云在《寻求跨文化的对话》一文中指出，人类所面临的共同问题将成为东西方文化融合的中介，使东西方文化“可以充分表达双方的独创和特色，并足以突破双方的旧体系，为双方提供新的立足点来重新观察自己，为‘更新’和‘重建’构成前提和可能”①。

历史发展表明，对人类文明的重大变革来说，最为重大和艰巨的理论问题莫过于以新的理念塑造新的时代精神。显然，中国文化蕴含的“天人合一”的价值观念，以及人与自然和谐统一的思维模式和行为方式，可弥补西方体育文化个人主义价值观的不足，西方体育文化与以中国为代表的东方文化交流、融合，共同为世界体育文化的发展做出应有的贡献。中国文化蕴含的和谐精神，可弥补当代体育只把“更快、更高、更强”作为唯一追求的不足，为体育添加新的时代内容。同时，在认识人类文明的文化成果，吸取不同民族所创造的文化精髓时，不能一边倒，否则就不能取得有意义的成果，要兼容并蓄，学会科学地辨别与扬弃，实现不同文化的客观性、能动性和社会历史性的逻辑统一。

总之，历史深刻启示我们，一是社会大变革的转折时代，一定是思想大创新、文化大繁荣的时代，“国无文化不兴，人无文化不立”讲的就是这个道理。二是对中外文化的理解方面，若看不到其中的“同”，就难以正确地把握世界先进文化的发展趋势，实现自我理解，难以反映出世界先进文化与本国发展关系的先导性，做好自身先进文化的建设。若看不到其中的“异”，就难以规避其存在的不足，无法准确借鉴与吸收世界先进文化，做到合规律性与合目的性的统一。因此，构建体育文化有三条路径可

① 乐黛云:《寻求跨文化的对话》,《跨文化对话》,上海,上海文化出版社,1998年,第3页。

行：一是基于历史唯物主义，开发挖掘民族文化的资源，发展、深化和完善中国体育文化的“历史版本”。二是实现历史唯物主义与实践唯物主义的统一，把民族传统文化的合理成分与现实发展相结合，发展出体育文化的“当代版本”。三是基于辩证唯物主义，把当今中国的体育文化经验与国外成果相结合，发展出体育文化的“国际版本”。

## 第三节　体育文化的建设与发展

从历史唯物观来看，历史上不仅有“西风东渐”，也有“东风西渐”。因而，体育文化的建设与发展的每个阶段都是“外部性”变革与“内部性”变革相互作用的必然结果。如果试图建设与发展好中国体育事业，必须遵循唯物论，了解体育文化拥有什么、缺少什么，需要补充什么、改造什么、完善什么，继而提出相应的理论判断，才可能走上正确发展道路。体育文化的建设与发展并不是一成不变的，各种现成的理论必须在持续的变化和挑战之中不断更新才能走向进步。也就是说，从繁芜庞杂的体育文化现象和实践中总结把握好规律，锚定国情的新变化和新需求，找到体育文化建设的“创造性转化、创新性发展”的路径，是建设好体育文化的关键步骤。

### 一、为什么进行体育文化的建设与发展

为什么进行体育文化的建设与发展？因为，文化可使体育在依次更迭的时代中保持自我修复、适应现实。现实是历史的延续，任何一种当下的文化如果要前进，都必须从历史的积淀中找到其智慧根脉的源泉。正如哲学是时代的精神一样，时代性一方面刻画了文化的真理性，另一方面也表现出文化的局限性。显然，对体育而言，要解释好这一内在的逻辑关联，完善中国体育发展的话语体系，就要善于发现事物发展的趋势，深入了解文化发展的规律，处理好传统与现代的关系、国内与国外的关系，并运用这一规律的客观逻辑领悟自身。改革开放的实践证明，坚持这一基本规律才能前进，不按规律办事，就会走向落后，这是历史唯物主义最基本的道理。

文化是灯光，也是镜像。从文化的演进考察，文化存在着选择、吸收、冲突、融合等发展形式与规律。从唯物史观的角度来看，这一发展规律存在着开放性与自觉性两种不同状态（文化传承和变迁、文化调适和冲

突）的品格，正确把握好这两种内在的逻辑，是推进体育可持续发展和保持旺盛生机的必要条件。一定的时代有一定的文化特点、一定的发展规律和一定的发展方向。用黑格尔在《小逻辑》一书中的话来说，这一规律的伟大之处，就是从“知性、否定性和肯定性”的“破”“引”“建”三个环节，帮助体育实现“创造性的转化和创新性的发展”，使中国传统文化、世界优秀文化成为中国特色体育的文化建设与发展的基础。

质言之，文化的发展是沿着本土与世界、自然与社会这两个时空的矛盾展开的。众多国内外的体育学者日益认识到，这种状况不独历史为然，体育文化的演进也存在着统一中蕴含着分化、分化中蕴含着统一的矛盾进程。显然，阐释好“中国体育文化的经验”，可为讲好中国故事增强传播力，让世界各国理解中国文化的思想、认识中国的理想软实力只能说明文化的作用，而文化的社会属性和内涵才能说明这种软实力的先进性。正如毛泽东所说的：“文化是不可少的，任何社会没有文化就建设不起来。”①

学者丁立群在《文化自信的哲学省思》一文中提出，就当今语境而言，如何把先秦诸子学、两汉经学、魏晋南北朝玄学、隋唐儒释道学、宋明理学、近代西学东渐，以及马克思主义中国化诸形态整合，使这些资源成为今天中国文化的基础，成为我们面临的任务。沿着上述认识，可见文化的形成和演进不仅各阶段特点有异，也有着逻辑发展的历史规律。为此，取其精华，去其糟粕，科学认识与正确把握这些特点、规律、途径和条件为体育发展所用，建立起符合文化发展趋势的现代体育就成为必然。思维方法比思维结果更重要，在社会生活中，意识形态具有最广泛的影响力和行动支配力。正如马克思指出的：“从抽象上升到具体的方法，只是思维用来掌握具体、把它当作一个精神上的具体再现出来的方式。但决不是具体本身的产生过程。”②

从文化传承与变异的特性不难看出，这一特性蕴含着、催生着、宣传着理论自觉的意识。我国五千年文明之所以能延续至今，就在于我们有文化的薪火传传，正是这种稳定的、持续的传承性，才形成民族的生命力。而变迁则是指不同文化间的跨界交流，为创新的发生提供了前提，这是一种历史的基本规律。这种文化变异的现象说明体育必须与时代同行，为适应时代的变革而发生变化。换言之，如果一个民族的体育不能紧跟时代前进的步伐，意味着这个民族就会衰退。以此规律审视体育，可以发现体育的发生、成长、发展的历史都体现着这一规律的支撑与运行。每一事物都

① 《毛泽东文集》第3卷，北京，人民出版社，1996年，第160页。

② 《马克思恩格斯选集》第2卷，北京，人民出版社，1995年，第19页。

是在与他者的关系中显现自身的存在和价值的。学者周爱光在《竞技运动异化论》一书中论道，不守旧、不盲从，应用科学的方法来检讨过去，剔除糟粕，保持发扬民族优秀文化，把握现在、创造将来，应是体育文化未来发展的方向。

从文化调适与冲突的特性来说，一个民族文化的进步有渐变与突变两种方式。文化调适的渐变是从民族内部逐渐发生的，一般是因为生产力的改变而引起了文化的变化，当前我国文化欣欣向荣的发展就是这种变化的写照。而文化突变的动力则是与民族外部文化交往碰撞发生的，如现代体育这一形式进入中国就是吸收外部文化的结果。显然，体育的建设与发展受这一文化特性影响与制约，必须放在这一背景里才能使自身确定“何者宜取，何者宜舍”，立足中外精神，汲取一切有益的东西，为我所用。

概言之，体育需要运用文化演进的“精华”对其进行“价值对象性”的转化与运用，为体育文化的建设与发展提供思想资源。也就是说，要发挥文化传承与变异、调适与冲突的主体价值和判断选择的作用，审视体育、思考体育，建立起完善的体育文化的批判机制，促进体育文化的健康发展。按照体育在人类生活的对象化活动的完整过程来分析，这一范畴表现为三个向度：一是继承传统文化的优秀成果，保存体育，发展体育。二是加强体育文化与世界的沟通，实现取长补短，共同进步、共同发展。三是推陈出新，拓宽视野，发展体育，形成民族特色，为世界体育发展做出贡献。即体育不是教条，要从传统自发走向现代自觉，在批判世界中发现新世界，开放发展，实现传统体育与现代体育、中国体育与世界体育、科技体育与人文体育的互动整合、辩证统一，推动中国体育为实现中华民族伟大复兴的中国梦做出贡献。

## 二、体育的文化传承与变异

历史证明，文化的进步总是以内部动力为根据，以外部动力为条件。每个民族文化的发展，既要保持本民族文化的特色，不被其他文化所消弭，又要学习其他民族的优秀文化。为此，体育的文化建设与发展的准绳，就是在坚持继承民族文化的基础上，兼容并包，汲取其他民族优秀文化的成果，这样才能确保体育的文化生命力长青。体育文化理性成熟的态度，应该是自审而不自卑，自信而不自大。约言之，就是体育的建设与发展要有“打通”的意识和能力，将体育的根须伸展到古今中外的优秀文化成果的沃土中去，积极地选择和充分地吸收养分。

### （一）体育的文化传承

按照彼得·伯格和托马斯·卢克曼合著的《现实的社会建构》一书中

的观点，“知识”是一种真实的、拥有特定特质的现象。也就是说，体育是一国文化的表征，自其产生之日起，就被赋予一个基本的职能——文化的贮存和传播。因而，体育具有“知识产生—知识传递—知识应用—知识发现”的责任担当，并一直投身于这个不断的运动过程之中，从而实现为民族、为国家服务的目标。为此，所谓的体育的文化传承，意指体育与民族性的关系，是说体育的创造不可能脱离已有民族文化的影响。即新体育可以对旧体育加以扬弃、改造，却无法脱离旧体育的基础。就像任何一个新生命一样，虽然脱离了母体而与母体不同，但是支持其生命基本构造的遗传基因却永远难以改变。对体育的扬弃、改造不能缺失本国体育文化的主体性。诚如毛泽东同志曾说过：“从孔夫子到孙中山，我们应当给予总结，承继这一份珍贵的遗产。”[①]

其一，这一文化论的本质告诉我们，体育具有文化一样的积累性和本土性。人类的精神活动和实践活动总是在原有的文化环境中生长，具有继承性，包含着不可分离的要素和关系，具有不以人的主观意志为转移的客观自在的规律。今天我们要创建有中国特色的体育，就离不开传统的历史习俗、社会制度和民族价值观。为此，要自觉总结、反思体育的历史与演变、成就与问题，认识与把握体育历史发展的规律，为体育的建设寻找到诠释之路，为中华民族的伟大复兴提供智慧之源。正如学者杨耕所说的，任何社会活动和社会形态都形成于一定具体的历史规律，以往的历史传统和既定的历史条件，为新一代的历史活动提供了前提，并决定了新的一代历史活动的大概方向。[②] 显然，体育活动及其成果受历史影响，只有尊重这一规律体育才能和谐健康地发展。继承本民族体育传统，挖掘出本民族体育中最具活力的因素，为世界体育提供代表本民族特殊文化精神气质的部分，使其成为世界体育文化的组成部分，就成为中国体育在新时代的任务。

其二，这一文化论的结构指出，文化具有质的对象规定性。如竞技性是体育的本质，社会性体现着体育的行为方式和思维方式的总和。所以，体育含有一定的规则、形式构成的相对固定的关系，体现着“更快、更高、更强”的历史性积累和不断丰富、发展和完善的时代性。体育可以改革，但不能推翻这个文化特色——竞技性。不注重体育文化的竞技性，就会失去体育文化的主体精神——文化的国际化，没有国际化的文化认同性，无视体育的竞技性在文化国际化中的巨大作用，就会丧失民族独立于

① 转引自李韬：《建设中国风格中国气派的话语体系》，《人民日报》2013年9月17日。

② 参见杨耕：《马克思主义哲学基础理论研究》，北京，北京师范大学出版社，2013年，第270页。

世界民族之林的身份。同时，研究体育不能不遵循文化传承性，只有这样才能保证体育沿着正确的方向发展。

**（二）体育的文化变异**

简言之，所谓的体育文化的变异，意指体育与文化的时代性关系。文化不是教条，是一个不断更新的动态系统，在对现存事物的肯定理解中，也包含对现存事物的否定理解。体育是人类社会活动中与文化联系最为紧密的领域之一，文化的发展与变迁必然直接地、深刻地影响着体育领域中人们的思想与行为、观念与实践。即文化的发展中存在着与时代发展的要求不吻合的矛盾的表现，不考虑这些关系，就不可能理解好文化的发展。体育的建设与发展一直处于不断变化之中，这一过程上演着新旧体育的发生与消弭、改革与变迁。这一特性鲜明地指出，文化的变异与传承是体育辩证发展的必要环节与普遍形式。只有在这个动态的过程中，主体才能不断获得进步和提升，因而，创新永远是体育的主题。

西方国家为了打破中世纪神权对人的黑暗束缚，发生了“文艺复兴”和“启蒙运动”。这两大运动是从哪儿寻找力量的呢？一个是从古希腊寻找到了奥林匹克体育的理性精神，另一个是到东方中国寻找到了儒家思想。16 世纪末，一些来中国的传教士发现中国是“以道德而不是以神权来治理国家”，这正是西方改革者向往的理想。于是他们把很多中国的典籍如《周易》《论语》《史记》等翻译过去学习。由此，我们可以看到，西方国家在走向现代化的历程中，不仅从自身传统文化中汲取营养，还从外来的文化中汲取大量的营养。因而我们说，推动西方实现现代化的两大运动是在汲取了内外两方面的文化营养后再造的结果。同属儒家文化圈的日本也是如此，日本是一个既面向西方开放却又保持着东方传统的国家。许多学者认为，这一特点是日本在战后能够迅速追赶上欧美先进国家的主要原因。

不同文化之间的交流是实现文化现代化的前提。异种文化相遇时会发生文化之间的流变与整合，通过筛选融合其他民族优秀文化，摒弃本民族旧文化的糟粕，保留现代文化的特质，可发挥两种文化的优越性。

总之，交流互鉴是文明发展的本质。对“文化传承与变异”的研究表明，无论哪一种体育项目的发展，都应该把握运用这一规律，从民族性与国际性的高度来指导社会实践，这关系到今后体育的发展方向，因此必须高度重视。从民族性来看，体育文化的发展要在继承本民族文化精华的同时，借鉴和学习其他文化中的优秀经验和先进成果。否则，该文化就会跌入后退或保守的状态，那么，该国竞技体育发展缓慢甚至倒退就成为必然。从国际性来看，体育的竞技性是被世界所接受的共同的语言，我们不论怎么改革，都不能丢失体育的文化精华——竞技性，不能遗忘体育是全世界人类共同的文化遗产。

## 三、体育文化的调适与冲突

从文化的历史发展来看，体育文明进步发展的过程存在着一个“一体两面”的时空洞见——调适与冲突。即构成某一文化有机整体的发展存在着一个相互联系、相互推移、相互制约、密不可分的普遍形式及发展规律。换言之，从历史观点来看，体育的文化发展并不是简单的累积与堆砌，不是无中生有，另起炉灶。其历史的发展存在着一个文化的调适与冲突的分化过程。它明显的特点就是破旧立新，如果没有对这一特点的一体两面给予辩证的解释，它隐藏的变革旧文化、走向新文化建设的一面就难以被激活，就会走向反动的偏激的泥淖。因而，对其的理解与把握是非常重要的。

### （一）体育文化的调适

所谓的体育文化调适，意即破旧立新，是指体育与文化环境之间进行调整，以适应社会发生的变化，符合时代发展的要求。具体来说，就是以“文化自信、文化自觉、文化自强”为指南，站在“世界文化”的制高点，对自身的文化状态进行再审视，积极吸收世界一切先进文化成果，冲破旧思想观念的障碍，不断研究新情况、总结新经验、解决新问题，推进实践基础上的理论创新和学术创新，找出正确的道路与改革的科学办法和有效途径，消除不符合时代新常态的桎梏，并在这种调适中体现自身价值，实现自身发展。

1. 文化自信

文化调适的精髓在于文化自信。在体育的文化调适中，不能照搬照抄，必须要有强烈的文化自觉意识，要敢于对体育的历史和现状进行认真的反思，要以时代高度的文化自觉，加强体育破旧立新的调适能力。因为，没有强烈的文化自觉意识，就不可能继承、建设和发展体育，长此以往，体育的文化价值势必被弱化，甚至消失。一个不能与时俱进、不断调适的体育，慢慢就会失去生命力，甚至走向消亡。质言之，要立足中国、借鉴国外，对世界上的体育文明成果，既要积极吸收借鉴，也要加以甄别，有选择地吸收和转化，不能囫囵吞枣、照搬照抄。同时也要处理好古今关系，传承好中华体育的精华，去其糟粕，挖掘历史，把握当代。

2. 文化自觉

文化调适的动力来源于文化创新。一个民族的体育要想得到长足的发展，始终不能离开创新的滋养，要主动接受外来体育中先进文化的内容，将民族文化与之有机结合，把文化的创新内容与民族的传统习惯结合起来，真正解决好继承与发展的关系。一是处理好继承性。对传统体育阻碍新文化发展的负面效应要进行系统清理，取其精华，去其糟粕，实现时代的跨越。二是发展要有创新性。一种文化有没有生命力，取决于它是否具有创新性。具有创新性的体育才能实现可持续发展，才能不断适应时代变化和社会转型的要求，以不断超越的理论品格充实体育的生命力与创造力。因而，在体育的调适中，必须面向现代化、面向世界、面向未来，不能在一个封闭的环境里修复、构造自己的文化原型。

“文化自觉”的内涵正如费孝通先生在第2届社会人类学高级研究班的讲话中提到的：“文化自觉是一个艰巨的过程，只有在认识自己的文化，理解并接触到多种文化的基础上，才有条件在这个正在形成的多元文化的世界里确立自己的位置，然后经过自主的适应，和其他文化一起，取长补短，共同建立一个有共同认可的基本秩序和一套多种文化都能和平共处、各抒所长、联手发展的共处原则。”

3. 文化自强

从文化的机制来看，受社会变迁的影响，传统意义上的体育文化传承空间已被打破，导致体育出现许多新的时代问题，要想存在下去并求得发展，它就必须适应内部（国内）与外部（国际）两种环境。换言之，文化调适就是说体育发展的普遍表现形式也是一个革新、增补、调整、适应、提升与发展的过程。在这个意义上，体育合规律性、合必然性的形成涉及三个方面的因素：一是能否做到从客观实际情况出发，寻找造成这一现实状况的历史原因和社会后果；二是是否具有明确而具体的目标，有了目标，才有方向、才有道路；三是发展观是否符合客观实际、合乎一国发展的必然性，如国情、社情。正如习近平总书记在纪念毛泽东同志诞辰120周年座谈会上所说的：“站立在960万平方公里的广袤土地上，吸吮着中华民族漫长奋斗积累的文化养分，拥有13亿中国人民聚合的磅礴之力，我们走自己的路，具有无比广阔的舞台，具有无比深厚的历史底蕴，具有无比强大的前进定力。中国人民应该有这个信心，每一个中国人都应该有这个信心。”

**（二）体育文化的冲突**

在当今全球化时代，尽管体育已成为国际话语，体育的问题已成为国际论坛的主题。但不可忽略的是，在文化的理解方面，体育很大的趋同性和变异性也体现出对抗性和冲突性、中心性和边缘性。伴随着经济全球化、政治多极化的时代潮流，文化多元化浪潮势不可当，不同文化之间的冲突越来越频繁，文化冲突就成为当今全球化社会转型期的重要特征之一。因而，研究体育的文化冲突理论，对于指导我们正确对待和处理文化冲突问题，识别先进与落后、融合与斗争有着重大的现代价值。基于此，运用这一理论学习体育、改革体育、发展体育，才能使客观的文化活动变成文化自觉的意识和对象。把握、遵循这一规律，是推动中国体育不断前进的动力。

所谓的文化冲突，是指不同文化在异质交流的过程中会发生碰撞与对立、斗争与融合的矛盾冲突。文化调适是在文化冲突中展开的，两者相互关联、相互制约，是文化发展的两个方面，二者缺一不可。从社会形态的历史更替过程考察这一文化冲突现象，文化冲突的表现形式主要包括两大类：一是源自民族内部文化继承与创新过程的文化冲突，二是源自民族外部文化交流与整合过程的文化冲突。

从历史性观察，体育是社会的存在物，存在着社会形态由低级向高级的发展。因而，在社会形态量变或部分质变的这一过程中，存在着反映先进生产力要求的先进文化与落后文化的表现形式，产生了文化继承与创新过程中的文化冲突。如近代清朝封建统治阶级的腐败堕落，致使中国日渐衰败，沦为半殖民地半封建社会。对此，一些中华民族的有识之士，高举救亡与启蒙大旗，提倡改良与变革图强。他们认为："今知天下，欲弭外患，非自强不可，人能知之；而自强之要本，人固不能尽知也。简器、造船、防陆、防海，末也；练兵、选将、丰财、和众，方为末中之本。修政事、革弊法、用才能、崇朴实，本也；正人心、移风俗、新民德、精爰立，方为本中之本。"①

显然这一历史的觉醒冲破了几千年来旧教育的禁锢，体育为学校教育注入了新鲜的活力，促进学校教学的发展走向更高阶段。给中国带来了"没有身体运动的教育就不能成为教育"的视野，由此拉开了中国现代教育的帷幕。但至今有些学校仍把"音美体"列入小三门，认为其可有可无。

从文化的多样性观察，受一定社会的经济基础发展的历史制约，在不同民族社会形态的发展历程中，存有社会文化形态之间的发展差异，由此

① 张岱年、程宜山：《中国文化精神》，北京，北京大学出版社，2015年，第249页。

形成不同文化形态之间的历史性冲突。如出现某一强势文化以其特殊性作为人类文化的普世性，不允许其他民族继承与弘扬自己的文化价值观，违背了文化的共性和特殊性的普遍发展规律。针对这一现象，有学者指出，体育具有多源、并进的特征，任何民族的体育都有自己形成和发展的权利。奥林匹克运动的标志就在于要体现出全球不同民族体育的表现形式。按照这一理解，应正确处理不同体育在文化中的冲突，以实践检验为路径，承认体育的文化多元性，交流互鉴，吸收其他文化的优秀成分，继而产生新内容，实现“差别共存与相互尊重”，产生互动和共鸣，最终形成全球体育共同繁荣的局面。

总之，通过对中西方体育文化特质的差异比较，更能准确把握两者的根本差异，找出竞技体育在世界不同文化中发展迥异的根本原因。作为西方文化的竞技体育在发展过程中同样会出现弊端，需要不同文化的补充。那么，我们的文化特点是什么呢？对此，学者季羡林曾指出：“外国认为，一个国家要腾飞，必然要损人利己。可是我们中国的腾飞，单单不损人，利己也不损人，这是我们的特点。”① 马克思说：“你们并不要求玫瑰花和紫罗兰散发出同样的芳香，但你们为什么却要求世界上最丰富的东西——精神只能有一种存在的形式呢？”②

## 小　结

综上所述，每一个民族的发展都应该走与自己的社会历史传统相适应的发展道路。一是尊重文化多样性。中国体育发展要尊重历史文化规律，有民族的文化自信，从以往的文化形态中发现未来文化建设的逻辑与思想。注意自身文化与时代同步的服务形式与责任担当，即要协调处理好自身与社会进步的矛盾性与客观性。二是立足文化互鉴交融性。历史规律表明，自我封闭只会走向衰落。因此，中国体育发展要有文化自觉，既能从跨文化的不同土壤中汲取丰富的思想资源，又能从当代中国与世界发展的文化实践中发现问题、解决问题，形成新思想、新范式、新技术。三是坚持文化自信与美美与共，使中国体育既能弘扬中华民族文化的特色，又能同时拥有世界的视野，发挥体育作为构建文化强国开路先锋的先导作用，承担民族复兴的时代使命。

---

① 卞毓方：《季羡林：清华其神，北大其魂》，广州，广东高等教育出版社，2020 年，第 288 页。

② 《马克思恩格斯全集》第 1 卷，北京，人民出版社，1995 年，第 111 页。

## 思考题

1. 简述文化的含义。
2. 简述文化与体育的关系。
3. 简述中国体育文化与西方体育文化的区别。
4. 怎样做好体育文化的建设与发展?

# 第八章　体育经济论

【本章摘要】

一是解析体育与经济的关系，更新观念，树立文化自觉，推进体育经济新学术发展。二是寻觅体育文化产品的需求与消费的根由，领悟体育文化消费是人类走向新文明后的必然的结果。三是辨析体育文化的消费与生产的关系，发挥体育快乐运动与快乐经济对民富、民乐的作用。

【本章内容结构】

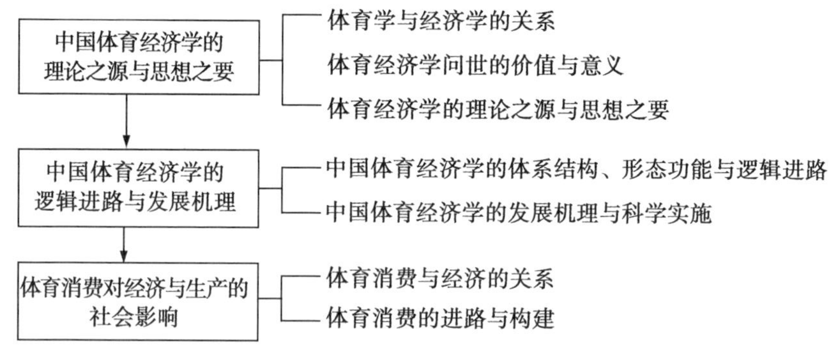


【本章理解】

1. 领悟体育经济的文化目的、责任与使命。

2. 理解体育文化的产生与消费的关系。

3. 认清体育消费文化的经济功能是体育与时俱进的表现、可持续发展的方向，思考体育经济对民富、民乐的作用。

每个词语都有它的历史。伴随着改革开放的发展历程，我国体育经济学的研究经历了从无到有的不平凡的历程，取得了从域外视野走向本土实践、从学科性审视到整体把握、从文本解读到案例分析等一系列的成就。那么，为把握这一历史规律、认清大势、赢得主动、避免迷失，扎根于中国实践，为新时代再出发提供启示，就必须弄清这些环节，解析中国体育经济学的话语体系、学科体系、学术体系，为新时代中国体育经济学的再发展汲取孕育力量，以沿着这一历史底色再谋新篇，构造出中国体育经济学的特色。这一研究既可致敬那些为我国体育经济学研究贡献了智慧的学者，也可为后学提供学术借鉴与研究的生长点。这对于推进体育经济学走向新时代的飞跃，具有十分重要的意义。

为保证中国体育经济学“高质量发展”这个时代目标的实现，本章以文献法、逻辑分析法、唯物辩证法、体育学说、经济学说、社会学说为视域，从理论上的源流关系、学理上的因果关系、实践上的知行关系，对我国体育经济学的发展进行学科建构考察，解析其理论生成与结构谱系、逻辑进路与发展机理，梳理如何发展、怎样发展的机理，力求从理论和实践上完整全面地整理出我国体育经济学的理论渊源与价值取向、逻辑进路与发展机理，消除认识上的混乱，推进理论发展走向创新。这一研究的真理价值，一是构造出中国体育经济学的学术特色，提炼出中国的话语与学术范畴。二是为建设好新时代中国体育经济学的学科体系提供坚实的理论支撑。显然，对其挖掘探析，既具有理论意义，也具有现实意义。

## 第一节　中国体育经济学的理论之源与思想之要

经济学是研究社会的资源关系、经济关系、经济活动及其规律和规则的一门科学，可以说，它与体育学各有不同的研究对象和研究领域。根据辩证唯物论的“物质第一性，意识第二性，物质产生意识、决定意识，意识反映物质”，历史唯物论的“社会关系归结于生产关系，这一关系可改变着主体同其他对象之间的相互联系的世界”，可推论，由于体育做任何事情都要产生消费，发生经济行为，都会直接或间接地涉及对经济效益的思考，这一经济关系既体现着人的需要、享受和发展，也抽绎着劳动时间和自由时间的联系，追问着有关人类的终极价值和意义。这一认识表明，第一，体育存在着“生产、分配、交换、消费”的经济关系，保证“物质”资源的供应。第二，体育也是资本的产物，存在着边际效用的递减规律、边际产量的递减规律、边际成本的递增规律、边际利润的递减规律。第三，体育经济的效益性里面也包含着文化质量和人力质量的负载。因为任何经济行为的发生都表现着一定的生活方式和生命方式，孕育着一定的社会生产关系和消费方式，表现着一定社会的生活尺度和文明程度。所以，体育就有了既是“人学”，也是“物学”的特性。

## 一、体育学与经济学的关系

任何国家的进步与发展、复兴与创造，不仅是制度设计的产物，也是经济发展的结果。那么为什么要研究中国体育与经济的关系呢？第一，经济是体育的物质基础，是保障体育良性运行的基石，不仅左右着体育的生存与发展，也制约着体育的作用与应用、速度与广度。第二，实现中国体育经济“学科化、学术化、话语化”，是今天学界必须完成的任务。第三，要改变中国体育经济学是“从国外领回来的孩子”的状态，就必须阐明中国体育经济的发展道路与目的。第四，要提升中国体育的发展速度，就要研究中国体育经济的质量变革、效率变革的路径与策略。第五，要树立中国体育经济的学科任务目标和指导思想，就必须解读中国体育经济发展的环境与动力条件。第六，要向世界讲好中国体育的故事，就必须阐释好、展示好中国体育经济的底色和使命。理论上的成熟是中国体育经济学发展的根本保障，理论的高度就是中国体育经济学发展的高度。

从“经济是社会生产关系的集合”的观点来看，体育是经济的衍生物，又是推动经济发展的力量。基于此，为了改变体育资源利用率偏低、资源配置失衡、对国家发展的作用没有充分发挥等有关问题，中国体育经济学应运而出，成为一门新的体育学科。历史证明，它是世界现代化潮流发展的产物，其横跨体育学和经济学两大学科，是经济与体育相互作用、相互促进的结果。它主要研究体育领域内各成员、各结构等所形成的经济关系，阐明体育经济规律表现的特点和形式，解析体育经济可观察的现象与变量、价值与事实，明晰其产生的条件和经济功能，从而提高资本投入与产出的经济效益，并为体育事业的资源配置与使用分配提供理论依据。显然，建立体育经济学是中国体育现代化发展的必然规律。对其进行研究，分析其产生的条件，可帮助我们正确处理体育发展中客观存在的各种经济问题，发挥各种经济规律在体育事业中的作用，这对于发展体育事业是必要的也是重要的。

因此，要实现建设中国体育经济学这个大目标，科学地构建起更加全面的学科体系，首先就要认识和抓好古往今来一切事物都需要回答的三个问题：“是什么”——本质范畴，“为什么”——功能作用，“怎么做”——发展改革。这三个理论问题既蕴藏着体育经济学与外部关系的宏观层面问题，与体育和经济的学术接口、学理支撑、价值旨归等密切相关，也包含着体育经济学内部关系的微观层面问题，如对本质属性和内在规定性的再认识，以及对体育直接为经济服务功能的再理解。因而，在体育经济学的理论内涵里，包含着体育的发展和效率，隐含着人对美好生活的定位、旨趣和追求，进行着经济活动的“物质生产”与“物质交往”的扬弃，是观看社会进步的一面镜子。其不仅是衡量一国经济发展的尺度，也丰富着人的发展空间，是时代经济创新发展的一种驱动力。正如学者任海在《奥林匹克研究》一书中所说的，体育的概念在今天已经成为一种包裹性的语言，它力图将人类的所有现象都包裹在一起。

从体育学视野来看，其任何一种话语体系的构建都是由实践的现实需要所激发，体育经济学的问世也是如此。体育与经济的关系不仅体现着社会的资源配置方式，存在物与物的关系；也体现着人的存在方式，存在人与人关系的表达。体育与经济的关系的内在本质既是人的创造性的实践劳动，也是人类社会实践活动的历史产物。也就是说，体育与经济的这一价值关系的形成既是人的劳动结果，又是人类社会发展的必然产物，存在着从合规律性的“物的尺度”到合目的性的“人的尺度”的历史旨归。所以，有研究认为，体育与经济的“联姻”，不仅再生产着物质资料，也再生产着人的精神世界，使人成为一个总体性的存在，可实现人与自然、人与发展的统一。

从经济学的角度出发，体育与经济的这一价值关系可描述为“整个所谓世界历史不外是人通过人的劳动而诞生的过程”，因而，其存在着不以社会形态为转移的自然关系与社会关系的二重性，即人与自然的物质变换的历史内蕴。这一价值关系蕴藏着人的依赖关系、物的依赖关系、个人全面发展的三个形态，表现着人们在生产着自己的生活资料，同时间接地生产着自己的物质生活本身。那么，从历史唯物史观的角度看两者的关系，体育学与经济学的“联姻”，是客体属性和主体需要在人们头脑中反映的结果，是人们从自身和社会的需要出发对客观世界形成的基本看法和知识体系。政治经济学认为，技术进步和生产力的发展势必带来分工的深化和交换的扩大，这一结果势必引起社会各物质要素、各文化主体发生改变，引发其积极参与，从而提高自身资源在社会中的配置功能。也就是说，体育经济学的出现，也是现代化发展这一经济逻辑的所得。如果想让体育成为社会的一部分，就必须拿出证明它价值积累的物质依据，否则就是一句空话。体育经济学的问世，正是对此的有力回应。

现代体育运动也是一种经济活动，其内部存在各种经济的活动现象和规律。因此，有必要建立体育经济学，深入揭示这些经济规律及其作用的特点，以满足体育运动飞速发展的需要。体育经济的关系里不仅蕴含人的自由自觉的劳动，张扬、提升着人的体力、智力、道德力、现实能力和内在潜力等，也体现着人的劳动形式的丰富和消费形式的演进，它反映了人的本质的全面的提升，以及人对自身本质的全面的占有，也揭示了体育经济活动存在着的商品生产与消费服务的资本特性与关系。显然，体育经济是从这个基础上发展起来的，也必须由这个基础来解释，从而揭示出体育经济活动反映着人的意识、觉醒与自我实现，可找到人与社会和经济的关系，理解社会经济是物化人的存在和发展的基础。在现代化的今天，体育只有成为经济才能进入这个形式化的世界，人只有具备了自由的时间，体育才能成为生活的一部分。

体育与经济的“联姻”，使体育可以以经济为中介实现自身的发展，经济可以以体育为媒介，促进生产力和生产关系的辩证统一。两者的这一联结，既体现出经济关系是一切社会关系的基础，又寻绎出体育是提升人类生存环境、保持生产力发展的重要因素，逻辑地揭示出体育是生产力诸元素相互结合和相互作用机制的不可或缺的组成部分，也是意识形态诸环节相互联系机制的不可或缺的组成部分，是推动社会进步最活跃的因素。人类的精神活动是借助于一定的物质过程来实现的。如果我们只注重精神生产而不注重物质生产，或只注重物质生产而不注重精神生产，就不可能获得对社会的全面认识。就如同自由贸易的制度加速了全球化的发展一样，体育经济学的问世，再发展、再丰富、再认识了体育在整个社会体系中的机制作用与历史作用，从根本上改变了体育是非生产性的活动、不可贸易品，只能消耗财富、不能积累财富的传统观点。正因为如此，我国把体育定义为“中华民族伟大复兴的标志性事业”。

总之，生产力是社会发展力量的实现形式，体育经济不仅存有人与物的关系，也存有人与人的关系。体育经济学在实践行为方面的活动构成了社会经济生活的本质，也是社会关系的起源，不仅成为影响人类生存质量的重要因素，也是促进人类社会发展的一种动力。可见，既从体育看经济，又从经济看体育，就会获得新的认识，得出许多有价值的理论，可为全面认识体育奠定良好的基础。文化虽然是社会进步的尺度与标志，但它的基础仍然是生产——“劳动创造一切”。把经济的理论成果引入体育，可从整体的视角进一步说明体育对于人类自身和社会发展具有何种作用。

此外，体育是一种配置资源的社会实践活动，是以生产关系和生产力为基础的，受生产关系和生产力的客观规律的制约，存有经济对象性分化的大量关系。

## 二、体育经济学问世的价值与意义

从经济运行的规律来看，由于体育经济这种伴有商品生产与商品服务的表现形式，蕴藏着资本与价值的关系，就构成了一个新的经济范畴。体育经济活动存在着类存在物的生命活动、生产生活的本身，人按美的规律把这种活动本身变成自己的意志和意识的对象。因而，有研究指出，体育存在着物质文明与精神文明的二重性规律、商品生产与消费的价值客观规律、供求客观规律、竞争客观规律，启发着市场资源调节、资源配置等是否为人、为社会主义服务的对象化思考。而这些现象的盘结则形成了一个较为复杂的体育经济范式，只有经济与体育两者“联姻”，才能正确把握，提高体育经济资源的使用效率，保障体育经济的运行处于健康合理的状态。所以，要想做好体育经济工作，就必须把体育放到经济关系背景中去考察和分析，才能形成完整的认识。为此，有观点认为，体育也是经济的别称。著名的经济学大师阿尔弗雷德·马歇尔在其《经济学原理》一书中指出，经济学是一门研究财富的学问，研究人类生活领域的学问，同时也是一门研究人的学问。①

遵循马克思《政治经济学批判》的理论语境，生产力是现实社会的“实体”和“人的本质”的基础。对体育与经济两者关系的理解，不仅对正确认知人类的发展具有重要的意义，而且也是体育的安身立命之学。不管从哪个角度来看，体育不仅仅是一种运动技术、运动方式的活动过程与表现，也不仅仅是投入、产出、效益等纯物质活动的现象和行为。体育经济学的学科属性里，丰富地存在着“人与社会的历史活动”“人与经济的物质活动”，具有“物质交往”“精神交往”和“实践交往”三个层次，能够揭示和解释世界统一于物质、物质决定意识、意识反作用于物质的联系。正如马克思在《资本论》中的观点，以人类活动的目的为标准，可将社会历史生活划分为两个不同的领域：一是以谋生为目的的物质生产活动领域——必然王国，另一个是以人类能力发展为目的的自由活动领域——

① 参见〔英〕阿尔弗雷德·马歇尔：《经济学原理》，周月刚、雷晓燕译，北京，中国城市出版社，2010年，扉页。

自由王国。①

在体育中展开经济学的相关研究具有重要意义和实践价值。它揭示人的发展是以一定的物质和精神条件为前提的，也深刻说明了：一是体育只有牢牢地立足于人们对美好生活的向往，才能正确认识好、处理好体育与经济衍生的利益关系，才能更好地深刻把握体育的本质及其发生发展的规律，设计好体育的功能和职责。二是体育与经济“联姻”的过程也是体育学分化创新的过程，这一交叉融合既可为学科形成新知识、新功能奠定基础，扩大与丰富体育的本质、价值和功能，确保体育与时俱进，也为体育领域出现的新问题提供了理论的解释，使体育与社会协调发展。三是中国体育经济学必须不断创新自己的理想，不断推动自身攀登世界体育经济学的高峰。要认清中国体育经济学正处于赶超阶段，明白由知识后发阶段走向领先阶段是一个长期的过程。要认真把握住新时代“高质量”发展的机遇，努力加快自身的建设，提升创新意识，强化创新精神，着力改变知识形态与认知范式的落后。运用习近平思想指导自身，运用马克思主义把握历史主动，观察时代、引领时代，做好学科建设，锚定目标，坚定前行。

总之，经济学的若干研究内容与体育学的研究内容具有交互性，经济学的若干理论成果可以为体育学所借鉴和运用，可以为体育学的发展创造新的内容、新的理论生长点。同时，体育经济的产生，也可为经济形式的发展与完善提供一个重要的理论补充。但需要指出的是，体育产品虽然是商品经济的范畴，是表现为社会劳动的一种特殊的社会形式，但其来源于精神文明的需求，不同于资本的价值物化与生产交换的关系。一是体育经济存在着商品的价值与商品的使用价值，抽绎与展示着具体劳动和抽象劳动不同质的使用价值。劳动的二重性是体育经济的根源，即它只有体现出商品生产者与使用者之间的关系才具有充分的现实意义。二是体育经济的发展不仅可带来社会生产力的提高，同时也可给人腾出时间和创造的手段，可使个人在艺术、科学等方面得到发展。三是一般来讲，受资本边际收益递减规律的约束，资本无法无限制地扩大，从而制约了资本创造价值的能力。而体育经济不同，其来源于精神文明的需求，具有无形资本边际收益递增的特点，这一属性决定了体育经济与物质经济之间的差异。所以，“利国富民”是体育经济学的学科对象与目标追求。

---

① 参见徐国超:《人是目的:对〈资本论〉的一种哲学解读》,《牡丹江师范学院学报》(哲学社会科学版)2016年第1期。

## 三、体育经济学的理论之源与思想之要

从理论上看，体育经济学发轫于19世纪末期的欧美学界。一个事物内部所含的实质或内容，概念地反映着它所适用的对象与范围。该学科遵循资本是人类创造物质和精神财富的各种社会经济资源的总称，资本的制度、条件或关系的改变，可促进社会、政治、思想等发生变革。因而，其学科属性与方法把经济现象视为引发体育变革的条件及其发展的来源，探究经济要素活动与体育活动的内在关联与互动过程，以识别经济在体育活动中的影响与比重。该学科认为经济的理性可使体育的技术性转化为资本性、效益性和利益性，能为体育运动的市场化提供学理的依据，能为体育经济的运行创造有利的条件，能为发挥好供需关系提供保障，实现利益的最大化，成为优化和发展体育经济活动的理论工具。其核心思想是降低体育经济运行的风险，保证“创造物质财富”是其唯一的本义。所以，其不是从物质形态与社会形态两个方面进行考察，也不承认体育经济中存有另一者“以义制利”。

从学术指向看，该学科运用一般经济学的理论、视角和方法，探讨经济对体育形态的改变、运作的影响、机制的塑造，使经济学成为优化和发展体育经济活动的理论工具。运用这一关系对体育经济的结果、运行状态做系统的分析和解释，以经济理论与体育经验的互动揭示出体育在生产关系中的作用与生产力的分工，试图最大限度地增进经济的市场与交换机制在体育系统的作用，着力提高资源关系、资本关系、经济关系在体育系统中的效益，提升体育经济的效益与质量。也就是说，体育经济学就是一般经济理论在体育经济活动中的运用。体育经济学是嫁接经济现象和体育现象的一门学问，既是体育学的一门分支学科，也是经济学的一门分支学科。这一跨学科的交叉、多学科方法的运用，可克服现有学科的局限性，是使学科走向创新、独立和自由的路径。《体育科学大辞典》对体育经济学的定义是：体育经济学是体育学的学科之一，是以经济学的分析方法研究体育产业的应用经济学。其研究的内容主要包括：体育产业与国民经济发展的关系；体育产业；体育市场；体育消费；体育资金和体育投资；体育资产；体育产业内部的权利与收益分配制度和格局；体育产业的宏观发展计划与产业发展政策；等等。

从学术源头来看，中国体育经济学的学术理论基础有三种资源：中国体育学资源、西方经济学资源、马克思主义经济学资源。这三种资源在中国体育经济学的建设与发展中交融互动、变革创新，推动着中国体育经济

学的学科建设，谁也离不开谁，着力推使中国经济学这个“从国外领回的孩子”变成“自己的孩子”，从外源式的拿来走向内生性的理解，从单一的原理输入走向自我学科体系的建立，推进中国体育经济学在世界学术格局由边陲走向中心，从而发挥出更大的力量服务和建设中国社会主义事业。因而，中国体育经济学既不是简单地延续自身文化的“母版”，也不是简单套用马克思主义的“模板”，更不是西方体育经济学的“翻版”。研究的性质与对象不同，主体的框架和指向就不同，导致其相应的结果就产生重大差异。中国社会主义道路的发展实践成功证明现代化发展存在着多种路径。

离开了自身体育的文化底蕴、底色，就没有了坐标，不知自己是谁，就不能构建出具有中国特色的体育经济学，难以向世界发出中国的声音。同样，由于中国体育经济学带有国家的根本性、社会的发展性和人民的生活性，因而对这一问题的思考一刻也不能离开马克思主义的指导，否则就会丢失正确的立场，走向曲折，就不能正确处理好价值导向、发展模式、发展道路的问题。而离开了西方经济学就会失去学科的范式和方法，中国体育经济学就会成为无本之木、无源之水，不利于形成学术体系，其学科体系也难以得到世界的共鸣、认同和效仿，难以推进中国体育经济学走向世界。可见，对中国体育经济学的构建而言，其框架不是单一的，而是多维度的，呈现出既有一般的普遍性也有具体特殊性的表现形态。一国的历史方位和时空坐标决定了一国的发展道路。所以，单纯运用经济学的范式来观测、解释、分析中国体育经济活动是行不通的。

概念的产生来自其所传承的价值体系。从中国体育经济学的学术性上看，三种资源使我国学者的认识远胜西方。为什么？因为我们既有世界共同的学科认识，也有中国独特的学科认识，还有马克思主义经济学的认识。这三种资源不仅说明了中国体育经济学体育领域物质的变迁关系——物质的经济性，也证明了精神文明与物质文明的关系——社会性，还阐明了体育经济学不仅有物的关系也有人的关系。显然，中国体育经济活动投入与产出的关系，不仅涉及体育事与物的生产力微观解析——解决“物质的贫困化”，也彰显出体育经济“不仅仅是强国，更是富民”的根本目的。因而，中国体育经济学的发展逻辑，破除了西方体育经济学以资本为本的发展逻辑，可使广大人民普遍参与，从中受益，超越了西方体育经济学既产生财富也产生贫困的价值逻辑。正如班杜拉在《社会学》中的著名观点，人类行为的发生，无论是个体还是集体，总是源于两个因素，一个是文化系统，另一个是社会系统。只有对这两个系统同时加以考虑，才能获得对社会过程的全面理解。

中国体育丰富的实践活动和鲜活的发展经验，奠定了中国体育经济学不同于西方体育经济学的话语基础、学术基础、学科基础，这种“中国人以中国体育社会实践解释体育经济学”的话语，打破了中国体育经济学依附于西方体育经济学的桎梏，为世界体育经济学的发展提供了新的解释，这也意味着以西方体育经济学的理论来解释中国体育经济的发展是一个无法完成的难题。西方体育经济学实行的是以资本为中心的分配逻辑，谁的资本多，谁的分配就多。其把体育经济活动中的人与人的关系、人与物的关系，都认定为物与物的关系。所以，用西方体育经济学的话语无法解释“中国体育经济发展的目的就是满足人民对体育文化的需要”这个命题的含义，用西方体育经济学的方法无法确保“体育经济的财富用于公共体育服务”的目的，用西方体育经济学的途径无法实现“中国体育经济的发展将以提升所有人的健康为目的”，用西方体育经济学的思维无法体会“实践是检验真理的唯一标准”为什么能给中国体育带来翻天覆地的变化。

从理论基础看，衡量一个学科体系是否成熟的重要标志，就在于其能否提出本学科特有的问题。中国体育经济学派立足于中国体育学、西方经济学、马克思主义经济学说的三种资源，力求结合当代中国体育运行的现实形成自己的理论体系，着力于创立具有中国特色、风格和话语的学科体系。其以体育的物质化、社会化、经济化作为扬弃的对象，探讨中国体育经济良性运行的条件、机制和机理，试图找出体育活动与生产关系和交换关系相适应的关系，着力发挥体育经济学的文化引领性，力求揭示出中国体育经济活动所产生的各种形式，并为这些形式提出说明，以解决中国体育社会发展中的经济矛盾与满足经济需要为根本，以为国家、为社会、为人民服务为目的。显然，这个学科体系既是中国体育经济学的支点，也是多年来中国体育经济学艰苦探索形成的基本经验与集体智慧的结晶。它是中国体育经济学从西方体育经济学范式中走出来的成果，是中国体育经济学探索将西方体育经济学与中国国情相结合的桥梁，是理论创新的来源，是中国体育经济学进行学科构建、学术建构、话语构建的基础。

中国体育经济学的学术指向具有自身内生的演化逻辑，应通过参与改变中国体育经济实践的问题，从中提炼出新思想理论，方能发挥出体育经济学的文化引领性。如果单一地遵循西方体育经济学的学科理论框架，既看不清中国体育经济学的运行特点与事理关系，也容纳不下中国体育经济语境讨论的“话题”，更说不清中国体育经济发展的任务。因而，一是要将中国体育经济的成功经验提升到理论层次，形成中国化的实践经验。二是要扩大视野，及时注意政治、经济、文化、科技等领域对体育经济的影响、渗透，不断拓展学派研究的视角、方法、对象和范围，丰富完善自身。正如有研究指出，中国体育经济学的问世，解决了中国体育发展如何与经济相适应，体育在经济增长中有什么作用，体育是消费性的还是生产性的，体育体制如何与社会主义市场经济相适应，如何提高体育部门的人力、物力、财力的经济效益，如何做好公共体育服务等相关问题。①

语义是事物形成的基础。成熟的理论不仅能够解释体育经济学是什么，还能讲清体育经济学能做什么，完成“认识和改造”的两重任务。从价值层面看，一是要通过对国际体育中经济现象的研究分析和理论概括，促使中国体育的价值与功能更为成熟和深入，不断深化对这个世界的完整认识。二是要丰富中国特色社会主义体育经济学的学术体系，为世界体育经济学的发展贡献中国体育经济学的话语体系。因而，总结巩固已有经验知识，提出假说，创立新见就成为学科未来的使命。三是一国的科学发展、文明进步以及生产效率和水平提升，依赖于理论的创新和知识形态的进步。要着力发挥出体育经济的文化引领性。体系是由一个个论点的严谨论证、一条条原理的紧密衔接架构起来的，其中任一论点的树立、任一原理的阐析，无一不是驳论、立论的过程，无一不是否定、肯定的综合。

从实践遵循来看，作为一个国际性的学术理论与流派，中国体育经济学的发展不仅要借鉴国际体育经济学研究的成果，也要借鉴其他学科的理论成果，还要以解决新时代的体育现实重大问题为导向、以为人民服务为中心，创造接地气的学术精品。习近平总书记在教育文化卫生体育领域专家代表座谈会上指出：“加快推进体育改革创新步伐，更新体育理念，借鉴国外有益经验，为我国体育事业发展注入新的活力和动力。”学者史兵等在《对我国体育经济学研究若干问题的思考》一文中提出：“自 1988 年提出体育经济学概念以来……随着研究的逐渐深化，一些问题逐渐暴露出来。突出表现在研究趋于同质化，水平逐年徘徊不前，理论谬误增多等方面……西方经济学用得多，马克思主义经济学用得少。”显然，解决上述问题就成为学界当前的一项核心任务。

体育经济学的研究既是一种客观状态，也是一种主观建构，只有两者统一才能完整地观察到这一关系里的物质文明与精神文明的全过程，才能科学把握好体育经济的运行与发展，做好体育事业。对体育经济学的研究，可为我们破除一个“旧世界”，树立一个“新世界”。对“中国体育经

① 参见倪瑞芳、张振华:《改革开放 40 年以来我国体育经济学研究的走向与论题、成就与问题》,《安徽师范大学学报》(自然科学版)2021 年第 5 期。

济学的理论之源与思想之要、逻辑进路与发展机理”的研究符合我国新时代“高质量发展”的意义。

功能的清晰，是做好一种活动必不可少的前提条件。体育经济学里蕴藏着马克思在《德意志意识形态》里提到的四个关系，一是生产物质生活本身，这是人类生存的第一个前提和基本条件。二是为了满足第一个需要而引起新的需要，这些新的需要的产生构成了生产活动的持续发生。三是这一历史活动实现了生命的增殖，促进了人的发展。四是人与人之间的物质生产与物质交往的联系，不断丰富了人们的自然关系和社会关系。这四个关系的论说揭示出人和动物的区别就是人可以生产自己所需要的生活物资，人类的历史是在人们生产自己生命的过程中展开的，它的发生具有社会性和历史性。体育经济学的问世就是这一过程的产物。为什么？因为“意识在任何时候都只能是被意识到的存在”，在体育经济学的思想里，既包含着物质活动和物质交往的自然关系，也包含着人与人的社会关系。人的思想、观念、意识是在物质活动和物质交往中产生的，体育经济学具有解放人、发展人的功能，具有促进人的发展和发展生产力的功能。

在这样的背景下，中国体育经济学应运而生，成为当今体育学领域新兴的比较有活力的学科之一，不仅产生一批学者和诸多有深远价值的学术思想，留下许多富有特色的研究成果，也为体育学的发展与解释补充了丰富的材料。从国内来看，于光远、曹缔训、张岩、张尚权、丛湖平、鲍明晓等学者是我国体育经济研究领域的先驱者与奠基者。“每一概念的内涵只有趋于稳定，才能为人们所普遍接受与实施。”在学术流派方面，形成了聚焦“体育产业研究”的成都体院流派，其代表人物有张岩、柳伯力等；聚焦“体育产业政策研究”的中国体科所学派，其代表人物有鲍明晓等；聚焦“体育赛事产业研究”的上海体院学派，其代表人物有张林、钟天朗等；聚焦“奥林匹克运动研究”的北京体大学派，其代表人物有秦椿林、任海等；聚焦“体育场馆研究”的华中师大学派，其代表人物有王健、陈元欣等。

总之，为什么需要体育经济学？那是因为体育经济学命题的“衣袋”里装着人的新生活样式、社会的新发展方式、经济的新生产力方式。显然，这一命题挖掘出体育在新时代“强国富民”的新功能，回答了新时代体育学科怎样发展的问题，夯实了体育再发展的基础。那么，为什么要研究体育经济学？中国体育要实现现代化，从体育大国成为体育强国，除了价值层面的支持之外，最后必然要归聚于经济，依赖于经济。为此推进体育经济学的研究是必须的，也是十分重要的。体育经济学不仅是建设体育的学问，也是建设社会主义的学问。

## 第二节　中国体育经济学的逻辑进路与发展机理

先验的认识必须和实践相结合，属于自己的理论，只能在自己的实践中去总结、去创造、去检验、去丰富、去发展。体育与经济的逻辑“联姻”不是纯粹意义上的存在物，这一互动创造出新的体系结构。这种体系不仅改变了体育与社会生产形式的关系，为国民的发展提供了新的动能，也使体育经济学获得了影响力，赢得社会持续不断的高度聚焦。体育经济的建设也不断受到国家的重视，被纳入国家经济发展的规划之中。充分认清这一体系结构的逻辑进路，自觉把握住其功能形态，对发挥体育中的人、财、物的作用，有效提高体育事业的社会效益和经济功能无疑具有重要的作用。为什么？因为经济已成为新时代变革的轴心。基于此，为使其在理论上得以升华，下文将对这一体系结构、逻辑进路与功能形态着力解析与阐明。只有提高对经济变革的整体意识和洞察力，我们才能有所作为，发挥出体育经济的文化引领性。

### 一、中国体育经济学的体系结构、形态功能与逻辑进路

从元语义的角度讲，形态是体系结构在属性中的反映。那么，从体系上看，中国体育经济学的这个范畴是体育与经济共同作用下的产物，其结构具有内外联动的多重互动和协同进化的关系。这一结构不仅导致物质环境的商品生成，而且也产生一系列消费表征体验与审美的文化系统。从“实存是本质与现象的统一”来看，其形态存有基本属性——价值判断、结构属性——经济效应、生成属性——文化效应等三个有机组成部分，推动着“现代化发展、经济力发展和文化引领”三个历史逻辑的实现。体育经济学担负着三种社会功能的建立，第一种功能是价值判断——经济、制度、行为、目标的匹配，其核心是能有效处理好体育经济的秩序与效率、公平的关系。第二种功能是经济效应——提高资源配置运行的效率，其核心是运用市场经济的逻辑，发挥好资源配置的作用。第三种功能是文化效应——实现美好生活品质的供给，其核心是发挥出体育经济学的文化引领力。换言之，体育经济学的体系结构，既存有对体育社会有经济效用的管理改进功能，又有推动社会经济增长的生产效益功能，还有弘扬体育文化的社会效应功能。三者之间既有联系又有区别，不仅存在着相辅相成的正

关系，也存在着相互制约的负关系。也就是说，体育经济学既具有引领与推动体育公共服务供给的功能，又具有呼应体育经济发展效益的功能，还具有推进社会体育精神文明与物质文明建设的价值功能，只有实现三者统一，才能推动中国体育经济学的发展。

从逻辑进路来看，体育经济的发展存在着三重进路，一是实现“大众走向体育”与“体育走向大众”的消费升级，满足人民对美好生活的向往，丰富人的消费方式，改变人的消费结构，优化消费需求，进而扩大社会消费，拉动经济增长。二是针对新时代体育经济活动运行的新特点，不断给出时代转向的新的解释，及时回应新时代体育在经济方面面临的新环境，从社会发展需要出发建构起专业化的学理和学科体系，以应对体育经济结构的变化带来的社会需求的快速增长与供给不足和资源配置不均衡的矛盾，保证体育经济“为国、为人”服务的本质。三是要在体育经济的发展过程中为人生命相续发展与广泛享有社会权利和生活创造条件、提供保障，展现体育对生命终极关怀的价值。体育经济的实践是一个长期发展的过程，蕴含着社会生产力、生产方式和交换方式一系列变革，是人类精神文明和物质文明结合的结果，它的问世既折射着“人民大众对美好生活的向往”，也体现了“国富民乐”的思想，它的到来对社会发展具有深远的意义和影响。

从上述功能形态与逻辑进路的关系研究中可得出，体育经济学既有经济属性也有文化属性，它既是一定物质生产方式的产物，更是一定社会关系的产物。[①] 基于此，体育经济学功能形态存有以下特点：一是体育经济资源的存在形式以精神状态为主，以物质形态为辅。二是体育经济资源虽然关注为体育的发展创造一切条件，但其目的是使人更好地享受体育运动。三是体育经济资源既是创造物质财富的资源，又是创造精神财富的资源，而且创造精神财富资源的愿望更为强烈。所以，在方向上，文化性是体育经济立论的保障。在实践上，经济性是体育物质运行的形态。在学理上，经济性是体育经济理论的逻辑起点。在成果上，体育经济应该给人民提供美好的生活。

从中国特色社会主义的要义来看，在“贫穷不是社会主义”的价值逻辑里，劳动已经不仅仅是谋生的手段，没有文化的经济，必然是缺乏快乐的经济。所以，体育经济的增长不能以牺牲国民的快乐为代价，不能把体育经济视为“生产、商品与消费”的经济活动。其经济增长的模式要发挥

① 参见颜天民:《竞技体育的意义——价值理论研究探微》,北京,北京体育大学出版社,2003年,第205页。

“快乐经济”的作用，要以不断满足国民对体育的需要为目的，以增加国民快乐与幸福为追求。为什么？因为经济增长虽然是社会发展的目的，但在中国共产党看来，其最终指向是为人民谋幸福，提升生产力水平，让全体人民过上美好的生活。中国社会经济发展强调的是共同富裕，是共享发展成果，共同过上幸福美好的生活。那么，要实现这一目标，就需要经济、政治、文化各种因素协调发展，缺少任何一方都不能稳步向中华民族伟大复兴的现代化目标前进。

为此，要深刻把握党和政府提出的“五位一体”总体布局和“四个全面”战略布局的行动蓝图，致力于这一目标的完成，着力发挥出体育经济的文化引领性。这就要求体育经济在发展理念上要体现“高质量”，贯彻落实“创新、协调、绿色、开放、共享”五大发展理念。在发展方式上转向“高质量”，完善推动高质量发展的体制机制，统筹体育事业发展的规模、结构、质量和效率，实现从规模发展向内涵发展的转变。这就要求体育经济的理论与知识谱系要注意内容组成与表现形式保持一致，要因势而谋、掌握主动、抓住规律、提升效能，创造载体多样、渠道丰富的发展形态。既要确保体育经济活动的有效高效运行，也要打造出满足民众个性需求的服务方式。显然，只有顺应这一理念而行，体育经济才能发展得更好，才能被人民认同。

中国体育经济学的学术内容和学说原理，是建立在中国社会主义“共同富裕”与“高质量发展”的目标之上的，因而不能用经济学的概念遮蔽中国体育的本质属性及其综合性的特点。一是体育具有多种活动的价值与功能，能够满足人类生活和发展的多方面的需要，既可为社会的精神文明建设服务，也可为社会的物质文明建设服务。二是体育活动存在着鲜活的生命活动与生活活动，不能把体育经济的目的单纯变成以获取剩余价值、以资本增殖为目的。三是我们要改变过去体育发展为“国强”的单一思路，要围绕“国强、民富”的走向制定体育的发展规划，把实现“国富、民乐”定为体育经济明确的发展目标，正确处理好“国强”与“民富”的关系，确保体育经济的发展沿着正确的轨道进行。确保初心所在，贯彻新发展理念，着眼于满足人民日益增长的美好生活需要，着力解决体育发展不平衡不充分的问题，提高发展质量，保障体育经济的稳定和安全运行，不断提升人民生活中的体育品质、体育品位。为什么？因为“社会不是由个人构成，而是表示这些个人彼此发生的那些联系和关系的总和”①。中

① 《马克思恩格斯全集》第46卷，北京，人民出版社，1979年，第20页。

国社会主义的本质，是解放生产力，发展生产力，消灭剥削，消除两极分化，实现共同富裕。

从西方体育经济学来看，受资本主义制度的制约，其发展的最大特征就是对利益的极致追求。而不同的是，中国体育经济发展不搞两极分化，着力为“国强、民富”创建基础。其思想意蕴是有效统筹各类资源要素，提升体育经济的效能体系，以破解体育发展中的不平衡不充分的问题，使体育事业发展得更快一些、体育公共基本服务能力更高一些，能在这一基础上不断满足人民对物质文化生活的需求。中国体育经济学的历史本原包含中国特色社会主义的“为人民谋福祉”的价值逻辑、“以人民为中心”的理论逻辑和“共同富裕”的实践逻辑。所以，其对象和本质有别于西方体育经济学，其目的指向和实践活动不是单一的财富创造，而是具有“物质性”和“价值性”两个方面。其“物质性”的直观表现是财富的增加、经济力的提升，其“价值性”的直观表现是人民更好地生活和发展。同时这一命题也告诉我们，经济力的跃升是中国体育事业发展的前提和摆脱“贫困”的基础，谁排斥、谁拒绝，谁就会落后于时代，谁就会被历史淘汰。学者陈新就曾指出，在中国“经济不仅是生产和交换的产物，也是实现共享发展、共同富裕的保证”①。

只有物质生产才是历史的发源地，精神、观念植根于物质的经济事实之中，是由社会生活决定的。体育经济只有把自身的本质与具体特点相结合，并通过一定的形式才能实现。显然，这一命题具有多学说理性的特征，要理解这一理论逻辑的坐标，自觉牵住实践的牛鼻子，实现思想与目标、手段与目的的统一，就要深化以下三个方面的认识。

其一，从“生产关系是揭开人与人之间相互关系的本质”来看，中国体育经济蕴藏着生产力与生产关系的唯物辩证的发展关系。例如，从我国“站起来”到“富起来”再到“强起来”的变迁中可见，随着人们生活的恩格尔系数不断下降，人们越来越把体育等文化作为消费的坐标，越来越渴望从体育等文化的消费中获得精神的慰藉与健康的提升。显然，这种巨大的消费需求使体育形成产业，走向广阔的市场，使体育消费成为推动国家经济发展的重要力量，从而证明了“随着经济基础的变更，全部庞大的上层建筑也或慢或快地发生变革”这一经济真理。这一理论是体育经济存在的根本，不可背离、不可偏颇，不可等同于对一般商品的理解。为什么？因为体育经济的活动既存有人的“主观交互性”精神文明，也存有

① 《马克思主义财富观下的共同富裕：现实图景及实践路径》，《浙江社会科学》2021 年第 8 期。

“社会互动性”物质文明，既存有经济关系，也存有人的发展的关系，可以看见人与人、人与社会间的情感依附和关联。

其二，不是意识决定生活，而是生活决定意识。这告诉我们，体育经济学的协调发展非常重要。离开了“人”的生命意义和价值追求去谈所谓的体育经济，就会本末倒置；同样，物质生产是社会存在和发展的基础，离开了经济谈体育就会失去发展的条件，失去生存基础。只有理解与把握这些关系，实现体育经济发展的协调，才能够在纷繁复杂的关系中确立与把握好体育对人类生命的本质意义，促进国家经济发展以及对人类社会文明演进和发展的作用。不把握这一点，脱离实际，一味照搬经济学的模式，盲目地发展体育经济，大搞体育商品产业化发展，不仅会浪费投资，而且也会给国家经济和社会发展带来负面的影响。正如学者李从军在《价值体系的历史选择》一书中所说的：“不同价值体系之间存在着继承性和共性……不能不考虑到价值观念继承性，不能不考虑到不同体系价值形态的同一性。”①

其三，经济社会的活动是以资本的增殖为核心，以产业的生产和流通为基础。体育经济的指向，着力于体育的健康发展和提高社会生活品质。显然，经济活动不可能涵盖体育文化的思想、生活、教育等基本特性，同样，体育经济不能也不可能代替经济概念以及经济的功能。任何一种社会体系都不是悬空的，都必须依赖于社会经济制度、政治制度和文化基础。所以《体育科学词典》将体育定义为：体育是一种广泛的社会活动，存有个人与社会、个人与他人之间的最本质的生活关系、道德关系、经济关系、政治关系等。②

总之，体育在本质上是一门实践性的科学，专注于运动的方法和技术的研究。但从体育活动的背景及其活动的对象来看，引起它发生变革的是社会，而变革的根源却是生产力与生产关系的相互作用。体育经济属于文化经济，其生产、分配、交换和消费过程既运行着经济的规则，更是蕴含国富民乐的内涵和新消费观的文化养成，可提高人民的生活水平和幸福感。所以，中国体育经济学的功能形态，在保证体育经济发展的同时，又能保证人的全面发展。中国体育经济学的逻辑进路，是中国从“富起来”走向“强起来”，这也是为了适应信息时代新发展的一种新思路和新途径，蕴藏着对中国社会文明“是什么”“为什么”的回答。这看似是一种偶然

---

① 李从军：《价值体系的历史选择》，北京，人民出版社，2004年，第24页。

② 参见中国体育科学学会、香港体育学院编：《体育科学词典》，北京，高等教育出版社，2000年，第266页。

与巧合，实则人类文明发展之必然。

## 二、中国体育经济学的发展机理与科学实施

生产力的发展会改变社会发展的方式，重新酝酿构筑新的社会基础。体育活动是在物质资料生产活动的基础上产生和发展起来的，因而生产力与生产关系、商品与消费的关系是体育经济赖以存在的基础，这是不以人们意志为转移的规律。所以，体育经济既具有经济的手段与目的，也具有社会关系和社会参与的双重机制属性。中国体育经济学的发展机理，就包含国家发展目标、社会发展目标、人的发展目标三个要素，以及从“以物的依赖性为基础”的体育社会形态走向“以人的独立性为基础”的体育社会形态与“国家富强、社会发展、人民幸福”的理论阐释。那么，其科学实施的这一命题就涉及三个层面，一是如何处理好体育经济力与变革社会的关系，二是如何处理好体育经济运行与人的发展状态的关系，三是如何处理好人的体育消费活动与商品的生产关系。

受资本的制约与影响，体育经济活动既可产生良好的经济环境与氛围，也可以产生不良的经济环境与氛围。所以，对中国体育经济学的发展机理与科学实施的研究，既可拓宽体育经济在社会发展的空间，也可为体育学的发展打开一个新的理论视野。反之，缺乏正确的实施，就会南辕北辙。也就是说，体育经济的发展机理和科学实施，既不是单一的经济论，也不是单一的文化论，而是一个综合论，有很多的矛盾冲突需要协调、需要解决。

如果不能确定一种事物不同于其他事物的特殊本质，也就无从辨别事物、发展事物。显然，中国体育经济学的科学实施，既是政策话语，也是学术话语，既是社会实践，也是理论阐明。为把握其中的运行关系，发挥体育经济的文化引领性，下文对其进行解析与界分。

从历史来看，每一次科学革命和技术突破都深刻地影响着经济、政治、文化与生产力要素的整合，跨界诞生出许多新的富有活力的科学样式、文化资源平台、经济产业平台。例如 20 世纪科技与文化的融合催生出了像迪士尼、耐克、阿迪达斯等跨国公司。今天的“互联网＋”、大数据、人工智能技术也带动了一系列新兴产业发展。同样，这一现代化的发展也推进了经济、政治、文化与科学之间的相互作用、相互依赖、相互交融。受这一趋势的影响，各门学科不断地萌发出新的学科、理论和概念，迎来了系统论、信息论、控制论、耗散结构论、协同论、突变论等新的科学理论。所以，在技术与经济关系越来越紧密的今天，体育经济的出现既

是历史的必然，也是知识经济时代发展的需要。为此，中国体育经济学要聚焦时代需要，顺应新时代发展的潮流，把握好新时代中国体育建设的要点、发展的趋势，推动中国体育经济学不断发展。

从经济学来看，经济学的本质是如何实现有限、稀缺资源的合理配置和使用，如何将有限的资源投入到最需要的、效益最高的生产中，获得最大的效益。可是按照历史唯物主义的观点，一切政治斗争都是为了争取经济的解放，物与物的背后隐藏着人与人的关系。那么，如果把这一本质引入到体育社会的大背景中，就可以发现在信息化浪潮的涌动下，体育文化与经济的相互结合、相互协同，既可为经济的发展带来一种新的发展模式，也使人们进一步加深了对体育商品与消费的经济主体性和客观作用的认识。因而，中国体育经济学的发展机理与科学实施不只是一个关于事实的知识问题，也是一个关于引领、激发、管理高端经济要素活力效益的实践问题，还是一个关于创新供给服务方式、健全社会与生活价值的问题。

从文化性来看，文化是一个民族的精神支柱，经济领域中的各种矛盾的解决，在很大程度上需要借助文化的普世价值才能得以协商调解。这是由于生产和消费总是处于社会大系统的文化氛围之中，它的生产关系、生产目的、经营理念、消费方式都能动地受着文化的核心观念、群体的习俗信仰等要素的制约和影响。文化是经济社会发展的内生性法则，做好经济与体育文化二者的有机融合才是正确的。所以，中国体育经济的发展应是一种“快乐式的增长”，要着力改变传统经济只注重 GDP 增长的不足，要体现出民生福利与经济增长的结合，才能步入健康和谐的增长途径，实现经济增长与人的幸福、社会和谐同步发展。

从社会性来看，随着我国社会经济的快速发展和现代生活方式的转变，体育经济已经成为我国国民经济的一个重要组成部分。体育消费不仅成为新时代经济发展的核心目标，也推进了生产要素的升级，那么着力解决“供”“需”不平衡就成为必须思考的问题。这就要求中国体育经济学的理论要明确产业链和供应链的关系、目标定位与发展方略。增进人民群众的获得感和幸福感，提高体育在经济领域的活力，就成为体育经济的基本框架和核心话语。为此，中国体育经济学要推动高质量的体育经济发展与高质量的社会发展相结合，实现中国体育经济高质量发展的动力与机制方面的方法论构建。

上述发展机理表明，中国的发展道路是从经济开始的，经济的发展为体育的变革提供了坚实的物质基础和发展动力。但如果从逻辑学的角度来看，可以发现经济与体育之间存在着因果关系，即两者之间存在着相互作用、有机联系、互相制约的丰富关系。一方面，经济是体育发展的基石，体育的发展依赖于经济的支持，体育的发展规模、水平、体制和机制的运行必须与经济基础相适应。另一方面，体育的发展为经济发展提供了前提条件，即体育的发展孕育着人的经济需求，存在着寻找与发现市场的特性。

那么，为了贯通体育经济中生产、分配、流通、消费的各个环节，使其与一定的社会生活方式、一定的社会生产关系相适应，着力提升体育经济的效能，为我国高质量发展和人民高品质生活服务，体育经济自身就必须回答好以下四个问题。第一，体育产品生产什么及生产多少？第二，体育产品怎样对应个性化、多样化的时代？第三，怎样提升产品满意度、提高产品质量？第四，怎样继续扩大需求，提质增效降本，为体育消费注入新动能？要言之，体育产品要使人在消费中享受生命，感受到乐趣，促进体育经济引领高品质生活，促进社会高质量发展。

人们所达到的生产力的总和决定着社会状况，人的生活的生产性孕育着一定的社会关系和生产关系。许多人的共同活动促成了人与人之间一定的社会关系，构成了社会的生产力以及相应的社会结构。中国体育经济的科学实施反映着人如何看待、处理与自身全面发展的关系。为此，一是要做好体育服务性产业与商品，克服体育文化商品与服务方式相对落后的不足，提高体育文化商品与消费服务的质量。二是发挥体育经济的作用，释放消费空间，扩大体育文化消费规模并形成长效机制。三是配合政府，创造条件让更多群众享受体育，多渠道增加体育活动的途径，拓宽人民参与体育活动的形式和方法，改善国民体育条件，夯实消费基础，引导这一发展趋势，创造各种方式、条件，吸引人们参与体育活动，用体育文化消费观念抵制不良的炫耀消费，提升消费思想水平，建立正确的消费观念。

时代是思想之母，实践是理论之源。实践发展到哪里，理论就跟到哪里。要壮大体育经济，就需要整合多种资源，扫掉经院式的陈腐风气，针对高质量发展的新理念、新方式、新需求，推进体育文化资源与社会资本资源、生产技术资源、政府制度资源等有机衔接，形成有效的机制。再通过市场杠杆和这一有效机制的结合，形成体育文化经济资源的供应链，叠加出更多文化生产力模式的增值服务和延伸功能，充分发挥出体育经济的积极性和创造性，推动体育文化经济力的高速增长。有学者研究认为，现代体育的发展是社会经济发展的新源泉，既要保存、传授和发展好体育科学思想知识与技能，也要履行为社会公众服务的职能。如果没有热爱运动、关心体育发展、具有较高体育素养的公众群体，就不可能有体育经济发展的大好局面。正如20世纪最杰出的社会主义思想家雷蒙德·威廉斯在《文化与社会》一书中指出，文化是一种在历史过程中不断发展、变化和有机的东西，文化的变迁呈现了人类社会、政治和经济结构的变化……和社会生产一样始终处于生产和再生产的复杂过程之中，因而，应把文化生产作为社会性的物质再生产来理解。①

总之，中国体育经济“既存有生产力的发展，也存有人的发展”这一机理关系揭示出，它既潜藏着资本与价值的物质资料生产和再生产的关系、资本产生的途径与剩余价值积累的方式，也潜藏着需求对象的商品与服务的消费表现形式——交换价值。就此分析表明，要开创体育经济学发展的新局面，必须把体育需求与物质资本相结合，转化为现实生产力的价值关系，从而使体育经济发展促进社会经济增长，即把体育经济增长的指标转化为社会生活质量的指标，体现出体育经济的增长是一种快乐式的增长，可以提高人的生活质量。显然，体育对振兴社会经济发展的作用得到了集中阐释。而提高公众的体育文明修养、消费情趣，强调生命在于运动，也是体育经济的起点与目标。

综上所述，从唯物主义历史观的视角来看，本节研究提出：第一，中国体育经济学既产生于物质的生产关系，也是表现中国人民物质生活关系的载体。第二，中国体育经济学要与一定发展阶段的生产力相适应，与一定的生产关系相匹配，成为国家经济的组成部分。第三，中国体育经济学具有物质文明与精神文明的属性，既属于经济基础决定的上层建筑，也属于社会意识的领域。因而，体育经济学既是一种科学的范式，也是一种社会实践的形态，还是一种文化生活的样态。三者相伴相随，推动中国体育经济学的发展，成为促进人类社会物质发展的一种知识形态、生产基因和文化维度。学科的先进性不是天生的，而是自我淬炼的结果，这就要求中国体育经济学要自觉“立足国情、开发新质、借鉴国外、创造特色”，把这一实践的丰富活动和发展的鲜活经验上升为具有一定学理性的理论，提炼出自己的认识、概念、命题，形成具有中国特色的学科体系、学术体系、话语体系。正如习近平总书记指出的：“体育是提高人民健康水平的重要途径，是满足人民群众对美好生活向往、促进人的全面发展的重要手段，是促进经济社会发展的重要动力，是展示国家文化软实力的重要

---

① 参见〔英〕雷蒙德·威廉斯：《文化与社会》，吴淞江等译，北京，北京大学出版社，1991年，第18～19页。

平台。”①

## 第三节　体育消费对经济与生产的社会影响

历史归根结底是直接生活的生产和再生产的表现，只有在现实的实践中使用现实的手段才能实现真正的解放。商品生产是生产方式和生产力的起点，消费是生产关系和社会关系的终点，两者蕴含着劳动价值关系的辩证解读。“创造、占有和享受”既是人类劳动不断向前发展的动力之源，也是人类享受劳动成果的幸福之源。即人民创造了财富，也要让人民享受财富，只有发展的成果由人民共享，人民才能从自己创造的世界中体验到自身存在的价值与意义。因而，消费既是拉动一国经济增长的重要动力，也是衡量一国经济发展水平的根本标准，可谓是人类一切活动的目的和归宿，其状况直接反映社会发展境况及人们的生活水平。也就是说，一国经济是以商品生产开始，结束于市场消费，商品是经济细胞的形式，是解剖社会经济的钥匙。从这一规律来看，人类占有、享受劳动产品的意义，是人在商品生产和商品消费的过程中意义建构出自我的精神世界。

体育消费体现体育性格、样态、审美特征与传承形式，其商品既体现着体育特有的思想观念和价值追求，也是体育得以赓续、保持活力的源泉。体育消费是一国经济良好发展的标识，体育商品衡量着一国人民文明生活的尺度，故而，体育消费也就成为推动一个国家经济发展的重要组成部分。为此，世界各国纷纷把体育文化的精神表现意义落实为经济内化的行动。显然，参透体育消费的本质，既有利于促进生产力的发展，也有利于促进社会关系的发展，要想科学把握这一新的经济形态，就必须厘清思路。体育消费的问世，是我国恩格尔系数下降的表现，这一运动、休闲、娱乐等方面消费能力的提升，反映出人们生活水平从量变到质变的改善和消费结构的升级，其进程已由生存型向发展型和享受型转变。有研究指出，创新是第一动力、人才是第一资源、科技是第一生产力、消费是第一拉动力，这是永远不变的发展规律。消费是实现人的生存和发展的保证，是社会的再生产活动，消费行为的健康与否直接影响社会建设的进程与质量。

① 习近平:《在教育文化卫生体育领域专家代表座谈会上的讲话》,北京,人民出版社,2020年,第11页。

## 一、体育消费与经济的关系

消费需求决定生产，有了消费才有市场，有了市场才有生产，唯有广泛的消费，才有广泛的市场，没有被市场接受的商品，就不会有大量的生产。也就是说，消费需求是推动经济增长的重要因素，消费是市场运行的中枢，有效需求不足是导致经济危机爆发的根本原因。依此来看，体育不单单是一项关于运动的学科，体育与经济的互动发展一方面使体育的发展更依赖于经济，但另一方面，体育能够引导消费、扩大需求、刺激就业、拉动经济增长，在诸多方面也发挥着越来越重要的作用。社会发展现实表明，对体育消费的研究，既是推进体育发展的需要，也是当前我国物质文明与精神文明建设的重要抓手和基本方略。因为，体育消费表现着一国经济的结果，惠及全体人民，彰显着一国人民的幸福生活。管理学理论指出，在传统消费学理念的逻辑中，顾客是对象性资源，是商品的被动接受者。而新消费学认为，顾客是操作性资源，是企业运营活动的参与者、创造者。

历史唯物论认为，生产力决定生产关系，消费是生产力增长的动力之源。走入新时代，体育活动的商品消费和服务已成为人们生活的主旋律，已催生出体育旅游和体育娱乐休闲等消费新格局。正如需求管理理论指出，在社会化生产条件下，需求层次上升是人们消费需求发展的普遍规律。其对上牵扯到国家经济发展的导向，对下涉及社会生活的发展质量，必须给予其足够的重视。可以说，体育商品的生产与消费具有两重意义，一方面人的消费行为推动了社会的再生产，另一方面人发展、消耗了自身的思想与体力，再生产出了一个“新”的人与社会的关系。体育在社会经济建设中、经济在体育发展中存在着互摄互动的内生关系，这种关系包含着一种彼此渗透的对象化活动——自己和他者是统一体的思考。即每一种自身的理解，都受到另外一方解释者具体处境的制约，要想把握好自己，也必须同时认识对方。正如马克思认为，生产直接是消费，消费也直接是生产。生产和消费是人的劳动在现实社会生产过程中的直接表现。

从经济学的角度来看，物是社会普遍存在的事实，商品是社会环境的产物，这一过程存在着生产者、提供者、交换者和消费者的“物象化”关系。即人的需要的丰富性，不断地对物质生活提出更高的要求，促使体育消费不断发生，成为某种新的生产方式和新的生产对象。也就是说，体育消费存在着人与劳动的联系，人只有在这一消费交换的过程中，才能真正体会劳动是幸福生活的源泉。在劳动的过程中，人不仅创造着物质财富，同时也构建起自身生活的样式，即理解美好生活形态的切入点、反映点、表现点就是消费。针对此，要做好体育消费必须重视五个路径的建设：一是打造消费环境“数据+”，促使参与消费的人口数量增多。二是深化产品专业化生产和提升商品技术创新能力。三是形成多样化产品结构，扩大可消费对象的范围。四是开通快捷服务，优化供需匹配，消弭配给差异，加大精准性服务覆盖。五是以有效制度的安排与执行的力度，使体育消费更多、更实质性地触及人们多元生活的需求。

消费是人生存和发展的保证。在中国政治体制不断成功改革的推动下，人与经济、人与文化的关系呈现出一种和谐发展的新状态。市场的逻辑是在最有效、最有利可图的地方开展经济活动。从体育消费与经济的关系而言，新的社会发展状态强化了体育消费与经济的关系，促进了体育文化产品的生产与消费的新经济功能的确立，从而揭示了体育经济在新物质生产关系中的规律与趋势，阐明了这一趋势扩张的因由。我们应当正确认识与把握好这一规律，为小康梦和中国梦服务。

这一认识不仅体现出体育在实现社会经济物质文明方面的功能意义，也显示出高度发达的生产力不仅是实现社会主义的物质基础，也是促进体育走向可持续发展的必要条件，可为我们从更高层次认识体育经济的产生与存在提供理论基础。基于此，就要建立良性的互动关系，明确体育文化的商品生产与体育文化的商品消费之间的经济问题，推进体育文化在经济建设中的正确实施，使之朝向健康有序的方向发展。

**（一）体育消费的经济性审视**

按照哲学实践论的观点，动态关系是一切存在的基础，人的任何一种社会活动都具有目的性和计划性。社会存在决定社会意识，人的消费认识不仅决定着市场的属性和机制，也调控着资本的集聚和转移、流通和流动。换言之，这一存在物的属性说明消费不仅是人改造世界能力的尺度，也是人物质生活水平的尺度。为什么这么说？一是按照“无消费无生产”的原理，消费既决定着资源的流动与配置，也决定着生产力的水平。二是按照马克思的观点，“交换”是人类社会的基础，消费需求决定着生产关系的组成。三是生产力是全体社会消费行为的表现，生产关系是全体社会成员收入水平、社会供给能力、组织结构的集合。也就是说，体育消费呈现着生产者对体育文化内涵的不竭追求、消费者对体育文化内涵的持久向往。这一宽厚的土壤不仅使体育运动得到不竭的滋养，也使体育成为人们的精神寄托和娱乐方式。

沿着上述认识来看，体育经济的发展要做好三个方面的工作。其一，这一过程存在着消费的人力关系和经济的生产关系的思考，体育的经济效益需要依赖于一定的存在物作为载体，即经济运行的四个环节——生产、分配、交换、消费，需要好的经济体制保驾护航才能产生好的结果。先进的生产关系是促进社会消费发展的动力，良好的经济体制是保障社会消费力的源泉。其二，按照消费学的理论，文化产品的消费具有“受众数量极大化”的经济效应倾向、“固定成本与变动成本之比极高”的突出效用特征，提升产品吸引力、做好消费服务、满足不同人群对文化的不同诉求就成为发展的关键。其三，动机是经济增长的基础，体育消费未来的发展要走向培育新动能，即中高端消费。产品的变化是经济增长的因素，但不是决定因素。用户记住的不是产品设计得多好，而是优质的服务。为此，如何把不同销售渠道与消费体验结合在一起，就成为体育经济可持续发展的核心。正如马克思认为，那些“发展着自己的物质生产和物质交往的人们，在改变自己的这个现实的同时也改变着自己的思维和思维的产物”①。

商品是通过人的消费进入市场的，要想促进体育的消费，一是动员更多的人参与体育活动、喜爱体育运动，引来更多的人进行体育消费，来满足商品经济的社会发展。二是培养会生产、懂销售的人才，保障体育文化消费的可持续发展。可以说，这一商品经济发展的规律，不仅表现出体育与文化产品的需求关系，也反映出体育经济同样存在着与人力资源的关系。这一关联性得出这样一个规律，即体育经济的发展不能违背经济规律。每个存在者的自由发展是其他存在者自由发展的条件，可以在他类的存在中确证自己，并且在自己的普遍性中作为思维着的存在物自为地存在着。

从人类历史的发展历程来看，体育活动自古有之，然而在很长时间内，体育活动并未发生商品生产与商品消费的交换形式，毋庸置疑，这是社会生产力低下造成的。显然，今天体育的经济活动的发生、发展，是现代生产力发展的结果。体育成为一定社会生产方式内在的经济反映，体育经济的产生不是一种孤立的存在或超越社会实践的现象。从原理或逻辑的视角来看，体育经济的出场不仅存在着社会发展的历史规律，也是社会建设的基本原理。无论是从经济出发，还是从体育出发，最终都必须服务于人民生活的改善，满足人民的消费需求。所以我们认为，体育消费的核心，就是商品要随着顾客的体验需求不断升级，让体育商品深入人心。线上要形成便捷的购物通道，线下要提供优质服务，满足顾客个性化、全方位、多样化的需求。

---

① 《马克思恩格斯选集》第1卷，北京，人民出版社，2009年，第11页。

从需求端看，消费内容与商品的升级受制于“人的需要”，也就是说，人需要的无限发展性和丰富多样性等特点为消费水平升级提供了可能。从供给理论来看，供给能力和结构是制约内容升级的核心，供给不仅为需求的实现提供物质保障，还对消费结构产生引导作用。一切需要皆产生于实践，一切体育消费活动的产生都源于特定“生活形式”的需要。换言之，一定的经济基础必须有一定的文化模式作为其持续发展的基础，其背后都存在着鲜活丰富的文化内容与形式。随着体育活动在社会中的作用越来越大、对人的发展的促进越来越明显，人们支出货币购买产品与服务的愿望也越来越迫切。这些需求的涌动不断地促使体育积极发现新的经济功能，不断地成为国民经济新的增长点，推使体育成为一个国际性的经济产业领域，也使得体育经济活动成为世界经济的一环。因而，从奥运会、汽车拉力赛、田径赛、棒球赛、NBA 等各种赛事，到人们日常的广场舞、户外旅游、户外滑雪等各种健身活动，都成为商家看好的经济源泉。

奥运会、NBA 等各种赛事构筑起体育联系经济的第一座桥梁，而人们对体育活动的热情带动了对体育文化商品的需求，是催生出体育消费的第二座桥梁。任何意识形态在产生后都具有自身相对独立性和运行规律，从事物联系与发展的观点来看，正是体育参与了社会的“经济活动”，才造就了体育与人、与社会新的丰富关系，使其自身具有更多的特征、更多的价值、更多的功能，不仅获得社会的普遍重视与认同，也被世界各国纳入发展计划之中。体育消费所起的作用不只是单纯地刺激经济，它更为微妙的任务在于改变人们的习惯，教会人们如何运动，如何健康，如何健美。一句话，教会人们适应新生活的方式。江小涓等学者在《数字化、全球化与职业体育的未来》一文中指出，中国人均 GDP 已经迈过 1 万美元，消费结构将快速从物质消费、必需品消费、发展消费迈向舒适消费、健康消费和快乐消费，在这些消费中，体育消费是重要内容。

上述命题揭示，体育经济运动的逻辑不仅仅是服从自身规律的独立本质，还要受为它提供发生条件的社会生产力发展水平的制约，即对象的意识中存在着我的意识，凸显出体育经济可为丰富人们个性化的生活创造空间即利用体育经济商品化、社会化活动的形式，提升人的主体性，满足人们实现幸福生活、健康工作、安身立命的愿望，使消费市场更广阔，使消费链条更健全。

总之，增强当代体育文化经济力，为我国社会文明形态的新变革贡献体育的智慧，是当代中国体育创新的重要载体和手段。因而，体育经济的发展必须与社会主义现代化的发展相适应，与中国国情的社会生产方式相适应；体育活动的方式和内容必须满足人们对体育物质文化的需求；体育商品要改革和更新，生产出更多、更美的产品，满足人们的要求，丰富人们的生活；在谋求经济效益的同时，必须充分意识到产品是促进人们积极参与体育活动的“宣传员”，要让体育文化产品承载体育文化的价值内容，实现体育经济与社会历史发展形态现实的统一，体育经济属性与人的发展的统一。正如法国学者弗朗索瓦·佩鲁在其《新发展观》一书中所说：“各种文化价值在经济增长中起着根本性的作用，经济增长只不过是手段而已。因为，即使是单纯的经济发展也离不开文化的力量。”①

**（二）体育消费的文化性审视**

研究发现，“文化生产”的概念来源于马克思和恩格斯的“精神生产”观点，马克思曾指出：“思想、观念、意识的产生最初是直接与人们的物质活动，与人们的物质交往，与现实生活的语言交织在一起的。观念、思维、人们的精神交往在这里还是人们物质关系的直接产物。”② 显然，在这里马克思以唯物主义历史观为分析框架，阐明了精神生产和物质生产的辩证关系。正如马克思在《资本论》中指出，资本“既要受社会产品的价值组成部分相互之间的比例的制约，又要受它们的使用价值，它们的物质形式的制约”③。他的话揭示了人是一个有激情的存在物，精神既是促进人发展的“传感器”，也是人类生活的“调节器”。体育消费是发展消费，也是精神享受消费。

为此，应改变以往传统体育把文化与生产对应起来的状态，加强对体育的经济功能的开发与认识。即在现实生产实践中，把体育文化生产视为某种精神的、审美的、与物质生产无关的思想观念。这使我们明确了：一是精神生产虽然有别于物质生产，但它们都离不开物质的基础。二是文化生产不同于日常生活的物质生产，文化生产是在精神的载体上产生的。它把一种新型的社会生活和新的经济秩序联系起来，并把这种消费文化推至社会的中心，成为占据主导地位的意识形态，而物质生产更多的是表现为工具与劳动，二者不能等同地认识。为此，不断指引体育的商品生产与体育文化相结合，不断提升体育消费产品和服务的供给质量，不断引导体育消费端把文化品位和审美相结合，承担起体育文化的传承与消费传播使命，精准对接多元需求，着力满足人民对美好生活的需要，健全体育文化产业体系和市场体系，就成为未来努力的方向。

---

① 〔法〕弗朗索瓦·佩鲁：《新发展观》，张宁等译，北京，华夏出版社，1987年，第15页。

② 《马克思恩格斯选集》第1卷，北京，人民出版社，1972年，第30页。

③ 《马克思恩格斯选集》第2卷，北京，人民出版社，1995年，第346页。

从消费结构的“生存—发展—享受”的演变路径来进行分析，受“年收入购买与年产品”的关系制约，收入决定消费。在不同的生产力发展阶段，社会的消费是具有差异性的。根据“社会基本矛盾是社会发展的根本动力”的原理，以及“中国特色社会主义进入新时代，我国社会主要矛盾已经转化为人民日益增长的美好生活需要和不平衡不充分的发展之间的矛盾”这一重要论断明确了我国社会主义未来发展的主张，体现出我国人民由“生存资料”的需求转向“享受”和“发展资料”的需求。这就意味着新时代消费形式已由传统单一的温饱消费走向多层次开发和多方式利用的范式。为此，有研究指出，我国当前的消费有以下深刻的变革：一是由实物消费形态向服务消费形态转化。二是由生存型、温饱型向小康型和享受型等消费转化。三是消费方式由服装穿戴转向休闲娱乐、健美保健等消费。因而，科学把握消费领域的变化，做好体育消费的文化引领，优化体育消费环境，深入推动体育消费产品的差异化、个性化、精准化，打造多样化的体育消费生态，就成为体育的社会使命。

体育消费与生产的关系，不仅要具有内化于心、外化于行的智慧社会的价值，丰富人们的精神文化生活，也要拓展人们的活动时空。对此，有学者论道，体育消费是一种文化消费，是现代文明的一种生活方式，是一种让人感到幸福快乐的活动方式。体育消费的经济形式有两种，一是指人们在健身、娱乐、野外旅行、狩猎、垂钓、漂流、滑雪、攀山登岩等活动时发生的购买等经济行为。二是指人们利用体育产品、体育劳务、体育环境、体育信息等来实现增强体质、发展体力、休闲娱乐、振奋精神、完善人的品格的目标的一种生活消费。这彰显出体育文化是国家经济发展的载体、民族兴旺发达的重要依托和精神动力，可在促进经济发展、推动社会进步、提高人的素质和增强综合竞争力方面发挥重要的作用。

从消费变化的“物质—服务”的演变路径来进行分析，受大数据、人工智能、数据链等新要素的驱动，传统的服务机制在供需两端升级，推动消费模式、消费方式、消费习惯等各个环节与生产形式有效对接，紧密地联系在一起，成为供给侧结构性改革的重要抓手。这一前所未有的变革，不仅浪潮般地不断增加新的消费点，推动了产业升级、消费升级，也改变了传统的销售模式与社会生产形式和生产关系。就供给端说，这个不断发生的巨大变化，推使传统体育商品和产业开始寻求与数字经济时代受众消费习惯、消费方式相匹配的商品和形式，加速商品生产技术的变革，改变了体育商品销售接近“天花板”的现象。从消费端说，通过实时场景让观众更好地感受到“运动与激情”，也激发了他们参与体育活动的热情，使他们成为体育商品的消费者、传播者。为此，如何引导生产企业更好地响应消费者的需求，为消费者提供满意的体育商品和服务，就成为未来亟待解决的问题。

从社会发展的动态中考察体育文化产品的产生与发展，可以发现，体育消费作为一种意识形态、一种经济要素，是随着历史的发展与变化而逐渐形成的，其产生是人类社会发展到新的、更高历史阶段的结果。这一结果要求文化的产品和消费必须与社会的生产力、生产关系相适应，满足人民的精神需求，引领社会的进步，为生产力与生产关系的新发展奠定基础。可见，体育经济的产生和发展是物质的生产规律、生产力和生产关系相互辩证作用的结果。相关研究表明，消费结构能影响产业结构，消费结构升级是推动我国产业升级的主要力量，而服务型消费需求的增加更是推动产业结构变动的根本原因。①

体育的本质在当代，而不在历史中。正是在这一意义上，体育文化和经济行为的结合就成为21世纪人的生命行为的一种共同体和共生态的互助关系。即文化的经济化、经济的文化化，是人类走向新的文明发展的结果，努力提高两者之间的双向互动，可以说是体育科学今后面临的又一个问题。体育运动是人民“美好生活需要”的重要组成部分，不同于一般的“物质文化需要”，它要求我们在提升健康生活的品质、满足精神的需求上下功夫，实现人民对美好生活的向往。所以，要着力从“品牌即品质，品牌即品位，品牌即体验”三个方面入手，做好体育消费的服务。

对体育与经济的关系论述，具有多学科理性的特征，这些认识可补充我们的思考，提供理论逻辑，实现思想与目标、手段与目的的统一。

其一，消费孕育人类，人类应尊重消费。生产为消费提供外在的对象，消费为生产提供新的想象的对象。实物产品市场的扩张受购买力的约束，体育消费产品的生产与出现是社会经济发展到一定阶段的结果。一个社会的经济要保持良好的生态发展，必须使文化的生产和消费与生产关系相适应、相协调，才能走向新发展。为此，讲究质量和形式，通过体育文化产品的媒介，扩大人类体育生活的范围，使人享受到体育文化给生活带来的欢乐与愉悦，实现人的自尊与自由的发展，满足不同性别、不同年龄人群的体育文化产品的选择需求，应是体育经济今后努力的方向。

其二，按照“一个民族的繁荣取决于创新活动的深度和广度”这个观点，体育促进经济的作用来源于现代社会对文化的要求。体育派生出的经

① 参见石奇等:《消费升级对中国产业结构的影响》,《产业经济研究》2009年第6期。

济新功能，是体育与时俱进的时代表现，来源于现代社会生产力的发展。“泰山不让土壤，故能成其大；河海不择细流，故能就其深。”在兼收并蓄中博采众长，善于吸收一切学科文明成果，是体育的鲜明品格，也是我们构建体育经济学的内在动力。为此，促进体育与其他学科发展的交流，把他者的先进成果整合融入自我的意识，变成自身实践的力量，就成为体育经济学发展的追求。正如中国改革开放成功的原因，一是从不放弃自己的文化遗产，二是博采世界优秀文明成果。

其三，在理论与实践上承认体育文化也是一种商品，对于体育经济学走向可持续发展具有显著的意义。需要指出的是，体育的消费与交换的关系使我们发现，体育在经济活动中的特点与表现形式不同于制造业，体育产品不同于制造业的产品，它属于服务型的产品，具有精神性与物质性、生产与消费的同一性的特点。即从各种赛事和健身活动中都可以发现，体育的服务型产品的特点是，生产同育人相结合，通过主体的“人”在改造自身的对象化活动中衍生出对体育产品的需求，体现了体育经济功能的生产、分配、交换、消费过程。

其四，按照“物质生活的生产方式制约着整个社会生活”的观点，体育活动中的消费过程既造就了全面发展的人，又提高了社会生产力。它的着力点统一于体育活动的运行之中，遵循着“体育经济功能的派生是在运动练习的过程中逐渐习得”的客观规律。即作为主体的“人”的体育需求归根结底依附于自身参与的实践活动。也就是说，“人”的体育需求是在运动练习之路上产生的，其最后的落脚点是运动练习的实践性——过程。约言之，不能一味把体育文化变成商品，而忽略体育文化的“育人”功能。

总之，考察体育经济生成的背景，可以发现体育经济的产生是人类文明进步中协同对应的历史表征，人们对体育文化的需求与期望衍生出商品的社会生产。这一因果关系说明，只有一国经济在整体上走进追求生活质量的阶段，才能实现生产转移消费。精神生产是物质生产的结果，随着人类社会经济的发展，人类对体育的需求就会越多，体育产业的消费就越高。要理解好这一命题，就要关注体育在以下四个方面的表现。

第一，为了保持体育经济这一新形态可持续性的发展，体育经济活动必须使自己的活动内容与时俱进，总结和推广各地大众体育活动的先进经验，正确制定引导体育消费的政策措施，普及健身知识，推广健康生活方式，提高公众对体育科学健身的参与度，提升运动健身效果。鼓励开发适合不同人群、不同地域的特色运动项目，创造出更多元的层次、更多样的形式，以满足人民大众对体育文化的日益高涨的需求。

第二，要解决好我国现阶段体育事业发展的突出矛盾，即体育运动的物质与资金条件严重不足，难以满足人民对体育运动的需要。一是大力发展生产力，优化体育产业空间布局，完善相关政策，走市场化、产业化与社会化相结合的道路，促进生产转移消费，扩大体育产品和服务供给。二是增加国民收入，提高人民的购买力，保障体育消费力，为体育事业的发展提供雄厚的物质基础。显然，只有做好这些事情，体育事业的发展才能持续稳定在一个较高的水平上。

第三，明确基层政府和社区居委会在社会体育方面的权责关系，大力扶助体育民间团体，积极发展社会体育志愿者服务，培育社区体育人才队伍，改变过去自上而下“关起门来办体育”的不足，逐步建立起政府主导、群众参与、社会共建的公共体育建设的新格局。要推动体育工作发挥出服务社会的作用，满足大众对体育文化的不同需求。做好体制和机制上的接轨，适应社会发展的要求。敞开体育系统的大门，改变体育系统“自说自话办体育”的现状，打造各种社会化组织的平台，促进体育社会化的程度提高，真正实现体育为促进人的全面发展服务，只有这样才能增加人们的体育需求。

第四，文化消费具有大众化、个性化、多元化、分众化的特点，文化需求的增长依赖于产品的服务性和产品差异体验性的融合。要做好体育服务商品的需求与供给，就必须进一步优化体育服务业、体育用品制造业及相关产业结构，实施体育服务业精品工程、体育用品制造业创新提升工程和体育产业融合发展工程，加快体育产业要素结构升级，发挥体育经济的功能。体育产品的生产要能满足不同人群的需要，在开发创新、功能造价、应用范围等方面要符合市场实际，实现体育产品和体育服务与市场需求相符合。

## 二、体育消费的进路与构建

从社会需要递进论的视角看，当社会发展完成了从物资匮乏到物资相对丰裕的转化之后，社会的需要就会发生一定的转向。历史证明，社会存在着一个从经济发展需要依次向政治发展需要、文化发展需要互动转变的关系与规律。也就是说，随着小康社会的全面建成，赋予物质以丰富的文化意义，引导人们走向更高水平的需求，就变得更加突出、更为重要。因而，“消费”这个古老的话题已成为我国当前社会关注的重点，引起经济学、社会学、文化学、伦理学等多学科的关注。在消费这个载体里蕴藏着一个民族的乡土性，体现着这个民族对祖先的认识、对生活的认识、对生态的认识、对民俗的认识，以及这些认识传承与发展的关系。应增强文化自觉，留住认同和归属、增进民族凝聚力，传承好中华文化的根脉和基因，维系好这个民族的可持续发展。正如经济哲学和社会哲学认为，由于每一个人降生于一定的历史文化环境，因而就形成一定的消费观念，消费不仅是人的经济活动的属性，而且涉及人的社会行为，是“人的存在的基本属性之一”。根据这一视角，文化经济的壮大依赖于文化消费的构建，文化消费关联着人们的生活质量，寄寓着人类对美好生活的理想与希望。这意味着，任何一个国家，如果其文化消费的水平高，那么这个国家物质和精神的发展水平就高。

当今体育消费已成为衡量一国国民生活水平的标志，对推动内需、促进经济增长起着根本性的作用。体育文化的消费既是一国经济发展的基础，也是衡量一国经济水平的重要尺度。按照马克思的生产力与生产关系的观点，消费是人生命活动的组成部分，是人自身再生产的重要手段。文化生产的消费不是根据人们的生活需求来组织决定的，而是根据社会生产力水平的高低来确定的。“体育消费”这一概念已成为体育科学的一个学术理论，引发众多学者的极大关注，可见研究体育消费在经济中的作用是十分必要的。

**（一）体育文化消费的进路与构建**

按照“物质生活资料存在着人与人的关系”的释义，消费中蕴藏着文化的内涵，消费是衡量社会文明的基本特征，盘结着人们的伦理、价值、观念与社会的关系。体育消费与文化的“合唱”，已日益成为整个经济中的一个极为重要的组成部分与发展趋势。体育文化消费的进路与构建不是去拓展人们的欲望，而是提高生活的质量，满足人们对美好生活的要求。其着力点是满足人们在商品使用过程中的服务、场景、体验等各种新要求，即以高质量的、美好的、幸福的新生活方式去引领消费，创新需求。

当今，出于对体育运动的喜爱，人们对体育文化产品的消费兴趣日渐浓厚，促使体育文化消费已成为人们日常生活最重要的内容之一。显然，文化的价值观念影响着人们行为的变化，主导着人们的生活方式。脱离为人民谋福祉的理念，体育就不会有吸引力、感染力、影响力、生命力。营造和设计好有利于体育运动的环境，为人民提供新的体育文化产品和服务，吸引人们参与体育活动，就成为提升体育文化产品消费水平的着力点。如何将各类资源建设好、发挥好，推动其互补互动，就决定着体育文化经济未来发展的方向和结果。学者董翠香在2015年上海“学校体育座谈会”上指出，从“文化”即“生活”，即“社会过程的本身”的规定性来看，人只有在体育等文化价值世界中才能意识到自身的存在，也只有在体育等文化价值的世界中，才能寻找到人存在的根据和意义。

美国哲学家、心理学家威廉·詹姆斯曾说过：“如果我们问人类最主要的关注是什么？只能听到一种答案就是‘幸福’。”将体育文化与消费的关系纳入“幸福”研究的视野，是体育研究与时俱进的表现，是体育经济观有机组成的重要部分，即让人民大众幸福是体育经济追求的目标。那么，体育消费幸福的含义是什么呢？按照马克思的设想，社会主义社会是一种社会成员普遍获得自由而全面发展的社会。在这种社会条件下，自由而全面发展就意味着使人的潜能得到尽可能充分的开发和发挥，使生存需要、发展需要和享受需要得到尽可能的满足。以此论之，体育消费幸福的含义就是，让人在运动的资源中完善人格发展，获得健康的生命、富有乐趣的生活享受。从唯物史观的角度讲，这是社会存在与社会意识同步的必然结果，也解释了古代没有体育文化消费的原因。对此，马克思在《德意志意识形态》一文中指出：“当人们还不能使自己的吃喝住穿在质和量方面得到充分保证的时候，人们就根本不能获得解放。”①

只有物质生产才是历史的真正源头，精神、观念植根于物质的经济事实之中，是由社会生活决定的。就其性质来说，体育文化消费的形成，存在着对新发展道路与新发展方式的理解，即历史只能在历史的情境中获得阐释，生产力发展的水平内含着人的发展水平，是一个国家的人民在全面进入小康生活后的物质富足、生活康乐的幸福表征。故此，可以说体育文化消费是在相应的生产关系中“实现”的，即人民审美需求与消费层级的提升，是一个社会保持良好的状态、走向新的发展所表现出的社会形式。这种社会形式要求体育文化作为文化消费的条件与对象，必须表现出自己存在的作用和形式，实现这个特定时代赋予的使命和任务。即体育在实现自身运动技术进步的同时，必须“再生产”与这个生产关系相联系的社会文化形式——体育文化消费，打造出更多、更新、更有趣味、更欢乐的普及体育运动，培育大众体育文化消费市场，提升人们的消费习惯和意识，并以这一文化的形式引导着人们的消费活动，不断满足人们新消费的需求，让人民大众享受体育幸福生活的乐趣。

市场的营造离不开消费意识的构建，要吸引消费者购买商品，就必须打造购买商品的环境。也就是说，良好的文化环境不仅是文化创新的土

① 《马克思恩格斯全集》第1卷，北京，人民出版社，1995年，第74～75页。

壤，也是文化消费层级提升的重要基础。这也就意味着21世纪体育文化的使命和任务是要不断地创造出新的形式让人民享受改革发展获得的成果，让人民认识体育、热爱体育、参与体育、关心体育。研究人们的体育习惯，改善体育文化消费的结构，丰富体育文化的内容，大力拓展新的体育文化产业形态。围绕民生办体育，建立健全公共体育社会化服务体系，引导人民学会在快乐的体育活动中支配闲暇自由时间，打通消费通道，引导人们进行体育文化消费，从而助力中华民族伟大复兴的中国梦的实现。显然，体育要表现出在国民经济发展中的作用，就要做好体育产品的生产与消费的服务，满足社会的不同阶层的需要，保证社会成员能充分享受到更好的产品与服务，这也是体育生命长青的基础。

上文指出，消费既是拉动一国经济增长的重要动力，也是人类劳动的目的和归宿，其状况直接反映社会发展境况及人们的生活水平。马克思指出："社会发展、社会享用和社会活动的全面性，都取决于时间的节省，一切节约归根到底都是时间的节约。"① 这说明闲暇自由的时间是实现人的全面发展所必需的客观条件，也是人的全面发展的根本保证。人类没有闲暇自由的时间，终日劳动、终生劳动，何有生活幸福可谈。没有丰富的文化生活，幸福是不全面的，体育应帮助人们学会支配闲暇自由的时间，保障、改善、满足人们对社会体育的日益增长的需求是一项长期工作，没有终点站，只有连续不断的新起点。正如习近平总书记在党的十八大闭幕后，在与中外记者见面时指出的："人民对美好生活的向往，就是我们奋斗的目标。"

近年来，围绕"幸福指数"的调查已成为我国学术界的一个热门话题，同时一些政府部门也将其作为制定发展规划和社会政策的重要依据。这一现象反映出我国政府更加关注人民的生存条件和生活质量。从2015年社会科学院对国民幸福的民意调查来看，被调查人员都认为身体健康比其他任何东西都重要。可以说，围绕中国梦的实现，党和政府一系列的政策和措施体现了文化发展是为了人民的快乐，经济发展也是为了人民的快乐。体育文化的消费显示的不仅是一个国家的经济实力，而且也展示出一个国家的文化与文明的水平，是一个国家物质富足后其民族审美品位与精神面貌的体现。用美国学者约瑟夫·奈的话说，一个国家最具有说服力的武器是生活方式和文化，这是比硬实力更有影响的力量，这种力量决定着

---

① 《马克思恩格斯全集》第30卷，北京，人民出版社，1995年，第13页。

一个国家或民族的未来。[①]

显然，全民体育已成为21世纪中国社会发展新气象的特征，它既是经济发展的新生长点，也是推动着人们走向新生活的方式，反映了中国社会完成了从生存性消费到文化娱乐服务性消费的转变。而这一物质繁荣消费的背后需要体育文化提升消费的观念，打造出体育文化的生产与消费，可修正以提高GDP为唯一目标的偏见；体现出体育不仅是形而下学，也是形而上学，发挥体育文化的“快乐经济”功能就成为未来体育的任务之一。

总之，经济与体育的关系，就是“经济”要改善人的生存方式，体现幸福生活的理念。具体说，经济越是发展到更高层次、更高水平，越要坚持人人参与体育、人人享有体育，让人民通过享有体育的公平性、普惠性，有更多的获得感、幸福感。同时，人民在这一过程中也一刻不停地进行着体育文化消费，推动着社会经济的发展。显然，这一联动既为经济的发展开拓空间，也为体育优化格局提供力量支持，实现永续性发展。

**（二）科学把握体育消费领域的变革**

消费既是终点，也是起点。人正是在生产活动中才产生了一定的需要，把某种想象的东西变成了现实的东西，已经满足的需要又引起新的需要，不断成为推动生活发展的要素和动力。我国体育消费呈现出不同于以往的深刻变革特征，体现出消费水平提高、消费结构升级、消费方式创新的蓬勃发展趋势，体育消费对拉动经济增长的作用进一步加强，成为消费的重要组成部分。体育经济的实践就在于不断拓展人们的生活消费空间，满足生活需要的空间，帮助人们创造更多的自我完善的条件。

2019年我国人均GDP已突破1万美元，居民消费思想出现了深刻的变革，人们更加注重体育产品的品牌和服务的质量。按照马斯洛的“需求层次理论”，“人的需要”具有发展性，因此消费内容由生存消费向小康消费和享受消费升级发展。着力提升产品的质量与消费的服务水平，就成为未来体育经济发展的必然思考。金融支付新技术的应用和商业模式的创新，深刻地改变了居民消费的方式，保障了居民体育消费升级所需的有效供给，推动了体育消费的进一步发展，引发体育消费结构、消费人群、消费格局的变化，促进了体育消费市场的释放。

“健康就是幸福”理念的流行与驱动，改变了人们“不生病就算健康”的传统观念，推动了体育消费的不断增长和升级，不断创造新的消费行

---

① 参见“提升我国体育文化软实力核心问题研究”课题组编著：《中国体育文化软实力及其提升》，北京，科学出版社，2015年，第1页。

为。基于此，要扩大消费人群，实现体育资源全民化，激发生产要素，进一步保障共享经济的前端供给。2019 年《政府工作报告》提出：“要顺应消费需求的新变化，多渠道增加优质产品和服务供给。”

商品意义上的“物”，连同生产关系、社会关系意义上的“物”，直接构成了现代人的直接社会现实。这一现象提出一个重要的问题，即体育是服务于经济发展为主，还是服务于人的发展为主？发展经济是体育的一个功能，但体育不能忘记自身的主体是文化性，有了市场思维也并非原罪，但不能被市场思维“绑架”而丢失体育发展人的本质，损害体育的社会公共属性。当今中国人已经迈入由“富起来”走向“强起来”的新征程。这个“征程目标”的对象化不是自发产物，要使这一客观要求成为现实存在，还需人的自觉努力。即实现这个过程的基础动力是人的素质，需要体育提高人的素质，增强人的本质力量，去实现这个征程目标。

居民体育消费热点的不断涌现和升级，强化了体育对经济增长的作用。为此，体育经济要增强责任感、使命感，促进消费升级，培育新型消费。一是自觉关注人民素质的发展，创造和生产丰富而健康的体育文化产品，满足人的精神文化需求，提高人的精神境界，提升人的文化品位，塑造人的灵魂。二是提高人民体育生活的质量，使经济增长与民生需求平衡，推动中国梦的实现，坚持“国富是为了民乐”的方向。

改变对单纯经济增长的追求，废除“GDP 崇拜论”，已成为我国经济学家的共识。如何衡量社会的经济发展与和谐社会的同步增长？如何实现经济与民生质量、社会和谐、自然环境的共同发展？这既是经济学家考虑的问题，也是体育文化发展必须思考的问题。笔者认为，随着我国经济的不断发展，我国进入“生活质量提高阶段”是必然的趋势，今天我国经济的发展已跨入工业化的后期阶段，城镇居民的消费结构已开始出现向后工业化转变的迹象，2022 年我国出入境人数达1.16亿人次也侧面说明了这一点。有研究指出，休闲时间对城镇居民的消费已经出现正促进作用，休闲时间每增加 1%，即可刺激当前消费增长 0.93%。①

从以上的分析可看出，文化消费是当代社会的产物，文化消费构成了 21 世纪人类的生活方式取向。显然，只有这样，才能为一个更高级的、以每一个人的全面而自由的发展为基本原则的社会形式建立现实的基础。消费具有控制社会的因素，是推动社会变革的纽带，可引发社会现象和经济活动的变化，推动经济增长与社会发展。为此，体育文化消费也就必然

① 参见魏翔：《休闲经济与管理》，北京，北京师范大学出版社，2012 年，第 28 页。

成为影响社会发展的要素之一，可以直接影响社会结构中居于主体地位的人的价值观，引导人的社会行为发生变化。换言之，体育消费不仅意味着经济空间的变化，还涉及发挥调控与均衡社会功能的政治意义，这也是要对其进行研究的重要原因。作为商品的“物”以及决定商品生产和交换的社会关系之“物”，是每个现代人每时每刻都感受着的直接存在。它不但表达着人，而且塑造着人。

国际经验表明，人均 GDP 达到 3000 美元，居民消费进入物质消费和精神消费并重的时期，超过 5000 美元时，居民消费将进入需求的旺盛时期。但是武汉大学国家文化发展研究院研究指出，我国 2016 年人均国内生产总值已超过 8000 美元，而居民的文化消费水平不但没有随着上升还有递减现象，这一“悖论”的发生，既体现居民的文化消费需求潜力巨大但又得不到相应的环境释放，也暴露了政府的投入规模对公共文化服务产生负向影响的问题，这显然是不正常的现象。① 为此，如何做好国家“引导和扩大文化消费”的部署，就成为体育未来发展必须思考的一个问题。

体育经济的功能存在着三个方面的变量需要认真把握。一是体育载体可实现商品化的文化性，推进知识的形态和价值观的转变。二是体育载体是培养人才的有效途径，可实现社会活动方式传播的转变。三是培养学术性和商业性结合的体育经济新形态，可促进两者的共同发展。

时间实际上是人的积极存在，它不仅是人的生命的尺度，而且是人的发展的空间。人具有自然属性与社会属性，要想生存和发展，必须有满足其自身需求的条件，显然，坚实的物质基础、坚实的文化基础是实现人的全面发展的条件。为此，一是如何把抽象、枯燥、专业的技能练习形式，转化拓展为感性、审美的大众活动就成为体育持续发展的关键。二是要提升体育商品的产业链和供应链的水平，以需求标准提升服务水平，以需求规模促进转型升级。

体育是幸福感链条上的一环，其不同的变化可引起这一链条发生显著的变化，既可产生正能量也可出现负能量。基于此，大力营造与国情相适应的体育文化的社会环境，结合我国现状做好体育文化产品的生产与消费的服务，发挥体育快乐经济在国民经济中的作用，既是现实的重大任务，又有着深远的历史意义。国家、社会和人民对体育文化产品需求的根由在于，体育快乐经济的作用与全面建成小康社会的目标相吻合，与奋力实现中国梦相吻合，与提高全民族的思想道德素质、科学文化素质和身体健康

① 参见傅才武等:《探索文化领域供给侧与消费侧协同改革:政策与技术路径》,《江汉论坛》2016 年第 8 期。

素质，促进人的全面发展相吻合，与坚持以人为本、树立全面协调可持续发展的发展观相吻合。可见，人们消费的不仅是体育商品和服务的使用价值，还有它背后丰厚的符号价值——国富是为了民乐。实践证明，体育的消费能力不仅体现着一国人民生活的状态，而且也是一国社会发展状态的直接反映。从这一意义上来说，体育的文化性影响着一个民族的审美力，也体现着一个国家人民的生活水平。体育经济的消费是人类走向新的文明后的必然的反映形式，是作为人的本质的一种自我确证。人类在实现了物质生存欲望后，必然会开始追求精神的发展和自身的完善，这是人类社会文明发展的趋势。正如丹麦未来学家沃尔夫·伦森认为，人类在经历了狩猎社会、农业社会、工业社会和信息社会之后，将进入一个以关注梦想、历险、精神及情感生活为特征的梦幻社会。这就需要人们的日常生活富有极高的文化色彩。为此，只有在经济活动中加入更多的文化因素，才能满足人的各种需要。①

逻辑学指出，本质的东西是通过现象表现出来的。这要求体育不仅要发挥精神文明的作用，而且还要发挥好在物质文明建设的作用，准确把握好时代对体育的发展要求，坚持“依靠人民、为了人民”的根本价值取向。即体育经济水平要发展到更高层次、更高水平，就要优化发展空间、拓展发展格局，以公平性、普遍性、普惠性为尺度，努力让人人参与体育、人人享受体育，让人民群众获得更多的快乐感、幸福感，创造更好的参与体育运动的条件环境。要不断根据人们对体育文化的新要求，着手推动体育文化向高内涵、高品质发展。以新发展理念指导企业不断开发新的文化产品与消费服务，促进产品的生产模式更加清晰，并为其发展优化法制环境、健全法规，做好制度安排、配套条件。

受互联网社会化的影响，人们的消费行为已由被动走向主动，消费者已成为商品“制造”的主导者；同时社会化大生产正在进行重心转移，由物质产品生产逐渐转向以精神需求为内容的数字产品生产。可见，探讨体育文化与企业生产两者结合的发展空间，促进体育文化生产，提升体育文化商品的质量，满足人们对体育文化产品的需求是符合时代发展趋势的。这既发挥了体育文化应有的功能，提高了社会的生产效益，又体现出体育“休闲—产出”的交互的作用以及体育经济未来发展的方向。马斯洛需求理论表明，人类精神需求是最高层次的需求，体育消费的“化学反应”勾连着人从物质文明走向精神文明，消费者一边消费一边完成再生产过程的

① 参见董杰:《论奥运会的文化——经济一体化特征》,《体育与科学》2004 年第 4 期。

“特性”，就成为体育经济与其他经济模式的不同。

一种理论的源泉只能是丰富生动的现实生活，基于这一认识可以发现，人们总是从自身的需要出发，构建出改造自然、改造社会的文化形式，使之符合人自身的需要。因此，不同历史时期、不同的社会性质，对体育文化发展要求的设定也呈现出不同的形式和特点。今天，体育发展的基本点和纲领就是：体育的发展与人们的幸福相联系，体育的本质在于促进人的全面发展；体育的文化功能在于实现人在物质文明与精神文明方面的和谐增长；把快乐的运动与快乐的经济相结合，无疑是体育文化未来发展的趋势。

社会主义的生产以所有人的富裕为目的。正确处理好人与文化的关系、人与经济的关系，是推进人的全面发展的出发点和落脚点。虽然不同的学科各有其不同的元特点和发展规律，但几乎所有的学科都有其实践内涵和现实关切，都兼具认识世界和改造世界的学科使命。从体育学科的发展来看确实如此，从学科成立之初，“强国富民”就成为体育改造世界的追求。一国机体的强弱兴衰取决于这一机体的细胞——国民的素质优劣。这也揭示出人为什么需要体育运动、为什么需要体育文化消费，因为社会的发展根源于人对物质生活的需求，这一需求使人类认识到体育是使生命的客观世界与主观世界走向新发展的载体。可以说体育经济功能的出现是人类追求生命本质意义和内在价值在不同的历史阶段上的反映。也可发现，体育经济并不单单是一种自然科学知识或经济行为，其背后蕴藏着观察宇宙、审视社会和处理人生问题的思维方式、价值旨趣和生活态度。

**（三）推进供需两端协调发展**

生产的目的是交换，商品流通的目的是消费。体育文化商品的生产是一种服务型的生产，它虽然产生文化行为，但它最终的结果是消费。显然，只有实现供需两端匹配协调发展才能补齐短板、顺应客观形势的需要，才能促进体育经济持续发展。从当代国人对体育产品的需求来看，要想完成提质增效，推动服务功能优化，就必须把消费流、信息流、生产流、商品流紧密结合起来，消弭需求与供给不足。另外还必须认识到体育经济发展的关注点不是简单地扩大产能，而是依赖先进的科学技术，增加商品的含金量，发挥出体育产品促进人的全面发展、丰富人们的业余文化生活的作用。

从经济学的视角来看，需求质量与需求规模是经济框架中的重要变量。那么，体育文化产品客体价值固有属性的发挥，取决于体育价值主体的创造，体育文化产品进入市场所引申出的各种经济价值是消费主体的自身特性所决定的。体育文化产品身上反映着生产活动、经济活动与生活方式、生活意识的变化。在一定条件下，需求质量越大，需求规模就越大，越有可能催生更多创新的成果，有更多微观的主体进入市场，可显著扩展现有产品或服务的形态与模式，促进产业链与服务链提升。判断一国经济体良好运行的指标，不仅是看消费对GDP的贡献程度，还要观察居民的消费结构是否由生活必需品向非生活必需品转移，即由生活物质型消费结构转向生活服务型消费结构。

从实践论的观点来看，意识的对象是意识外的存在，意识的内容则是意识内的存在。显然，这一命题揭示出体育产品由社会存在所决定，随社会经济结构的变动而变动。也就是说，体育文化产品虽是以文化的形态存在，但体育文化产品的价值链，则是消费需求的反映。质言之，体育产品如果材料低廉、质地粗糙，就会影响人们对体育运动的感觉，也会影响产品生产的需求与体育活动的开展。任何文化产品的产生与销售都包含着供需两方的协调匹配，那么如何围绕“消费”提升产品质量和服务水平，保障人民对美好健康生活的追求；如何围绕“质量”，引导企业推动组织变革，打造优质品牌，收获高效益的产出，促进研发设计与商品服务相结合……以上这些就成为我们必须关注的问题。

人的发展是社会发展的最终体现，“历史什么事情也没有做……历史不过是追求着自己目的的人的活动而已”①。客观知识世界是人类文明得以保持、延续的根本保证，人们生产着自己的生活资料，同时也生产着自己的物质生活本身。产品的质与量释放着美好生活的样态，寓意着对美好生活的诉求，是产生“幸福”的作用物。可见，体育文化产品的生产与建设的关系蕴藏于文化的本质属性之中。体育活动与产品之间有“寓意于物”的关系，高质量的体育消费需要高质量的体育产品做保障。因而，我们必须做好体育文化产品的生产与发展，正确处理好生产与使用的关系、供需两端匹配的关系，使之相互促进。消费需求与一定时期生产力的关系必然与相应的文化需求相符合。也就是说，体育消费的增减来源于消费环境的转换，并受其制约。把握好这些关系，有助于体育消费的发展，也是体育经济走向可持续发展的基础。

随着我国经济的快速发展，社会保障水平的快速提高，居民收入的快速提升，财富的快速积累，我国居民提高生活质量的愿望比较迫切，消费升级换代的需求逐渐加大，消费意愿也日益旺盛。根据恩格尔系数的划分标准，一个国家平均家庭恩格尔系数大于60%为贫困，50%—60%为温

① 《马克思恩格斯全集》第2卷，北京，人民出版社，1957年，第118～119页。

饱，40%—50%为小康，30%—40%属于相对富裕，20%—30%为富裕，20%以下为极富裕。当前我国居民的恩格尔系数已降至30%左右，居民消费结构已日趋接近发达国家的水平。为此，优化体育商品供给结构，促进体育商品多样化，满足广大人民群众的现实需求，就成为体育经济发展亟待解决的问题。

体育文化产品蕴藏着一种人的生活教育，它总是唤起人们对理想的向往，这一点是难以改变的。体育文化产品虽然受经济价值规律的制约，但并不完全受其支配。因为，体育文化生产的使用价值有它自己的特点，即存有社会效益与经济价值的统一。普通商品的交换价值不考虑社会的价值，体育文化的生产必须考虑社会的价值，不能过分考虑体育文化产品的经济效益，而忽视了体育文化产品的社会效益，致使体育文化产品的生产失去体育的本质，致使体育产品缺失运动功能、审美功能、教化功能。约言之，由于供给结构创新能力弱、产品结构多样性差、高附加值精特产品少、品质安全无法保障等，现实的体育商品水平不能适应消费需求的变化。显而易见，这样的现状会抑制人们参与体育的热情，降低人们对体育产品的需求，使体育文化产品的消费失去可持续发展的环境。

实践证明，驱动消费经济最为重要的因素之一是“放心的消费环境”，消费环境不佳就会抑制人们的消费愿望。重视这件事情是做好体育文化消费升级的关键，为此需要注意：一是当前体育文化产品市场出现一些低俗的、低劣的体育文化产品，如羽毛球拍断裂，插到人身上引起人们对打羽毛球的反感，降低了人们参与体育的热情。这种示例会通过网络迅速传播，给体育文化的建设带来阻力与负面影响，不能不引起我们的重视和关注。也就是说，体育商品的生产只有把人当作目的，受到人们的欢迎，其经济价值才能充分发挥。二是体育消费基础设施薄弱、消费监管机制不够完善、优质产品和服务短缺、服务标准不统一等，难以满足人们体育消费的中高端需求，难以对接人们个性化、多元化、品质化、健康化的需求，严重影响了体育消费的可持续性发展。三是体育消费模式、消费增长途径方面的创新不够，难以促进商品消费和服务消费互动，不符合消费个性化、差异化、定制化的发展趋势。四是企业流通转型较慢，不能推进品质革命，开展个性化定制和柔性化生产，丰富和细化消费种类，推动中国制造向中国创造转变，难以提高居民体育消费升级所需的有效供给水平。

以上论述表明，随着我国人民生活质量的提高，生活内容的不断丰富，对生活趣味的要求也会随之提高，这使得体育文化的发展、体育文化产品生产的经济功能可发挥为国家提高内需、促进经济发展的作用。为此，我们要研究新消费时代体育文化产品生产的新情况、新形态、新特点、新趣味等问题，从而形成新的生产关系。这不仅对体育产品的发展来说是尤为重要的，而且对于提升人们对体育文化的热情也是非常重要的。历史不同于自然，社会历史所发生的一切都是有意识、有目的的结果。体育文化的产品生产浓缩着全部的社会关系，可以说体育文化产品的生产既为新一代体育文化的开展奠定了基础，也决定了新一代体育文化活动的历史方向。为此，体育商品生产的发展要紧紧把握习近平总书记 2014 年在河南视察时提出的“三个转变”，即“推动中国制造向中国创造转变、中国速度向中国质量转变、中国产品向中国品牌转变”，提高体育产品和服务消费的有效供给，推动消费升级，构建起消费的长效机制。中国体育文化产品的发展图谱，必须保证供需两端资源的配置是均衡的、最优的，违背了它就会带来风险。约言之，体育产品要发展必须做到：一是实现体育产品消费与精神需求和健康需求统一，珍惜资源，修身养性，关注生命，强健身体，才能获得持续发展。二是从熊彼特的经济理论来看，经济的发展一定是新产品、新技术淘汰老产品、老技术的过程。为此，不断改进生产工艺，提高产品质量、样式，才能获得可持续发展。

体育经济这个范畴是体育与经济共同作用下的产物，我们既要研究体育文化性的作用，又要研究经济范畴的运行规律。消费文化是体育功能的重要组成部分，体育经济功能的产生是体育与时俱进的表现，它是体育生命本质的可持续发展的方向。体育经济既不是一个单纯的文化范畴，也不是一个社会再生产的简单的经济行为。换言之，其理论既有对增加体育资源投入、提高体育资源使用效率以及促进经济发展的假设，也蕴藏着人对精神与物质发展的需求，反映着人对社会发展的理想寄托，这一特征必然会成为体育文化消费发展的方向。人越全面发展，社会的物质文化财富就会越多，人们可自由支配的闲暇时间就越多，人们的生活质量越能得到改善，而物质文化条件就越充分，反过来越能推进人的全面发展。体育要发挥促进人的全面发展的功能，不仅表现在精神文明的“增长”上，也表现在物质文明的“增长”上。正是这种人的需求促使体育与文化发生关系、与生产发生关系、与消费发生关系。也就是在这种关系中，体育实现与人和世界的关系的普遍交换，不断获得对本体的新认识，丰富、完善、发展自身。要发展自身，就要“苟日新，日日新，又日新”。要与时俱进，更新自己的思想和观念，才能实现“体育富国、体育强国”的发展目标。

资本是黏合剂，体育经济不是简单的百分比的相加，市场的形成是在互动中变化发展的，要发展好体育经济就要正确处理好下面两个方向的工作：一是做好体育普及工作，增加体育设施，提高全民体育的基础与条件，保证所有人平等享有参与体育的权利，为每一个人提供参与体育的机会，实现终身体育大众化。二是完善市场和产业链的匹配，正确规划体育经济的质量、规模、结构与效益，与国民经济发展协调一致。此外，文化能动地反映着生产方式的变迁，生产方式也体现着文化逻辑的变化。体育消费可推动社会生活的变革，是建立新生活方式的丰厚土壤。要想完成体育生产与体育消费的统一，就需要通过一个“拉”、一个“稳”来拉紧彼此之间的联结，促进生产者和消费者的互动。所谓“拉”的概念，就是通过公共体育服务平台的发展，扩展大众公共体育活动的空间，吸引人们来参与体育活动。所谓“稳”的概念，就是政府要加大体育商品生产与销售的监管，制定激励政策，促进生产厂家创新商品样式，提高商品的质量，优化服务形式，稳住人们对体育商品的需求。

## 小　结

需求是体育文化消费的基础，只有创造需求，提升消费体验，为消费者提供更多、更新、更具风格且体验感强的产品与服务，才能找到体育文化经济发展的突破口。把供需两端有效地整合起来，推动生产、分配、流通、消费诸环节的相互作用，就成为决定性的环节。显然，大众公共体育的发展要依靠体育产业发展来转换，体育产业的升级要依靠大众公共体育的增长来实现，两者共生共长。经济学认为，交换之所以产生，是因为双方都可以从中获益。任何事物都是一个整体，都是作为系统而存在的。那么，如何认识这一规律、把握这一规律，激活生产要素，丰富体育文化产品形式，把消费匹配与精准营销相互融合，在更大程度上培养潜在的消费群体，实现供需两端“双效统一”，就成为体育经济时代必然需考虑的问题。为此，推进体育文化产业天然的“经济性”与体育文化产业本然的“消费性”相融合，就成为体育经济发展的制胜之道。

**思考题**

1. 为什么研究体育经济学？
2. 简述中国体育经济学的理论之源和思想之要。
3. 简述中国体育经济学与西方体育经济学的区别。
4. 怎样做好体育消费的建设与发展？

# 第九章　体育政治论

## 【本章摘要】

一是指出一国体育状况受制于其赖以生存的政治环境，一定的体育模式只能存在于一定的政治环境之中，阐明只有适应社会的政治现象，才能正确把握体育的本质运行及其发生发展的规律。二是指出体育是一国政治的标志与代言，具有文化软实力的核心作用，是国家治理体系和治理能力的重要组成方面。三是指出做好政府体育执政能力建设，是推进中国梦实现的基石。

## 【本章内容结构】

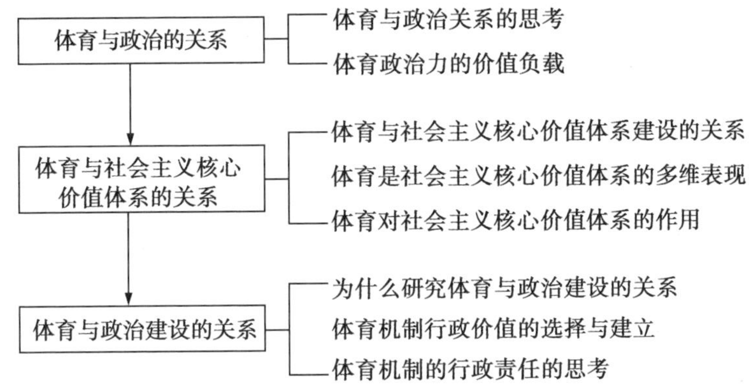


## 【本章理解】

1. 理解一定的体育模式只能存在于一定的政治环境之中，掌握这一本质运行及其发生发展的规律。

2. 理解体育是践行社会主义核心价值观的途径和表现。

3. 思考体育服务政治固有功能的发挥与体育行政价值和行政责任的关系。

为什么要研究体育政治学？因为政治是体育的最高形式，对于发展体育具有不可替代的地位和作用，是实现体育价值行为、价值内容、价值目标有机整合的基石，可为体育处理好各种扑朔迷离的社会矛盾提供依据，完善体育的组织与管理方式，指导实践与时俱进。政治存在于所有的社会活动中和人类存在的每一个角落，是一切话语的文本。由于政治和体育两者的建构都围绕三个基本元素——个人、国家和社会，因此，政治与体育可以相互作用、相互发展。政治集中着体育各种行为的表现，是体育处理各种社会关系的载体与依托。因而，体育的发展与政治的发展具有相关性，体育是政治的守卫者，政治是体育的保障者。其一，政治是一国体育的思想价值观表征，政治取向的不同导致不同的国家采取了不同的体育发展模式。其二，由政府制定和实施的各种政策，是影响体育发展的重要因素，这种影响对于当今中国体育来说尤其显著，可以说，无论是学校体育、社会体育还是竞技体育等，都摆脱不了这只“手”的干预。其三，一国的政治价值观的状态既可能是促进一国体育发展的关键，也可能是阻碍一国体育发展的根源。

政治是国家形式，体育是政治的载体。政治对体育的本质具有规定性，体育只有深刻把握政治、深刻适应社会的政治现象，才能正确把握体育本质在这一环境中的运行及其发生发展的规律。因而，政治哲学的若干理论成果可以成为体育学的重要内容，可以为体育所借鉴和运用，只有把两者结合起来研究，才能获得最好的回答。也就是说，体育的任何问题如果不从政治的高度去认识、去研究，就难以找到问题发生的症结，有效地进行处理与化解问题，难以发挥体育的价值，维护好体育的合法性。为此，体育政治论研究的目的有以下四个方面：一是梳理国家在体育发展中的政治逻辑，寻绎体育与国家的认同。二是厘清新时期中国体育在政治中的使命、责任与担当。三是研究体育的政治生态、权力运行机制，推动其制度化、规范化。四是阐明体育改革必须把握国家变革的全局，自觉避免形式主义的蔓延。

## 第一节　体育与政治的关系

为什么要研究中国体育与政治的关系？第一，因为政治蕴藏着对社会现实的建构，铸就着一国体育的禀赋，是一国体育兴衰盛败的保障。第二，因为政治决定着一国体育的定位、一国体育的发展取向。第三，因为深入总结中国体育的经验教训，克服不良现象与发展的冲突，是今天学界要奋力完成的任务。第四，因为要推进中国体育现代化的发展，就必须提升中国体育治理现代化和法治现代化的能力。第五，因为要保证中国体育为人民的初心不变，为国家发展的目标不变，就必须研究中国体育的制度建设、体制建设、机制建设。第六，因为要向世界讲好中国体育的发展与成就，就必须研究中国体育与政治的关系。有研究指出，以深刻的历史自觉，科学揭示政治条件下体育法治的现象和规律，深刻反思自身的发展历程，总结成功的经验和教训，是中国体育再发展的保障。

我国体育事业的实践发展表明，体育事业的发展存在着政治的制约性，是在国家至上的立场上展开的。如在分配上，为了实现竞技体育的赶超，通过再调控、再分配和再实施，建立了高度集中的资源配置体制。如在监管上，为了防止体育人才流失，就形成了统一管理的协会制度。如在服务上，为了降低管理成本，针对城市与农村、竞技体育与公共体育制定不尽相同的政策。虽然这些是为了摆脱资源不足的困境不得已而为之，是特殊历史阶段的产物，但对其不足应该认识清楚，只有这样才能改变，解决中国特色社会主义进入新时代，我国日益增长的美好生活需要和不平衡不充分的发展之间的矛盾，发挥好体育“服务、监管、分配”三大职能，推进体育管理智慧化、社会治理精细化、监管精准化，加强对体育政治服务效能的评估、群众服务需求的预判，以推动体育治理体系和服务能力现代化，圆满完成党和国家对体育工作的决策部署与任务。从这一意义上而言，知识从一个学科向另一个学科的流动，既可为学科的发展提供动力，也为学科提供了更大的发展空间。那么，开展体育政治学的研究，推进其未来形成一门学科，显然是一件很有见地的事情。

## 一、体育与政治关系的思考

体育是政治意识的反映，表达着政府对一种社会情境行为的态度。人总是生活于一定的社会环境之中，社会中的政治环境因素既可在一定程度上制约与影响着人的发展，也可影响着与人相关的生活和发展的各种社会活动。正如英国学者德雷克·格里高利在《社会关系与空间结构》一书中的观点，政治是社会关系的浓缩。政治是一切社会活动和社会关系的总和，各种社会活动和社会关系是以政治为核心展开的。从该观点出发，体育既是政治的抓手，也是社会的枢纽；既是政治治理的实施者，也是政治治理的对象。因而，其活动既反映着政治意识的导向、政治价值观的树立、政治立场的表达，也体现着认真开展政治生活、加强政治建设、深入推进全面从严治体的重要遵循，把实现好、维护好、发展好最广大人民根本利益作为一切工作的出发点和落脚点，以为最广大人民谋利益为价值取向与根本政治立场。推进体育与政治的理论“联姻”，既可为解释和解决体育现实问题提供更有力的分析工具，又可为体育完成社会重建的任务提供理论基础。毫无疑问，对其的研究可为推进体育治理体系和治理能力现代化起到重要的作用。

由于意识与现实的社会存在是同一的，因而政治是体育的社会生命活动全部形式的基础，政治制约着体育的目的和性质、规定着体育服务的方向，两者之间存有融合与冲突的正负能动关系，主要表现为：政治影响着体育的决策、资源配置，控制和调节着体育介入社会的方式；体育对政治具有能动作用，既可维系国家发展、提高国家地位、振奋民族精神、增强爱国凝聚力、促进民族团结、构建国家认同，也反向产生一些权责失衡、服务低效、寻租腐败等不良情况。因而，必须将体育纳入政治的研究范畴，将其置于国家法治体系中。

分析我国 20 世纪体育发展的历史，我们可以发现这样一个显著的动向——体育的发展与国家政治之间存有复杂的互动关系。体育的实际存在和运行方式，往往是以国家政治的立场为主题的，对中国体育而言，这一点显得尤为突出。另者，由于体育事业的运行中存在着生产、分配、交换、消费的经济行为，易产生暗箱操作与灰色寻租行为。因而，政治因素不仅保障着体育事业的合法性，也左右着体育机制改革的方向，已成为体育体制的建设与发展、政策的制定与体系治理等不可忽视的决定因素。由此可见，对体育展开政治行为的研究是十分必要的。正如习近平总书记 2015 年 3 月在参加十二届全国人大三次会议时指出：“做好各方面工作，必须有一个良好政治生态。”

体育要建立社会文化的批判机制，为促进社会的进步做出贡献，离不开政治的支撑。政治，为国之命而万事之本。国之所以存亡，事之所以成败，常必由之。从时代的历史方位来看，体育作为一种产生于社会、在社会中运行的实践活动，可给予对象内生价值观、世界观、生命观的培育与认同，因而是一种特殊的社会现象。

从唯物辩证法的观点来看，不同立场决定着技术的实践目的，因而技术从来不是独立于社会现实之外的存在，而就是现实的社会生活本身。人们在将技术应用于现实社会生活的同时，也影响着人的意识发生。依此来看，现代国家的自然基础是市民社会，即市民社会中的人，体育作为一种社会实践活动，可从思想观念和物质条件两个方面，既为社会的成长建立雄厚的基础，影响社会价值观判断和选择，也承担着配置公共体育服务资源、为人民服务的公共体育服务职能。就是说，任何体育上的行为必然包含或者产生政治上的意义。任何一种社会文化体系都不是悬空的，都必须依存于它赖以产生和存在的社会经济制度和政治制度。因而，一国体育的发展状况受制于其赖以生存的政治环境，体育是一国政治的标志与代言，一定的体育模式只能存在于一定的政治环境之中。体育是一国政治的象征，既充当了“让一国了解世界，让世界了解一国”的先锋，又左右着一国生活的样法，对一国经济也具有显著的影响。发掘体育的效能，掌握这些因素的规律就成为体育学者应有的使命与任务。

一国体育现代化的发展过程，应是体育文化、经济、政治等多科学者共同参与的过程，可当前的现状是学科话语交叉能力较弱，得出的结论不清、不强，这种短板严重限制了理论在体育事业发展中的作用。因此，构建“体育政治哲学论”的框架，促进体育与政治两者结合，可产生新的世界观、新的思维方式及新的科学方法，不仅能够为体育研究提供独特的研究视角，更能够为体育的发展提供更多理论与方法，弥补原有理论解释力的不足。显然，政治哲学话语与体育的价值表现形式彼此作用，有助于提升研究高度，更全面、更深刻地认识体育在国家中的作用，更好地把握处理体育机制在公共事务改革和发展过程中所面临的问题、社会转型背景下体育资源配置模式的市场化与公共化的冲突问题，促进政府体育机制权力运行，使之更加符合客观实际及其发展规律。学者周爱光在《竞技体育异化论》一书中指出，不论什么学科的发展，如果不观察政治大势将蒙受其害，顺应政治大势则会收获其利。

鉴于上论，所谓的体育政治哲学论，就是既为体育知识、技术的使用提供环境，又为支持它的知识发展和保存提供基础。换言之，就是按照习近平总书记“作风建设永远在路上”这一价值观的引领，解决如何随着经济体制改革的深入建设服务性政府的问题。立足于哲学的视野，阐明体育在国家发展中的作用，解析体育与政治相互作用的辩证关系；阐明体育在国家发展中的使命与任务以及政府体育机构如何良性运转；处理好体育公共事物中的权利与义务、集中与民主、制度与体制等内在的联系；聚合共识，减少矛盾的发生，厘清政府的社会公共体育服务职能和职责。

政治建立在共享价值规范的基础之上，是社会不同形式存在的基础，是精神和物质行动的根源。体育既是人们日常生活中最重要的内容，同时又负载着人们的伦理、价值、观念和社会关系的体系。因而，树立体育机制的政治自觉和政治发展理念，是体育事业运行的逻辑基础。研究体育与政治的历史与现实对当代中国社会发展与人的全面发展，具有重要的理论意义和现实意义。

政治是制定体育政策的基础，而体育是实现政治目标的有力窗口，两者互动可促进理论成熟，为体育政治事务的处理与制度建设奠定基础。上述这一逻辑关系说明，体育行为及关系隶属国家，体育与政治之间是相互促进、相互作用的能动关系，是体制的关系、思想的关系、管理的关系和立场的关系等。虽然经济是体育发展的动力，文化是体育发展的根源，但从实质上说，从终极意义上看，则需要从政治方式的变革中才能找到说明。学习和研究体育与政治的关系具有重要的意义，审视体育与政治“勾连”可以发现，体育把相互独立的个体集合在一起，通过组织一定的体育活动产生情境刺激，唤起共同的文化理解，巧妙地把这一理解发展成人们的共同价值观，并且不断地通过新的共同经历沟通思想，维系这一共同理解的稳定。这给予我们一个启示，“星星之火可以燎原”，体育胜利产生的象征意义以及体育冠军所起的作用，比任何思想政治教育都来得更为深刻。也就是说，从一种生活的样法推动政治价值观的形成，比任何形式都更能深入人心、获得认同。“桃李不言，下自成蹊”讲的就是这个道理。一场比赛的获胜、一个冠军的获得对构建国家认同感、振奋民族精神、维系国家发展和民族团结、增强民族凝聚力有着不可替代的作用。如果忽视了这一关系，看不到这一特点，体育就难以得到政治的有效认同与支持，最终可能导致失败。为什么？因为体育是政治载体表现的运动形式，是在对政治的认识和运用中实现自身目的。为此，正确处理体育与政治的关系具有普遍的意义，它是确立体育发展合规律性、合目的性的前提。体育历来都是一个国家政治文明积累和传播的重要阵地，也是各民族理念思潮交锋传播的前沿。可见，体育在全球化激荡中具有激浊扬清的政治作用，是推动社会发展的重要力量。通过体育与政治的“联姻”耦合，可以寻绎出体育这一文化形式如何以及为何成为政治理性的范式，而体育又如何“文化反射”，满足政治的需求。

总之，这样的理论与现实背景给予我们新的启示。一是体育植根于社会，生长于政治的土壤，它依赖于政治的支持，没有政治的统合，它就会失去“生命力”，剩下空洞的“类”的抽象。二是体育作为一种意识形态，它必须反映物质存在的经济方式，并为这种经济方式做好服务。三是需要注意，体育有自己的学科对象与目的，有自己的本质属性、多元活动的社会方式，它以人的身心健康发展为主体，以精神文明建设与物质文明建设为两翼。可见，虽然体育、政治、经济之间存在着相互渗透的关系与内在的学理逻辑联系，但既不能把体育看成是政治的附庸，也不能用经济的方式代替体育。正确把握它们之间相互依存、相互联系、相互制约的关系，有助于体育更好地发展。

## 二、体育政治力的价值负载

体育政治力的价值负载，是以体育中的政治现象和政治规律为基本研究对象，以体育的体制管理、机制监管理论为学术支撑，以推进我国体育治理体系和治理能力现代化为目标，以构建中国体育政治学的学科体系、学术体系、话语体系为追求。一方面，体育给国家带来全球化的意义；另一方面，体育是一个塑造国家风气的重要抓手。20 世纪下半叶，随着全球化进程的不断深入，体育成为推动国家建设的软实力，是向世界展现一个国家的价值观、意识形态、制度取向、生活方式、发展模式的名片。它不仅以强劲的气势和巨大的影响力为国家全球化进程的发展注入了新的思路和活力，而且它对世界各国的经济、政治与社会发展的影响都极为深刻，成为一股不可抗拒的历史潮流，也成为当代中国和平崛起与发展过程中活力的重要来源。由此可以说，体育具有一套特定的、共享的信仰与价值观的体系，是维系国家的重要标志，可从情感、精神、行为、结构、制度和体系上，间接地透视出对一个国家的说明与理解。

### （一）体育是国家政治扮演的舞台

全球化的今天，国家综合国力的竞争中有三种力量特别重要，影响和制约着一个国家的对外政策和发展目标。第一种是经济全球化，第二种是政治全球化，第三种是文化全球化。这告诉我们，在经济全球化的今天，一个国家的主导地位不仅表现在物质层面，而且也体现在文化层面。国家的发展不仅取决于经济和军事这样的硬实力，而且也取决于文化的软实力。显然，体育作为当代人类社会创造财富的一种新的形态，越来越引起社会各个方面的普遍关注。体育文化与经济、政治相互交融，在国家发展中的地位和作用越来越突出、越来越重要，深刻地影响着世界每一个国家、每一个民族以及每一个人。为此，世界各国都在努力试图将其与本国经济发展和对外政策结合起来，“体育是世界语”已成为当今世界一种普遍的意识和时代的潮流。

历史发展证明，经济全球化的兴起，不仅使生产要素得以重新配置，也为原来一般意义上的体育注入了新的内容，使体育文化成为一种政治力量的重要现实存在，在全球化的层面上显露头角，成为一种新的实力资源。其特点既表现在形式上，又体现在经济基础上。现代体育发展证明，一国体育的发展水平已经不单体现为竞技水平的高低和国民身体素质状况。奥运会也远不仅是一场体育盛会，而是一场国家之间经济、政治的全球化的较量，是举办国经济发展水平、科技发展水平、国民文化水平和社会风貌的直接展示。体育固有的外向性特点使其等同于军事、经济硬实力的力量，体育赛事已成为当今文明社会的“特殊战争”，产生着直接性、亲和性与国际性的效应，在为国家发挥影响力和为民族赢得地位与威望方面有着特殊的作用；也成为一个国家对外交流的光荣名片、在意识领域和精神上压倒对方的重要领域和舞台。这种“光荣”会变成一种物质力量，并创造新的生产力，催生国家和城市新环境，提升社会发展的硬件建设水平，加快人流、物流、资金流和信息流的流动速度，促进体育产业和其他相关产业的迅速发展，产生巨大的经济效益，有力地推动着国家的发展；同时又强化了本国人民的爱国精神，增强民族自信心和凝聚力，通过振奋民族精神推动各项事业的发展，为本国经济全球化进程增添活力和生机。

这反映出，第一，体育文化力能为国家促进和扩大国际合作，改善外交环境。第二，体育文化力是促进国家崛起的现实力量。第三，体育文化力与国家的国际地位有着高度的相连性。第四，体育文化力是国家政治安全不可或缺的基石。弱国无体育，体育文化力已直接成为国际斗争中的一个重要因素，“软实力”已成为中国崛起的必要条件。我们必须重视文化软实力对促进国家发展、扩展国家利益的重要作用。体育不仅仅是娱乐，也不仅仅是商业，而是一种影响力。这样的文化既帮助我们获得利益和赢得荣誉，又输出了价值观，可谓一举两得。正如我国学者张瑾所言：“每一种经济行为，甚至是利益分配无不靠文化价值观念在起支配、调整作用。”①

**（二）体育在国家建设中的作用**

在全球化的视野下，一个国家要在世界舞台站稳脚跟，就必须提高其潜在的文化竞争力，以先进文化发展来增强民族的生命力和感召力，这样道德性和秩序性才能存在且持久。加入 WTO 后，人们逐渐认识到中国与发达国家相比，不仅在国内生产总值和军事实力上有差距，在各种文化软实力上的话语也存在着严重的不足。随着这些文化软实力等非经济因素的变量在综合国力竞争中的作用日益凸显，文化软实力的差距日益成为制约中国崛起的主要因素。

改革开放的实践证明，在未来我国人均 GDP 数据位列世界发达国家

① 张瑾：《科学发展观与文化建设》，北京，人民出版社，2014 年，第 35 页。

是完全可能的。但是文化的发展速度远远不及物质产品，尤其是文化力量对核心价值观和民族凝聚力的重塑需要更多时间。这可能导致在一段时期内出现本民族文化的“真空”，而西方强大的文化则可能来填补这个“真空”，这使我们在文化软实力领域面临十分严重的形势。没有强大的文化竞争力，就会失去维护国家主权和国家利益的屏障，失去我们民族的下一代和未来。这要求我们理性、清醒地重新认识体育文化竞争力的巨大活力以及文化控制与反控制、渗透与反渗透，明确捍卫国家主权的文化责任。今天，体育是我国在世界上的标志性优势文化表现形态，已成为代表国家与民族的显著特征之一。目前，我国有 1/3 的竞技体育项目处于世界领先的水平，有 2/3 的项目立足于国际先进水平，总体处于强势文化的范畴。从文化功能来讲，作为我国文化的重要组成部分，无论是过去还是现在，体育都始终体现和追求着“和平、友谊、竞争、谅解、发展”的主题和“更快、更高、更强、更干净、更团结”的现代先进文化的进取品性，已成为中国在世界上具有“中国特色、中国风格、中国气派”的文化品牌，并且内化为民族的基本性格和价值取向，是弘扬民族认同感和自豪感，抵御不良文化的一面旗帜，对振奋民族精神、维系国家发展和民族团结、增强民族凝聚力有着不可替代的作用。可见，在全球化进程中完成民族精神或民族性的政治重构，这也是体育发挥其应有功能的表现。

### （三）体育在国家建设中的责任

我国全面建成小康社会之后，对体育的功能和作用提出新的要求。从历时性讲，就是要遵循我国体育可持续发展的内在规律，努力实现我国由富起来到强起来的历史性跨越。从实时性讲，宏观上要实现体育与社会、经济良性互动和协调发展，为民族崛起做好准备；微观上要立足国情、把握矛盾，实现群众体育、竞技体育与体育产业三者的协调发展，发挥体育服务社会的功能与作用。从发展性讲，中国体育要主动承担起国家发展的政治责任、经济责任、文化责任，为构建社会主义和谐社会提供良好的文化条件和精神支撑。

在体育文化责任方面，既要把传承、研究、融合和创新体育文化作为自己必须承担的神圣职责和全部活动基础，又要高度重视把体育知识转为现实的生产力，发挥体育文化在国家建设中的重要作用。努力把握新形势新要求，加快建设体育强国，牢牢把握体育强国梦与中国梦息息相关的定位，把体育事业融入实现“两个一百年”奋斗目标大格局中去谋划，努力将体育建设成为中华民族伟大复兴的标志性事业。

在体育社会责任方面，发展群众体育，通过全民健身实现全民健康。

改革体制、改革观念，构建学习型社会的终身体育体系，服务社会、引导社会，把体育的文化功能扩充到整个社会，提高人民的体育文化的素养。运用体育所拥有的文化、知识和精神力量，帮助人民区分善恶，批判社会不良现象，促使中国人民形成平等、开放和竞争的观念。

在体育政治责任方面，加快建设体育强国，弘扬中华体育精神，弘扬体育道德风尚，坚定自信，奋力拼搏，让体育为社会提供强大正能量。推动国际体育比赛、教育与学术合作交流，推进中华民族思想和体育走向世界。运用体育文化力推动我国国际合作，运用体育比赛提升国家的国际地位，促进国家发展，维护国家利益，为国家崛起创造条件。

总之，体育是民族文化长河奔腾不息的动力之源，是“让中国了解世界，让世界了解中国”的重要途径。在全球化的今天，中国体育要继续发挥先进文化力，团结全国人民，为推进社会主义现代化、为实现中华民族伟大复兴发挥排头兵的作用，体现和发挥中国体育先进文化力在经济全球化中的积极作用，为国家的崛起和世界的发展进步做出新的更大的贡献。

## 第二节　体育与社会主义核心价值体系的关系

按照政治学的理解，政治哲学说到底就是一种价值追问。一个社会是否文明进步，一个国家是否长治久安，很大程度上取决于全体社会成员的思想道德素质和共同价值观如何。所以，核心价值观承载着一个民族、一个国家的精神追求，是一个民族生态发展最持久、最深层的力量。正如习近平总书记在纪念邓小平同志诞辰110周年座谈会上指出的：“要把我国发展得更好，离不开理想信念的力量。”

改革开放以来，由于体育具有促进社会风气向上、改变社会风俗的力量，因此形成了许多新的社会群体和关系，激发了新的社会活力，是促进民心交流、凝聚群体、构建民族认同的重要途径，可对人的价值观产生深刻的改变。体育是一种价值观的资源，其提倡的“重在参与、永不放弃、永不气馁、永不低头”的信念，“更快、更高、更强”的精神，对提高人的道德素质、提升社会文明起着非常重要的作用。历史证明，体育从一开始就参与到中国社会价值体系的塑造过程中，是社会主义精神文明建设的重要组成部分。世界各国都对体育建设社会核心价值体系的作用十分重视。为什么这么说？因为价值观是民族文化最深层的内核，价值观是一国文化最本质的表现，凝聚着全体人民共同的愿望和追求。鉴于此，如何增进体育在社会主义核心价值体系中的作用和功能，就成为中国体育的政治任务，同时这一命题也是构建体育强国亟待回答的重大理论和实践问题。

## 一、体育与社会主义核心价值体系建设的关系

历史和现实都表明，任何社会思潮都不是无源之水，任何价值观都不是无本之木，它们都源于某种日常文化形态，弥漫于“人人时时经手，事事离不开，天天都相遇，处处皆流通”的生活样式之中，离开了生活，任何价值观都会荡然无存。从这一命题来说，体育已不单单是人类生活的一种样法，还是社会信仰与生活习俗的重要组成部分，具有教育人、鼓舞人的感召力和影响力，是培育和弘扬核心价值观、有效整合社会意识的重要途径，是国家治理体系和治理能力的重要组成方面。

社会价值观归根结底需要人的践行。“社会主义核心价值观”蕴含着“公共性”的本真，其过程凝聚着人民对社会价值理想和价值取向的认同与践行。由于体育具有公共领域的空间和属性，是社会成员重塑自身的纽带与平台，承担着建设社会信任的公共使命。因而，可以说体育这一社会文化形态，反映着一定社会生产方式内在的精神力量，蕴含着丰富的思想道德资源，既可为社会主义的建设提供人力资源支持，保障社会经济的可持续发展，也是夯实社会主义核心价值观不可或缺的组成部分。观察一个国家、一个民族、一个社会的发展现状或前景，不仅要看其GDP的指标，而且还要看其有没有持续发展的社会动力。因而，体育必须承担自身的责任与使命，发挥好自身“团结协作、顽强拼搏”的风格，提升公众的正义观念，成为社会进步的活力之源。

社会主义核心价值体系不是一个独立封闭的体系与实施过程，它是集新中国七十多年文明道德风尚与传统价值理念之大成，是蕴含体育等诸多先进文化力量的载体。因而，社会主义核心价值体系是对体育等各种命题的基本理论、基本思想和价值取向的系统凝练的整合，展示着社会主义的需求与价值选择。正如习近平总书记所言：“一个民族、一个国家的核心价值观必须同这个民族、这个国家的历史文化相契合。”

从文化发生学来看，价值观念乃是时代精神的集中表达，是人类为超越自身本能或生物学意义上的自然性建立的一种文化价值观，以安顿自己的精神家园。社会主义核心价值观是当代中国精神的集中体现，凝结着全体人民共同的价值追求。从这一命题来说，体育是文化的重要组成部分，意味着体育既是人类同自然环境相互作用的手段，也是社会所有成员共同享有的价值观念、传统和信仰，具有组织和规范的功能。

从文化的接受性来看，体验、生活于什么样的文化环境，即接受什么样的教育。虽然个体具有主观能动性，但这种主观能动性无法完全摆脱环境的巨大影响。体育是社会文明的一方面，是通过行为、观念、氛围等存在、展现的一种人类生活样法。其内在地培育着以爱国主义为核心的民族精神、以改革创新为核心的时代精神，洋溢着顽强拼搏、团结奋进的崇高追求，能较好地体现着社会主义核心价值体系的精神面貌与行为准则，可对人产生最直接、最广泛的影响。体育用自身现实感召和引领，可把社会主义核心价值观转化为社会认同，形成思想共识，扩大为社会群体的意识与行为，可最大限度地增加有利于社会主义核心价值观建设的因素。因而，体育与社会主义核心价值观有着共同旨义和关系，可为社会主义关系的发展、社会主义生产力的发展、社会主义未来各种因素的创造提供大量的思想资源和丰富的实践经验。

从实践性的接受性来看，一种价值要真正发挥作用，必须融入社会生活，让人们在实践中感知。离开生活，离开实践，再好的价值观也只能是空中楼阁。社会主义核心价值观作为一种范式、一种精神追求、行为准则，其引导方法和手段应是感召而不是控制，是引领而不是命令；否则将会削弱人民大众对社会主义核心价值观的认同和接受，甚至构成负面影响。事实证明，采用体育等生活性、日常性的文化形态传播社会主义核心价值观，极易为大众所接受和认同。

从人类文明史的角度来看，一个社会的诚信文化的构建并不能一蹴而就，也不可能仅仅依靠意识形态来塑造。显然，在社会主义核心价值观的建设中，坚持一元主导、多元参与，才是正确的实施取向。现代社会公民的诚信文化建设，不但需要以制度建设为前提，还需要体育等文化形态浸染。国家制度建设与意识形态塑造不能不关注文化教化、文化变革及其互动对社会的影响。只有人民有了信仰，民族才会有希望，国家的发展才会有坚强的思想力量。反之，没有信仰，国家不可能顺利发展。社会主义核心价值体系建设离不开体育等文化形态。建设社会主义核心价值体系，移风易俗，破除愚昧，全面提高公民的道德素质就成为社会体育的根本任务之一。

从现实的维度来看，随着中国改革开放后经济的迅速发展，众多深层的社会问题也逐渐显现出来。其中最重要的、最令人担忧的，就是随着市场经济的发展，社会主义核心价值观受到“一切向钱看”观念的破坏，干扰着国家的发展。任何理论要想转变为巨大的物质力量，除了发挥自身的本质属性外，更为重要的是使其理论便于为大众所理解、掌握，才能成为大众自觉的行动。在这一背景下，论证与确立体育是社会主义核心价值观的多维表现，积极传输正能量，为国家的巩固与发展提供支撑，就成为必要的举措。

## 二、体育是社会主义核心价值体系的多维表现

人无精神不立，国无精神不强。社会主义不是彼岸的理想，不是人们不用努力就必然到来的美好未来，而是人们目的性活动的结果。因而，社会主义价值体系的构建是一个系统工程，笼罩着整个社会生活，主导和制约着人们追求和实现生命价值的社会意识和社会行为。因而，需要从经济、政治和文化等多方面努力，着力协调从多途径、多渠道加以建设。显然，体育作为社会文化现象的存在，内在具有反映社会主义价值体系的精神力量和思想集合，为此，加强对体育在构建和谐社会过程中的社会责任的研究，对于发挥体育文化育人的力量和营造良好和谐的社会主义环境具有重要的促进作用。

从历史性来看，其一，受古代千年专制的影响，我国文化氛围“阳光不足”[①]，致使我国在传统的思想道德实践上推崇一元的掌控和引导，偏重政治的对抗化、组织化、制度性资源的硬约束，不注意维护文化传道的“自由软治”。正如严复在《政治讲义》一文中指出：“政界自由之义，原为我国所不谈。即自唐虞三代，至于今时，中国言治之书，浩如烟海，亦未闻有持民得自由，即为治道之盛者。”[②] 其二，在当今全球化的潮涌下，国家制度建设取向、宣传必须尊重人、解放人、依靠人和为了人；用传统单一的强硬灌输与强迫接受方式是难以打动公众心灵的。显然，通过体育的亲缘性，可把大道理和小道理贯通，引向生活，有助于人们增进对社会主义核心价值体系的理解。

一种理念或思想只有内化和融入人民大众的日常生活才能发出力量。社会主义核心价值体系是先进文化百花齐放的结果，体育等文化是社会主义核心价值体系的多维表现和不可缺少的重要组成部分，表现着对社会主义核心价值体系的理解和认识，是形成一个国家良好风气的重要基础，具有主动、能动的强大熏陶力和教化性的抑恶力。这种自下而上的文化拘束力量能有效地阻止一些错误、消极颓废思想的滋长，遏制诚信缺失、道德失范，为社会主义现代化建设提供精神保障。正如丹尼尔·贝尔在《资本

① 参见邱震海：《千年专制使中国文化氛围阳光不足》，2009 年 10 月 13 日，http://phtv.ifeng.com/program/sskj/200910/1013_2315_1385852_2.shtml。

② 王栻主编：《严复集》，北京，中华书局，1986 年，第 1279 页。

主义文化矛盾》一书中所说:“意识上的变革——价值观和道德伦理上的变革——会推动人们去改变他们的社会安排和体制。”

从政治学的角度来看,体育是衡量社会文明程度与民族精神追求和行为准则的显著标志。新中国成立以来,体育在改革中求前进,在创新中求发展,活力与实力不断增强,队伍素质明显提高,较好地实现了与时代同前进,与国家建设同发展,已成为印证国家执政使命,巩固和壮大社会主义建设,增强民族的自尊心、自信心和自豪感的力量,已具有感召群众、引导人们把个人的价值追求融入社会主义核心价值体系的能力。实践证明,体育的立场、观点、方法已经为社会所广泛接受和运用,可以改变传统思想道德教育过于政治化的不足,纠正我们过去在传统思想道德的实践中习惯于寻找理想的共同要素,忽视事物认识复杂性、丰富性与多样性存在的弊病,不再因同一性放弃个性,不再因普遍性而失去特殊性,不再因一致性抹杀多样性。毛泽东在与印度总理尼赫鲁的谈话中指出:“中国古代的圣人之一孟子曾经说过:‘夫物之不齐,物之情也。’这就是说,事物的多样性是世界的实况。马克思主义也是承认事物的多样性的,这是同形而上学不同的地方。”① 正如语言学家乔姆斯基所说:“世界是纷繁复杂的。每一个问题,无论是一个物质分子还是整个国际社会,都可以有许多不同的考察角度。”②

## 三、体育对社会主义核心价值体系的作用

社会主义核心价值体系的表达潜藏在体育等公共性的文化形态之中。体育是一种公共精神的母语,对于形成和阐释社会主义核心价值体系具有“启蒙”和扫除障碍的基础作用,可产生更多的新观点、新方法,增添和丰富新的内容。因而,推进社会主义核心价值体系建设离不开体育这个“阿基米德点”,体育对社会主义核心价值体系的建设可做出有为的贡献。

第一,可进一步深化对社会主义核心价值体系的理解与认识。价值观是贯穿人类社会发展历史进程的永恒命题。新中国成立以来,体育秉承为国家、为人民服务的指导原则,不断为此进行不懈的努力。特别是改革开放以来,在深刻理解奥林匹克精神的基础上,中国学者提出并论证了体育的功能、关系、作用等基本理论与范畴,积极服务于改革和社会主义现代化大局,形成了体育人文学科体系,根据国家执政为民的需要,把精神文明的理论当作学科发展创新的推动力,不断加强对实践问题的关注和思

---

① 《毛泽东文集》第6卷,北京,人民出版社,1999年,第364页。

② 转引自韩震:《本质范畴的重建及反思的现代性》,《哲学研究》2008年第12期。

考，不断建立起新的概念系统和分析模式，利用新的研究思维和手段，逐步把体育的研究触角延伸到所有社会生活领域，表现为研究内容不断充实，愈加贴近现实。研究命题有：体育与中国特色社会主义思想与价值的研究，体育与社会关系的研究，体育与经济、政治关系的研究，体育与全球化、多元化的研究，体育与精神文明、和谐社会的研究等。这些有分量的研究成果，必将为进一步深化对社会主义核心价值体系的理解与认识增添新的启示与思考。

第二，可切实把社会主义核心价值观贯穿于生活、到群众中去。价值不清就会社会混乱，正如马克思指出："从前的一切唯物主义（包括费尔巴哈的唯物主义）的主要缺点是：对事物、现实、感性，只是从客体的或者直观的形式去理解，而不是把它们当作感性的人的活动，当作实践去理解。"① 实践是认识的来源和动力，是检验认识真理性的标准。没有文化指引和实践归结的价值观，只是文字库。建设社会主义核心价值体系是理论与实践相结合、知与行相统一的过程，必须融入国民教育和精神文明建设的各个方面，要善于运用体育等文化形式表现社会主义核心价值体系的深刻内涵和精神实质。体育可以较好地放大社会主义核心价值体系的思想，可切实把社会主义核心价值体系贯穿于生活，走到群众中去。其优越性在于，它以贴近生活实践的亲缘性来论证社会主义核心价值体系的真理性，建立新的观念，改变传统泛政治化教条化的方式只给人一个思想世界的弊端。正如美国学者杜威的观点："一个道德的法则，也像一个物理学上的法则一样，并不是无论如何都必须贸然加以信誓和固守的……它的正确性和恰当性，是靠实行它以后的结果来加以验证的。"②

第三，可推动社会主义核心价值体系多样化研究。在全球化时代，体育之所以将社会政治现象和政治关系纳入自己的研究范围，是因为体育与各类社会活动和社会关系日益密切地结合在一起。在全球多元化的当今世界，任何社会问题都有可能成为政治问题，任何重大问题的解决都需要结合非政治的手段和方式才可能产生较好的效果。社会主义核心价值体系是一个开放的体系，是在汲取国内外学术资源与不同学术研究成果的基础上，能动地批判、借鉴并发展起来的。因此，推动体育与社会主义核心价值体系多样化研究，可进一步用社会主义核心价值体系引领多样化社会思潮发展。这无论对于厘清社会主义核心价值体系，还是体育的发展都具有积极而现实的意义。

---

① 《马克思恩格斯全集》第3卷，北京，人民出版社，1960年，第6页。

② 转引自王玉樑：《关于价值本质的几个问题》，《学术研究》2008年第8期。

## 第三节　体育与政治建设的关系

国无常强，无常弱。奉法者强则国强，奉法者弱则国弱。从制度的逻辑来看，体制的生命力在于制度的建设与执行。体育事业改革的实践十分清楚地表明，执政能力的建设是推进体育强国实现的基石。从政治哲学的角度来看，政府提供的体育公共物品和公共服务是具体的配置社会资源的活动，隐含着政府执政行为的理性和权力运作机制的有效性思考，其中既可能存在着有价值的与无价值的、好与坏的结果倾向，也存在着积极与消极、有效与无效、奉献与寻租的工作行为。某些公共物品和服务具有垄断的性质，容易导致权力的滥用。所以，体育机制的实施存在着成与败的二律悖反的结果，要对其进行研究才能使其更缜密，杜绝腐败行为。实践证明，公共服务制度的失衡会加剧民众的不公平感。相反，公共服务的均等化则会促进民众正义共识的形成。因此，有必要进一步缩小城乡和部门之间在公共服务上的差别，早日实现基本公共服务均等化。①

### 一、为什么研究体育与政治建设的关系

按照政治学的观点，任何行为都有着不以人的意志为转移的价值指向，任何行动的实现都有运行的成本。正是在这个意义上，制度学派的代表、美国学者科思认为，制度的结构决定着经济的结构。② 也就是说，政府体育机制的行政价值导向是行政手段实施的依据，既体现着经济效力的运作、责任与判断，也是表现民心所向的晴雨表。制度建设水平体现着国家现代化的水平，是一国的立国之基、治国之本。党的十八届三中全会将“推进国家治理体系和治理能力现代化”作为全面深化改革的总目标。十九届四中全会做出“坚持和完善中国特色社会主义制度，推进国家治理体系和治理能力现代化”的决定。2020 年 4 月，中共中央、国务院印发了《关于构建更加完善的要素市场化配置体制机制的意见》。为什么要这样做？因为实践证明，现实制度的运行或执行总会受到各种人为因素的干扰，出现利益寻租与权责背离现象。行政管理人员本身思想倾向的偏好不仅是政策价值目标的来源，也影响着行政运行的导向，其可能是“守夜人”，也可能是“盗墓人”。制度主义提出，人的行为必须依靠稳定的激励

---

① 参见麻宝斌、杜平：《中国人的正义观念及其现代转型》，《新视野》2016 年第 6 期。

② 参见樊纲：《制度变革与中国转型》，《全球化》2019 年第 10 期。

来约束，依靠不断完善的制度来约束。因而，必须用制度来约束政府，才能使社会运作走向高效。正如《管子·霸言》所云：“观国者观君，观军者观将。”

从政治学的观点来看，官员的好坏直接地影响着一国社会的进步和发展。因而，摆在我们面前的一项重大历史任务，就是推动中国特色社会主义制度更加成熟。故此，应确立体育机制行政价值观的目标导向，把权力关进制度的笼子，按规矩办事，避免寻租行为的产生，建立各司其职而又相互配合的体系，使其制度化、规范化、程序化、效率化。

按照伦理学的观点，任何经济活动都离不开国家及其代理机构或代理人的参与，政治道德是整个社会经济建设的风向标。公共体育行政价值不仅是一个操作性的问题，也是一个观念或方法论的问题，在不同的价值观的指导下，政府看问题的视角、解决问题的程度及解决问题的结果显然是不同的。所以有理由说，体育事业的清明与否蕴含着体育行政能力建设的政治论思考。正如法国启蒙思想家卢梭曾说，政治问题是与道德问题分不开的。我国有学者指出：“行政道德，是指国家行政人员及其工作人员，在行使公共权力，从事公务活动过程中，通过内化的信念和善恶标准，理性地调节个人与个人、个人与社会之间各种关系的行为规范。”①

要言之，意识是社会发展的产物，社会生产方式是人类意识的选择。显然，只有全面认识与把握体育的行政价值关系及其责任与判断，才有可能正确把握好体育事业的运行和发展。也就是说，体育行政价值的关系中蕴藏着权利与义务、平等与民主、公平与正义、合法与不合法等一系列有关价值的目的性问题，其检验着体育行政价值是否具有“人”的真理性，是一个必须回答的政治命题。由此可见，深化体育事业与行政的关系是一场重塑自身的革命。

责任是现代行政的进步范畴，明确政府及其部门的责任是建设政府的前提。只有对公民的需求持续回应的政府、为公民提供优质的公共产品与服务的政府，才是负责任的政府，才能称之为好政府。也就是说，政府体育行政机制能否实现人民群众的体育意愿，其制定和实施的公共体育政策能否最大限度地实现人的全面自由发展和社会体育福利的最大化、满足人民群众在新的转型期对体育物质文化的需要，这些就是我们必须思考并认真回答的问题。正是从这一问题出发，为了找到一条出路来避免政府“体育行政机制”的公共性旁落，也防止公共体育失范行为，体育行政价值就

① 李世英:《市场经济条件下的政府官员道德建设》,北京,中国人民公安大学出版社,2002年,第8页。

成为一个必须思考的问题。

## 二、体育机制行政价值的选择与建立

古往今来，在治国理政中，立法虽难，执行更难。政治学指出，体育行政价值的选择与建立，是一个既发现国家也发现人的建设。行政价值的着眼点不仅涉及制度，也指向人。其设计的宗旨包含着构建制度的人及其思想方法和思维方式，也就是说，其关注的是人在行政价值关系中的法治和德治的思想及其治理方式的选择与建立。我国古代历来认为德乃为政之本，孔子要求治国理政者做到“为政以德”，孟子提倡“民为贵，社稷次之”的民本思想，范仲淹有着“先天下之忧而忧，后天下之乐而乐”的公德理念。习近平总书记在参加十三届全国人大一次会议重庆代表团审议时强调，领导干部要讲政德。可见，对政德的强调从古代一直延续至今。

制度优势不是自生自发的，而是通过一系列有责任的实践活动展现的。体育机制行政价值的语境里隐含着一个重要的理解，即制度管理与制度建设的结合，其生命力在于执行。因而，强化制度意识，维护制度权威，正确处理好制度与人和社会的关系，是在体育机制行政价值的语境里必须思考的现实课题。制度必须是一个严密完整的科学体系，方能发挥出应有的作用。通过制度的规训和伦理的教育，完成行政人员从“戒律”到“责任”的内化，完成法治与德治在制度上的统一。这也是孟子所讲的“徒善不足以为政，徒法不足以自行”。显然，这一认识凝结了对体育行政机制如何管理、如何发展的规律，可有效解决长期以来体育行政机制中出现的着重“管”不着重“养”的矛盾和问题，可发挥出制度的生命力。有学者研究指出，按照组织管理理论，对体育机制行政价值的研究，是以政府内部权力的重构、流程重塑，来提高对公众体育服务的水平，以充分发挥出组织的活力，为体育公共服务的日常工作建立良好的环境和途径。

### （一）体育机制行政价值的审视

从体育政治论来看，所谓的行政价值的选择关系，是指政府体育行政机制与社会的公众性的需要之间存在着肯定（公平）与否定（不公平）的关系。体育客体价值的固有属性的发挥，取决于行政价值的主体的设计。按照这一认识，政治哲学家们将政府公共行政的价值范式牢牢锁定在“理性与效率”的原则上，以“理性”作为政府行政目标构建的“价值合法性”来源，把“效率”作为政府行政制度运行的“事实合法性”的模式。也就是说，要想把中国体育机制治理好，关键是要立规矩、讲规矩、守规矩，营造风清气正的政治生态，以铁的纪律保障制度的有效实施，维护体育机制运行的权威。

事物的本质是由事物内部的矛盾决定的，也是通过矛盾体现出来的。所谓的体育机制行政价值选择关系的命题建构，是一个否定之否定的判断方式，是站在体育政治论的肩膀上，运用政治哲学的特性逻辑分析、论证体育行政价值取向和行政职能责任合法性的研究；是通过对体育行政实践中的各种现象及其背后的原因的分析，为体育公共行政价值的正确选择、行政机制的科学运行提供理论支撑。而我国的体育公共行政价值观，就是践行全心全意为人民服务的根本宗旨，维护人民的体育公共利益，实现为全体人民谋福利的使命。

毋庸置疑，体育行政机制是服务社会的直接责任体，其每个动作都颇受社会的关注。明确责任主体，完善管理体系，优化管理流程，精细公共服务，尽责守纪才能做好工作。“让权力在阳光下运行”这一思想是科学发展体育事业的出发点和立足点，可实现两个目的：一是审视政府体育公共行政价值取向是否坚持人民主体地位的“价值合法性”的理性不动摇；二是探讨政府体育公共行政权力在支配资源时的公平性，把体育发展与体育公共服务结合起来，突出体育在社会建设中的作用。对此，美国公共行政学家罗森布鲁姆一语指出：“公共行政与私营部门管理的区别在于：政府有义务增进社会的公共利益。”①

传统是历史的积淀、现实的根基和未来的参照。其意义在于让人有所借鉴，以便更好地规范自己的行为，防止错误的发生。为此，梳理过去的国家体育政策可以发现，其强调政治价值，在政府与体育机构的目的性活动中，存在着以竞技体育取代公众体育的倾向，忽视公众的需要与社会主义的政治本质。可以说，这一倾向导致政府体育机构所做的许多事情违背市场化规律，缺乏群众基础，不是人民想要的。所以，抚今追昔，传统体育行政理念可让我们有所借鉴，以便更好地规范自己的行为。以铜为镜，可以正衣冠；以古为镜，可以知兴替；以人为镜，可以明得失。

对我国政府体育机制的公共行政行为进行梳理，发现一些不良的异化现象，必须予以反思。其一是体育资源的分配以政府的意志为转移。其二是体育首先应是“为国家服务”，其次才是“为民众服务”，在这种错置的行政价值关系中，公共行政价值取向与价值标准完全由政府这一价值“客体尺度”来决定，这显然违背、偏离了社会主义公共行政所应该体现的“以人民为中心”的行政模式和“为人民服务”的行政价值。因此，政府

---

① 〔美〕戴维·H. 罗森布鲁姆等：《公共行政学：管理、政治和法律的途径》，张成福等译校，北京，中国人民大学出版社，2002 年，第 9 页。

的改革应由政策驱动转向制度驱动，必须从制度上立好法，用制度管权、管事、管人，依法行政才能履行好体育社会管理和体育公共服务的职能。

研究得出，体育公共服务最能集中体现出个人与社会的关系、与国家制度的关系。其一，传统计划经济体制所形成的公众体育模式，是以指令性计划的形式由政府统一分配和管理体育资源，受其束缚，公众体育的文化功能难以为人民的幸福生活提供保障。在政府与公民体育的关系上，国家的意志、利益凌驾于公民与社会的意志。虽然这一现象的出现是受特定历史案件的影响，但我们如果真正注意到了、在内心深处有了“为人民服务”这种价值理念，相信一定会更好地弥补上述不足。其二，在社会转型时期，不难发现相当多的政府体育机构以“有用性”和“有经济性”为行政价值主导，结果造成公众行政价值取向的错位与异化。政府体育行政官员在进行公众体育行政价值选择和判断时，着眼点是看得见、摸得着的“政绩”。为此，有少数体育官员把公众赋予的权力当作满足个人利益与需求的工具，追求享受，引起公众不满。其三，消费学研究指出，文化消费是一个柔性的过程，存在着个性化、场景化、体验化的特点，人的消费行为与消费环境存在着一致性。因而，如何提高消费者的满意度和获得感就成为必须关注的问题。武汉大学国家文化发展研究课题组在 2015 年进行的居民文化消费状况的调查结果显示，超过九成的居民存在着或明显或潜在的文化消费的意愿。政府公共体育体制供给侧服务效率低，对居民公共体育消费的愿望缺少回应，阻碍了居民公共体育文化消费需求的转化。这一现象表明，传统的文化供给侧管理模式已不适应当前居民消费发展的需求，政府公共文化供给模式远远落后于居民文化需求发展的步伐，必须进行改革。

鉴于上述现象，我们有理由关注、研究政府体育机制应该建立怎样的行政价值观。政治哲学认为，行政价值与人的公共需要的关系来源于客体，取决于主体，产生于实践。这一命题释义，即使体育客体的价值属性非常好，在坏的土壤就产生坏的结果，在好的土壤就产生好的结果，即行政价值隐含着目标意义对象化背后的思考、手段的“取向”问题。马克斯·韦伯在研究官僚体制时发现，政府公共行政存在价值失范的现象，政府官员为了政治效益、个人政治前程或金钱，往往会不顾民众的需要，或借用国家的名义，随意改变社会公共资源的配置，并且很容易导致行政专制，扼杀自由。①

① 参见〔德〕马克斯·韦伯:《经济与社会》(下)，林荣远译，北京，商务印书馆，1997 年，第 314 页。

可以说，中国体坛过去几十年虽然取得了非常辉煌的成绩，但腐败问题一直存在。其异化背后的实质暴露出政府体育机制公共服务的意识不足，没有满足民众对体育公共服务环境的需求。这些问题都涉及行政的价值问题，表明行政活动过程中必须贯彻落实民主、公平、正义这些政治价值。党的政治路线确定后，干部就是决定的因素。因而，要从思想上认识到干部任用是一个必须认真对待的大问题，否则会导致“全心全意为人民服务”行政价值的旁落，造成社会对政府执政能力的不满。我国的基尼系数从 2008 年的0.49下降到 2022 年的0.47，但还是超过0.4的警戒线，从国际比较看，还是比较高的，容易引发社会矛盾。因此，坚持“为人民服务”的宗旨就更加重要了。

**（二）体育机制行政价值的建立**

“权力到哪里，监督到哪里”的法则，是预防“政治衰败、违纪违法”的基石。历史的经验表明，一切权力都有边界，必须接受监督，不受制约的权力必然导致腐败。现代管理学认为，一个组织要想在激烈的竞争环境中生存下去，就必须不断地进行自我革命。沿着这一认识，应坚持人民主体地位不动摇，坚持全心全意为人民服务的宗旨。这也是政府体育机制一切活动的逻辑起点，是校正偏差的“标杆”，其他所有要素都由其派生，受其制约。为此，要坚定不移地推进队伍建设，营造风清气正的行政生态。

尼采指出，人是尚未被确定的动物。质言之，人本身是一个理性与非理性的矛盾存在物，缺失理性环境的指导和规范，就容易导致反人类、反社会的非理性行为。为此，把组织体系和群众紧密联系起来，保持体制机制的生机活力，推进政策落地生根，真正做到不变质、不变色、不变味，提高制度的执行力和治理能力就成为关键。

在全球化意识形态激烈交锋的时代下，一个国家的生存和发展在很大程度上受公务员素质的制约。因此，要加强体育行政价值理论的建设，明道德，施教化，提高政府体育行政能力，可以起到平衡和纠偏、建设与发展的作用。为此，如何从严治党，加强法规体系的建设，把权力关进制度的笼子里，构筑起不敢腐、不能腐、不想腐的政府体系，保证党和国家的长治久安就成为必要的研究。治国要道，在于公平正直。制度是国家理念的体现，决定着国家的稳定、社会的发展、人的生活表现。基于此，为防止制度的“空转”和“不作为”的工作态度，突出制度引领，避免人为因素导致公共体育行政行为失范，建议着重抓好以下三个方面的工作。

第一，遵循“人的能力不如人的素质，人的素质不如人的觉悟”的信条。将法治与德治相结合，从他律教育和自律修养两个环节入手，确保为人民服务的价值理念成为政府体育机制所必须遵守的行为准则，把全心全意为人民服务的行政价值理念贯彻到底，从理性中引导体育行政人员树立“为生民立道”的信念、为人民谋幸福的理想，促使这一政治认同感能成为体育机制行政人员的共识。

第二，在传统计划经济体制下，政府体育机制的公共体育行政实施缺乏一个具体明晰的系统规范，带有较大的随意性，行政效率较低，具有明显滞后于社会发展的特征。为此，应按照后工业文明扁平化体制行政配置过程中发生的社会关系，把法治与德治相结合，推进公共体育行政的责任机制与构建政府整体性综合服务相结合。正如英国学者佩里·希克斯在《整体政府》一书中指出，传统以功能为导向的科层制治理模式导致政府职能重复分散，以客户需求为导向的新公共管理模式也容易导致公共服务碎片化，为解决这一问题，就需要建立整体性、综合性的治理体系。

第三，传统的行政关系是“一元多层”的管理体系，其完整的逻辑结构体现在某个特定的管理层面，存有一方限制另一方的不足，主体较窄，体现不出整体的相互补充、相互支撑、相互配合。为此，从行政关系的角度来看，需要把法治与德治相结合，推进多元主体联动参与，充分发挥职责效能，实行“党政同责、上下双责”，才能调动各方力量。针对行政存在的形式不同，笔者认为应围绕以下四个方面采取措施：其一，阐明与厘清政府体育机制在行政权力配置过程中上下关系的“有为与无为”，主要针对各行政机关之间对行政权力的具体分配及分工关系等权责问题，促使各级机关都能明确责任与权力，防止异化发生。其二，阐明与厘清政府体育机制在行政权力运作过程中的行政关系的“有为与无为”，包括行政机关之间、行政机关与行政工作人员之间的内部管理关系，以及行政机关与行政相对人之间的各种外部管理与服务关系等，促使各层级都能明确责任与权力，防止异化发生。其三，阐明与厘清政府体育机制在行政监督过程中的社会关系的“有为与无为”，具体包括基于监督而产生的各级权力机关与行政机关之间的关系、监督机关与行政机关之间的关系、行政机关之间的关系以及行政相对人与行政机关之间的关系等，促使各层级都能明确责任与权力，防止异化发生。其四，树立以公众体育需求为中心、兼顾政府自身运作效率的行政效率观和服务行政观，政府及其工作人员必须服务于社会，以保护和促进公共利益为职责。树立阐明公共体育的公正公平的行政观，避免公共行政价值取向的利己化，鼓励行政人员承担起无可替代的社会责任。树立公共体育的公开、透明的民主行政观，以“亲民、便民、爱民”为方针，实行政务公开，使公民享有充分的知情权、监督权。树立公共体育施政的合作观、自律的行政观，激发、调动政府部门与社会组织合作的积极性，通过内在的理智发展与外在组织建制的结合，构建起行政价值伦理自律的框架与他律的责任机制，以伦理的关怀和制度的制约，推动行政人员人民民主取向和责任取向的价值观的养成，培养廉政文化中“清正”的品格。

总之，通过价值伦理文化的注入与制度的结合，可促使体育机制内的行政人员树立正确的行政价值观，明确自己的服务对象，实现行政程序的优化和行政绩效的提高。正如学者李文亮在《WTO与中国政府的管理》一书中指出，我国自加入WTO以后，法制、民主、公正、服务、契约等精神和价值推动我国从以政府为中心的管制型管理向政府与社会互动的服务型管理转变，强调政府和社会之间的契约关系以及服务型政府的素质，从而突出政府的公共利益观念等。①

## 三、体育机制的行政责任的思考

国家的一系列行政立法不仅实现了政府职能的转变，还推动了服务型政府的建立，促使行政管理摆脱了“机构臃肿、层次重叠、手续繁杂、效率低下”的现象。做好体育公共服务，既可避免体育行政机制未来可能出现的造假与腐败，也可提升服务性政府的能力。从系统实施的角度看，体育行政执行体系同样存在着过度的分化管理、过多的层级、制度性的低效率问题。因此，目前中国体育行政机制的建设，无论是在公平方面还是在效益方面，都难以符合人民的期望与社会发展的需要，尚处于任重道远的爬坡阶段。因此，推进制度建设，提升行政执行力，明晰职责权力与义务，防止责任推诿就成为必须的思考。责任是现代行政的进步范畴，明确政府及其部门的责任是建设政府的前提。要提升国家的竞争力，就要提升国家制度的竞争力。美国著名公共行政学家詹姆斯·W. 费斯勒等学者也提出，行政组织“存在的每一种因素——它们的结构、职员、预算和目的——都是法律权威的产品。公共管理者所采取的每一项行动最终必须追溯到权威的法律授权”②。

政治哲学指出，权力的授予必然伴随着责任的规定，政府在获得人民的授权的同时，也就承担起相应的责任。如宋朝思想家苏洵所言：“有官

---

① 参见李文亮主编:《WTO与中国政府的管理》,长春,吉林人民出版社,2003年,第55页。

② 〔美〕詹姆斯·W. 费斯勒、唐纳德·F. 凯特尔:《公共行政学新论:行政过程的政治》,陈振明等译校,北京,中国人民大学出版社,2013年,第22页。

必有课，有课必有赏罚。有官而无课，是无官也；有课而无赏罚，是无课也。”即是说，有官一定要考核，不考核就无法保证官员的素质。为此，要完善体育主体责任机制化的格局，树立“有权必有责、有责要担当、失责必追究”的观念，建立“年初定责、年中督责、年底述责”的制度，明确“任务清单、责任清单”。做到一级抓一级，层层抓落实，引导行政人员心生敬畏，爱民亲民，牢记为人民服务的宗旨。对此，《中共中央关于全面推进依法治国若干重大问题的决定》指出，加快推进反腐败国家立法，完善惩治和预防腐败体系，形成不敢腐、不能腐、不想腐的有效机制，坚决遏制和预防腐败现象。

关注政府体育机制行政人员的责任与担当，则属于重中之重的工作。因而，规范政府官员在体育行政中的权力走向、权力运用的责任与担当，即通过对机制与组织、形式与内容、规划与构建、决策与实施等的建设与诠释，培育“所为”“所不为”的道德感和使命感，树立起“为天地立心，为生民立命，为万世开太平”的理想情怀，使其各得其职、清廉奉公、勤政为民，为公共体育社会化实施提供保障，对提高公共体育行政水平有着极大的意义。正如美国学者特里·L. 库珀在《行政伦理学：实现行政责任的途径》一书中所说：“在公共行政的所有词汇中，责任一词最为重要。”①

### （一）公共体育行政权力活动的责任思考

理论思维模式的意义在于使人更好地认识世界与改造世界。那么，对公共体育行政权力活动的责任思考，其目的就是发现矛盾、解决矛盾。假如“政府既当教练员，又当运动员”，就容易滋生腐败。沿着这一认识，行政人员不仅要对国家负责，而且还要对公共体育机制的效率和结果负责。正如习近平总书记2015年在省部级主要领导干部专题研讨班上的讲话：“权力是一把双刃剑，在法治轨道上行使可以造福人民，在法律之外行使则必然祸害国家和人民。”

按照政治哲学的要求，政府权力与国家所有权分离，政府要实现权力与责任的统一。其最基本的理念就是：任何公共权力的行使者都应当是责任的承担者。显然，有效监督其责任落实情况实现“他律”，在结果上“追责”，才能保证公共体育行政权力的实施在道义上不走样。体育机制的建设不能靠局部“打补丁”来实现，需要从整体的角度进行综合性的改革才能见效。为此，学者彭向刚、刘振军提出公务员职业能力的建设应从

---

① 〔美〕特里·L. 库珀：《行政伦理学：实现行政责任的途径》，张秀琴译，北京，中国人民大学出版社，2001年，第62页。

“思维”抓起，一是建立立法制度，扎紧笼子；二是健全管理制度，无缝可钻；三是建立能力标准模型，提高质量效率；四是创新选人、用人与考核机制，激发活力。①

从宏观上看，在行政权力组织上，我国中央政府与地方政府之间进行了权力责任的划分，在体育机制上，则是国家体育总局与地方体育局之间进行了权力责任的划分。这种划分构成了政府、体育机制内部最基本的和最主要的纵向权责关系。能否正确处理这两者的权责关系，合理配置两者之间的资源，直接关系到公共体育的成效。从微观上看，在政府与体育机制的组织内部，其权力一般是自上而下层层授予的，相应的责任也是层级负责制。在这种体制下，行政下级对上级负责，不履行职责就会失位。在这种“上下对口、职责同构”的政府机制事权的微观管理层面，存在着主体不清与责任不明的“模糊地带”。为此，“推动各类监督有机贯通、相互协调”就成为坚持和完善体育行政体系的内在需要。

上述行政模式可能导致行政人员只对上级政府部门负责，缺失对人民负责的约束，因而会出现“门难进，脸难看”的异化现象。这表明公共体育的实施必须克服人浮于事、推诿塞责等官僚主义现象，解决“有权不管事，干事却无权”等问题，使国家体育总局与地方体育局的权责关系规范化、法制化，保证权力部门之间相互制约、相互监督。要改革这种直线权力结构，就要进行必要的分权和制约。其一，建立健全各级公共体育相关制度，严格明确各级政府与体育机制的各层级、各部门、各职位之间的具体责任关系，只有这样人民盼望的公共体育社会化才能从理想变为现实，公共体育为人民的民主取向也才能真正确立。其二，实现公共体育行政权力与经济权力二元分离，避免权力寻租损害公共体育行政实施的民主性。可以说，这一理念对提高政府与体育机制的公共行政实施水平具有重要的理论意义与实践意义，可增强政府与体育机制为社会提供优质高效服务的自觉性和主动性。

### （二）体育机制的责任与职能

政治哲学指出，社会事物本身是人类行为的产物，其产生和发展都涉及相关者的意向性，不是自然之物的存在，而是人类理性的“构设”。从历史的经验和数据来看，一国的权力结构和政治制度决定着公共政策的性质和内容。换言之，政府体育机制不能自我制衡，就不能有效制定和实施

---

① 参见彭向刚、刘振军：《我国公务员队伍职业能力的问题成因及对策探讨——基于制度分析的视角》，《行政论坛》2015 年第3 期。

好公共体育政策。

陈云同志曾说过："如果领导上搞亲疏关系，下边就会闹派性；领导上讲情面，下边就会搞对策，践踏原则；领导上搞特殊，下边就会搞严重的违法乱纪；领导机关不努力工作，下面就会自由散漫，所以领导干部如果不以身作则，要批评人家，自己腰杆子就不硬！……任何好的路线、方针、政策都会落空，甚至完全走样！"① 显然，要涵养一个风清气正的体育行政的政治生态，就要坚持真理、自我革命、修正错误，加强组织自主性的建设，对权力进行条理化的规定和问责的设计。

纵览古今中外，大凡成功的改革，都需要科学理论正确的引导。政府体育机制的所有行为几乎都涉及公共政策的问题，都实质关联制度设计的安排。因此，为实现政府体育机制行政管理的理念转变，建立服务型政府，使行政活动满足人民大众的需要，必须建立系统的权力责任结构，确保其职能实现。因事设岗，人岗匹配，把合适的人放在合适的岗位上做合适的事情，消弭"大锅饭""官本位"等官僚主义问题，以保障体育公共部门的高效运行与政府体育战略目标的实现。制度是规则，是契约，有了制度才能发挥功能。行政工作人员是国家治理的具体承担者，他们的执行能力决定了国家治理的结果。从政府体育机制行政责任的组织形式上看，制度的建设是一个人为化的过程，需要做好公共体育权力的责任判断，进而推动制度优化，才能阻断以下问题的发生。一是规则不一，监管不协调，相互扯皮。二是目标职责不清晰，彼此产生矛盾和冲突，导致政策取向模糊。三是各自为战，"铁路警察各管一段"，弱化了职责效能。诚如马克思、恩格斯指出的："一切划时代的体系的真正的内容都是由于产生这些体系的那个时期的需要而形成起来的。"②

为此，应借鉴国际行政改革理论的主要成果，一是加快政府职能的优化；二是推动公共服务的市场化和社会化；三是分权，简化政府管理职能；四是引入现代化管理技术。打开眼界，打开思路，不断深化认识，推进政府治理现代化就成为必须的关注。正如邓小平指出的："改革党和国家领导制度及其他制度，是为了充分发挥社会主义制度的优越性，加速现代化建设事业的发展。"③ 第一个层次的责任是指政府作为一个整体的责

① 中国社会科学院工业经济研究所编：《十一届三中全会以来经济政策文献选编》，北京，中国经济出版社，1986 年，第 336～337 页。

② 《马克思恩格斯全集》第 3 卷，北京，人民出版社，1960 年，第544 页。

③ 《邓小平文选》第 2 卷，北京，人民出版社，1994 年，第322 页。

任。从理论层面上看，就是公开、公平、公正，涉及权力的分立、制约和平衡的问题。这个层次是指政府要为公共体育营造适宜的客观条件，要使政府的权力与政府承担的责任对等，保证公共体育机制内部结构的人员平衡。从实践上看，在政府管理体制上，坚持政府体育机制权力、职责、机构和编制的法定化。展开对公共体育机制的权责监督，促进公共体育机制行政体系完善，提高行政水平。简言之，一个良好的服务型政府体育机制就是个人、市场、社会能够解决的，政府一般不干预；个人权限范围内的事情，政府一般不干预。要实现公共政策实施成本低、收益高，促进公共体育社会福利最大化。第二个层次的责任是指体育机制行政人员的责任。从理论层面上看，就是建立行政人员分工、分权、组织、协调、决策、执行等工作规程，即划清行政人员的权力与责任职能与分配，明确机构、层级之间的相互关系，运行管理方式和程序，保证行政人员严格按照法定权限和程序行使权力，履行职责。从实践上看，即行政人员职责明确，职能、权力、分工、义务、责任相统一，建立激励与约束兼容的体制，实现政府运行的低成本、高收益。简言之，要改变体育公共政策在运行之中出现的政策封闭、政策寻租和政策失范的现象，避免由于政府行政价值与行政责任的模糊不清或不完善导致公民的权利不能实现。通过上述措施可以产生公共精神，鼓励行政工作人员实现自我约束。第一，守法层次。这是行政工作人员应该达到的最低标准。第二，廉洁奉公层次。它既是规范行政工作人员自觉行为的要求，也是其基本行为标准。第三，崇高层次，即行政工作人员对公共事业鞠躬尽瘁，全心全意为人民服务。

改革既要动棋子，也要动棋盘。历史发展证明，推进公共体育服务改革，提高资源配置率和公平性，完善服务体系，创建人民满意的服务型政府，是从理念到体制的深刻变革，是刀刃向内的自我革命。也就是说，从政府主导到市场主导、从政府管理到政府服务，不只是一个主体性转换的问题，其实质上涉及一系列的思想变革。要推动“放管服”改革，改变重审批、轻监管、程序烦琐、效率低下等问题，可从权力下放、监管跟上、服务提升三个方面着手，大力推进“互联网＋”政务服务，实现信息共通，协同联办，并联审批，网上办理、一站完成，从权利主体向责任主体转变。

价值引领能力是执政党组织建设的保障，“问责”是现代服务型政府的特征。政府体育行政机制需要认真履行以下职能。第一，法定职能。政府体育职能的法定性是指体育的一切活动都要在政策和法律的范围内进行，政策和法律规定了政府体育机制的职能的边界，确保体育公共行政有法可循。据此，我们可以明晰和确立体育公共事业的目标，设计与制定各项政策，规定政府体育行政活动的基本方向，明晰提供的公共产品和服务的职能，认识体育公共权力活动、形式和关系及其发展规律，通过制定和运用各种政策，对整个体育公共行政进行管理、监督和调控，发挥社会中介组织和企业的力量，与政府共同完成体育公共服务的任务。第二，执行职能。政府作为贯彻和执行国家意志的机关，其职能具有明显的执行性。政府体育职能具有强制性，行政相对人不得阻碍政府体育职能的正常行使。政府体育机构维持国家内部体育社会秩序，及时制止、处理危害体育社会安全的活动，维护与保障人民的体育权利，确保体育公共资源流通顺畅，保证公平竞争和公平交易，维护企业合法权益。第三，管理职能。受市场经济条件下政府与市场关系的动态性的影响，政府体育机制职能始终是变化的。随着现代社会体育公共问题日益增多且日益复杂，公众需求日益个性化、多样化，政府承担了越来越多的管理职能，并逐渐扩展至社会各个层面。即政府体育机制的职能涉及体育大量日常公共事务的处理，根本目的是为所有社会群体和阶层提供普遍的、公平的、高质量的公共服务。因而，需要全面观察社会运行的状况，及时搜寻和提出备选方案，为政府部门实施各项体育政策与开展各项活动做好准备，从而保证政府体育公共行政的实施具有可操作性。第四，民主政治建设职能。该职能即集中社会的体育资源，推进国家体育规划目标、制度建设等实现。通过建立健全公共体育规划与决策中的民主参与制度，落实民众公共体育权利，如信息公开、民意调查、社会听证、专家咨询等制度。因而，需要全面观察社会运行的状况，及时把社会与民众的需求反馈到上级政府的信息系统中去。

此外，政府与公共体育机制在经济、文化、社会方面需要履行相应职能。

体育不仅凝聚着文化的社会效益，也联结着市场的经济效益。因而，政府有对体育产业与经济事务进行管理的职能。随着中国社会主义市场经济体制的发展，政府体育机制主要有三大经济方面的职能。一是宏观调控职能，即通过制定和运用有关体育政策，对体育产业与经济事务的运行进行间接的、宏观的调控。二是提供公共产品和服务职能，即通过政府体育机制的管理，制定产业政策，利用产品规划等方式对体育产业与经济实行间接控制，做好提供公共产品的工作。三是市场监管职能，即政府为确保体育产业市场运行畅通、保证公平竞争和公平交易、维护企业合法权益而对企业和市场所进行的管理和监督。

政府为满足人民日益增长的体育文化生活的需要，依法对体育文化事业进行管理，它是加强社会主义精神文明，促进经济与社会协调发展的重要保证。政府体育机制在文化方面的职能主要有以下三种。一是发展体育文化的职能，即政府通过制定体育文化的发展战略，加强对体育工作的宏观调控，做好科技规划和预测等工作，重视基础性、技术性及产业化研究，推动体育文化协调发展。二是发展体育教育的职能，即政府体育机制通过制定体育教育发展战略，优化体育教育结构，加快体育教育体制改革，逐步形成公共体育与学校体育、竞技体育相结合发展的新体制，满足大众对体育文化的需求。三是发展体育事业的职能，即政府通过制定各种方针、政策、法规等，引导社会体育、学校体育、公共体育和体育科学研究等各项事业健康繁荣地发展。

政府体育机制在社会层面需要发挥好以下职能。一是发挥政府体育机制在公共性方面的职能。第一，建立清晰稳定的日常公共事务的处理制度，为各社会群体和阶层提供普遍的、公平的、高质量的行政服务。第二，科学运用体育资源，提供社会发展所需要的公共体育基础设施和公共体育服务。第三，加强对公共体育工作的管理，包括方针、政策的制定，规划组织科学研究，做好宣传、咨询和技术服务工作，保障社会体育组织健康发展。二是发挥政府体育机制在法定性方面的职能。政府的一切体育活动都要在法制和法律的范围内进行，事事要依法制定、依法而行，从而为公民和社会的体育活动和事物提供稳定有效的法律规范和制度基础，保障公共体育行政有法可循。三是发挥政府体育机制在规划性方面的职能。科学规划是现代政府政策的来源。为此，参照发达国家公共体育发展的经验，结合国情，遵循客观独立性原则、民主参与性原则，按照“现在的状态—未来可能的状态—合理的未来状态”进行科学规划，保证公共体育为人与社会的可持续发展提供动力。

制度具有随着环境的改变而改变的特性。从变迁的过程看，我国政府体育机制已从改革之初的“机构臃肿、层次重叠、手续繁杂、效率低下”的状态向服务型机制转型，建立了办事高效、为人民服务的体制。今后要想进一步发展，其问题就是如何通过制度创新，更好地充当“守夜人”和“裁判员”的角色，建立起有利于行政工作人员特性觉醒的机制，不断提高服务水平，建设让人民满意的服务型政府。

# 小 结

综上所述，体育是政治表现的形式，政治是体育发展的源泉。正因为如此，体育只有扎根于政治的土壤，才能获得稳定的传承或发展，才能进入社会的物的生产过程和人的活动过程。政治是体育不可或缺的学术基础，对其研究可以帮助体育更好地融入国家监督体系，遏制腐败，实现公平、效率、法治，做好体育工作。只有落实以为人民服务为中心的发展思想，才能高质量地做好体育事业的各项工作。为此，推进体育与政治哲学“联姻”——创立“体育政治哲学”是必要的也是十分重要的。

应当学会科学地分析体育与政治的关系，懂得将政治的尺度用于指导体育发展，按照政治的尺度来审视体育的体制和机制、学科建设和发展、资源配置和运用等关系。不断提升各级政府体育主管部门职权的规范化、科学化水平，建立健全科学决策机制，确保体育发展各项决策程序正当、过程公开、责任明确。历史发展的实践证明，不尊重体育与政治相互作用的规律，体育传承的空间及其价值就会发生异变。

对体育政治哲学的研究表明，其一，这一研究可为推进人类社会价值取向的建设增添新的内容，塑造适应现代社会发展的公序良俗，为社会培育出具有高道德水准的合格公民。其二，这一研究可营造体育系统学法、守法、尊法、用法的良好氛围，为体育发展营造风清气正的良好环境；明确体育执法的权限、运行的规范，保障体育活动参与者的知情权、监督权；完善体育行政执法制度，规范执法行为，落实行政执法责任制，确保执法人员权责统一，保证对体育执法的监督与监管实现科学统一。其三，政府职能的转变与治理理念的变革是一项精细化的增量式的改革，是对制度、标准、体系、技术、人员及文化等各方面的锻造，体现着人的行为与社会发展的合目的性。因此，让权力在阳光下运行，永葆服务性作风，建设高效能的体制，就成为体育政治哲学的目的。

**思考题**

1. 简述政治与体育的关系。
2. 简述体育与社会价值观建设的关系。
3. 简述为什么研究中国政府体育机制的建设。
4. 简述怎样做好中国政府体育机制的建设与发展。

# 结束语

"文章合为时而著，歌诗合为事而作。"按照《习近平讲故事》（第二辑）一书中的说法，精彩的中国需要精彩的讲述。专家阅读本书后提出意见和要求，希望能给出一个"结束语"。显然，接受这一建议是一种负责任的做法。因此，笔者对《中国体育哲学基础理论研究》一书的思想主张、研究观点和方法予以梳理审视。正如黄济先生 1981 年在《关于教育哲学研究几个问题》一文中指出："教育哲学绝不能对我国……教育工作中的经验教训置若罔闻，也不允许对我国当前教育的实际和今后的发展熟视无睹。"

"文变染乎世情，兴废系乎时序。"本书的著述首先是从"历史"的延展对体育的历程、立场进行考察与剖析，寻绎造成其差异性的演进之路是什么；其次是从"时空"的延展对其进行多重比较，探求其"不变的因素与可变的因素"是什么；最后是从"实践"的现实揭示其背后发生的原因与机制，给出理论逻辑与历史逻辑的统一。本书着力使历史解释的方法、理论解释的方法和实践解释的方法相融合，逐步推动体育理论更加成熟，解决中国体育现有理论资源单一薄弱的问题，为中国体育发挥民族复兴的排头兵作用提供理论支撑。

本书从哲学理论到体育理论、从历史存在到现实中的思潮、从问题发生到实践现实，不断推进理论和实践的相互联系、相互渗透，不断推动理论探索走向深化，揭示与解释体育现象与本质的外部条件与内部关系，厘清矛盾的"一般"与"特殊"、"根本"与"具体"，把实践唯物主义、辩证唯物主义和历史唯物主义的根本精神与体育科学学说相结合，使读者从整体上走向新认识、新境界、新方式、新发展。

"工欲善其事，必先利其器。"科学的理论和方法是一门学科成熟的依据与标志。从这一视角看，在传统的体育研究中，对具体事件或对象采用的解释方法主要是围绕被解释者的相关背景因素展开，通过抽象化或者形式化的方式对主客变量之间的关系进行描述。以客观、静止、精确为特征，关注样本变量“函数”对称或不对称的匹配影响，预先设置一个使主观逐步趋向于客观的路径，使两者达到有效的融合，从而显示出理论的解释力和生命力。以今天的眼光来看，传统定理以事论事、非此即彼的“二分法”选择，专注于一种目标结果，以一种进向的解释为真理。显然，这种要么正确、要么错误的研究方法，对预测单一的事件或对象是方便且有效的。但由于社会现象之间极少有如自然现象之间那样的纯粹关系，因此，对社会现象的预测难以达到自然科学所做预测的那种水平。对于社会现实环境之中发生的问题，“二分法”就很难发现深层次的矛盾原因，难以对一些由多重诱因共同作用而产生的问题提出有效的解释，给出正确的推论。

约言之，面对越来越复杂的多重关联的发展目标，这种传统单一的范式研究已不足以准确勾画出多重因果、多个变量的影响。因而就难以穿透问题的表象而深入到矛盾的实质，排除冗余的变量，找出矛盾交织的关键，正确地提出有效的结论。故此，需要对这种研究方法予以重新审视。传统体育研究的方法是从自身所具备的功能或图景的某一特征或某一变量来把握问题的解释，以其自身内在的经验找出问题的解决方案。而新体育哲学研究的方法则跳出这一“自己看自己”的“二元”研究视角，它坚持否定之否定规律，将多点连缀成线，扩展了研究的深度与广度，试图回答更深层次的根本问题——内部与外部的关系，即“此在与存在”的关系。本书从哲学的角度出发，针对问题的多元性、混合性和开放性的特点，从独立于现象之外的视角，从多个因素相互交织的情境中寻找解释路径；强调要结合中国体育的历史发展实际来运用马克思主义，分析各条件之间如何相互作用；秉持综合的方法论，更精准地解决问题，突破了传统研究的困境，达到了传统研究无法达到的高地。

从学术的视野来看，当代体育研究已由传统的一个点、一条线、一个面，变为多事件、多维度、多逻辑关联的“综合体”，既关注局部又关注整体，既关注过去又关注现在，既关注客观又关注主观。其关系存在着你中有我、我中有你，相互依存、相互作用、对抗与统一的交织，其活动存在着微观与宏观的交流对话、内在与外在的互动观照。显然，只有完善传统研究的方法体系，对其内在和外在的联系保持理性的整体的认知，才能对复杂、多变的问题做出准确的判断，得出正确的科学研究结果。也就是说，要实现学术的“成熟”，需要哲学的响亮发声才可能走向真理的深处。因而，提出并确立一种具有总体性又包含内在张力的体育哲学思想框架，将是我们走向新理论和方法创新的重要一步。

放眼历史，任何学术都是一个发生学的过程，存在着必然的变革，既有时代发展嬗变的影响，也有自身进化求新的要求。没有哲学的整体视野、跨学科的知识，就难以把握所研究对象的真实性、整体性、演变性、规律性，给出精到的观点、令人信服的解释。很显然，了解研究方法的特征，是我们认识事物的重要方式。学者应关注体育新科研的发展趋势，努力把握多方法在研究中的运用。而新研究理论与策略的兴起，对于一名体育学者正确预测课题、把握研究的对象，攻克关口、取得突破，获得有分量的学术成果是至关重要的。

时代是思想之母，实践是理论之源，历史是人追求自己目的的活动。上述说明不是否认传统体育研究方法的地位，而是从现代性语境下对其不足进行反思，我们可以理解其存在的价值，但不能故步自封。因为理论的发展是长青的，对应着与时俱进发展的需要。理论的发展不仅是一个自身内部运动的过程，同时它还存在着一个走出自身、客观化自身，并在对象中保持自身、发展自身的自觉。

显然，当所面临的事件是人类的行为或多个对象所组成的共同体，风险叠加共生时，就不能简单地停留在对某一行为的观察上，而是要透过行为背后的内在意识去理解行为的真实原因。也就是说，若一个事件蕴藏多元、多样、多义的现象，存在着共性与个性、同一性与多样性的交织与冲突，体现着普遍性与独特性、科学性与人文性、单一学科性与跨学科性的转化，要理解这些充满张力的、悖论的、复杂的非线性关系，传统的研究方法就难以提供有效的解释。对此，按照唯物辩证法的观点，由于这些事件的过程蕴藏着“量变到质变、对抗与统一、否定之否定”的特点，相关变项不能像自然科学或单一事件那样得到有效的监督和控制，使得对社会事件的研究要远比自然性或单一性的研究复杂得多。当面对着对象的有限规定与对象无限表现的动态选择时，“非白即黑”的解释就难以直穿问题中心，解答出问题的全部奥秘，往往无法集合多种力量、多种话语、多种视角，辨明不同观点和立场的关联与区别，服务于问题的解决。

大体上说，当前体育的研究还在用旧有的方法研究新问题。很明显，这种做法越来越捉襟见肘，越来越顾此失彼，难以应对新形态的发展。为解决这一矛盾，摆脱传统体育单一解释力不足的困境，通过实践而发现真理，又通过实践证实和发展真理，就需要通过多视角展开研究，才能充分表达体育在21世纪的意义与作用、目标与功能、发展与超越。因此，将体育的解释置于哲学更为宽广的视角，构建于系统性与多元性、整体性与多样性相结合的多种进路的话语支架之上，能将各种解释统摄于对问题的解决，得出最好的而不是唯一的答案，这样才能满足体育日益多变的发展对理论实践的要求。因此，《中国体育哲学基础理论研究》一书也就应运而生。《中国体育哲学基础理论研究》一书问世的目的，是使相关学人了解这个领域今天发生了哪些变化以及这些变化背后的原因是什么，并进一步认识这些变化为什么发生，带来哪些倾向，会产生什么影响。辩其曲直、证其是非，把问题弄清楚，明白已有的经验是什么、局限性是什么，展示新思想之所在，为不再走弯路，建设好、发展好体育提供支撑。围绕上述的理解与认识，本书体例的构建存有以下趋向。

一是在宏观上，它提出体育科学既是一个抽象的理论问题，也是一个复杂深刻的社会现实问题。通过考察、去蔽、驱伪、解隐、前瞻等思考深入其中，确证研究的主题、立场与方法，力求把时代精神的转换和社会发展实践的需要紧密地联系在一起。总结经验，规避异化，分析识辨事物之间的矛盾，寻找事物变化的原因，揭示其历史可变性与未来的发展性。力求对体育领域的中国道路和中国经验进行清楚的概括与总结，使体育更加积极有效地面对社会现实的发生与关联。

二是在微观上，它着力于体现社会秩序和意识形态的互动，阐明体育为国家发展、为社会进步、为民众服务的合法性与合理性、正当性与责任性。解答怎样认识、怎样研究、怎样建设、怎样发展体育，探析体育科学发展的特点与取向，体育教育、体育社会、体育竞技、体育文化、体育经济、体育政治等领域的时代嬗变与启示，得出体育的科学发展是一个不断克服障碍、开辟道路的对立和统一的矛盾过程与发展过程。

三是在实践上，它根据活动目的与实践条件，解析体育现实应用与发展的本质、规律、方式，梳理学校体育、竞技体育与大众体育的矛盾关系，诠释体育与政治的价值关系、体育与经济的价值关系、体育与文化的价值关系，以回应时代进步和实践发展对体育发展提出的迫切要求和挑战，力求使每一实践的经验和规律，都内化出实践是检验真理的唯一标准的中国特点。

基于此，围绕上述理解与认识，本书旨在唤醒以下三个方面的注意。一是思考在新的历史条件下，如何深化中国体育的理论创新，让体育“说哲话”，这是学界必须认真思考的重要课题。二是将现实与历史紧密结合，加强学术思想的协同性，紧贴社会的变动，提高体育科学站位水平，使体育理论与实践为社会主义事业服务。三是批判地继承体育学术的遗产，将理论与时代相结合，使人们得以正确地认识、掌握体育发展的规律。也就是说，借助对《中国体育哲学基础理论研究》的阅读，不仅要明白问题发生的根由和面貌特征，还要找到有利于体育建设和发展的因素，从而为当前我国体育的发展提供历史的借鉴，为破解体育发展道路上的难题和矛盾提供理论启示，并借助这一研究明确体育是推动我国走向现代化的资源、方式与路向，最大限度地维护与发展体育的学术成果。

《中国体育哲学基础理论研究》一书以辩证唯物主义、历史唯物主义和实践论的世界观为立场和方法论来研究21世纪体育的规律与趋势。它以实事求是、与时俱进为理论品格，以全面、辩证、系统的整体思维为基本原理，把认识好体育、实践好体育、发展好体育作为根本任务，力求使体育走向更高的站位，寻找一条体育哲学的理论之路。本书的编写以“理论正确、史实准确、文字生动、论据精当、注意求新”为原则强调哲学与科学的结合、哲学与人文的结合，着力厘清当前和长远、局部和全局的关系，让矛盾回到实践、让主观回到客观，多角度思考体育发展的命运和前途，以消弭不平衡、不协调、不可持续的矛盾障碍，为体育在21世纪的可持续发展提供保障。本书的文本具有“夹叙、夹议、夹评”的特点，以实录澄清事实，让人从文本的叙事中再现体验、再生新见。以发展的眼光，把基本理论观点寓于生动的语言之中，不做空谈、泛谈。总结经验，以史为鉴，生发出新的理解，使问题成为前进的先导，为防止错误的再发生提供启示，在论证现存“实在”的必然性的同时，又论证了这种“实在”不可避免地要过渡到另一种“实在”的必然性。文本以专题形式，通过哲学原理解释体育，把材料和观点相融合，既体现出哲理的丰满，又有文化历史的厚重。本书的写作力求“大胆假设，小心求证”，把历史与现实紧密联系起来挖掘问题的本质，拒绝以单一经验的解释对象。

概言之，笔者撰写《中国体育哲学基础理论研究》意图，在史实层面打通本原，在文本层面阐释求新，梳理出体育发展的必然趋势，在否定之否定的过程中，实现理解与解释的统一。

从认识论的角度看，《中国体育哲学基础理论研究》一书的主题有三个方面。一是立足哲学审视体育理论实践的得失。二是论证建立体育哲学的意义与范式转换的目的，创立体育新说。三是构建体育哲学的成熟理论体系，改变我国体育理论体系缺失哲学范式的困境，为21世纪体育的建设与发展提供丰实的学理。

从价值观的角度看，《中国体育哲学基础理论研究》一书的目的在于，让学人认识体育、理解体育、把握体育，完整地了解体育事务演变的过程，整体地把握体育事务发展的规律，启发“站在哲学之肩”看问题的视野，构建起多向度辩证审视的意识形态和理论进路，坚持一切从实际出发，对具体情况作具体分析，从而实现历史和逻辑相一致、理论与实践相结合，摆脱传统体育研究方法的不足，交叉运用不同学科的知识，开辟出体育研究新视角。

从实践论的视角看，《中国体育哲学基础理论研究》一书通过实践发现真理，又通过实践证实和发展真理，以先进的生产力要有先进的生产关系相匹配为依据，以深邃的哲学思维洞彻体育学说，实现“让体育说哲学话”的时代课题。为此，其以“存在与意识”为根由，从一体到多元、多元到一体，辩证事物“一与多”的矛盾关系，寻绎体育发展的规律，达到体育科学发展合规律与合目的的境界。故而，书中蕴藏着新思想的诉求、新方法的分化、新观点的突破、新知识的丰富、新实践的预设，为体育的理论发展增添哲学力量。

从发展论的视角看，《中国体育哲学基础理论研究》一书以哲学理论为指导，以服务于体育实践和体育具体学科的发展为目标。在宏观上，考察体育现实问题与发展规律之间的内在关联性和统一性，寻绎历史转换的认识是以何种方式实现对理论和社会语境的重建，遵循本体论先于认识论、认识论先于方法论的体系关系，揭示“社会的变化是社会各成员变化的总和”，为学人研究体育、理解体育提供一种新的视角。在微观方面，揭示体育实践中基本问题和矛盾的发生原因，总结体育认识的经验，建立科学的体育观念和方法，阐明体育对人生存、社会发展的价值及功用，为社会生活提供意义指导。

本书分为九章，分别为《中国体育哲学基础理论研究》导论、《中国体育哲学基础理论研究》文本论、体育发展论、体育教育论、体育竞技论、体育社会论、体育文化论、体育经济论、体育政治论。通过每一特定的侧面揭示和分析体育实践发展中的各种矛盾和现象，尝试从不同学科的视角解决矛盾，延展理性的深度与广度，将理解推向再理解，在批判中扬弃出活力，互动出有效方法的路径，从而深刻理解好、完整把握好、实际运用好哲学方法论的力量，为体育的发展聚力，为当代体育的建设与发展提供思维和框架，也为进一步深化体育学术的认识提供支撑。

“文章千古事，得失寸心知。”学术道路的发展证明，认识真理是一个披荆斩棘、逐步奋力向前的过程，任何一门学问都是锱铢积累、“摸爬滚打”、不断添补而来的。可以说，在求知路上的人比肩接踵，但只有不畏崎岖道路的人才能到达光辉的顶峰。故而，倘若本书语有虚设，敬请读者斧正为盼。

“苔花如米小，也学牡丹开。”笔者完成本书的撰写，其意之一是激励自己保持初心，不可懈怠，要努力前行，走完自己学术上的最后一公里。而活到老、学到老，与圣贤对话，与经典对话，感悟智慧，也成为笔者生命的不懈追求。

# 参考文献

## 一、图书

陈先达：《问题中的哲学》，北京，北京师范大学出版社，2014 年。

陈越编：《哲学与政治：阿尔都塞读本》，长春，吉林人民出版社，2003 年。

《邓小平文选》第 2 卷，北京，人民出版社，1994 年。

《邓小平文选》第 3 卷，北京，人民出版社，1993 年。

胡建华等：《高等教育学新论》，南京，江苏教育出版社，1995 年。

洪谦主编：《西方现代资产阶级哲学论著选辑》，北京，商务印书馆，1964 年。

乐黛云：《跨文化对话》，上海，上海文化出版社，1998 年。

李从军：《价值体系的历史选择》，北京，人民出版社，2004 年。

李世英：《市场经济条件下的政府官员道德建设》，北京，中国人民公安大学出版社，2002 年。

李文亮主编：《WTO 与中国政府的管理》，长春，吉林人民出版社，2003 年。

刘可风等主编：《应用哲学与应用伦理学引论》，北京，中国财政经济出版社，2005 年。

《毛泽东选集》第 1 卷，北京，人民出版社，1991 年。

《毛泽东选集》第 2 卷，北京，人民出版社，1991 年。

《毛泽东选集》第 3 卷，北京，人民出版社，1991 年。

孙大光主编：《体育文化概论》，北京，高等教育出版社，2013 年。

谭华主编：《体育史》，北京，高等教育出版社，2009 年。

王皋华：《体育新课程设计》，北京，高等教育出版社，2003 年。

王宁：《消费社会学：一个分析的视角》，北京，社会科学文献出版社，2001 年。

《习近平关于全面从严治党论述摘编》，北京，中央文献出版社，2016 年。

颜天民：《竞技体育的意义——价值理论研究探微》，北京，北京体育大学出版社，2003 年。

袁贵仁：《价值学引论》，北京，北京师范大学出版社，1991 年。

张岱年、程宜山：《中国文化精神》，北京，北京大学出版社，2015 年。

张瑾：《科学发展观与文化建设》，北京，人民出版社，2014 年。

张振华：《体育课程学》，北京，北京师范大学出版社，2019 年。

赵瑜：《强国梦——中国体育的内幕》，北京，作家出版社，1988 年。

中国体育科学学会、香港体育学院编：《体育科学词典》，北京，高等教育出版社，2000 年。

钟启泉等主编：《多维视角下的教育理论与思潮》，北京，教育科学出版社，2004 年。

周西宽等：《体育学》，成都，四川教育出版社，1988 年。

〔英〕阿尔弗雷德·马歇尔：《经济学原理》，周月刚、雷晓燕译，北京，中国城市出版社，2010 年。

〔英〕爱德华·泰勒：《原始文化》，连树声译，上海，上海文艺出版社，1992 年。

〔美〕彼得·L. 伯格、托马斯·卢克曼：《现实的社会建构》，吴肃然译，北京，北京大学出版社，2019 年。

〔美〕戴维·H. 罗森布鲁姆等：《公共行政学：管理、政治和法律的途径》，张成福等译校，北京，中国人民大学出版社，2002 年。

〔美〕丹尼尔·贝尔：《资本主义文化矛盾》，严蓓雯译，南京，凤凰出版传媒集团、江苏人民出版社，2007 年。

〔法〕弗朗索瓦·佩鲁：《新发展观》，张宁等译，北京，华夏出版社，1987 年。

〔日〕福泽谕吉：《福泽渝吉教育论著选》，王柱主译，北京，人民教育出版社，1991 年。

〔美〕汉斯·摩根索：《国家间政治》，徐昕等译，北京，北京大学出版社，2012 年。

〔德〕黑格尔：《逻辑学》(下)，杨一之译，北京，商务印书馆，1976 年。

〔德〕黑格尔：《小逻辑》，贺麟译，北京，商务印书馆，1980 年。

〔法〕卢梭：《论人类不平等的起源和基础》，李常山译，北京，商务印书馆，1962 年。

〔德〕米夏埃尔·兰德曼：《哲学人类学》，张乐天译，上海，上海译文出版社，1998 年。

〔德〕马克斯·韦伯：《经济与社会》（下），林荣远译，北京，商务印书馆，1997 年。

〔美〕特里·L. 库珀：《行政伦理学：实现行政责任的途径》，张秀琴译，北京，中国人民大学出版社，2001 年。

〔法〕雅克·勒高夫：《历史与记忆》，方仁杰、倪复生译，北京，中国人民大学出版社，2010 年。

〔美〕詹姆斯·W. 费斯勒、唐纳德·F. 凯特尔：《公共行政学新论》，陈振明等译校，北京，中国人民大学出版社，2013 年。

## 二、论文

陈久长：《我记忆中的菲德尔·卡斯特罗》，《纵横》2016 年第 12 期。

陈新：《马克思主义财富观下的共同富裕：现实图景及实践路径》，《浙江社会科学》2021 年第 8 期。

董杰：《论奥运会的文化——经济一体化特征》，《体育与科学》2004 年第 4 期。

樊纲：《制度变革与中国转型》，《全球化》2019 年第 10 期。

傅才武等：《探索文化领域供给侧与消费侧协同改革：政策与路径》，《江汉论坛》2016 年第 8 期。

韩震：《本质范畴的重建及反思的现代性》，《哲学研究》2008 年第 12 期。

黄海燕：《新阶段、新形势：我国体育产业发展战略前瞻》，《上海体育学院学报》2022 年第 1 期。

赖云华、崔国文：《论中西体育文化差异》，《体育文化导刊》2009 年第 5 期。

李承贵：《科学视域下的中国传统哲学特点》，《中共宁波市委党校学报》2016 年第 6 期。

麻宝斌、杜平：《中国人的正义观念及其现代转型》，《新视野》2016 年第 6 期。

茅鹏：《运动训练中的“技艺”、“明智”与“科学化”》，《北京体育大学学报》1994 年第 1 期。

倪瑞芳、张振华：《改革开放 40 年以来我国体育经济学研究的走向与论题、成就与问题》，《安徽师范大学学报》（自然科学版）2021 年第 5 期。

潘教峰等：《世界科技中心转移的钻石模型——基于经济繁荣、思想解放、教育兴盛、政府支持、科技革命的历史分析与前瞻》，《中国科学院院刊》2019 年第 1 期。

庞景君：《社会关系·文化·群体——个体与社会互动中介的社会价值论透视》，《天津社会科学》1997 年第 4 期。

彭启福、李后梅：《从“经学”走向“经典诠释学”》，《天津社会科学》2016 年第 3 期。

石奇等：《消费升级对中国产业结构的影响》，《产业经济研究》2009 年第 6 期。

孙利天：《现代性的追求和内在超越》，《中国哲学年鉴》2017 年 1 期。

孙正聿：《当代中国马克思主义哲学的使命与担当》，《中国社会科学文摘》2020 年第 5 期。

田毅鹏：《发展社会学研究的新取向》，《新华文摘》2021 年第 4 期。

王晓微：《中国体育学科发展的历史回眸与未来展望：杨文轩教授访谈》，《北京体育大学学报》2021 年第 11 期。

吴秀明：《当代文学研究“历史化”需要正视的八个问题》，《新华文摘》2021 年第 12 期。

谢伏瞻：《加快构建中国特色哲学社会科学学科体系、学术体系、话语体系》，《中国社会科学文摘》2019 年第 9 期。

徐国超：《人是目的：对〈资本论〉的一种哲学解读》，《牡丹江师范学院学报》（哲学社会科学版）2016 年第 1 期。

许全兴：《实事求是：科学性与党性的统一》，《毛泽东邓小平理论研究》2020 年第 12 期。

杨红伟：《安多藏区的社会特质与区域史研究路径》，《江汉论坛》2017 年第 3 期。

杨桦：《中国体育治理体系和治理能力现代化的概念体系》，《北京体育大学学报》2015 年第 8 期。

张博颖：《关于当代中国马克思主义大众化的若干思考》，《上海师范大学学报》（哲学社会科学版）2008 年第 3 期。

张洪潭：《北京奥运启示录》，《体育与科学》2009 年第 2 期。

张学智：《中国哲学的起源与地域特点》，《社会科学文摘》2021 年第 3 期。

张振华：《论中国特色体育的思想基础》，《北京体育大学学报》2005 年第 3 期。

赵中建：《〈萨拉曼卡宣言〉摘录》，《全球教育展望》2005 年第 2 期。

周晓虹：《社会学本土化：狭义或广义，伪问题或真现实》，《社会学研究》2020 年第 1 期。

## 三、报纸

陈云松：《定量研究的价值、门槛与瓶颈》，《人民日报》2012 年 1 月 19 日。

关铭闻：《坚定改革开放再出发的信念——纪念〈实践是检验真理的唯一标准〉刊发四十周年》，《光明日报》2018 年 5 月 11 日。

韩震：《深入理解哲学社会科学的“中国特色》，《人民日报》2017 年 5 月 17 日。

李韬：《建设中国风格中国气派的话语体系》，《人民日报》2013 年 9 月 17 日。

朱凯：《从体育大国向体育强国迈进》，《人民日报》2009 年 1 月 27 日。

## 四、网络文献

科技日报评论员：《破除“唯论文”痼疾，重建科研评价体系》，2020 年 2 月 23 日，http：//www. shkjdw. gov. cn/c/2020-02-23。

邱震海：《千年专制使中国文化氛围阳光不足》，2009 年 10 月 13 日，http://phtv. ifeng. com/program/sskj/200910/1013 _ 2315 _ 1385852 _ 2. shtml。